アメリカ
文化年表

文化・歴史・政治・経済

✝

亀井俊介
【監修】

✝

杉山直子・澤入要仁・荒木純子・渡邊真由美
【著】

✝
南雲堂

~1799

図① 1587年 植民地に生まれ，アメリカ建国神話の一部となったヴァージニア・デアを描く切手．生誕350年を記念して，大統領フランクリン・ローズヴェルトが自らデザインした．

図② 1620年にピルグリムズを運んだメイフラワー号のレプリカ（1905年制作）．プリマスに繋留され，観光の目玉にもなってきた．

図③ 1621年 「初めての感謝祭」の図．ピルグリムズが援助してくれたインディアンを招いて饗宴を行なったとされる．J.L.G.フェリス画（1932年頃）．

～1799

図④　1624年「ポカホンタスに助けられるスミス」の図．いわゆるポカホンタス神話のクライマックスの場面．ヘンリー・シーレ画（1870年頃）．

図⑤　ハーヴァード大学（1636年創立）．1726年頃の外観を示すスケッチ．ウィリアム・バージス画（1743年）．

図⑥　『メアリー・ローランドソン夫人　捕囚と救出の物語』（1682年出版）．これはその1770年版の挿絵．実際にはないはずの銃を持つ姿で描かれる．

図⑦　1754年『ペンシルヴェニア・ガゼット』に掲載されたアメリカ最初の政治漫画．切断された蛇の断片の脇に各植民地名のイニシャルを添え，「結集せよ，さもなくば死だ」と呼びかける．

図⑧　1777年「国旗の誕生」の図．13の星が円形に並ぶ，いわゆるベッツィ・ロスの旗が見える．チャールズ・ワイスバーガー画（1893年のシカゴ万国博覧会に出品）．

〜1799

図⑨　1775 年　英軍の奇襲を知らせるために馬を駆るポール・リヴィアのイラスト．チャールズ・グリーン画（1867 年）．

図⑩ 1776 年　「アメリカ独立宣言」採択の図．ジョン・トランブル画（1819 年）．現在は連邦議会議事堂内に掲示され，2ドル紙幣裏面のデザインにも採用されている．

1800〜1899

図⑪ 1804年 エヴァンズの水陸両用車．蒸気機関によって車輪と外輪を動かす．フィラデルフィアにあるスクールキル川の土砂をさらうために作られた．全長9メートル．

図⑫ 1804年 奴隷の逃亡を助ける「地下鉄道」．この図は木箱に隠れて北部へ渡るヘンリー・"ボックス"・ブラウンの様子を描く（1849年）．織物の荷としてリッチモンドからフィラデルフィアまで輸送されたらしく，木箱の蓋には「フィラデルフィア行き．天地無用．取扱い注意」とある．

図⑬ 1827年 オーデュボン『アメリカの鳥類』（1827〜1838年）より「アメリカン・フラミンゴ」．超大判で，銅版画に手書きで彩色．鳥だけでなく，背景にもこだわった．

1800〜1899

図⑭ 1831年 バンジョーを演奏するJ. W. スウィーニー. 白人が顔を黒く塗って, ミンストレル・ショーに出演している. 代表作『ジェニー, とうもろこしパンは焼けたかい』の楽譜表紙より.

図⑮ 1869年 大陸横断鉄道の完成. ユタ準州プロモントリー・ポイントで, 「最後のレールを敷設して東が西と握手する」. 右側が東から延伸したユニオン・パシフィック鉄道, 左側が西から到達したセントラル・パシフィック鉄道.

図⑯ 1845年 捕鯨船マンハッタン号の船長マーケイター・クーパー.（日本の国立公文書館蔵『亜米利加渡来紀』より）

図⑰ 1850年「ブルマー」をはいたアメリア・ブルーマー. ズボン風の裾で, 足首を締めている.

図⑱ 1861年 南部連合の最初の星杠旗（左）と「将来」の星杠旗（右）.『南部の歌』楽譜より. 星の数が7から15に増えていることから, 将来15州に拡大することへの期待がわかる.

図⑲ 1879年 メアリー・カサット画「真珠のネックレスを着けた特別席の女性」. パリ・オペラ座特別席の観客を描く. 肩のまぶしい輝きなど印象派らしさにあふれる.

1800〜1899

図㉑　1893年　シカゴ万博に展示されたダイナモ（発電機）．

図⑳　1890年　ネリー・ブライ双六の表紙．「ブライとともに世界一周する双六」．チェック柄のコートと小さな旅行カバンがブライのトレードマーク．

図㉒　1893年　初の4輪自動車に試乗するヘンリー・フォード（1896年）．船の舵のようにハンドルを動かす．

図㉓　1895年　ギブソンの描くギブソン・ガール．男性に依存した弱い女性ではなく，むしろ顎をあげ，男性の視線を撥ねつける女性像が多かった．

viii

図㉔ メイシー百貨店 (1902年完成, 1908年撮影) 世界最大の規模で都心に構え, 消費が文化の一部となった新時代を象徴する.

図㉕ 1903年12月17日のライト兄弟による世界初の動力飛行実験の成功. 20世紀の輸送革命の始まり.

図㉗ シカゴのサンセット・カフェ（1922年撮影）．黒人によるジャズのバンド演奏は人気を集めた．

図㉖ 「イット・ガール」クララ・ボウ．大胆なドレスとボブ・ヘアは自由な女性のシンボルとなる．

図㉘ ニューヨーク摩天楼（1931年撮影）．完成したばかりのエンパイア・ステイト・ビルから北東をのぞむ．中央にそびえて見えるのはもう一つのランドマーク，クライスラー・ビル（1930年完成）．

1900〜1969

図㉙　世界初の電子コンピューター ENIAC（1945 年完成）．幅 24 メートル，高さ 2.5 メートル，28 トンの巨大なもので，1 秒間に 5,000 回の加算を行った．

図㉚　ジャッキー・ロビンソン（1954 年撮影）．1947 年，黒人初のメジャー・リーガーとなり，雑誌の表紙やお菓子のおまけカードにもなった．

図㉛　エルヴィス・プレスリー（1957 年，映画のプロモーション用に撮影）．1950 年代，「キング・オブ・ロックンロール」として，若者に絶大な影響を与える．

図㉜　1963年8月　ワシントン大行進の群衆に手をふるマーティン・ルーサー・キング牧師．この場で「私には夢がある」の演説を行い，黒人の平等が実現可能であることを訴える．

図㉝　1969年7月　アポロ11号月面着陸．人類初の月面歩行がなされる．

1970〜

図㉞ 1970年 ケント州立大学における学生射殺事件．当時の学生によるこの写真はピューリツァー賞を受賞した．

図㉟ 1976年 カウチポテト族のためのガイドブック．副題は「長時間にわたるテレビ視聴のためのガイド」．

図㊱ 1977年 『サタデー・ナイト・フィーバー』オリジナル・サウンドトラック盤．映画だけでなく主題歌も大ヒットした．

1970〜

図㊲ 1982年 『ジェーン・フォンダのワークアウト』.

図㊳ （右上）1982年 ベストセラー『ヤッピー・ハンドブック』. ヤッピーを揶揄する内容でありながら, マニュアル本として模倣する読者も多数.

図㊴ （右下）1984年 人気番組『コスビー・ショウ』. 主人公一家のインテリアやファッションなどに黒人の作品を積極的に使用したことも評価された.

1970〜

図⑩　1984 年　マドンナのオリジナル・アルバム『ライク・ア・ヴァージン』.

図㊶　1987 年　ゲリラ・ガールズの有名なポスター.

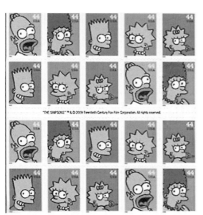

図㊷　1997 年　人気 TV アニメ番組『シンプソンズ』(1989 年放映開始) の放映 20 周年の記念切手.

図㊸　1986 年　『タイム』(2011 年の表紙), 姉に骨髄移植をするために生まれた子供をめぐる倫理的問題を特集. 医療倫理をめぐる論争はつきない.

XV

1970〜

図㊹ 2011年9月 貧困と格差解消を求める「ウォール街占拠」運動.

図㊺ 2008年 大統領選挙でオバマ当選を伝える『ニューヨーク・タイムズ』(2008年11月5日).

アメリカ文化年表

文化・歴史・政治・経済

は し が き

亀井俊介

本書の沿革

　簡便で，しかもなるべく網羅的で，信頼できて，読んでいて楽しい，そういうアメリカ年表の本がほしい．そしてその年表は，文化に関する知識・情報をたっぷり盛ったものであってほしい．アメリカ文化はいま，日本人の社会や生活や感情に深く浸透しており，アメリカ文化への日本人の関心は強まるばかりだ．しかしちょっと真剣に考えると，「文化」の幅は茫漠としており，その正体は把握しにくい．そのためか，事実の記述を重んじる年表のたぐいでは，文化はたいてい敬遠され，しばしば片隅に追いやられている．日本人の広範な文化的関心に積極的に応えるアメリカ年表がほしい．本書はあえてその困難に挑戦してみた．

　土台はすでにあった．大橋健三郎，加藤秀俊，斎藤眞編「講座アメリカの文化」全6巻（南雲堂，1969-1970年）は，文学を中心としながらも政治，経済，社会などを幅広く視野に入れ，日本におけるアメリカ研究を大きく発展させた歴史的な講座シリーズだったが，この刊行が終わった後の1971年，別巻として『総合アメリカ年表』が出版された．「文化・政治・経済」というサブタイトルがついている．年表そのものは四六判で全160頁にすぎないが，小さな活字でべったり組まれ，その見開き左頁が「文化」欄で，私が一人で受け持ち，右頁は「政治・経済」欄と「世界」（の出来事を極めて簡略に記す）欄から成り，歴史家の平野孝氏が一人で執筆された．二人ともまだ若く（私は30代の末頃），与えられたほんの1，2年の短い執筆期間中，夢中でこの仕事に打ち込んだことを記憶している．

　平野氏の受け持ち範囲は，それでも，まだかなり明かだった（ように思える）が，私の受け持つ「文化」は（シリーズ名になってはいたけれども）正体不明の感じがした．そのくせ私は当時，アメリカで出ているAlmanacのたぐいに頼ることを拒否し，まずはぜんぶ自分の手作業で仕

事を進める方針を立てた．全6巻のシリーズの内容をすべて書き抜いて年表に入れることが基本の作業だった．が，このシリーズは論文集であって，通史ではない．文学史や文化史のたぐいによってその欠を補うのが，次の作業だった．それから私独自の記述も入れたい．私は当時，大衆文化研究にも従事していたので，その事項を積極的に取り入れたし，それに関連して当時問題になり始めていたセックス・レボリューションの有様も躊躇せず記述する，といったような具合だ．もちろん欠陥はなお多くあっただろうが，かなりユニークな年表ができたような気がする．結果的に，この『総合アメリカ年表』は有難い好評をもって迎えられ，シリーズ中で一番のロングセラーとなった．

　私たちはこの旧版（と仮に呼ぶことにする）の「文化」欄を土台にして，内容を拡充し，文化中心の独立した年表を作ることにした．旧版は出版時期からして1970年で内容が終わっているので，その記述を現在まで延長することは言うまでもない．が，これには重大な問題がからんでくる．アメリカは1960年代から70年代にかけて，一種の文化革命を体験したのだ．ベトナム戦争やそれに反対する平和運動，またそれに刺激されたところの大きい人種差別反対や市民権要求の運動などがたかまりを見せ，いろんな意味でのマイノリティが社会的，文化的な存在を主張し，ついにはアメリカ文化界で支配的に見えていたアングロ・サクソン男性中心の価値観がひっくり返ったかのような様相を呈し，「歴史の見直し」が広範に主張されるようになったのだ．人種とジェンダーと階級の再検討は，アメリカ研究者の三種の神器のように振りかざされることとなった．そういう動きに，年表は対応しなければならない．70年以降の記述はもちろんだが，それ以前の記述にも修正や補充が必要になる．そこで，こういう動向もよくわきまえている新鮮かつ強力な執筆陣を新たに整え，旧版を大幅に改める「新しい」年表を作ることにした．その陣容は下記の通りである．各自が一種の責任分担のようにして受け持った時代も併記しておく．

　　荒木純子　　最初期〜1799年
　　澤入要仁　　1800〜1899年
　　渡邊真由美　1900〜1969年
　　杉山直子　　1970〜2012年
　　亀井俊介　　全体的な編集，校閲

ただし，執筆者全員が自分の受け持った時代を越えて全内容を読み合い，検討し合ったことは言うまでもない．その作業によって，「文化」は旧版と比べてはるかに多彩で，奥深い内容になったと思う．

本書の構成（凡例）

　本書では「文化」を厳密に定義づけるのでなく，動的で，幅広い意味に取っている．アメリカのように短い歴史の中で「荒野」から「文明」へと急発展した国では，文化現象の多くが政治や社会の状況と結びついている．逆に言えば，政治や社会の出来事も多くが文化的意味をもつ．本書ではそういう事柄もしばしば「文化」として扱った．当然のことながら，旧版の平野氏による「政治・経済」欄の記事で本書の役に立ってくれた情報は非常に多く，いまは故人の平野氏にここで深く感謝を捧げておきたい．もちろん文化年表という立場上，同じ情報でも本書では違う視点からの記述となるのであるが．

　本書は「第1部」と「第2部」とに分かつ．第1部はヨーロッパ人のアメリカ大陸渡航から独立戦争が始まる1775年まで（植民地時代）で，第2部は独立宣言が発せられた1776年から現在まで（合衆国時代）である．第1部では各年の記述の分量がまだ少なく，また日本との関係はほとんどない．だが第2部になると，各年の記載事項は多くなり，日本との関係も生じてくる．そのため，第1部と第2部との表示形式を変え，第2部では西暦年数に日本の年号を併記することもした．

　各年の記載事項は次の4種に分けられる．

　［無印］「文化」に関係する事項．
　　■　「歴史・政治・経済」に関係する事項．
　　▲　「世界」（アメリカ，日本を除く）に関係する事項．
　　●　「日本」に関係する事項．

　それぞれの分野内の記載の順序は，なるべく出来事の起こった順序に従うが，そうならない場合も多い．各年，年間を通して読めば，その年の事件や事態の進展がなるべくよく分かる記述を目指した結果である．

　次に本書での用語について一言しておきたい．前記「歴史の見直し」にも関係することだが，近年，「インディアン」とか「黒人」とかとい

う言葉を差別語として斥ける風潮が高まり，代わりに「アメリカ先住民」Native Americanとか「アフリカ系アメリカ人」Afro-American（又はAfrican-American）とかといった言葉が用いられるようになっている．しかしこの新しい用語にも問題点があり（インディアンは本当にNativeかどうか，またNativeはそのまま訳せば「土人」で，やっぱり差別語ではないのか，黒人は確かに根本までさかのぼればアフリカ出身だろうが，奴隷制廃止後にカリブ海地方から移住した黒人も多く，アフリカ系という言葉では律しきれないのではないか，などなど），とくにこれらの人たちが歴史上に生きた姿を記述する本書では，歴史を通して一般的に彼らに適用されてきた「インディアン」「黒人」の呼称を用いた方が便宜だと判断し，たいていの場合はそのようにした．

　また「アメリカ」「イギリス」「米国」「英国」といった言葉についても，正確に「アメリカ合衆国」United States of America，「連合王国」United Kingdomなどと呼ぶべき場合はもちろんそのようにしたが，そうでなければ，一般的な慣例に従ったことが多い．「英米」「日米」など，この方が簡潔な表現を生みやすいことも無視できないのである．

　本書は「コラム」や「図版」にも意を用いた．コラムは年表の本文中で言及される重要な，あるいは興味深い人物や出来事などについて，さらに詳しい説明をしながら，読物として知的な息抜きの場ともなることを目指した．図版も意図したところはほぼ同じだが，なるべく珍しく，またなるべく歴史的な情況をよく伝える図像を選ぶように努めたことを記しておきたい．

年表は「生き物」

　以上，ごく概略的な説明をしたが，細部にわたれば本書はさらにさまざまな工夫をこらしている．1790年に合衆国が初めての国勢調査をして以後，10年ごとに，総人口はもとより人種的あるいは地域的な人口の動態を記載し，必要に応じてその意味合いを述べるようにした（植民地時代についてもそれに準じるように工夫した）．年表は歴史上の事実を年代順に記述するだけのものだから，執筆者の個性は出にくいと思われるかもしれないが，それが間違いであることを私たちは身をもって知った．記載する事項の選択，記述の仕方，最大限簡潔な表現の底にどうしてもあらわれる価値観（あるいは逆に何とかして自分の価値観をあ

らわしたいと思う衝動）などなどで，執筆者の個性はにじみ出るのである．本書のような共同執筆の年表では，そういう個性の間に違和感が生じ，さらには記述の齟齬を来たすことを私たちは恐れた．そのため編集段階で意見の交換をしたり，原稿段階で表現を検討し合ったりすることに努めた．が，それでもなお執筆者の個性は残るだろう．私としては，むしろそれを楽しむ寛恕を読者にお願いしたい．私自身，旧版においてかなり積極的に自分の個人的関心を年表的記述にもぐり込ませていたことは，すでに述べた通りである．

　私たちは本書の仕事を通して，年表は「生き物」だということを思い知らされた．事実だけを書いているつもりなのに内容は変化したがり，書く人によって表現もさまざまに変わる．ただし私たちは，この「生き物」とつき合っていく術も学んできたようだ．信頼でき，読んでいて楽しい年表は，執筆者の絶えざる精進があって初めて可能だとわきまえている．幸いに読者のご批判やご教示を得て，この年表をよりよいものに変えていく努力をし続けたいと思う．

　本書は，「旧版」も若き日の現南雲堂編集部長・原信雄氏の親身の応援を得て出版にこぎつけたが，この新版も同じ原さんの絶大な理解と支持があって出版の運びにいたったものである．ただ一部に思いがけぬ蹉跌があり，荏苒と日を過ごす事態も生じて，この間に原さんが体調を崩され，ついに同じ編集部の若き加藤敦氏にバトンを渡される仕儀となった．幸い加藤さんの誠実な受け継ぎと尽力によって，このたびようやく完成にいたった次第である．私はつい最近出した拙著『亀井俊介オーラル・ヒストリー 戦後日本における一文学研究者の軌跡』（研究社，2017年）で，「旧版」執筆以来，原さんから蒙り続けた学問的恩恵を感謝の思いとともに述べさせていただいたが，ここであらためて原さんと，その後継者である加藤さん，および南雲堂出版部に，心からの御礼を申し上げたい．有り難うございました．

Ⅰ部

先住民・
ヨーロッパ人植民地時代

986-1493

＊省略記号：■=歴史・政治・経済　▲=世界　●=日本

986頃　中世アイスランドの『グリーンランド人のサガ』*Grænlendinga saga*
　　　　（1375年頃成立）によれば，ヴァイキングの商人ビャルニ・ヘルヨル
　　　　フソンBjarni Herjulfsson，米大陸に漂着．
　　　　『赤毛のエイリークのサガ』*Eiríks saga rauða*（1310年頃成立）によれば，
　　　　レイヴ・エリクソンLeif Ericson，ヘルヨルフソンの話に触発され北
　　　　米沿岸を探検，漂着したニューファンドランド付近の葡萄のなる土
　　　　地を「ヴィンランド」Vinland（葡萄酒の土地）と名付ける（1000年頃）．
　　　　その後植民も試みられるが放棄される．

1112　　▲　ローマ教皇パスカリス2世Paschal II，グリーンランドとヴィンランド
　　　　をふくむ地域の主教を任命する．

1298　　▲　マルコ・ポーロMarco Polo『東方見聞録』*La Description du Monde*.
　　　　写本等で流布し，東アジアの富に対するヨーロッパの関心を高める．

1488　　▲　ポルトガル人探検家バーソロミュー・ディアスBartholomeu Dias，ア
　　　　フリカ最南端に到達し，帰路に喜望峰を発見．東回り航路を探すヨー
　　　　ロッパ諸国の競争が熱を帯びる．

1492　　この頃北米大陸の先住民（いわゆるインディアン）は狩猟漁労，トウ
　　　　モロコシや綿花の農耕を行ない，約370の部族に分かれ，多様な言語，
　　　　社会制度，文化を持つ．当時の人口推定は約100万とするものから
　　　　1,000万を超えるとするものまで様々．⇒コラム（1）
　　　　■　クリストファー・コロンブスChristopher Columbus，スペイン王女イ
　　　　ザベルIsabel I de Castillaとアラゴン国王フェルナンドFernando IIの支
　　　　援を受け，大西洋を横切って東アジアへの航路を求めるうちバハマ
　　　　諸島のひとつに到着し，サン・サルヴァドル San Salvadorと命名．翌
　　　　年2回目の航海に出発，1494年，イスパニョーラ島サント・ドミン
　　　　ゴに本格的な植民，ジャマイカ島に到達し，キューバを大陸と判断．
　　　　1498年には3回目の航海へ，トリニダード島に到達．
　　　　▲　グラナダ陥落，700年にわたるイスラム教徒とキリスト教徒の争いが
　　　　キリスト教勢力の「失地回復」で終わる．

1493　　アメリカ大陸の美しい自然，豊富な資源，従順な住民を描いたコロン

ブスの手紙，バルセロナ，ローマ，パリ，アントワープで印刷される．

▲ 教皇アレクサンデル6世Alexander VI. スペインに南北アメリカの領有権を認める．これを根拠に以後スペインによる南アメリカの探検・植民が進む．

1494 ▲ アレクサンデル6世，抗議を受けて，ポルトガルにも南北アメリカの領有権を認める．

1497 ■ ジェノヴァのジョン・カボットJohn Cabot，英国王ヘンリー7世Henry VIIの支援を得て最初のアメリカ航海に出発，ニューファンドランド近辺に到着．翌年2回目の航海，チェサピークChesapeake 湾近辺まで南下．

1498 ▲ ポルトガルの探検家ヴァスコ・ダ・ガマVasco da Gama，アフリカ大陸の南端，喜望峰をへてインドに到達．このインド航路発見により，ポルトガルが海上の覇権を持つ．

1499 ■ フィレンツェ出身の探検家・地理学者アメリゴ・ヴェスプッチ

コラム｜1｜インディアンはどこから? 1492年

コロンブスは1492年に到着した場所をインディアス（現在のインドを含む東方の土地）だと思い，そのため先住民のことを「インディアン」と呼んだ．この「インディアン」の祖先はさらに昔，紀元前1万4,000〜1万2,000年頃，シベリアとアラスカを結ぶベーリンジア（ベーリング陸橋）と呼ばれる陸地を渡り，アジアから北アメリカにやってきたと考えられている．

一方，インディアンの口承伝説では祖先が北米の地で生まれたことになっている．居住地域の気候や地形，生活様式，言語などが異なる各部族に伝わる創世神話には，人間と自然や霊との関係，そこで生まれたそれぞれの生活や文化が反映されている．相互に似た話もあり，接触により伝播した面も推測できる．

このように長い歴史と多様な文化をもつインディアンだが，2010年の国勢調査によれば，インディアンかアラスカ先住民というアイデンティティのみを持つ者は約290万人で，全人口2億8,140万の1パーセントにすぎない．

1499–1517

*省略記号：■=歴史・政治・経済　▲=世界　●=日本

Amerigo Vespucci，南米沿岸を探検，ブラジル沿岸に到達．

1502　■　コロンブス，最後となる4回目の航海に出発，マルティニークに到達，
　　　　ホンジュラス，ニカラグア，コスタリカ，パナマを探検．

1503　　　ヴェスプッチ，南米が「新大陸」であると論じた論文を発表（1499年
　　　　参照）．
　　　▲　レオナルド・ダ・ヴィンチLeonardo da Vinci，「モナ・リザ」"La Gioconda"
　　　　を制作．

1507　　　ドイツ人地理学者マルティン・ヴァルトゼーミュラーMartin Waldseemüller，
　　　　『宇宙史序説』Cosmographiae Introductioで，新大陸をヴェスプッチ
　　　　にちなんでアメリカAmericaと命名．

1508　■　英国の探検家セバスティアン・カボットSebastian Cabot，北アメリ
　　　　カの東海岸を探検，ハドソン湾，ハドソン海峡に到達した後，現在
　　　　のフロリダFloridaに至る．

1509　▲　英国でヘンリー8世Henry VIII即位（〜1547年在位）．

1513　■　スペインの探検家ポンセ・デ・レオンJuan Ponce de León，フロリダ
　　　　に到達，スペイン語の「花」にちなみ「フロリダ」と命名（1508年
　　　　参照）．
　　　■　スペインの植民地政治家・探検家ヴァスコ・デ・バルボア Vasco
　　　　Núñez de Balboa，パナマ地峡を越えて太平洋に到達．
　　　▲　ポルトガル人，マカオに来航．中国との交易を始める．

1516　▲　トマス・モアThomas More『ユートピア』Utopia出版，英国の現状を
　　　　批判し，ヴェスプッチが論じる新大陸に思いを馳せ，理想の社会を
　　　　描く．

1517　▲　ドイツの神学者マルティン・ルターMartin Luther，教会の方針を批
　　　　判したいわゆる「95ヵ条の論題」を発表，「宗教改革」始まる．

1519-1534

1519 ▲ ポルトガル人のフェルディナンド・マゼランFerdinand Magellan，スペイン船隊を率いて世界周航に出発．マゼラン海峡より太平洋に入る．マゼランは1521年，フィリピンで殺害されるが，船隊は1522年に帰国し世界一周を達成．

1521 ■ エルナン・コルテスHernán Cortésの率いるスペイン軍，現在のメキシコにあったアステカの首都テノチティトランを制圧．アステカ王国滅びる．

1523 ■ コルテス，カリフォルニア南部を探検．ホンジュラスやニカラグアへも遠征隊を派遣．

1524 ■ イタリアのジョヴァンニ・ダ・ヴェラッツァーノ Giovanni da Verrazzano，北米のカロライナからノヴァ・スコシアにいたる沿岸を探検．ニューヨーク湾，ナラガンセット湾に到達．

1526 ■ スペイン人ルーカス・バスケス・デ・アイリョンLucas Vázquez de Ayllón，現在のサウス・カロライナ州中部海岸に，サン・ミゲル・デ・グアルダーペ San Miguel de Gualdape を設立．ただし数か月で撤退．

1528 ■ スペイン人パンフィロ・デ・ナルヴァエスPánfilo de Narváez率いる探検隊，フロリダに上陸．その後6年以上を費やし徒歩でメキシコ・シティに到達．

1532 ■ スペインの軍人フランシスコ・ピサロFrancisco Pizarro，武力でクスコを制圧し，インカ帝国を滅ぼす．

1534 ■ フランス人探検家ジャック・カルティエJacques Cartier，現在のニューファンドランド島およびカナダ沿岸を調査．1542年までにさらに2回の探検を行ない，現在のケベックQuebec周辺の土地をカナダCanada と名付ける（インディアンの言語で「村」の意味）．
　　 ▲ ヘンリー8世，離婚問題をきっかけにローマ・カトリック教会から分離し，首長令Act of Supremacyを発布，英国国教会を建設．英国の宗教改革始まる．

1536-1553

*省略記号：■=歴史・政治・経済　▲=世界　●=日本

1536　▲ジャン・カルヴァンJean Calvin『キリスト教綱要』*Institutio Christianae Religionis* 出版（スイス）．プロテスタント初の体系的神学書としてキリスト教世界に大きな影響を与える．

1541　■　スペイン人エルナンド・デ・ソトHernando de Soto，ミシシッピーMississippi川に到達．

1543　▲　ポーランドの聖職者・天文学者ニコラウス・コペルニクスNicolaus Copernicus，地動説を発表．
　　　●　ポルトガル船，種子島に漂着（鉄砲の伝来）．

1545　▲　ペルーのポトシで銀鉱が発見され，採掘が開始される．翌年メキシコでも銀鉱発見，以後南米の銀産出量が激増し，ヨーロッパへ大量の銀が流出する．

1549　●　司祭フランシスコ・ザヴィエルFrancisco de Xavier，インドで布教した後に来日，キリスト教を伝える．

1550　この頃からジャガイモ，トマト，キニーネ，タピオカなど，アメリカ大陸原産の植物がヨーロッパに持ち帰られ広まる．ヨーロッパからは大麦，オーツ麦，ライ麦，サトウキビ，牛，豚，鶏，ウサギ，馬などが持ち込まれる．1560年頃にはフランスの駐ポルトガル大使ジャン・ニコJean Nicot，タバコの種を自国に持ち帰り，リラックス効果のある薬草として紹介．ヨーロッパに喫煙の習慣広まる（後にタバコから分離された成分が彼の名にちなみ「ニコチン」と名付けられた）．

1552　バルトロメ・デ・ラス・カサスBartolomé de las Casas司教，アメリカ大陸でのスペインの残虐行為についてスペイン国王カルロス1世Carlos Iに訴えた報告書『インディアスの破壊についての簡潔な報告』*Brevísima relación de la destrucción de las Indias*を出版．

1553　▲　英国，メアリー1世 Mary I 即位（～ 1558年在位）．宗教改革に逆行しカトリック回帰を目指す．

1558-1587

1558 ▲ 英国，エリザベス1世Elizabeth I即位（〜1603年在位）．実質的なプロテスタント化が始まる．

1562 ■ フランスの軍人ジャン・リボー Jean Ribault率いるユグノー教徒が現在のサウス・カロライナ州ポート・ロイヤルPort Royalにフランス初の植民地建設（1564年に撤退）．

1565 ペドロ・メネンデス・デ・アヴィレスPedro Menéndez de Avilés率いるスペイン人2,000名，現在のフロリダ州セント・オーガスティンSt. Augustineに初の白人恒久植民地を建設．フロリダ植民の開始．

1580 ▲ 英国国教会の牧師ロバート・ブラウンRobert Browne，国家権力からの教会の独立を訴える分離主義を唱導し，会衆による教会を組織．後にこの分離派が米大陸プリマスに渡る（1620年参照）．
ミシェル・ド・モンテーニュ Michel Eyquem de Montaigne『随想録』*Les Essais* 出版（仏）．インディアンを「自然に近い人々」として理想視し，ヨーロッパによる征服を批判．ルソーとならび「高貴なる未開人」というインディアン観の起源とされる．

1582 英国人聖職者リチャード・ハクルートRichard Hakluyt『アメリカ発見の諸航海記』*Divers Voyages Touching the Discoverie of America*出版，英国によるアメリカ植民を提唱する．同趣旨の『西方植民論』*Discourse Concerning Western Planting*を1584年，エリザベス1世に献呈．

1584 ウォルター・ローリー Sir Walter Raleighの探検団，ロアノークRoanoke島（現在のノース・カロライナ）に上陸，その一帯をヴァージニアVirginia と命名．翌年英国による北米初の植民地を建設するが，短期間で撤退．

1587 ローリーによる2回目のロアノーク島植民．画家ジョン・ホワイトJohn Whiteを指導者とする男女117名が移住．ホワイトの孫ヴァージニア・デアVirginia Dareが誕生し，北米で生まれた初めての英国人となる．1602年，無人化したこの植民地が発見される．移民団の運命は今日に至るまで不明．⇒図①

1588-1607

＊省略記号：■=歴史・政治・経済　▲=世界　●=日本

1588　ロアノーク島1回目の植民活動に同行した科学者トマス・ハリオット
　　　　Thomas Harriot,『新発見地ヴァージニアの簡潔な真実の報告』*A Briefe*
　　　　*and True Report of the New Found Land of Virginia*出版．英国による北
　　　　米植民を推進．
　　　▲ 英国海軍がスペインの無敵艦隊を破り，海上の覇権が英国に移る．

1597　▲ 英国の経験主義哲学者フランシス・ベーコンFrancis Bacon,『随想録』
　　　　*Essayes*出版．

1600　▲ ロンドンの商人，東インド会社創立．英国の東南アジア貿易進出が
　　　　盛んになる．

1602　■ 英国の探検家バーソロミュー・ゴズノルドBartholomew Gosnold，現
　　　　在のメインMaine州沿岸を航行．ケープ・コッドCape Codやマーサ
　　　　ズ・ヴィンヤードMartha's Vineyardを命名．
　　　▲ ネーデルラント連邦共和国（オランダ）．オランダ東インド会社創立．
　　　　世界初の株式会社．1639年以降には鎖国下の日本とヨーロッパとの
　　　　貿易を独占．

1603　▲ 英国エリザベス1世没．ジェイムズ1世James I即位（〜 1625年在位）．
　　　● 徳川家康，征夷大将軍となり，江戸幕府を開く．

1605　▲ミゲル・デ・セルバンテスMiguel de Cervantes Saavedra,『ドン・キホー
　　　　テ』*Don Quixote*前編を出版．1615年には後編も出版（西）．

1606　ノヴァ・スコシア（カナダ）のポート・ロワイヤルで，北アメリカ初
　　　　の舞台劇『ヌーベル・フランスのネプチューン劇場』*Le Théâtre de*
　　　　*Neptune en la Nouvelle-France*上演される．
　　　■ ジェイムズ1世の勅許を得て，ヴァージニア会社が北米植民を目的と
　　　　して設立される．

1607　ヴァージニア会社，植民者100余名をヴァージニアに送る．一行はジェ
　　　　イムズタウンJamestownに英国初の恒久的北米植民地を建設．飢えや
　　　　マラリアで，半年で半数が死亡．

1608-1613

1608 軍人で植民地のリーダーの一人ジョン・スミスJohn Smith,『ヴァージニア真実記』*A True Relation of Such Occurrences and Accidents of Note as Hath Hapned in Virginia*（ヴァージニア植民地に関する最初の記録）出版.
■ フランス人サミュエル・ド・シャンプレーンSamuel de Champlain, ケベック植民地を建設. アルゴンキン語族などインディアンの諸部族と交流し，毛皮貿易を振興.

1609 英国の探検家ヘンリー・ハドソンHenry Hudson, オランダ東インド会社に雇われ北米大西洋岸を航海. ニューヨーク湾からハドソン川をさかのぼりオルバニー Albanyに至る. インディアンと交易し，オランダの毛皮貿易，さらにはニュー・ネザーランド New Netherland（のちのニューヨーク）植民地設立の基礎を築く.
▲ イタリアのガリレオ・ガリレイGalileo Galilei, 天体望遠鏡を開発.

1610 英国の作家ウィリアム・ストレイチー William Strachey, ヴァージニアへの航海中，嵐のためバミューダ諸島に漂流し，その後ヴァージニアへ到達した顛末を書簡で報告（1625年出版. 手稿はウィリアム・シェイクスピアWilliam Shakespeareの『テンペスト』*The Tempest*の記述に影響を与えたとされる）.
■ スペインが植民の拠点としてサンタ・フェ Santa Fe建設.

1611 ▲ ジェイムズ1世の命により，英国国教会で使用する英語版のいわゆる「欽定訳聖書」が完成.
シェイクスピア『テンペスト』初演（1610年参照）.

1612 ジョン・スミス『ヴァージニア地図』*A Map of Virginia with a Description of the Country*出版. ヴァージニアの初期の詳しい紹介.
ジョン・ロルフJohn Rolfe, ヴァージニアでタバコの栽培，商品化に成功. 英国への本格的な出荷は1614年より.

1613 アレグサンダー・ホイテカー Alexander Whitaker『ヴァージニアからのよきしらせ』*Good News from Virginia*（説教，ヴァージニアの気候やインディアンについての好意的な報告）出版.

1613-1621

＊省略記号：■=歴史・政治・経済　▲=世界　●=日本

　　　▲ ミハイル・ロマノフがロシア帝国のツァーリ（皇帝）に即位，ロマノ
　　　　フ王朝成立（～ 1917年）.
　　　● 仙台藩主伊達政宗，支倉常長らをヨーロッパに派遣（慶長遣欧使節）.
　　　　メキシコ，キューバ，スペインを経て，ローマで教皇パウルス5世
　　　　Paulus Vに謁見し親書を渡す．マニラ寄港後1620年に帰国．日本人と
　　　　して初めて太平洋，大西洋を横断.

1614　ジョン・ロルフ，ポーハタン族首長の娘ポカホンタスPocahontasと結婚.
　　　ジョン・スミス，ヴァージニアの北方を探検し，ニューイングランド
　　　New Englandと命名.

1616　ポカホンタス，夫ジョン・ロルフと共に渡英し，アメリカのプリンセス
　　　として社交界でもてはやされ国王とも会見するが，翌年英国で病死.

1619　ヴァージニア会社，植民者の定着を狙い，若い女性90人を英国から
　　　　ヴァージニア植民地に送る．女性のほとんどが到着後数か月で結婚.
　　　ヴァージニア土地保有制度の改革．移住者に土地を無料で譲与し，私
　　　　有財産と自治を認める.
　　　ジェイムズタウンで最初の植民地議会開催．立法にはヴァージニア会
　　　　社の承認が必要とされた.
　　　黒人奴隷20人がヴァージニアに輸入される．アメリカ黒人奴隷制の始
　　　　まり.

1620　**11月9日**　分離派ピューリタンのピルグリムズ Pilgrims，メイフラワー
　　　　Mayflower 号で現在のマサチューセッツ州ケープ・コッドに到着
　　　　（1580年参照）.⇒図②
　　　11月21日　植民者のうち41名によりメイフラワー誓約 Mayflower
　　　　Compact 制定される.
　　　12月26日　ピルグリムズ，プリマス Plymouth に上陸，植民地建設開始.
　　　　疫病，寒さ，飢え等のため植民者の約半数が冬の間に死亡.

1621　プリマスで最初の感謝祭が祝われる．⇒図③
　　　プリマス植民地総督ウィリアム・ブラッドフォードWilliam Bradford,
　　　クリスマスを理由に労働を休み遊戯に興じる人々を叱責.

1621–1625

▲ アメリカ大陸および西アフリカの植民のため，オランダ西インド会社設立される．

1622　プリマス植民の記録『モートによるアメリカ事情案内』*Mourt's Relation*，ロンドンで出版．実際の著者はプリマス植民地の指導者エドワード・ウィンズロー Edward Winslowおよびブラッドフォードとされる．

■ ヴァージニアでインディアンが植民地を攻撃，植民者約400名を殺害．植民者側は和議を装ってインディアン約250名を殺害．この後1646年まで植民者とインディアンの争い続く．

1624　ジョン・スミス『ヴァージニア，ニューイングランド，およびサマー諸島総史』*The Generall Historie of Virginia, New England and the Summer Islands*出版．ポカホンタス神話の起源．⇒図④・コラム（2）

1625　英国の牧師ウィリアム・モレルWilliam Morrell，英語訳のついたラテン語詩『ニューイングランド』*Nova Anglia*出版．自然豊かなアメリカ大陸を讃美．

トマス・モートン Thomas Morton，プリマスの北にメリーマウント

コラム 2 **ポカホンタス神話** 1624年

　ジェイムズタウン植民地の指導者ジョン・スミスは，インディアンのポーハタン族に捕らえられたが首長の娘ポカホンタスの命乞いのおかげで助かったと，『ヴァージニア，ニューイングランド，およびサマー諸島総史』に書き残した．淡々とした短い記述であり真相は不明だが，白人の植民活動をインディアンが受け入れたことを示唆するポカホンタス神話として現在まで語り継がれ，ディズニーのアニメーション『ポカホンタス』（1995）や，『ニュー・ワールド』（2005）など，映画の素材にもたびたびなっている．

　実際のポカホンタスは植民地の白人に誘拐され，解放された後にタバコを改良したジョン・ロルフと結婚．そして1616年，植民地でのキリスト教布教とタバコ栽培成功の宣伝のため，夫とともにロンドンに渡り，社交界デビューしジョージ1世とも会見したが，1617年，祖国に戻る前に病死した．植民地人との出会いにより数奇な運命をたどることになったインディアン女性の一例である．

1625-1632

*省略記号：■=歴史・政治・経済　▲=世界　●=日本

Merrymount 植民地を建設し，宗教的に寛容でインディアンとも友好的な関係を保つ理想的コミュニティをめざす．ピューリタンが禁じていた五月祭 May Dayも行ない，その逸脱ぶりが批判もされた．

▲ 英国，チャールズ1世 Charles I 即位（～ 1649年在位）．

1626　オランダ西インド会社のピーター・ミヌイットPeter Minuit（Pierre Minuyt），マンハッタンManhattan島をインディアンより60ギルダー（26ドル24セント）で購入し，ニュー・アムステルダムNew Amsterdamと命名．以後この地は商業中心地となり，フィンランド人，ドイツ人，スウェーデン人，ニューイングランドのピューリタン，自由黒人らも到来し，多様な人口構成を持って発展．

1628　ニュー・アムステルダムに北米最古の私立学校Collegiate School創立．

▲ 英国議会，チャールズ1世に対し，国民の権利保障を要求する「権利の請願」提出．チャールズ1世はこれを認めるが，のちに態度を硬化させ親政へと移行，ピューリタン革命を誘発．

1630　この頃の北米植民地の人口は推定4,646人．

会衆派ピューリタン，マサチューセッツ湾Massachusetts Bay植民地建設．一行を率いる総督ジョン・ウィンスロップJohn Winthrop，植民地は成否が世界から注目される「丘の上の町」a city upon a hillであるべきと説く．この植民地には年内に1,000人が移住，その後10年に約2万人が移住．⇒コラム（3）

最初のマサチューセッツ総会議，開かれる．

ウィンスロップ，『日記』Journalsを執筆開始（英国出発から1649年まで．1825年に『ニューイングランド史』The History of New Englandとして出版）．

ウィリアム・ブラッドフォード，『プリマス植民地について』Of Plimoth Palantationを執筆（1651年完成，1856年出版）．

1631　マサチューセッツ選挙法制定，市民権を教会員に限定．

1632　海賊ディクシー・ブルDixie Bull，メインを襲撃．ニューイングランドに現れた最初の海賊として，詩や物語にも取り上げられ伝説的存在

1632–1635

となる.

1634 ボストンBostonに初めての酒場 tavern が開店. 社交, 政治論議の場と
してにぎわう.
マサチューセッツで華美な服装を禁じた奢侈禁止令が成立.
メリーランドMarylandへの入植始まる. カトリック教徒のための植民
地設立が目的.

1635 ピューリタンの聖職者リチャード・マザー Richard Mather, ボストンに
到着. 息子インクリース, 孫コットンの三代にわたり, 宗教的権威
により植民地社会に大きな影響力をおよぼし, 「マザー王朝」Mather
dynastyと言われる.
厳格な分離派ピューリタン牧師ロジャー・ウィリアムズRoger Williams,
植民地教会の正統性への疑問を表明してマサチューセッツから追放
され, 政教分離の直接民主制を目ざしてプロヴィデンスProvidenceを
建設, 後にロード・アイランドRhode Island植民地へと発展.
自治体が運営するボストン・ラテン学校Boston Latin School創立. 英国
のボストンにあるラテン学校をモデルに古典教育を重視. のちにベ

コラム │ 3 │ 「丘の上の町」1630年

「丘の上の町」とはジョン・ウィンスロップが1630年のボストン植民の前に行なっ
た説教の中の, あまりに有名なことばである. 新約聖書の「マタイによる福音書」5
章14節で述べられる「丘の上の町」のように, 自分たちはみんなに注目されている
存在だから模範となろうというのだ.

この説教ではさらに旧約聖書「申命記」が引用され, 神の定めた道を行けば繁
栄し, さからえば滅亡へと進むだろう, だから神の道を行こうというメッセージとなる.
そして神に従えば, 神は必ずや利益を与えてくれるだろうという理解にもなっている.

このわかりやすい楽観的な考え方は現代にも引き継がれ, たとえば1980年代
にロナルド・レーガン大統領は好んで「丘の上の輝ける町」という表現を用いた.
アメリカの繁栄はアメリカ人が神の意向に沿ってきたからだ, そしてこれからも神の
ご加護がアメリカにあるのだということになる. このような理解が, 単純に善悪をわ
けるアメリカのキリスト教の特徴となっている.

ンジャミン・フランクリン，ラルフ・ウォルド・エマソンら多くの
著名人が学ぶ．

1636　マサチューセッツの現ケンブリッジCambridgeにハーヴァード・カレッ
ジ（現在のハーヴァード大学Harvard University）創立．⇒図⑤
牧師トマス・フッカー Thomas Hooker，信教の自由を求めてハート
フォードHartfordにコネティカットConnecticut植民地を建設．
ニューイングランド植民地とピークォット族の衝突（ピークォット戦
争Pequot War）．

1637　女性を集めて聖書の教えを説いたマサチューセッツのアン・ハッチン
ソンAnne Hutchinson，アンティノミアン（反律法主義者）とみなさ
れ，植民地追放の判決を受ける．⇒コラム（4）
トマス・モートン『ニューイングランドの約束の地』*New English Canaan*
（メリーマウント植民地〔1625年参照〕興亡記を含む）をアムステル
ダムで出版．ピューリタンの偏狭さとインディアン政策を批判．

1638　北米植民地最初の印刷機がマサチューセッツに到着．翌年，北米最初

コラム │ 4 │ アン・ハッチンソンとモンスター 1637年

　アン・ハッチンソンは女性たちの集まりにおいて，教会と牧師の存在を否定しう
るような，聖書のみに従うことを強調した教えを説き，薬草の知識を用いて出産の
手伝いもしていた．植民地追放判決を受ける少し前に，彼女の支持者メアリー・ダ
イアーが「モンスター」を死産したとされ，その事実が，ハッチンソンが異端思想の
宗教裁判を受け破門が決まる頃に明らかとなったため，ハッチンソンは魔女だとい
う噂が広まった．

　追放後すぐ，今度はハッチンソン自身が「モンスター」を出産したとされ，総督た
ちは彼女に罰が下ったと考えた．彼らは1643年にハッチンソン一家がインディア
ンに惨殺されたことも天罰だと解釈し，当時の歴史書はそのように記述している．

　1660年にはダイアーも異端のクエーカー教徒として処刑された．教会の考え方
とは違う考えの女性，とくに医療に従事する者が魔女と結びつけられやすく，為政
者も植民地が悪魔の攻撃にさらされていると信じていたことがわかる．

の英語の印刷物，マサチューセッツの公文書「自由人の誓い」"The Freeman's Oath"と暦が印刷される．

北米で最初の丸太小屋，スウェーデンからの入植者により現在のニュー・ジャージー州に建てられる．

ニュー・スウェーデン会社，現在のデラウェアDelaware州ウィルミントンWilmingtonに植民地の拠点を建設，開拓を始める．

1639　コネティカット基本法Fundamental Orders of Connecticut制定，マサチューセッツをモデルに政府の枠組みを規定した（西洋世界初の成文憲法という説あり）．

北米最初の小学校，マザー・スクールMather School，ボストンで創立．

プリマスの女性が姦通で有罪判決，刑罰は鞭打ちと左袖にAD（姦通女Adultressの意）の印を着けることで，着用違反の場合は額に焼き印をおすとされた．

● 江戸幕府，ポルトガル船の入港を禁じ，鎖国完成．

1640　この頃の北米植民地の人口は推定26,634人．

ヘブライ語からの忠実な翻訳をめざした讃美歌集『ベイ・サーム・ブック』Bay Psalm Book，マサチューセッツで出版．アメリカの英国植民地で印刷された最初の書籍となる．

▲ 英国で，国王と議会改革派が対立，ピューリタン革命起こる（〜1649年）．

1641　マサチューセッツで，北米植民地初の特許が塩の製造法に認められる．

マサチューセッツでナサニエル・ウォードNathaniel Wardの起草した権利の章典Body of Libertiesを採択．総会議が依拠すべき法典として書かれ，一般的に植民地初の法典といわれる（1639年参照）．

1642　マサチューセッツで，親や監督者に子供の教育を義務づける北米初の義務教育法を制定．学校教育ではなく，読み書きなど初歩を教えることで植民地の安定を目指す（1852年参照）．

1643　ロジャー・ウィリアムズ『アメリカ言語への鍵』A Key into the Language of America出版．インディアンの言語についての最初の書物．

*省略記号：■=歴史・政治・経済　▲=世界　●=日本

■　アルゴンキン語族とオランダ植民地との関係悪化，キーフト戦争 Kieft's War始まる.

■　マサチューセッツ，プリマス，コネティカット，ニュー・ヘイヴン New Havenの4植民地，インディアンとオランダの脅威に対抗するため，ニューイングランド連合New England Confederationを結成.

1644　ジョン・コットンJohn Cotton『天国の鍵』*The Keys of the Kingdom of Heaven*（1648年までニューイングランド会衆派教会の指導書）出版.
ロジャー・ウィリアムズ『迫害の血なまぐさき教え』*The Bloudy Tenent of Persecution*（ジョン・コットンに反対し，信教の自由と政教分離を説く）出版.

1646　マサチューセッツの聖職者ジョン・エリオットJohn Eliot，インディアンに向けた初めてのプロテスタント礼拝を行なう.
■　マサチューセッツで，市街地での喫煙を禁止する法律制定（健康や道徳上の理由ではなく，火事を防ぐため）.

1647　マサチューセッツ，一定規模のタウンに学校の設立を義務付ける法律を制定．同種の法がニューイングランド各地で制定される.
コネティカット，放埒を防ぐため喫煙は1日1回のみ認め，集団での喫煙は禁止とする法律制定.
ナサニエル・ウォード『アガワムの質朴な靴職人』*The Simple Cobler of Aggawam*（マサチューセッツの体制を擁護し，寛容論を批判）出版.
ジョン・コットン『洗い流された血なまぐさき教え』*The Bloudy Tenent Washed*（ウィリアムズへの反論）出版（1644年参照）.

1648　リチャード・マザー起草「ケンブリッジ綱領」Cambridge Platform（1708年までニューイングランド会衆派教会の指導基準）が成立（翌年『教会規則綱領』*A Platform of Church Discipline*として出版）.
ボストンの助産師・医師マーガレット・ジョーンズMargaret Jonesが魔女として死刑になる．北米植民地で魔女として処刑された初めてのケース．以来1663年までに女性13名，男性2名が「魔女」と認定されて処刑された（1637年「コラム（4）」参照）.
メリーランドのマーガレット・ブレントMargaret Brent，議会で女性の

「投票権と発言権」を求める演説を行なう．女性の公民権を公に要求した初めての記録．要求は知事により却下される（1838年参照）．

1649 ■ メリーランドで宗教寛容令Toleration Act発布．北米植民地で信教の自由を認める初めての法律．
　　　▲ 英国，ピューリタン革命の結果，チャールズ1世が議会派により処刑され，イングランド共和国Commonwealth of Englandとなる（〜 1660年）．

1650 この頃の北米植民地の人口は推定50,368人．
　　　アン・ブラッドストリートAnne Bradstreetの『最近アメリカに出現した第十番目の詩神』*The Tenth Muse Lately Sprung Up in America*，ロンドンで出版される．アメリカ植民地人の手になる最初の詩集．⇒コラム（5）

1651 ボストンとセイラムSalemでおもちゃや人形が販売される．ピューリタン的禁欲主義の緩みを示す．
　　　▲ 英国議会，航海条例を発布．英国および英領植民地への，外国船で

コラム｜5｜女性の声 1650年

　アメリカの女性の声が出版物として登場するのはアン・ブラッドストリートの詩集が最初だが，それは他の女性たちが何も表現しなかったことを意味するわけではない．とくにピューリタンには聖書を自分で読むことが重要だったため，識字率は高く，家事のため男性ほどものを書く時間がなかったかも知れないものの，女性の手紙は数多く残っている．また教会員として認められるために神の存在を実感した体験を語る必要があったため，その体験記録も残っており，そこからは一般の人びとの声，女性の声を知ることができる．

　文字を持たないインディアンの部族に残る伝承からも女性の活躍がうかがえる．首長の指名に女性が責任を持っていたイロコイ族の創造神話「空の女」や，チヌーク族の島に上陸する怪しい「モンスター」（15，16世紀のスペイン船のことらしい）を発見し島民に知らせた老女の物語「初めての船」などがその例である．また宗教的な役割を果たす女性の話も伝わっている．

1651-1656

＊省略記号：■=歴史・政治・経済　▲=世界　●=日本

の物資の輸入を禁じる．この後英国はいくつもの航海条例で植民地の貿易を制限して本国の利益を優先し，植民地人の反感を招く．

▲ トマス・ホッブズThomas Hobbes，『リヴァイアサン』*Leviathan*を著し，自然状態の人間は「万人の万人に対する闘争」になるとして，人民が統治権を委ねた結果としての絶対君主制を擁護（英）．

1652　■ ロード・アイランドで，北米で初めて奴隷制度を禁じる法が制定される．

　　　■ 英国の植民地法に反して，北米初の貨幣鋳造所，ボストンで鋳造を開始．

　　　■ オランダ政府，ニュー・ネザーランドへの奴隷の輸入を許可．ただし奴隷の虐待は禁じた．

　　　▲ 第1次英蘭戦争（〜1654年）．

1653　ジョン・エリオット，『教理問答』をアルゴンキン族の言語に翻訳出版．初めてのインディアン向け書籍．

1654　エドワード・ジョンソンEdward Johnson『ニューイングランドにおける選民の救い主の驚異の摂理』*The Wonder-Working Providence of Sions Saviour in New England*（別題『ニューイングランド史』*A History of New England*），ロンドンで出版．植民を過酷な自然や非キリスト教徒との戦いとして描く．

1655　メリーランドで北米初の全員女性の陪審員による裁判．被告は実子殺害の容疑で訴えられた女性（出産経験がないことが明らかとなり無罪）．

1656　クエーカー教徒，初めてニューイングランドに来るが，虐待のうえ追放される．

　　　ヴァージニアの黒人奴隷エリザベス・キー Elizabeth Key，洗礼を受けたキリスト教徒であること，および父親が英国人であることを根拠に自由を求めて訴訟を起こし，勝訴．

　　　安息日を守らせる規則，各地で強化．ニュー・ネザーランドでは，日曜日の労働の他，飲酒，狩猟や釣り，ダンス等が禁止された．

1658–1662

1658 マサチューセッツでクエーカー教徒の集会を禁止. この頃クエーカー
　　　 教徒はロード・アイランド以外あらゆる北米植民地で追放, 処罰の
　　　 対象となった.
　　　 ニュー・アムステルダムで最初の「警察」が組織され, 近隣の警備を
　　　 担当. 住民が維持費を賄った.
　　　 北米植民地で最初の病院と考えられるものがニュー・アムステルダム
　　　 に開設.

1659 ジョン・エリオット『キリスト教共同体』*The Christian Commonwealth*
　　　 出版. 北米植民地初の政治書. 英国国教会による神権政治を提唱し,
　　　 マサチューセッツで発禁, 回収された初の本となる.
　　　 ケンブリッジで発行された暦にコペルニクス天文学への言及. 暦の出
　　　 版にはしばしばハーヴァード大学関係者が関わり, 最新の科学的知
　　　 識が取り入れられた.

1660 この頃の北米植民地の人口は推定75,058人.
　　　 マサチューセッツでクリスマスを禁じる法が成立.
　　　 ジョン・エリオット, マサチューセッツにインディアンのための教会
　　　 を創設.
　　　 英国でチャールズ2世Charles IIが即位（～ 1685年在位. 王政復古）. こ
　　　 れに伴い輸出入制限等, 北米植民地への統制強化が始まる. 一方,
　　　 チャールズ2世にならって, 植民地でも男性用かつらなど華美な風潮
　　　 が見られるようになる.

1661 ジョン・エリオット, 新約聖書をアルゴンキン族のインディアン語に
　　　 翻訳（旧約聖書は1663年）出版——植民地で初めて印刷された聖書.

1662 マサチューセッツで「半途契約」Half-Way Covenant採用. 回心体験の
　　　 ない者も暫定的な教会員として認め, 教会の縮小と植民地における
　　　 教会離れを防ごうとした.
　　　 ヴァージニアで, 母親が奴隷であれば子供も奴隷の身分となることが
　　　 決定される. 子供の身分が父親の身分により決定されるとする英国
　　　 慣習法から逸脱.
　　　 マイケル・ウィグルズワースMichael Wigglesworth, カルヴィニズムの

*省略記号：■=歴史・政治・経済　▲=世界　●=日本

教義に基づく宗教詩『最後の審判の日』*The Day of Doom*（宗教的叙事詩）ロンドンで出版．ニューイングランドでベストセラーとなる．

1663　チャールズ2世，8人の貴族に現在の両カロライナにあたる土地を付与．カロライナ植民地の始まり．

1664　メリーランドで黒人奴隷の生涯の隷属状態を定める法律の制定．後に同様の法律がヴァージニア，ノース・カロライナNorth Carolina，ニューヨーク，サウス・カロライナSouth Carolina，ニュー・ジャージー New Jerseyでも制定される．
第2次英蘭戦争（〜 1667年）．英軍がニュー・アムステルダムを掌握，ニューヨークと改称．チャールズ2世，その結果英国領になったニュー・ネザーランドを弟ヨーク公ジェイムズ（後のジェイムズ2世James II，1685年参照）に下付．ニューヨーク植民地となる．

1665　ヴァージニアで植民地初の芝居，『熊の親子』*Ye Bare and Ye Cubb*が上演され，関係者が逮捕される．詳細，理由は不明．
　　　▲ ジャン・バティスト・コルベールJean Baptiste Colbert，ルイ14世Louis XIVの財務総監に就任．フランスの重商主義政策を推し進め，ケベックやルイジアナへの植民も推進した．

1666　サウス・カロライナ植民地，英国で「50歳以下の独身女性なら誰でも，よい条件で結婚できる」と移民を促す宣伝．
ジョージ・オルソップGeorge Alsopによる『メリーランド植民地の特質』*A Character of the Province of Maryland*（植民者のための案内記），英国で出版．

1667　▲ ジョン・ミルトンJohn Milton『失楽園』*Paradise Lost*出版（英）．

1668　フィリップ・ペインPhilip Pain『日々の黙想』*Daily Meditations*（植民地で印刷された最初の詩集）出版．

1669　長年プリマス植民地の官職にあったナサニエル・モートンNathaniel Mortonによる，最初の包括的なニューイングランド史『ニューイング

ランドの記録』*New England's Memoriall*，ボストンで出版される．北米植民地で初めて出版された歴史書．

▲ 英国の思想家ジョン・ロックJohn Locke，カロライナのために『基本憲法』*Fundamental Constitutions*を執筆（施行されず）．貴族による統治，人権尊重，宗教的寛容を含み，以後アメリカ政治思想に大きな影響を与える．

1670　この頃の北米植民地の人口は推定111,935人．

ボストンに初のコーヒーハウスが登場．客は男性が多く，社交や政治的討論の場としてにぎわった．

英国からの植民者ダニエル・デントンDaniel Denton，植民を奨励する目的で『ニューヨーク紹介』*A Brief Description of New-York*を英国で出版．現在のニューヨークおよびニュー・ジャージーの自然やインディアンの事情と植民地拡大の展望を述べる．

1673　ニューヨーク＝ボストン間で定期的な郵便開始．到着に3週間を要した．

1674　インクリース・マザー Increase Mather，「災いの日は近い」"The Day of Trouble Is Near" の説教——キリスト教共同体として堕落していく植民地を憂い，警告を発する．

インクリース・マザー，ハーヴァード大学のフェローに就任（後に学長1692 ～ 1701年）．

マサチューセッツの実業家で判事も務めたサミュエル・シューアル Samuel Sewall，『日記』*Diary*を執筆（1729年まで．出版は19世紀）．植民地時代の貴重な記録．

1675　マサチューセッツ湾植民地，「インディアンの襲撃は人々の罪深い行ないのせい」であるとして，男性の長髪やかつらを禁ずる法律を制定．

■ ワムパノアグ族（首長メタコムMetacom，植民地人から「フィリップ王」と呼ばれた）とニューイングランドの植民地の間でフィリップ王戦争King Phillip's War勃発（～ 1676年）．双方に多大な犠牲者を出し，植民者側の勝利に終わる．17世紀初頭に推定25,000人いたニューイングランド南部のインディアンは戦争終了時に1,500名程度まで激減．

1676-1680

＊省略記号：■=歴史・政治・経済　▲=世界　●=日本

1676　ベンジャミン・トンプソンBenjamin Tompson（最初のアメリカ生まれ
　　　の詩人），『ニューイングランドの危機』New England Crisisで，フィ
　　　リップ王戦争時代のニューイングランドの腐敗を諷刺.
　　　ピーター・フォルジャー Peter Folger（ベンジャミン・フランクリンの
　　　祖父），ニューイングランドのキリスト教徒を批判する諷刺バラッド
　　　『時代の鏡』A Looking-Glass for the Times出版.
　■　ナサニエル・ベーコンNathaniel Bacon，ヴァージニア植民地で反乱
　　　を起こす. インディアン殲滅の要求を拒否されたベーコンは500人の
　　　義勇兵を率いてインディアンを虐殺，一時ジェイムズタウンを制圧.
　　　辺境小農民や年季奉公人の不満が表面化した.

1677　インクリース・マザー『ニューイングランドのインディアン紛争記』
　　　A Relation of the Troubles Which Have Happened in New-England, by
　　　Reason of the Indians There出版，牧師ウィリアム・ハバードWilliam
　　　Hubbardも『ニューイングランドのインディアン紛争記』Narrative of
　　　the Troubles with the Indians in New-England出版. 両者とも，増加す
　　　る白人とインディアンとの戦争をキリスト教と悪魔との戦いとして
　　　描く.
　　　ユリアン・オークスUrian Oakes，ボストンで敬愛された牧師の死を悼
　　　む『トマス・シェパード師を悼む詩』An Elegy upon the Death of the
　　　Reverend Thomas Shepard出版.

1678　アン・ブラッドストリート『詩集』Several Poems Compiled with Great
　　　Wit and Learning, 死後出版. キリスト教信仰の中にニューイングラン
　　　ドの生活や個人的感情もうたい，すぐれた詩性を示す（1650年参照）.
　▲　英国のジョン・バニヤンJohn Bunyan『天路歴程』The Pilgrim's Progress
　　　第1部出版（第2部は1684年）. ピューリタン文学の傑作，アメリカ植
　　　民地でも聖書と共によく読まれた.

1679　■　ボストンの大火で150軒が焼失. このため，建築に煉瓦やタイルを使
　　　うことを義務づける条例が成立. またボランティアではなく給与を
　　　支払う消防団が設立される.

1680　この頃の北米植民地の人口は推定151,507人.

031

1680–1684

■ プエブロ・インディアンが蜂起し，スペイン植民者をサンタ・フェから放逐.

1681 ボストンに最初のダンス教師が登場するが追放される．インクリース・マザーもただちに『聖書に基づく，放埒なダンス行為に対する攻撃』*An Arrow Against Profane and Promiscuous Dancing, Drawn out of the Quiver of the Scriptures*を出版してダンスを批判.

クエーカー教徒のウィリアム・ペンWilliam Penn，『ペンシルヴェニア植民地の紹介』*Some Account of the Province of Pennsylvania*出版.

1682 メアリー・ローランドソンMary Rowlandson，フィリップ王戦争の際にインディアンの捕虜となった体験記『メアリー・ローランドソン夫人　捕囚と救出の物語』*The Soveraignty & Goodness of God, Together with the Faithfulness of His Promises Displayed; Being a Narrative of the Captivity and Restauration of Mrs. Mary Rowlandson*を出版，植民地でも英国でもベストセラーとなる．「インディアン捕囚記」ジャンルの代表作．⇒図⑥

ウィリアム・ペン，クエーカー教徒のための植民地，後のペンシルヴェニアPennsylvaniaを建設.

フランス人ロベール・カヴリエ・ド・ラ・サールRené Robert Cavelier, Sieur de La Salle，ミシシッピー川を下り，河口に到達．流域一帯をフランス国王ルイ14世にちなんでルイジアナLouisianaと命名.

スペイン人，現在のエル・パソEl Pasoを拠点としてテキサスTexasへの植民を開始.

1683 ベンジャミン・ハリスBenjamin Harris，北米植民地初の国語の教科書『ニューイングランド初等読本』*The New England Primer*を出版．改版を重ねて20世紀まで使用され，500万部以上売る.

■ 最初のドイツ移民，フィラデルフィアPhiladelphia付近のジャーマンタウンGermantownに定着.

1684 インクリース・マザー『驚くべき神の摂理』*Remarkable Providences*出版，いくつかの具体的な例を挙げ，神がいかにピューリタン植民地を守っているかを示す.

1684-1689

＊省略記号：■=歴史・政治・経済　▲=世界　●=日本

■ チャールズ2世，植民地に対する統制を強めるためマサチューセッツ湾植民地の勅許状を取り消す．また植民地における貨幣の鋳造を禁じる．以後，植民地への統制強化続く．

1685　▲ 英国，ジェイムズ2世即位（〜1688年在位）．カトリック信仰をもち，絶対王政を体現する国王とみなされ，議会と対立．

1686　■ 英国植民地はニューイングランド王領植民地Dominion of New Englandとして一括統治されることが決定，総督としてエドマンド・アンドロスEdmund Androsが着任．ボストンに英国国教会が建設される．各植民地で抵抗相次ぐ．

1687　▲ 英国の科学者アイザック・ニュートンIssac Newton，『プリンキピア』Principiaで万有引力の法則を発表．

1688　ジャーマンタウンの創立者フランシス・ダニエル・パストリウスFrancis Daniel Pastorius，クエーカー教徒3名とともに奴隷制反対を訴える初の文書「ジャーマンタウンのクエーカーによる奴隷制反対の請願」"The 1688 Germantown Quaker Petition Against Slavery"を発表．
　　　▲ 英国，ジェイムズ2世，議会勢力により王位を追われフランスへ逃亡．名誉革命（〜1689年）．

1689　コットン・マザー Cotton Mather『魔術と悪魔憑きに関するすばらしい神の摂理』Memorable Providences, Relating to Witchcraft and Possessions出版（ニューイングランドにおける魔女事件の初期の記録）．
　　　名誉革命の結果，ボストン，ニューヨークなど各地で反乱が起き，ニューイングランド王領植民地は再び各植民地が独立した形に戻る．
　　　メリーランドではカトリック教徒への圧迫が強まり（ロード・アイランドとペンシルヴェニアだけがカトリック教徒の権利を保障），プロテスタントによる支配が確立．
　　　■ ウィリアム王戦争King William's War勃発──ヨーロッパにおけるフランスと英国との対立が北米植民地に飛び火，領土をめぐってインディアンも巻き込んだ武力衝突となる．
　　　▲ 英国でオレンジ公ウィリアムWilliam III of Orangeと，ジェイムズ2世

の娘メアリー Maryが国王と女王として共同即位（〜1702年在位，メ
アリーは1694年没）．王に対する議会の優位，人権尊重を明記した「権
利の章典」が発布され，国王は「君臨すれども統治せず」という立
憲君主制が確立．

1690 この頃の北米植民地の人口は推定210,372人．

ベンジャミン・ハリス，植民地最初の複数ページの新聞『内外の社会的
出来事』*Publick Occurrences Both Forreign and Domestick*をボストン
で発行，無許可出版として1号のみで発行禁止となり，ハリスは投獄
された．

兵士に報酬を支払う必要のため，マサチューセッツでアメリカ最初の
紙幣発行．

マサチューセッツの議会で「フロンティア」にあるタウンの守備強化
が提案される．この頃すでに「フロンティア」という語は「国境」
ではなく，入植地の西端というアメリカ独自の意味で使われていた．

ナンタケット Nantucket（マサチューセッツ）沖で捕鯨業が本格的に始
まる．

▲ ロック『人間悟性論』*An Essay Concerning Human Understanding*，『統
治二論』*Two Treatises of Government*発表，社会契約や抵抗権の考え方
が，合衆国独立の論理的根拠として北米植民地に大きな影響を与え
る．

1691 ヴァージニアで白人と黒人の結婚を禁ずる法制定．身分に関わらず人
種のみに基づく初の結婚禁止法で，この後すべての植民地がこれに
ならう（1883年，1967年参照）．

1692 マサチューセッツのセイラムで魔女狩り．翌年までに裁判で魔女とさ
れた19人が処刑され，1名が拷問中圧死，5名が獄死．⇒コラム（6）

政治家・起業家のトマス・ニールThomas Neale，英国植民地で独占的
に郵便を扱う権利をウィリアムとメアリーより許可される．翌年，
ヴァージニアに郵便局開設．

ハーヴァード大学，名誉学位である神学博士号をインクリース・マザー
ら3名に初めて授与（1861年参照）．

*省略記号：■=歴史・政治・経済　▲=世界　●=日本

1693　ヴァージニアのウィリアムズバーグWilliamsburgにウィリアム・アン
　　　ド・メアリー大学William and Mary College創立．北米植民地でハー
　　　ヴァードに次いで二番目の大学．
　　　コットン・マザー『目に見えぬ世界の驚異』*The Wonders of the Invisible*
　　　World（セイラム魔女裁判に関する考察），インクリース・マザー『悪
　　　魔に関する良心の問題』*Cases of Conscience Concerning Evil Spirits*（魔
　　　女裁判批判に対する反論）出版．

1694　クエーカー教徒の集会所（他宗派の教会にあたる）がニューヨークに
　　　も建設される．

1696　英国国教会牧師トマス・ブレイThomas Bray，布教のためメリーランド
　　　に派遣され，教区ごとの図書館開設を構想．彼の尽力によりアメリ
　　　カの各地に図書館できる．
　　　クエーカー教徒の年次大会，奴隷輸入禁止を決議．

1697　神の冒瀆と無神論を罰する法律がマサチューセッツで成立．
　　　セイラムの魔女裁判に関してマサチューセッツの議会が公式に悔恨の

コラム　6　セイラムの魔女狩り　1692年

　アメリカにおける最大の魔女狩りは1692年，マサチューセッツのセイラムで起き
た．少女がひきつけを起こし，魔術が原因だとされたことが発端である．仲間の少
女たちに最初に魔女だと名指しされ，魔女にされたのはバルバドス島出身の黒人
召使いであった．その後も少女たちは次々と「魔女」を告発し，200名近くの「魔女」
が投獄された．最終的に19名が絞首刑，1名が告白強要の過程で圧死した．
　「魔女」として告発された者には男性もいるが，予審の段階で無実となることが
ほとんどだった．1691年に植民地が王領化されたばかりの社会不安が強い時期
で，経済的社会的状況から社会秩序を乱しうる，いわば厄介者と考えられた人も
「魔女」とされやすかった．
　しだいに少女たちの目撃証言の信憑性を疑う者が出て，判決も理性的でないと
いう見方が生まれてきた．なによりも植民地が政治的に安定すると，この大騒動も
急速に収束に向かい10か月ほどで沈静化，これがアメリカ最後の魔女狩りとなった．

念を表明，当時判事であったサミュエル・シューアルも公に罪の意
識を告白する．

ウィリアム・アンド・メアリー大学，インディアンの子供のための附
属学校を創立．

1698　名誉革命に伴い王立アフリカ会社の奴隷貿易独占が廃止され，ニュー
イングランド商人による奴隷売買が盛んに．この後，奴隷貿易を中
心とするアフリカ，西インド諸島，北米を結ぶいわゆる「三角貿易」
が拡大する．

1699　マサチューセッツのシューアル判事，カードゲームを禁止．しかしこ
の種の度重なる禁止にもかかわらずギャンブルは植民地のいたると
ころで行なわれた．

クエーカー商人ジョナサン・ディキンソンJonathan Dickinson，フロリ
ダ沖で難破しインディアンに補囚された体験記，『ジョナサン・ディ
キンソンの日誌』*Jonathan Dickinson's Journal*を出版，ベストセラー
になる．

1700　この頃の北米植民地の人口は推定251,444人．ボストンで約6,700人，
ニューヨークとフィラデルフィアでそれぞれ約5,000人，南部では
チャールストン（サウス・カロライナ）約2,000人と，都市はまだ発
達していなかった．

ロバート・ケイレフRobert Calef『目に見えぬ世界のさらなる驚異』*More
Wonders of the Invisible World*（セイラム魔女裁判およびコットン・マ
ザーへの批判），英国で出版――インクリース・マザーはこれを悪書
とし焼かせる．

シューアル『ジョゼフの売却』*The Selling of Joseph*（北米植民初の奴
隷制反対のパンフレット）出版．

1701　ハーヴァード大学の世俗化に批判的な会衆派により，コネティカット
植民地にイェール・カレッジ（現在のイェール大学Yale University）
創立．

トマス・ブレイ，国王の勅許を得て英国海外福音伝道会Society for the
Propagation of the Gospel in Foreign Parts（現在のUSPG）を設立．

1702–1707

*省略記号：■=歴史・政治・経済　▲=世界　●=日本

1702　メリーランド，英国国教会を公定教会と決定．
　　　ニューイングランドの重要な宗教的事件を記述したコットン・マ
　　　　ザーの『アメリカにおけるキリストの大いなる御業』*Magnalia Christi*
　　　　*Americana*出版．
　　　■　「アン女王戦争」Queen Anne's War始まる（〜 1713年）．スペイン
　　　　継承戦争の影響で，英国とフランス，スペインが北米での覇権を争
　　　　う．
　　　▲　英国でアン女王即位（〜 1714年在位）．

1703　チャールストンで職業俳優が初めて演劇を披露．

1704　ボストンの女性実業家・教師セアラ・ケンブル・ナイトSarah Kemble
　　　　Knight，翌年3月にかけてニューヨークまで馬に乗り単独で往復旅行．
　　　　このときの日誌*The Journal of Mdm. Knight*は1825年に死後出版され，
　　　　女性一人の大胆な行動や当時の社会の描写が評判に．
　　　　植民地最初の本格的新聞『ボストン・ニューズ・レター』*Boston News-*
　　　　Letter（週刊，〜 1776年）創刊．

1705　ヴァージニア，黒人の年季奉公人および渡米時点での非キリスト教の
　　　　黒人を全て奴隷とする．人種による奴隷制度の確立．
　　　　ロバート・ベヴァリー Robert Beverley『ヴァージニアの歴史と現状』*The*
　　　　*History and Present State of Virginia*出版．インディアンのいる新世界
　　　　の牧歌的な魅力を描く．

1706　アメリカ初の外科医とされるボストンのザブディエル・ボイルスト
　　　　ンZabdiel Boylston，結石除去手術に成功．1718年には乳がん切除，
　　　　1721年にはアメリカ初の種痘を行なう．

1707　マサチューセッツの牧師ジョン・ウィリアムズJohn Williamsのイン
　　　　ディアン補囚記『救われし捕虜シオンに帰る』*The Redeemed Captive*
　　　　*Returned to Zion*出版．ベストセラーに．アン女王戦争の記録として
　　　　も重要．
　　　▲　イングランド王国とスコットランド王国が合同法Acts of Unionによ
　　　　り正式に合併し，グレイト・ブリテン王国Kingdom of Great Britain成

立.

1708 エベニーザー・クックEbenezer Cook (e) の諷刺詩『酔いどれ草の仲買人』
The Sot-Weed Factor, ロンドンで出版. ヴァージニア植民地のタバコ
産業で一山当てようとする主人公を描き, アメリカ最初のユーモア
文学とされる. ジョン・バースJohn Barthの同タイトルの小説（1960
年）はクックを主人公にしたもの.

1709 ニューヨークの英国国教会トリニティ・チャーチTrinity Churchにトリ
ニティ・スクールTrinity Schoolを創設. ニューヨークに現存する最
古の学校.
フィラデルフィアのクエーカー教徒が精神病患者の看病を始める. の
ちにペンシルヴェニア病院の一部となる（1752年参照）.

1710 この頃の北米植民地の人口は推定327,360人.
コットン・マザー『善行論』*Bonifacius*（後に*Essays to Do Good*として有
名になる）出版, ピューリタニズムを広く世俗の道徳に生かす方法
を説く.
エリエーザー・フィリップスEleazar Phillips『農夫のための指南書』*The
Husband-Man's Guide*（農夫のための日常生活ガイドブック）出版,
広く読まれる.

1711 ■ ノース・カロライナで, 植民者とインディアンの武力衝突（タスカ
ローラ・インディアン戦争Tuscarora War）勃発（〜 1712年）.

1712 ナンタケットの漁師により北米で初めてマッコウクジラを捕獲. これ
を契機に沿岸ではなく, 遠洋での捕鯨発達.
■ ニューヨークで黒人奴隷の反乱. 23名の奴隷が建物に放火して白人
を攻撃, 9名を殺害し逃亡. 黒人70名が捕らえられ, うち21名が死刑
になった.

1713 マサチューセッツで, アメリカ初のスクーナー船（2本以上のマストを
備えた縦帆船）が作られる.
■ ユトレヒト条約締結によりアン女王戦争終了. 英国はニューファン

1713-1719

＊省略記号：■＝歴史・政治・経済　▲＝世界　●＝日本

ドランド，ノヴァ・スコシア，ハドソン湾をフランスより獲得.

1714　ニューヨークおよびニュー・ジャージーの総督ロバート・ハンター
　　　Robert Hunter，政敵を批判する諷刺劇『アンドロボロス』Androboros
　　　出版．アメリカで印刷された最初の戯曲（上演はされず）.
　　　■ スコットランド系アイルランド人の移住始まる.
　　　▲ 英国，アン女王の死に伴い，ジョージ1世George I即位（〜27年在位）.

1715　アメリカ初の音楽教本，ジョン・タフツJohn Tufts『讃美歌歌唱入門』
　　　Introduction to the Singing of Psalm-Tunes出版.
　　　■ カロライナ辺境で植民者とヤマシー族の間で武力衝突，ヤマシー・
　　　インディアン戦争Yamasee Indian War始まる（〜1728年）.

1716　ウィリアムズバーグに英国植民地で最初の劇場設立.
　　　■ スペインの探検隊，テキサスにサン・アントニオSan Antonio建設.
　　　▲ 清で『康熙字典』完成．近代以前の最大の辞書.
　　　● 徳川吉宗8代将軍となり，享保の改革始まる.

1718　「黒ひげ」Blackbeardという名で知られ，西インド諸島や北米大陸大西
　　　洋岸で猛威をふるった海賊エドワード・ティーチEdward Teach，英
　　　国軍艦に攻撃され殺害される．翌年，若きベンジャミン・フランク
　　　リンがバラッド『海賊黒髭ティーチの拿捕』The Taking of Teach the
　　　Pirateを書き，一枚刷りにして売る.
　　　■ カナダおよびフランスからの入植者によりニュー・オーリンズNew
　　　Orleans建設．ミシシッピー川流域へフランス人の定着進む.

1719　週刊新聞『ボストン・ガゼット』The Boston Gazette創刊（〜1741年）.
　　　フィラデルフィア初の週刊新聞『アメリカン・ウィークリー・マーキュ
　　　リー』The American Weekly Mercury創刊（〜1746年）.
　　　英国のプロテスタント讃美歌作家アイザック・ワッツIsaac Watts『子供
　　　のための宗教及び道徳的な歌』Divine and Moral Songs for the Use of
　　　Children，米英で出版．150年以上で240版以上重ねる.
　　　▲ ダニエル・デフォー Daniel Defoe『ロビンソン・クルーソーの人生と
　　　風変わりで驚くべき冒険』The Life and Strange Surprising Adventures

*of Robinson Crusoe*出版．南米の無人島に漂着した船乗りの実話に着想を得た（英）．

1720 この頃の北米植民地の人口は推定467,465人．

1721 『ニューイングランド・カラント』*The New-England Courant*（週刊，～1726年），ジェイムズ・フランクリンJames Franklinによりボストンで創刊．翌年，政府や聖職者を批判したため発禁となり，弟ベンジャミンの名で発行．
■ フランス政府，ルイジアナの女性人口を増加させるため，矯正施設に収容されていた女性88人を植民させる．その多くが売春婦とされる．
▲ ロバート・ウォルポールRobert Walpole，ホイッグ党党首となり，内閣を組織（～1742年，英）．

1722 ベンジャミン・フランクリンBenjamin Franklin，サイレンス・ドゥーグッドSilence Dogoodという未亡人女性をかたって『ニューイングランド・カラント』紙に投稿．計14篇のエッセイは「ドゥーグッド文集」"Dogood Papers"と呼ばれる．
■ フランシスコ会修道士，サン・アントニオのアラモAlamoに伝道所建設．
▲ デフォー『モル・フランダース』*Moll Flanders*（監獄に生まれ，果ては北米植民地に流刑になる女性を主人公とするピカレスク小説）出版（英）．

1723 ベンジャミン・フランクリン（17歳），ボストンを出奔しフィラデルフィアで印刷屋に職を得る．植民地発展の中心が信仰の町ボストンから自由な新興都市フィラデルフィアへ移ったことを象徴する出来事．⇒コラム（7）
■ フィラデルフィア議会に，白人と黒人との結婚の規制を求める請願が提出される．

1725 この頃北米の黒人奴隷，75,000人に達する．
ボストンにユニオン・オイスター・ハウスUnion Oyster Houseが建つ．

＊省略記号：■＝歴史・政治・経済　▲＝世界　●＝日本

当時は個人の家で，1826年にレストランとして開業，2016年現在「アメリカ最古のレストラン」と言われる．

ニューヨーク初の新聞『ニューヨーク・ガゼット』*The New York Gazette*（〜1744年）創刊．

ナサニエル・エイムズNathaniel Ames『天文日暦』*Astronomical Diary and Almanack*（〜1764年）創刊．初の年刊の暦として人気が出て，多くの模倣を生む．

1726　植民者の増大に対応するため，アイルランド生まれの長老派牧師ウィリアム・テナントWilliam Tennent，中部植民地で初めての牧師養成学校をペンシルヴェニアに創立．個人教授が主で，「丸太大学」Log Collegeと揶揄される．ここで教育を受けた息子のギルバート・テナントGilbert Tennentは「大覚醒」（1734年参照）で活躍する．

　▲　ジョナサン・スウィフトJonathan Swift『ガリヴァー旅行記』*Gulliver's Travels*．英国のアイルランド政策諷刺から人間諷刺へと展開（英）．

1727　ハーヴァード大学で数学・物理学の講義始まる．

フランクリン，フィラデルフィアで，政治や社会，文化などについて

コラム｜7　ベンジャミン・フランクリン 1723年

アメリカ人の原点「すべてのヤンキーの父」と呼ばれ，100ドル紙幣の顔であるベンジャミン・フランクリンは印刷屋，言論人，政治家，発明家などの顔を持ち，さまざまな警句を残したばかりでなく，数多くのエピソードを持つ．たとえば，発明した楽器アルモニカはヨーロッパで大人気，医師フランツ・アントン・メスメルの催眠術治療に使われ，モーツァルトもアルモニカのための曲を作った．また国鳥制定の際には七面鳥を最後まで主張した（白頭鷲に決まった）．

その影響はまた日本にも及ぶ．『自伝』は開国後の日本で，知識人の間でも広く読まれた．とりわけ十三徳に感銘を受けた昭憲皇太后は，「純潔」を除く十二の徳に触発された短歌「弗蘭克林（フランクリン）の十二徳の歌」を詠んだ．そのうちの「勤勉」をうたった一首は「金剛石　水は器」という歌に発展，明治20年（1887年），華族女学校（女子学習院）に下賜されて校歌となり，また後に『尋常小学唱歌』にも掲載されて，広く歌われた．

論じ合う若き職人たちのクラブ「ジャントー」The Juntoを結成.
▲ 英国, ジョージ2世George II即位（〜 1760年在位）.

1728 コットン・マザー没――ボストンを支配した「マザー王朝」事実上終焉.
「キャスケット・ガール」casket girlと呼ばれる女性たちがフランスから
ルイジアナに到着. 衣装箱（キャスケット）を持参することが売春
婦や犯罪者でない印とされ（1721年参照），その子孫であることは今
でも名誉とされる.
『ペンシルヴェニア・ガゼット』The Pennsylvania Gazette（〜 1815年）
創刊.
ヴァージニア生まれの政治家・農園主ウィリアム・バードWilliam
Byrd, ヴァージニアとノース・カロライナの境界を調査（その記録
『境界線の歴史』History of the Dividing Lineは1841年出版）. 自然だけ
でなく人々の気質や風習も記録.
▲ ロシアの探検家ヴィトゥス・ヨナセン・ベーリングVitus Jonassen
Bering, ベーリング海峡に到達. アジアとアメリカが陸続きでないこ
とを確認.

1729 植民地時代最高のピューリタン詩人と言われるエドワード・テイラー
Edward Tayler没――『詩集』Poetical Worksは1936年になって初めて出
版された.
フランクリン, 週刊新聞『ペンシルヴェニア・ガゼット』を買収, 編
集に携わる（〜 1766年）. 自ら執筆した社会・政治諷刺文やエッセイ
などの他, アメリカ初の連載読み物としてデフォーの「宗教的求婚」
"Religious Courtship" を掲載, 有力な新聞に発展させた.

1730 この頃の北米植民地の人口は推定636,045人.
マンハッタンに最初のシナゴーグ（ユダヤ教の会堂）建設される.
■ ウィリアム・バード, メリーランドにボルティモアBaltimoreを建設.

1731 フランクリンらの団体「ジャントー」, フィラデルフィア図書会Library
Company of Philadelphia設立（会員制の図書回覧会だが, やがて一般
にも有料公開. この後多くの都市で同様の組織ができる）.
▲ アベ・プレヴォ Abbé Prévost『マノン・レスコー』Manon Lescaut. 男

*省略記号：■=歴史・政治・経済　▲=世界　●=日本

を破滅させる「運命の女」femme fataleマノンがルイジアナへ追放され，そこでも新たな事件の原因となり，最後には恋人の腕の中で死ぬロマンティックな物語（仏）.

1732　ボストンで初めて音楽会開催. チャールストンでもこの頃から同様の記録あり.

　　　ニューヨークのナッソー・ストリートに英国植民地2番目の劇場ニュー・シアター New Theatreができる. ロンドンの劇団が公演する他，植民地人による公演もあった.

　　　初のアメリカ旅行ガイドブック『アメリカ便覧』*Vade Mecum for America, A Companion for Traders and Travellers*出版. メインからヴァージニアにかけての道路と酒場と，ボストンについては通りの名も載っていた.

　　　フランクリン, 北米初のドイツ語新聞『フィラデルフィア新聞』*Philadelphische Zeitung*を創刊. さらに『貧しいリチャードの暦』*Poor Richard's Almanack*発行（1733年版から. フランクリンが編集したのは1758年版まで）. 余白に添えられた警句や小話が人気を呼び, 1年に1万冊以上売れるベストセラーに.

　　　最初の駅馬車, ニュー・ジャージーのバーリントンBurlingtonとアンボイAmboyを結ぶ

1733　ジョン・ピーター・ゼンガー John Peter Zenger『ニューヨーク・ウィークリー・ジャーナル』*The New York Weekly Journal*（〜1751年）創刊.

　　　ウィリアム・バード『エデンの国への旅』*Journey to the Land of Eden*（ノース・カロライナ旅行日記）執筆（1841年出版）.

　　　英国の政治家ジェイムズ・エドワード・オーグルソープJames Edward Oglethorpe, 総督として現在のジョージアGeorgia州サヴァナSavannaに植民地を建設. カトリック以外すべての信教を自由とし, 大土地所有, 奴隷保有, 飲酒を禁じた（1742年にラム酒を許可, 1749年に奴隷所有許可）.

1734　ノーサンプトンNorthampton教会牧師のジョナサン・エドワーズ Jonathan Edwards, 説教『聖なる超自然的光』*Divine and Supernatural Lights*出版. この頃よりニューイングランドに「大覚醒」Great

Awakeningと呼ばれる信仰復興運動始まる（1750年頃まで全植民地に波及，1726年参照）．⇒コラム（8）

1735　ゼンガー，ニューヨーク総督を批判した『ニューヨーク・ウィークリー・ジャーナル』の記事により名誉毀損で訴えられるが，批判の内容が正しいとして無罪．言論・出版の自由に関する画期的判決とされる．

ニューヨークで舞踏会が盛んに開かれるようになる．

チャールストンで初めてバラッド・オペラ『フローラ』*Flora* 上演．大成功のため，翌年北米初の常設劇場ドック・ストリート劇場Dock Street Theatreが建てられる．

▲ この頃，モンテスキュー Charles de Secondat Montesquieu，ヴォルテールFrançois Marie Arouet Voltaire，ルソー Jean-Jacques Rousseau，ディドロDenis Diderot，ダランベールJean Le Rond d'Alembertなどフランス啓蒙思想家たちが活躍．

1736　マサチューセッツ生まれのトマス・プリンスThomas Prince，『ニューイングランド編年史』*Chronological History of New-England in the Form of Annals*（コロンブスからピューリタン時代までをたどる）出版．

コラム 8　大覚醒（信仰復興運動）1734年

　1734年にノーサンプトンに興った大覚醒は，神に立ち返り信仰を復活させる回心体験を，信徒たちが次々にしたことに始まる．牧師ジョナサン・エドワーズの説教にも影響され，町全体の宗教心が高まり，幼い子どもにまで大きな感情表現を伴う回心が進んだ．

　そして1739年，再度訪米したジョージ・ホィットフィールドはエドワーズらの招きに応じ，「神の演出家」と賞賛されるほどの名説教師として，さまざまな場所で数多くの説教を行なった．たまたま彼の集会に遭遇したベンジャミン・フランクリンは，寄付は絶対にしまいと決意していたものの，最終的に所持金すべてを献金してしまった体験を自伝に書き残している．それほど心動かされる説教だったのだ．娯楽の機会の少ない時代に，人びとが集い感動体験を共有するイヴェントのような性質もあったのだろう．この伝統は20世紀のTV伝道師だけでなく，大統領選のTV討論会などに見られる盛り上がりにも引き継がれているといえそうだ．

*省略記号：■=歴史・政治・経済　▲=世界　●=日本

1736-1740

メソジスト派の創始者ジョン・ウェズレー John Wesley，オーグルソープ総督に招かれ，英国からジョージアに聖職者として着任（～ 1737年）．

1737　エドワーズ『神の驚くべき御業についての忠実な物語』*A Faithful Narrative of the Surprising Work of God*出版．ノーサンプトン教会での信仰復興の記録．

ウェズレー，チャールストンで『讃美歌集』*A Collection of Psalms and Hymns*を出版．ウェズレーを始め，メソジスト派は礼拝における音楽を重視した．

1738　英国メソジスト派の説教師ジョージ・ホイットフィールドGeorge Whitefield，ジョージア植民地を訪問．以後何度も訪米し多くの植民地を巡回，大覚醒を推進した．彼の野外説教に多いときは数万人が集まった．

1739　牧師ジョン・カレンダー John Callender，ロード・アイランド植民地の初の歴史書『ロード・アイランドの世俗および宗教史』*An Historical Discourse on the Civil and Religious Affairs of the Colony of Rhode-Island*出版．マサチューセッツの宗教的不寛容と，ロード・アイランド植民地成立について記述．

■ サウス・カロライナで黒人奴隷ケイトー Catoを首謀者とする反乱．翌年にかけて黒人奴隷反乱がさらに2件勃発．これを受けて，1740年にサウス・カロライナで奴隷法Slave Code成立．

■ 英国，スペインに宣戦布告，「ジェンキンズの耳戦争」War of Jenkins' Ear始まる（オーストリア継承戦争1743 ～ 48年へと発展）．植民地ではスペイン領フロリダとジョージアの境界線争いとなった．

▲ デイヴィッド・ヒュームDavid Hume『人性論』*A Treatise of Human Nature*出版（英）．フランクリン，トマス・ジェファソンなど，建国の父祖たちに大きな影響を与える．

1740　この頃の北米植民地の人口は推定912,742人．

エドワーズ，この頃「個人的体験の物語」"Personal Narrative" を執筆（1765年印刷）．

1740–1743

パトリック・テールファー Patrick Tailfer, ヒュー・アンダソンHugh
Anderson, デイヴィッド・ダグラスDavid Douglass『ジョージア植民
地の真実記』*A True and Historical Narrative of Georgia*出版. オーグル
ソープ総督を批判.

1741 エドワーズ, 説教「怒れる神の御手のうちにある罪人」"Sinners in the
Hands of an Angry God"を行なう. 聴衆は恐ろしさに泣き叫んだとい
う. 大覚醒の最高潮.
『アメリカン・マガジン』*The American Magazine*（植民地で最初の月刊
雑誌）, フィラデルフィアで創刊（1月～3月）.
フランクリン『ジェネラル・マガジン』*The General Magazine*を『アメリ
カン・マガジン』に3日遅れてフィラデルフィアで創刊（1月～6月）.

1742 ボストンのファニュエル・ホールFaneuil Hall, 1階が市場, 2階が集会
室として公開. のちに独立を求める愛国派Patriotsの拠点となり「自
由の揺り籠」と呼ばれた.
モラヴィア教会Moravian Church, ペンシルヴェニアでベツレヘム女子
セミナリー Bethlehem Female Seminaryを設立. 北米初の若い女性を
対象とした寄宿学校.
フランクリン, 熱効率のよい, いわゆる「フランクリン・ストーヴ」
を発明.
エドワーズ『ニューイングランドにおける現在の信仰復興についての
考察』*Some Thoughts concerning the Present Revival of Religion in New
England*出版.
英国人気作家サミュエル・リチャードソンSamuel Richardsonの『パメ
ラ』*Pamela*（1740年）, フィラデルフィアで出版. 次作『クラリッサ』
Clarissa（1747～48年）も含め, 感傷小説は北米植民地でも人気に.

1743 アメリカ哲学協会American Philosophical Society, フィラデルフィアで
設立. 北米植民初の科学の学会. 初代会長はフランクリン.
ボストンの牧師チャールズ・チョーンシー Charles Chauncy, 『ニューイ
ングランドにおける宗教の現状に関する考察』*Seasonable Thoughts on
the State of Religion in New England*で大覚醒の感情偏重を危険視. こ
の立場は「旧派」Old Lightsと呼ばれる. 一方, 中部植民地の巡回牧

＊省略記号：■＝歴史・政治・経済　▲＝世界　●＝日本

1743-1748

　師ギルバート・テナントは知識偏重で回心体験を得られない牧師た
　ちを批判．こちらは「新派」New Lightsと呼ばれ，宗教界は分裂．

　クリストファー・サウアー Christopher Sower，ルター訳によるドイツ
　語聖書を出版．ジョン・エリオットのインディアン言語訳に続く，
　北米植民地で2番目に印刷された聖書．

1744　聖職者マザー・バイルズMather Bylesら，アメリカの詩人たちの作品を
　　　集めた『アメリカ詩人集』*A Collection of Poems by Several Hands*，ボ
　　　ストンで出版される．英国の詩人アレグサンダー・ポープAlexander
　　　Popeの詩に影響された古典主義的な詩集．

　■　ヨーロッパでのオーストリア継承戦争が植民地に波及した「ジョー
　　　ジ王戦争」King George's Warが始まる（〜 1748年）．

1746　ニュー・ジャージー大学College of New Jerseyの創立が許可される．
　　　大覚醒で活躍した「新派」の長老派牧師ジョナサン・ディキンソ
　　　ンJonathan Dickinsonが初代学長．のちプリンストン大学Princeton
　　　Universityに．

　クエーカー教徒の指導者ジョン・ウルマンJohn Woolman，巡回して奴
　隷制の悪を奴隷主に説き，旅での見聞に基づいた『黒人所有に関する
　若干の考察』*Some Considerations on the Keeping of Negroes*を著す（出
　版は1754年）．

1747　歴史家ウィリアム・スティスWilliam Stith，『ヴァージニアの発見・植
　　　民史』*The History of the First Discovery and Settlement of Virginia*出版．

　フランクリン「ポリー・ベーカーの演説」"The Speech of Polly Baker"
　発表．私生児を産んだ罪に問われた女性が，女性のみ罰し男性を罰
　しない法の不平等を論じるなど，合理的な道徳観を主張．アメリカ
　における最初の短篇小説ともされる．

　アレグサンダー・ポープ『人間論』*Essay on Man*（1733年），北米植民地
　でも出版され人気．

1748　コネティカットの牧師ジャーリド・エリオットJared Eliot，植民地にお
　　　ける最初の科学的農業書『ニューイングランド農業論』*Essays Upon
　　　Field-Husbandry in New-England*出版（1759年まで計6巻出版）．

047

1748-1751

▲ モンテスキュー『法の精神』*De l'esprit des lois*出版（仏，英語版は2年後）．ヨーロッパ中に大きな反響．個人の自由を保障するためには権力の分立が必須と説いた．抜粋が北米植民地の新聞・雑誌に掲載され，植民地における思想や合衆国憲法制定に大きな影響を与える．

1749 ウィリアム・マリー William Murrayとトマス・キーンThomas Keanの率いる劇団マリー＝キーン・ロンドン喜劇団Murray-Kean Company of London Comedies，フィラデルフィアでジョゼフ・アディソンJoseph Addisonの『ケイトー』*Cato*を上演．議会の抗議により，劇団はニューヨークへ移動．
　■ ヴァージニアの政治家，トマス・リー Thomas Lee，土地投機のためのオハイオ会社Ohio Company設立．オハイオOhio川流域への植民を推進．
　■ ジョージア，奴隷禁止令撤廃．プランテーション，南部に拡大．

1750 この頃の北米植民地の人口は推定1,186,408人．
　ジョナサン・エドワーズ，住民の支持を失いノーサンプトン教会を免職になる──大覚醒の失速．
　マリー＝キーン・ロンドン喜劇団がニューヨークで公演を始める．『乞食オペラ』*The Beggar's Opera*や『徴兵官』*The Recruiting Officer*が人気．一方，マサチューセッツを皮切りに，この頃から各地で劇場禁止令が出る．

1751 フィラデルフィア・アカデミー Philadelphia Academy（後のペンシルヴェニア大学University of Pennsylvania），フランクリンを理事長として創立．聖職者養成を目的としない初の大学．
　フランクリン『電気についての実験と観察』*Experiments and Observations in Electricity, Made at Philadelphia in America*出版（稲妻が空中放電であるとの本書の記述を，1752年に自ら凧を用いて証明）．
　ジョン・バートラムJohn Bartram，1743年に訪れたオンタリオ湖周辺の記録『旅行観察記』*Observations*，ロンドンで出版．バートラムは「アメリカ植物学の父」と呼ばれる．
　■ 英国，通貨法Currency Actを制定．ニューイングランドの紙幣発行を禁止．

048

*省略記号：■=歴史・政治・経済　▲=世界　●=日本

▲ ディドロとダランベールが中心となり『百科全書』*L'Encyclopédie*を刊行（仏，～ 1772年）.

1752　ルイス・ハラムLewis Hallam，英国の劇団を率いヴァージニアに上陸. シェイクスピア作品を上演して人気. ニューヨーク，フィラデルフィア，ジャマイカを巡業.

ペンシルヴェニア議会の注文による鐘，旧約聖書の文句「自由をあらゆる地のすべての人々に告げよ」"Proclaim liberty throughout all the land unto all the inhabitants thereof"を刻んで，ロンドンで製造される. 後に「自由の鐘」Liberty Bellと呼ばれるようになる.

ボストンに初めての音楽専門の施設，建設. コンサート・ホールconcert hall，ミュージック・ホールmusic hallと呼ばれる.

フィラデルフィアで最初の総合病院，ペンシルヴェニア病院Pennsylvania Hospital開業（1709年参照）.

1753　フィラデルフィアのペンシルヴェニア議事堂Old State House（のちのインディペンデンス・ホールIndependence Hall）建設.

▲ 大英博物館The British Museum開設.

1754　ニューヨークにキングス・カレッジKing's College（現在のコロンビア大学Columbia University）創立.

『ペンシルヴェニア・ガゼット』に政治漫画登場. ⇒図⑦

■ オハイオ渓谷でジョージ・ワシントンGeorge Washingtonを指揮官とするヴァージニア民兵隊がフランス軍と武力衝突. フレンチ・アンド・インディアン戦争French and Indian War（～ 1763年）の始まり. 翌年オルバニー会議Albany Congressで各植民地代表が対フランス共同防衛を討議.

▲ ルソー『人間不平等起源論』*Discours sur l'origine et les fondements de l'inégalité parmi les hommes*出版（仏）. 文明批判の原理を展開する.

1755　仏英の衝突でカナダ南東部のアカディアAcadiaから追放されたフランス系のアカディア人がメリーランドに到着. 戦争中に追放者は増え，多くがルイジアナに定住，やがて「ケイジャン」Cajunと呼ばれる（1847年参照）.

一説によれば，英軍の軍医リチャード・シャックバーグRichard
Shuckburgが，味方である植民地軍のみすぼらしさを嘲笑する「ヤン
キー・ドゥードル」"Yankee Doodle"を作詞．やがて独立戦争時に
植民地軍の行進曲として使われ，愛唱される（1775年参照）．

1756　ジョン・ウルマン，『自伝日記』*Journal*を執筆（亡くなる1772年まで．
1774年出版）．
『ニュー・ハンプシャー・ガゼット』*New Hampshire Gazette*，ポーツマ
スPortsmouthで創刊（現在も存続）．
■　ニューヨーク＝フィラデルフィア間に直通の駅馬車路線が開通．片
道2日間を要した．

1757　『アメリカン・マガジン・アンド・マンスリー・クロニクル』*The American
Magazine and Monthly Chronicle*（政治雑誌，～1758年），フィラデル
フィアで創刊．

1758　英国人デイヴィッド・ダグラスDavid Douglassの率いる劇団，ニュー
ヨークで興行を開始し，フィラデルフィア，アナポリス，チャール
ストン等，大都市を巡り好評．
トマス・ブレイ，フィラデルフィアで黒人のための学校を設立．
ニュー・ジャージー，初のインディアン保留地を建設．
フランクリン『富に至る道』*The Way to Wealth*（『貧しいリチャードの暦』
の格言を物語風にまとめたもの）出版．

1759　ペンシルヴェニアで演劇上演を禁じる法律ができる．バプティスト派
による反対が強かった．

1760　この頃の北米植民地の人口は推定1,593,625人．
ニューヨークの黒人奴隷ジュピター・ハモンJupiter Hammon，宗教詩
『夕べの思索』*An Evening Thought*を出版．北米植民地で初めて出版さ
れた黒人による詩．
▲　英国，ジョージ3世George III即位（～1820年在位）．

1761　ニューポートの劇団ダグラス・カンパニー Douglass Company，『道徳

1761-1764

＊省略記号：■=歴史・政治・経済　▲=世界　●=日本

的問答五部作——嫉妬その他の悪感情の悪い効果の描写と幸福が徳の追求によってのみもたらされることの証明』*Moral Dialogues in 5 parts, Depicting the Evil Effects of Jealousy and other Bad Passions, and Proving that Happiness can only Spring from the Pursuit of Virtue*を上演. シェイクスピアの『オセロ』*Othello*のことだが，宗教上の非難を避けるため，「道徳的問答」と銘打っていた.

■ マサチューセッツの弁護士ジェイムズ・オーティスJames Otis，マサチューセッツの最高裁で，植民地人の家財を捜索し押収する英国政府の権限を批判する演説を行ない，独立への機運を高める.

1762　▲ フランス，フォンテーヌブロー（秘密）条約Treaty of Fontainebleauにより，スペインにルイジアナを譲渡する.

　　　▲ ルソー，『社会契約論』*Du contrat social ou principes du droit politique*で人民主権を政治の理想な形として提示（仏）.

1763　チャールズ・メイソンCharles Mason とジェレマイア・ディクソンJeremiah Dixonがペンシルヴェニアとメリーランドの境界を測量（～1767年）——この境界線（メイソン＝ディクソン・ラインMason-Dixon line）は北部と南部の境界を意味するようになる.

■ パリ平和条約Treaty of Parisによりフレンチ・アンド・インディアン戦争終結. フランスは北米植民地の大半を失い，英国領はミシシッピー川まで広がる.

■ オタワ族首長ポンティアックPontiack，ペンシルヴェニア辺境への白人の植民に抵抗し，反乱を起こす（ポンティアック戦争，～1766年）. 平和主義のクエーカー教徒多数の議会が策を講じないため，翌年植民者はパックストン・ボーイズPaxton Boysを名乗りインディアンを襲撃.

■ 国王宣言の発布. 相次ぐインディアンと植民者との争いを避ける目的で，アパラチア山脈Appalachian Mountains以西への移住を禁じた.

1764　英国議会，砂糖法Sugar Actを制定. また新たな通貨法で植民地の紙幣を無効にする. これら本国中心の植民地政策に対し，ボストンで「代表なくして課税なし」"No taxation without representation" のスローガンのもと，英国製品の不買運動始まる.

051

オーティス，砂糖法に抗議し『英国植民地の権利』*The Rights of the British Colonies*出版——この頃，同種の政治パンフレット多数出版．

ロード・アイランド・カレッジCollege in the English Colony of Rhode Island（現在のブラウン大学Brown University）創立．宗派にこだわらず学生を受け入れる．

マサチューセッツ湾植民地の政治家（のちに総督）トマス・ハッチンソンThomas Hutchinson，『マサチューセッツ湾植民地史』*History of the Colony of Massachusetts Bay*（第2巻は1767年，第3巻は死後の1828年）出版．

ハートフォードで『コネティカット・カラント』*Connecticut Courant*創刊．「現存する北米最古の新聞」とされることが多い（『ニュー・ハンプシャー・ガゼット』の方が古いが，何度も廃刊，他紙に吸収された経緯があるため．1756年参照）．

1765　印紙法Stamp Act制定——植民地の新聞，公文書その他，多様な印刷物に印紙を貼らせて税収を図る．ヴァージニアはパトリック・ヘンリーPatrick Henryの提案で反対決議を採択，各地で反対運動が起こる．とりわけ「自由の息子たち」Sons of Libertyと名乗る団体が各地で結成され，大きな運動になる．ニューヨークで印紙法暴動Stamp Act Riotが始まり，英国製品不買運動も拡大する．女性も「自由の娘たち」Daughters of Libertyを結成．英国製に代わる手織りhomespunの布を織るなど，積極的に活動．

アメリカ最初の医学校，フィラデルフィアに設立．やがてペンシルヴェニア大学医学校University of Pennsylvania School of Medicineとなる．

▲ ジェイムズ・ワットJames Watt，蒸気機関を発明．産業革命を推し進める技術の開発が進む（英）．

1766　対植民地輸出の激減によるロンドン商人の請願やフランクリンの反対証言を受け，英国議会，印紙法を撤廃．これに代わり宣言法Declaration Actを制定し，本国議会の植民地に対する支配を確認．

ニュー・ジャージーにクイーンズ・カレッジQueen's College創立．1852年にラトガーズ大学Rutgers Collegeと改称，現在は州立大学．

セント・ポール寺院St. Paul's Chapel（マンハッタンに現存する最古のチャペル）建設．

| | 1766-1768 |

＊省略記号：■=歴史・政治・経済　▲=世界　●=日本

デイヴィッド・ダグラス，フィラデルフィア近郊に植民地初の常設劇
場，サウスウォーク劇場Southwark Theatreを建て（〜1912年），劇団
をアメリカン・カンパニー American Companyと名付ける.

ロバート・ロジャーズRobert Rogers，ポンティアック（1763年参照）
を描いた『ポンティアック，アメリカの未開人』Ponteach, or The
Savages of America（無韻詩悲劇，インディアンを主題とした初の演
劇）をロンドンで出版（上演はなし）.

1767　英国の蔵相チャールズ・タウンゼンドCharles Townshend，北米植民地
への増税を目的とする歳入法Townshend Revenue Actも含め，植民
地に対する経済的規制を強化する，いわゆる「タウンゼンド諸法」
Townshend Actsを打ち出す．植民地は反発，独立につながる.

ジョン・ディキンソンJohn Dickinson「ペンシルヴェニアの一農
夫から英国植民地に住む人々への手紙」Letters from a Farmer in
Pennsylvaniaで，タウンゼンド諸法に抗議する文章を『ペンシルヴェ
ニア・クロニクル』Pennsylvania Chronicle紙に発表．大きな反響を呼
ぶ．翌年パンフレットにして出版.

ニューヨークのジョン・ストリート劇場John Street Theatreオープン.

トマス・ゴドフリー Thomas Godfrey『パーシアの王子』Prince of Parthiaが
フィラデルフィアで上演される．北米生まれの作者による戯曲が職
業俳優により演じられた最初の舞台.

1768　マサチューセッツ，タウンゼンド諸法を非難する「回状」Circular Letterを
承認.

英軍，ボストンに駐留を始める.

ジョン・ディキンソン，最初の愛国歌と考えられる「リバティー・ソ
ング」"The Liberty Song"を作詞．「自由の息子たち」結成1周年を記
念する会合で披露される.

ジェファソンの邸宅モンティチェロMonticello，ジェファソン自身が最
初の設計をし，1770年に建設開始．移設や再設計，増築を繰り返し
1809年に完成.

▲　英語の最古の百科事典『ブリタニカ百科事典』Encyclopædia
Britannica刊行される（2010年版が最後の紙媒体，その後は電子媒体
のみに）（英）.

1768-1772

ジェイムズ・クックJames Cook, 第1次南太平洋探検 (〜71年). タヒチ, ニュージーランド, オーストラリアに到達.

1769 ダートマス・カレッジDartmouth College創立. 独立前に創立した9つの大学の最後となる.
フランシスコ会修道士フニペロ・セッラJunipero Serra, カリフォルニア探検隊に加わり, サン・ディエゴSan Diegoに伝道所設立. その後15年でカリフォルニアに8か所の伝道所を設立. 同じく探検隊のスペイン人総督ガスパール・デ・ポルトラGaspar de PortoláはモントレーMontereyを探検, 1771年にはサンフランシスコ湾San Francisco Bayまで到達.

1770 この頃の北米植民地の人口は推定2,165,076人.
英国に対する抵抗が続く中, ボストン駐留の英軍が民衆に発砲, 5人の植民地人が死亡. 「ボストン虐殺」Boston Massacre事件として植民地の反英感情がますます高まる.
英国議会, 商人たちの反対もありタウンゼンド諸法を撤廃. しかし重要な財源の茶税は残す.
ジョン・ウェズレーの万人救済思想に触発されてユニヴァーサリスト派を創始したジョン・マリー John Murrayが渡米. カルヴィニズムの厳格な教えに反対する東海岸の啓蒙家たちの勢いを増す.
『マサチューセッツ・スパイ』The Massachusetts Spy (愛国派新聞, 〜1904年), ボストンで創刊.

1771 フランクリン, 自伝の執筆開始 (1791年参照).
後に「独立革命の詩人」として知られるフィリップ・フリノー Philip Freneau, 同級生のヒュー・ヘンリー・ブラッケンリッジHugh Henry Brackenridgeと共作した愛国詩, 『アメリカの立ち昇る栄光』The Rising Glory of Americaをプリンストン大学の卒業式で朗読 (翌年出版). なお, この二人が前年に共作した『ボンボ師のメッカ巡礼』Father Bombo's Pilgrimage to Meccaをアメリカ初の小説と呼ぶ人もいる (出版は1975年).

1772 友愛結社タマニー協会Tammany Society, フィラデルフィアに設立. 名

1772-1774

＊省略記号：■＝歴史・政治・経済　▲＝世界　●＝日本

称は白人に友好的だったインディアンの首長タマネンドTamanendに
因んだもの（1789年参照）.

サミュエル・アダムズSamuel Adamsの提唱で，ボストンに通信連絡委
員会Committee of Correspondence組織．事実上マサチューセッツ植民
地の政府として機能し，独立への推進力となる.

チャールズ・ウィルソン・ピールCharles Willson Pealeがジョージ・ワ
シントンの最初の等身大の肖像画を完成．その後もワシントン像を
描く.

ジョン・トランブルJohn Trumbull『怠惰の発展』*The Progress of Dulness*
（大学教育に対する諷刺詩，3部構成，〜1773年）出版.

▲　クック，第2次南太平洋探検（〜75年）．ハワイ諸島を発見.

1773　英国議会，茶法Tea Act制定——東インド会社に植民地での茶の独占販
売を認め収益増を図る．反対運動が広がり，ボストンではインディ
アンに変装した者たちが船を襲い，積み荷の茶（18,000ポンド相当）
を海に投げ捨てる「ボストン茶会」Boston Tea Party事件起きる.

アフリカ生まれの黒人奴隷フィリス・ホイートリー Phillis Wheatley『お
りふしの詩』*Poems on Various Subjects*出版，北米で詩を出版した初め
ての黒人女性となる.

マサチューセッツの政治家の妻でジェイムズ・オーティスの妹マー
シー・オーティス・ウォレンMercy Otis Warren,『おべっか使い』*The*
Adulator（王党派Royalistsのトマス・ハッチンソンをモデルにした諷
刺劇）を匿名で出版．この後も王党派を諷刺した戯曲や詩，政治パ
ンフレットで活躍.

フランクリン，政治諷刺文「プロシア王の布告」“Edict by the King of
Prussia”および「大帝国が小帝国になりうる法」“Rules by Which a
Great Empire May be Reduced to a Small One”発表.

『リヴィングトンズ・ニューヨーク・ガゼティア』*Rivington's New-York*
Gazetteer（〜1775年）創刊．当初の中立な立場から王党派に傾き，
フリノーや「自由の息子たち」などに敵視される.

1774　英国議会，ボストン港を閉鎖するボストン港法など，植民地を厳しく
統制する法を次々と制定.13植民地はこれらの諸法を，主権を侵す「耐
え難い諸法」Intolerable Actsと呼び，反感を強める.

第 1 次大陸会議The First Continental Congress，フィラデルフィアで
ジョージア以外の12植民地代表56名が集まり，「耐え難い諸法」など
の撤廃を要求，本国との輸出入停止，本国の武力行使に対して武力
で対抗することを決議する．

キリスト再来信仰協会The United Society of Believers in Christ's Second
Appearing（通称シェーカーズShakers）の指導者アン・リー Ann
Lee，ニューヨークに到着，伝道を開始．

フランシス・ホプキンソンFrancis Hopkinson『面白い話』*A Pretty Story*
（大陸会議開催までを歴史的に語り英国を諷刺した寓話パンフレッ
ト）出版．

『ロイヤル・アメリカン・マガジン』*Royal American Magazine*（イラス
トを多用する雑誌）創刊．

メアリー Mary V.V.と称する人物による王党派視点の『問答』*A Dialogue
Between a Southern Delegate and His Spouse on His Return from the
Grand Continental Congress*出版．大陸会議における南部と北部の激
しい対立を，家庭内の不和になぞらえて諷刺．

▲ ヨハン・ヴォルフガング・フォン・ゲーテJohann Wolfgang von Goethe『若
きウェルテルの悩み』*Die Leiden des jungen Werthers*出版（独）．植民
地でも大人気．

1775　この年，植民地で37種の新聞が発行されている（愛国派23，王党派7，
中立7）．

パトリック・ヘンリー Patrick Henry，ヴァージニア議会で「我に自
由を与えよ．然らずんば死を与えよ」"Give me liberty, or give me
death!"と演説し，独立戦争への士気を高める．

初の奴隷制廃止協会The Society for Promoting the Abolition of Slaveryがベ
ンジャミン・ラッシュ Benjamin Rush，ベンジャミン・フランクリン，
トマス・ペインThomas Paineらによってフィラデルフィアで結成さ
れる．

4月18日　深夜にポール・リヴィアPaul Revereが馬を駆り，英軍の動き
をレキシントンLexingtonとコンコードConcordに伝える（1861年参
照）．翌日，レキシントン・コンコードの戦い．独立戦争始まる．⇒
図⑨

5月10日　第 2 次大陸会議The Second Continental Congress，フィラデル

*省略記号：■=歴史・政治・経済　▲=世界　●=日本

フィアの「インディペンデンス・ホール」で始まる．以後，この会
議がアメリカ独立をめざす中枢機関となる．

6月15日　ジョージ・ワシントン，植民地軍総司令官に任命される．

6月17日　ボストン近郊のバンカー・ヒルBunker Hillにおける激戦．英
軍，勝利を収めるが大損害を蒙る．

7月　大陸会議において，「武器をとる理由と必要の宣言」"Declaration
of the Causes and Necessities of Taking Up Arms"と同時に，ジョージ3
世に和解を訴える「オリーブの枝誓願」"Olive Branch Petition"を採択．
しかしジョージ3世は拒否，植民地の反乱を宣言．

12月31日　ワシントン総司令官，自由黒人の軍隊参加を正式に認める．

「ヤンキー・ドゥードル」，この頃から愛国派の愛唱歌となる（1755年
参照）．

英国の軍人で劇作家でもあったジョン・バーゴインJohn Burgoyneの植
民地を嘲笑した劇『封鎖』The Blockade，ボストンでの初演は植民地
軍の反乱の知らせで中断．翌年，マーシー・オーティス・ウォレン，
喜劇『でくのぼう』The Blockheads, or, the Defeatでボストンから敗退
する英軍を描いて返報．

フィリップ・フリノー，英国を批判し独立を訴える「政治祈禱詩」"A
Political Litany"発表．

トランブル『ムフィンガル』M'Fingal（王党派を諷刺した模擬叙事詩）
出版．ベストセラー（完成版1782年．革命期に関するもっとも優れ
たアメリカ詩との評価）．

探検家ダニエル・ブーンDaniel Boone，ケンタッキー Kentuckyに植
民（彼がケンタッキーを発見したというのは俗説），ブーンズボロ
Boonesboroughを建設．白人による初の「西部」の村となる．

独立革命中の聖職界は，英国国教会とメソジスト派は王党派，会衆派
と長老派は愛国派，ルーテル派とカトリックは両派に二分，クエー
カーとシェーカーは中立（ただし王党派に傾く）という傾向をもっ
て対立．

『フィラデルフィア・イヴニング・ポスト』Philadelphia Evening Post（最
初の日刊紙，〜 1784年) 創刊．

II
部

アメリカ合衆国

*省略記号：■=歴史・政治・経済　▲=世界　●=日本

1776(安永5年)

1月　トマス・ペイン，パンフレット『コモン・センス』*Common Sense*によって英国からの完全独立を主張，3月末までに10万部以上売る．

6月12日　ヴァージニアでヴァージニア権利宣言Virginia Declaration of Rights採択．自然権と抵抗権を規定し，「独立宣言」をはじめ，のちの公文書に大きな影響を与える．

7月4日　大陸会議，ジェファソン起草になる「独立宣言」"Declaration of Independence"を満場一致で採択．7月6日，『ペンシルヴェニア・イヴニング・ポスト』*Pennsylvania Evening Post*に"A Declaration by the Representatives of the United States of America, in General Congress assembled"として掲載される．⇒図⑩・コラム (9)

9月9日　大陸会議，"United Colonies"に代わって"United States"を使うことを決定．

9月26日　大陸会議，フランクリンをフランスとの通商交渉の代表 (駐仏大使) に任命．

ペインのパンフレット『アメリカの危機』*The American Crisis*出版，ベストセラーとなる．植民地の独立を強く支持する内容．

コラム　9　独立宣言 1776年

　1776年7月4日に採択された独立宣言には，ジョン・ロックなど英国の啓蒙思想家の影響を受けた自然権の考えが込められている．それはもっとも有名な「すべての人間は生まれながらにして平等であり，創造主により生命，自由，幸福の追求を含む不可侵の権利を与えられている」という文言に表れている．

　ところがこの「人間 (men)」が想定していたものは白人男子だけであった．その解釈に挑戦し，1848年，スーザン・B・アンソニーとエリザベス・ケイディ・スタントンは「所感の宣言」で「すべての男と女は生まれながらにして平等」と主張し，さらに1963年にはキング牧師が「私には夢がある」の演説で「すべての白人と同様に黒人も，生命，自由，幸福の追求という不可侵の権利を保証される」と訴えた．このように独立宣言のことばを通して人権の拡大の歴史が見える．

　なお，福沢諭吉の「天は人の上に人を造らず，人の下に人を造らず」もこの独立宣言の影響を受けているといわれる．

ブラッケンリッジ『バンカーズ・ヒルの戦い』*The Battle of Bunkers-Hill*（無韻詩劇）上演.

ジョン（あるいはジョゼフ）・リーコックJohn（Joseph）Leacock『英国専制の崩壊』*The Fall of British Tyranny*（レキシントンの戦いから英軍のボストン撤収までを扱った政治諷刺劇）出版（上演はなし）.

アメリカ最初の学生友好会「ファイ・ベータ・カッパ」Phi Beta Kappa, ウィリアム・アンド・メアリー大学に設立.

■ ニュー・ジャージーで, 男女を問わず有産者に参政権を与える. 北米で初めての女性参政権（1807年に廃止）.

▲ クック, 第3次南太平洋探検（〜79年）. ハワイHawaiiで地元民に殺害される.

1777 (安永6年)

6月14日 星条旗（13邦Statesの団結を表わす）を国旗に採用. ⇒図⑧

7月8日 連邦未加入のヴァーモントVermont, 憲法制定. 奴隷制を廃止, 財産に関係のない男子参政権を採用.

7月27日 フランスのラファイエット侯爵Marquis de La Fayette, フィラデルフィアに到着し, 義勇兵として植民地軍に参加.

10月17日 サラトガSaratogaにおいて植民地軍が大勝し, 国際関係が一変. フランスが植民地軍を支持（1778年参照）, 1779年にスペインも英国に宣戦布告, その他欧州諸国も植民地の独立を認める.

11月15日 大陸会議で連合規約Articles of Confederationを採択.「主権を持つ自由にして独立した」邦の連合として, 13邦の結合に法的正当性を与える.

サヴァナで, 最初の黒人教会となるアフリカン・バプティスト教会African Baptist Church発足.

出版人ロバート・エイトケンRobert Aitken, アメリカ最初の英訳聖書出版. 新約聖書のみ（1782年参照）.

ロバート・マンフォードRobert Munford, 喜劇『愛国者たち』*The Patriots*出版（おそらく上演はなし）. ヴァージニアの愛国派と王党派に挟まれた穏健派を描く.

1778 (安永7年)

米仏同盟締結. フランスはアメリカの独立を保障し, アメリカは仏領西インド

*省略記号：■=歴史・政治・経済　▲=世界　●=日本

の存続を認める.
ホプキンソン「樽の戦い」"The Battle of the Kegs"（英軍の臆病ぶりをからかい，
　植民地軍の士気を高めようとするバラッド）出版.

1779(安永8年)

イーサン・アレンEthan Allen『イーサン・アレン大佐の捕虜記』*Narrative of*
　Colonel Ethan Allen's Captivity（体験記）出版，大好評.
『ユナイテッド・ステイツ・マガジン』*The United States Magazine*（ブラッケン
　リッジ編集の愛国派月誌，1月～12月），フィラデルフィアで創刊.
マーシー・オーティス・ウォレン『ごちゃまぜ会議』*The Motley Assembly*（独立
　に及び腰の植民地人を諷刺した劇）執筆.

1780(安永9年)

この頃の，新しい共和国の人口は推定2,797,854人.
アメリカ芸術科学アカデミーAmerican Academy of Arts and Sciences，ボスト
　ンに設立.
■ ペンシルヴェニア，邦として初めて奴隷制を廃止（1777年7月8日参照）.

1781(安永10年／天明元年)

連合規約，最後のメリーランドをもって全邦の批准を得て発効.
英軍とワシントン指揮の植民地・フランス連合軍，ヨークタウンYorktown
　（ヴァージニア）で対決.植民地側の大勝，独立戦争は実質的に終結.
フリノー『英国牢獄船』*The British Prison-Ship*（英軍に捕らえられた自身の体験
　に基づく詩）出版.

1782(天明2年)

姦通者に緋文字をつけさせる規則，ニューイングランドで廃止（1639年参照）.
ハーヴァード医学校Harvard Medical School開校.医師を自国内で養成する体
　制の確立.
デボラ・サンプソンDeborah Sampson，男性を装い，植民地軍の兵士になる（～

1783年）．女性であることが判明し年金が取り消されたことに対して請願を繰り返し，1816年に年金を勝ち取る．1797年には従軍体験談『女性の報告』*The Female Review*も出版．

ロバート・エイトケン『エイトケン聖書』*Aitken Bible*（通称．アメリカ初の完本英語聖書）出版（1777年参照）．

フランス出身でニューヨークの農園主ミシェル・ギヨーム・ジャン・ド・クレヴクールMichel Guillaume Jean de Crèvecoeur，『アメリカ農民からの手紙』*Letters from an American Farmer*，ロンドンで出版（大幅加筆修正された仏語版*Lettres d'un cultivateur américain*，1784年）．新世界で新たな社会を創造する「新しい人間」こそがアメリカ人とする，「アメリカ人とは何か？」と題された「第三の手紙」が最も有名．

フランクリン「アメリカへ移住しようとする人びとへの情報」"Information to Those Who Would Remove to America"執筆．肩書や家柄は通用せず，才覚と努力があれば成功できるという「アメリカン・ドリーム」に基づく移住の勧め．

1783 (天明3年)

9月3日 英国との間にパリ平和条約Treaty of Paris調印．アメリカ合衆国の独立が承認され，ミシシッピ川以東の領土を得る．

マサチューセッツ最高裁，奴隷制を違憲とし，奴隷制度廃止．

ノア・ウェブスターNoah Webster『綴字教科書』*A Spelling Book*（『英文法教程』*A Grammatical Institute of the English Language*の第1巻で標準的アメリカ式綴字のテキスト）出版，改訂版を含めて以後1世紀間に約6,000万部を売る．

『ペンシルヴェニア・イヴニング・ポスト』*Pennsylvania Evening Post*，フィラデルフィアで創刊．

1784 (天明4年)

中国貿易開始．南米最南端ホーン岬経由で広東までの航路が開かれる．セイラムがアメリカ側の拠点となった．

ジェファソン『ヴァージニア覚え書』*Notes on the State of Virginia*，パリで私家版出版（1787年，ロンドンで一般向け出版）．

ジョン・フィルソンJohn Filson『ケンタッキーの発見・植民・現状』*The Discovery,*

*省略記号：■=歴史・政治・経済　▲=世界　●=日本

Settlement, and Present State of Kentucke（附録にダニエル・ブーンの自伝と称するものを収む）出版.

イーサン・アレン『理性は人間の唯一の神託』Reason, the Only Oracle of Man（「イーサン・アレンのバイブル」ともいわれる理神論の書）出版.

ジョナサン・カーヴァーJonathan Carver『北米奥地旅行記』Three Years Travels, through the Interior Parts of North-America（五大湖とミシシッピー川上流地域探検記）出版.

『マサチューセッツ・センティネル・アンド・ザ・リパブリカン・ジャーナル』Massachusetts Sentinel and the Republican Journal（新聞，〜1840年），ボストンで創刊.

想定読者層に女性も加えた初の雑誌，『ジェントルマン・アンド・レイディズ・タウン・アンド・カントリー・マガジン』The Gentleman and Lady's Town and Country Magazine創刊（8号のみ発行）.

1785(天明5年)

ニューヨークで大陸会議が開かれ，合衆国の首都となる．連合規約の下で1789年まで，さらに続けて合衆国憲法の下で1790年まで.

ハートフォードに「友好クラブ」Friendly Club結成（〜1870年）．「コネティカット（ハートフォード）の才人たち」Connecticut (Hartford) Witsと呼ばれるこのグループは，これより約20年間，アメリカ文学の発展，大学教育の近代化，カルヴィニズムの護持（反理神論），フェデラリズムの推進（反自由主義）に活躍.

ジョージア大学University of Georgia創立，米国で最も古い州立大学となる.

ニューヨークとボストンとオルバニーを結ぶ定期的な馬車の路線が確立される．ボストン＝ニューヨーク間の移動に6日を要した.

ティモシー・ドワイトTimothy Dwight『カナンの征服』The Conquest of Canaan（著者の自称「アメリカにあらわれた最初の叙事詩」）出版.

ノア・ウェブスター『アメリカ政策概観』Sketches of American Policy出版――著作権法制定を求め，強力な中央政府を期待.

▲ 英国で『タイムズ』Times創刊.

1786(天明6年)

ヴァージニア，ジェファソンの起草になるヴァージニア信教自由法Virginia Statute for Religious Freedomを制定——政教分離推進．ジェファソン自身の希望により，彼の墓碑には独立宣言とこの信教自由法の起草者であることが刻まれている．

ジェファソンが提案していた新しい貨幣制度が成立．植民地時代に流通していたスペインの貨幣を廃し，ドルに統一．

コネティカットの才人たち,「アナーキアド」"The Anarchiad"（反自由主義・反農業主義の諷刺詩12篇），新聞雑誌に発表（1861年単行本出版）．

『コロンビアン・マガジン』The Columbian Magazine（月刊総合雑誌，〜1792年），フィラデルフィアで創刊．

『ピッツバーグ・ガゼット』The Pittsburgh Gazette創刊——アリゲニー山脈Allegheny Mountainsの西でも新聞発行開始．

デイヴィッド・ダグラスのアメリカン・カンパニー，ニューヨークでリチャード・ブリンズリー・シェリダン Richard Brinsley Sheridanの『悪口学校』The School for Scandal（1777年）を7回，ジョン・オキーフJohn O'Keeffeの『あわれな兵士』The Poor Soldier（1783年）を18回続演，『ハムレット』を米国初演．

初の音楽誌『アメリカン・ミュージカル・マガジン』American Musical Magazine，ニュー・ヘイヴンで創刊．

■ マサチューセッツ西部の農民が負債の軽減策を求め，シェイズの反乱Shays' Rebellion（〜1787年）．強固に統一された連邦の必要性が意識され，憲法制定の契機となる．

1787(天明7年)

5月25日　憲法制定会議，フィラデルフィアのインディペンデンス・ホールで開催．9月17日，憲法草案成立．

アレグザンダー・ハミルトンAlexander Hamilton，ジェイムズ・マディソンJames Madison，ジョン・ジェイJohn Jayらによる憲法賛成論シリーズ『ザ・フェデラリスト』The Federalist刊行開始（〜1788年）．ジョン・アダムズJohn Adams『アメリカ合衆国憲法の擁護』A Defense of the Constitution of Government of the United States of America出版．

ロイヤル・タイラーRoyall Tyler『コントラスト』The Contrast（アメリカ人作の

*省略記号：■=歴史・政治・経済　▲=世界　●=日本

最初の喜劇）上演──英国びいきの軟弱な男と，男らしいアメリカ軍人の「対
　比」を描く．三枚目の「ヤンキー」も初めて舞台に登場．
『アメリカン・ミュージアム』*American Museum*（〜1792年），フィラデルフィア
　で創刊．フランシス・ホプキンソン，フランクリン，コネティカットの才人
　たちが寄稿．
ジョール・バーローJoel Barlow，叙事詩『コロンブスの夢想』*The Vision of*
　*Columbus*刊行（1807年参照）．
ベンジャミン・ラッシュ，『女子教育考』*Thoughts upon Female Education*を出版
　し，女子教育の必要性を説く．

1788（天明8年）

フリノー，詩集『種々の詩』*The Miscellaneous Works of Mr. Philip Freneau*出版．
　消えゆくインディアンを惜しんだ「インディアン埋葬地」"The Indian Burying
　Ground"などを収める．
ニュー・ハンプシャーが9番目に批准し，合衆国憲法の発効決定．連合規約
　（1777年参照）は無効となり，各州Stateの自治を認めつつ，強力な連邦政府
　Federal Governmentを置く連邦主義が始まる．

1789（天明9年／寛政元年）

3月4日　合衆国憲法発布．ニューヨークを首都と定める．
11月26日　米国の祝日として初めて感謝祭が祝われる．
コネティカットに最初の禁酒同盟ができる．
アレグザンダー・ハミルトンをリーダーとするフェデラリスト党Federalist
　Party結成．連邦政府の強い権限を主張．
ノア・ウェブスター『英語論』*Dissertations on the English Language*（補遺に綴字
　改革論を含む）出版．
ウィリアム・ダンラップWilliam Dunlap『父』*The Father*（タイラー『コントラス
　ト』の成功に刺激されて書かれた風俗喜劇）上演．
ウィリアム・ヒル・ブラウンWilliam Hill Brown『親和力』*The Power of Sympathy*
　（書簡体で「アメリカ最初の長編小説」とされる）出版．
『合衆国ガゼット』*Gazette of the United States*（フェデラリストの週刊，後に日
　刊新聞，〜1847年）創刊．

『チルドレンズ・マガジン』*Children's Magazine*，ハートフォードで創刊．初めての児童向け雑誌．ただし購読者が少なく，同年，4号をもって廃刊．

■ 第1回大統領選挙．選挙人全員の一致により大統領にワシントンが当選．副大統領はジョン・アダムズ．就任式はニューヨークで行われる．

■ ニューヨークのタマニー協会Tammany Society設立．フィラデルフィア発祥の慈善団体の支部として始まったが次第に政治色を帯び，後にはフェデラリスト党に対抗するリパブリカン党の票獲得に働く（1772年，1850年参照）．

■ 連邦政府の組織化進展．国務省State Department（初代長官ジェファソン），陸軍省War Department（初代長官ヘンリー・ノックスHenry Knox），財務省Treasury Department（初代長官ハミルトン）開設．ジョン・ジェイ，初代連邦最高裁判所長官Chief Justice of the U.S. Supreme Courtに任命される．

▲ 7月14日　フランス革命始まる．8月にはヴァージニア権利の章典とアメリカ独立宣言の影響を受けた，フランス人権宣言*Déclaration des droits de l'homme et du citoyen*（ラファイエット起草）採択（1776年参照）．

1790 (寛政2年)

初めての国勢調査．人口3,929,625人（そのうち黒人奴隷697,624人，自由黒人59,557人）．

この年，合衆国に92種の新聞あり，日刊8，週刊70，その他14．

米国初のカトリック司教としてジョン・キャロルJohn Carrollがボルティモアに．その後の移民流入で19世紀半ばまでにカトリック教会は国内最大教派となる．キャロルは司祭養成と信徒の教育のため，現在のワシントンDC内にジョージタウン大学Georgetown Collegeを創設．

ベンジャミン・フランクリン没．葬儀に2万人集まる．

最初の著作権法成立．著作権有効期間，まずは14年間とする．

この頃よりジョン・トランブルJohn Trumbull（詩人のトランブルとは別人．1772年参照）らによって歴史画が発達．

作家ジュディス・サージェント・マリーJudith Sargent Murray，『マサチューセッツ・マガジン』*Massachusetts Magazine*に「両性の平等について」"On the Equality of the Sexes"を発表．女性が知的にも精神的にも男性に匹敵することを主張．

『ドブソンの百科事典』*Dobson's Encyclopaedia*の印刷始まる．『ブリタニカ百科事典』の米国版，18巻．

*省略記号：■=歴史・政治・経済　▲=世界　●=日本

■ 連邦議会，恒久的な首都をポトマックPotomac河畔（後のワシントンDC）とし，移設までの10年間はフィラデルフィアを首都にすることに決定.

1791(寛政3年)

市民の基本的人権を定めた「権利の章典」Bill of Rightsとよばれる憲法修正第1〜10条発効.

マサチューセッツ歴史協会Massachusetts Historical Society創設. 北米最初の歴史協会.

トマス・ペイン,『人間の権利』The Rights of Manで人間の平等を記す.

フランクリン『自伝』の仏語版Mémoires de la vie privée de Benjamin Franklin écrits par lui-même, et adressés à son filsパリで出版. 英語版の出版は1793年（1771年参照）.

ウィリアム・バートラムWilliam Bartram『旅行記』Travels through North and South Carolina, Georgia, East and West Florida出版. アメリカの風景を美化して描き，フランスのフランソワ＝ルネ・ド・シャトーブリアンFrançois-René de Chateaubriand，英国のウィリアム・ワーズワースWilliam Wordsworthなどのロマン主義作家たちに影響を与える.

英国人スザンナ・ローソンSusanna Rowson,『シャーロット・テンプル』Charlotte Temple(アメリカを舞台にした感傷小説) を英国で出版. 米国版が1794年に出版され,『アンクル・トムの小屋』以前の米国最大のベスト・セラーとなる. 続編『ルーシー・テンプル』Lucy Templeも1828年に出版. ローソンは1793年に米国に移住し，女優，女子教育の先駆者としても活躍.

『ナショナル・ガゼット』National Gazette (フリノー編集のリパブリカン系新聞,〜1793年) 創刊.

■ ジェファソンを指導者とする民主共和党Democratic-Republican Party，通称リパブリカン党Republican Party (反フェデラリスト) 結成.

▲ フランス領サン＝ドマングSaint-Domingueで黒人奴隷蜂起，ハイチ革命へ.

1792(寛政4年)

ホワイト・ハウスの建設開始. 1800年に完成（1818年参照）.

ニューヨーク証券取引所The New York Stock Exchange，組織される.

ロシア正教，アラスカに伝道開始——1872年サンフランシスコ，1905年ニュー

ヨークに進出.

ボストンで，劇場禁止令を逃れるため「ニュー・エキシビション・ルーム」New Exhibition Roomと名付けて劇場がオープン．ただし数ヶ月で閉鎖.

ニュー・オーリンズのフレンチ・クォーターThe French Quarterに初のフランス語の劇場Theatre de la Rue Saint Pierre開設.

コネティカットの才人ジョール・バーロー『特権階級への忠告』*Advice to the Privileged Orders*出版，ラディカルなリパブリカンへの転向を示す.

ロマン主義の先駆詩人とされるトマス・オディオーンThomas Odiorne,「優美の進歩」"The Progress of Refinement"を発表．人間と自然の調和を説く.

ブラッケンリッジ『現代の騎士道』*Modern Chivalry*(『ドン・キホーテ』にならった当時の米国の政治社会諷刺小説)出版(〜1815年).

ロバート・ベイリー・トマスRobert Bailey Thomasの『農夫の暦』*The Farmer's Almanac(k)* 発行(1793年版)．ニューイングランドの生活やマナーの情報を満載．*The Old Farmer's Almanac*として現在も刊行されている.

J・ロビンソンJ. Robinson『ヨーク人のたくらみ，あるいはバナナの結婚式』*The Yorker's Stratagem; or, Banana's Wedding*上演．ニューヨークを舞台に，西インド出身の黒人が初めて登場する笑劇.

■ ケンタッキー，15番目の州になる．アリゲニー山脈の西で初めての州.

1793(寛政5年)

連邦議会議事堂，建設開始．1811年に完成するが，1812年戦争で一部が焼失，1830年に再建される.

イーライ・ホイットニーEli Whitney，綿繰機を発明．収穫した綿の処理速度を画期的に早め，結果的に奴隷に依存する南部プランテーションの経済基盤確立に寄与した.

リケッツ・サーカスRicketts' Circus——アメリカで最初のサーカス，フィラデルフィアで興行を始める．ワシントン大統領も鑑賞．のちにニューヨークでも興行.

バーロー，フランスでアメリカの簡素な食事をなつかしみ，『トウモロコシがゆ』*The Hasty Pudding*執筆(1796年出版).

フリノー，『バスティーユ襲撃記念日に』*On the Anniversary of the Storming of the Bastille*でフランス革命を支持.

『アメリカン・ミネルヴァ』*American Minerva*，フランスの影響に対抗するフェ

デラリストの日刊紙としてノア・ウェブスター編集で創刊（途中で『コマーシャル・アドヴァタイザー』*Commercial Advertiser*と改題，～1905年）.

イライヒュ・ハバード・スミスElihu Hubbard Smith，アメリカ詩の最初のアンソロジー『アメリカの詩 オリジナル選集』*American Poems, Selected and Original*出版．主にコネティカットの才人たちの詩を集める．

ジョン・ウルマンのエッセイ『裕福な人への挨拶と警告のことば』*A Word of Remembrance and Caution to the Rich*，死後出版．

■ 連邦議会，逃亡奴隷法Fugitive Slave Act制定．奴隷主に対し，所有する奴隷がどの州に逃亡しても，当地の判事の許可を得て連れ戻す権利を与える．

▲ フランス国王ルイ16世Louis XVI処刑．

1794(寛政6年)

劇場禁止令が解かれ（1750年参照），ボストン劇場Boston Theatreが開かれる.

フィラデルフィア博物館Philadelphia Museum（アメリカ最初の博物館）開設.

ペイン『理性の時代』*The Age of Reason*，フランスで出版（～1795年）.

ティモシー・ドワイト『グリーンフィールド・ヒル』*Greenfield Hill*出版（アメリカに詩的要素はないというヨーロッパの批判にこたえ，詩的アメリカをうたう）.

ジェイムズ・ヒューイットJames Hewitt作曲『タマニー』*Tammany*（アメリカ・オペラの嚆矢といわれる）上演.

ローソンの戯曲『アルジェの奴隷』*Slaves in Algiers*，フィラデルフィアで出版，上演．ローソン自身もしばしば出演した．北アフリカのバーバリ海賊との戦いを題材に，アメリカ人の自由と誇りを訴えるヒロインが話題を呼ぶ.

■ 憲法修正第11条制定．強力な連邦主義に対する州権論の勝利.

■ ウィスキー反乱Whiskey Rebellion起こる．ペンシルヴェニア州西部のスコッチ・アイリッシュ系農民がウィスキー税に抗議．連邦政府により直ちに鎮圧される.

1795(寛政7年)

米国最初期の運河，コネティカット川のサウス・ハドリーSouth Hadleyにできる．この頃より各地で運河建設進む（1800年参照）.

自由黒人ジョン・チェイヴィスJohn Chavis，現在のワシントン・アンド・リー

大学に入学．正規の大学生になったおそらく最初のアフリカ系アメリカ人
（学位は取得せず）．
リンドリー・マリーLindley Murray『英文法』*English Grammar*出版（改訂版,
1818年）．1850年頃まで米英両方で英語文法の標準的な本となる．

1796(寛政8年)

ヨーロッパで流行のギリシャ復興様式，アメリカに波及——ギリシャの神殿に
ならった円柱や梁を特徴とし，議事堂などの建築にも影響．
ワシントン大統領，いわゆる「告別の辞」Farewell Addressを新聞に発表，45年
間の政治生活を振り返る．
ギルバート・スチュアートGilbert Charles Stuart，ワシントンの肖像画を完成．
数あるワシントン肖像画の中で最も有名で，1ドル紙幣のデザインにも採用
される．
ガス照明，初めてフィラデルフィアで実験的に設置．
大統領選挙．ジョン・アダムズが当選，トマス・ジェファソン，副大統領に．
ジョゼフ・デニーJoseph Dennie，「俗人説教者」の名で新聞雑誌に書いたエッセ
イ集『俗人説教者，怠惰な読者への短い説教集』*The Lay Preacher; or, Short*
*Sermons for Idle Readers*出版．

1797(寛政9年)

元バプティスト派の説教者イライヒュ・パーマーElihu Palmer，『自然の原理』
*Principles of Nature*で理神論を説き，正統的キリスト教を攻撃．
アメリカ最初の医学雑誌『メディカル・リポジトリー』*Medical Reposiory*創刊．
ジョン・デリー・バークJohn Daly Burk『バンカー・ヒル』*Bunker-Hill; or, The*
Death of General Warren（無韻詩劇）上演，戦争シーンによって評判になる．
ハナ・フォスターHannah Fosterの書簡体恋愛小説『コケット』*The Coquette*，セ
ンチメンタリズムによってベストセラー．
ロイヤル・タイラー『アルジェの捕虜』*The Algerine Captive*（ピカレスク小説）出
版．

*省略記号：■=歴史・政治・経済　▲=世界　●=日本

1798(寛政10年)

「アメリカ小説の父」チャールズ・ブロックデン・ブラウンCharles Brockden
　Brown『アルクィン』*Alcuin*出版（文化，経済，政治，社会における男女の平
　等を問答形式によって描く），『ウィーランド』*Wieland; or, The Transformation*
　（書簡体ゴシック・ロマンス）出版.
ダンラップ『アンドレ』*André*（独立戦争における英軍将校を主題にした無韻詩
　悲劇）上演，出版. ダンラップの代表作となる.
ダンラップ『異邦人』*The Stranger*, ニューヨークで上演. ドイツの劇作家アウ
　グスト・フリードリッヒ・フェルディナンド・フォン・コッツェブーAugust
　Friedrich Ferdinand von Kotzebueによる『人間憎悪と後悔』*Menschenhass und*
　*Reue*の翻案. 成功し，コッツェブー作品の翻案がはやる.
ジョゼフ・ホプキンソンJoseph Hopkinson, 革命後のフランスとの高まる緊張
　を前にして，アメリカ愛国歌「コロンビア万歳」"Hail, Columbia" 発表.
ジョン・デリー・バーク『女性の愛国心，あるいはジャンヌ・ダルクの死』
　*Female Patriotism; or, The Death of Joan d'Arc*上演.

1799(寛政11年)

ブラウン，長篇ゴシック小説『オーモンド』*Ormond*,『アーサー・マーヴィン』
　Arthur Mervyn; or, Memoirs of the Year 1793,『エドガー・ハントリー』*Edgar*
　*Huntly; or, Memoirs of a Sleep-Walker*出版.『エドガー・ハントリー』の序文で，
　アメリカ作家はアメリカを舞台として特色のある作品を書くべきと主張.
コネティカットの才人たち，フェデラリスト的諷刺詩『政治の温室』*Political*
　*Greenhouse*出版.
■ ニューヨーク州，奴隷の漸進的解放を決定.
▲ フランスでナポレオン・ボナパルトNapoléon Bonaparte, クーデターに成功,
　統領（第一執政）として政権の座に（～1804年）.

1800（寛政12年）

国勢調査．人口5,308,483人（10年前より約138万人増）．うち黒人奴隷896,849人（10年前より約20万人増）．

6月11日 ワシントン市City of Washingtonへ遷都．ポトマック川に接したメリーランド州の一部地域を連邦特別区federal districtとして確保し，そこに首都となる新しい町を建設（1801年参照）．11月17日，この新都で連邦議会開催．

議会図書館Library of Congress開設．初め議事堂内にあったが，1897年，専用の建物を造る．

サウス・カロライナ州にサンティ運河Santee Canal開通．アメリカ初の本格的運河で，35キロの全長に計10の閘門を備える．しかし水不足と鉄道延伸のため，1855年までに閉鎖された（1794年参照）．

この頃よりジョニー・アップルシード Johnny Appleseed（本名ジョン・チャプマンJohn Chapman），リンゴの種を開拓者に配ったりみずから植えたりしながら，ペンシルヴェニア，オハイオ，インディアナを回ったとされる．のち開拓のフォーク・ヒーローとして伝説的存在に．

肖像画家ラルフ・アール Ralph Earl，マサチューセッツ州ウスターWorcesterの田園風景を油絵「デニー・ヒルから東を望む」"Looking East from Denny Hill"に描く．アメリカ最初の実感的自然風景画の一つで，ハドソン・リヴァー派（1823年参照）の先駆をなす．

英国で始まったゴシック建築（尖頭状のアーチや縦長の窓が特徴）のリヴァイヴァル，米国に波及．ゴシック小説の流行と重なる．

フェデラリストの文芸クラブ「フィラデルフィア火曜会」Tuesday Club of Philadelphia発足．

セアラ・ウッドSarah S. B. K. Wood，ゴシック小説『ジュリア』*Julia and the Illuminated Baron*出版．

メイソン・ロック・ウィームズMason Locke Weems『ジョージ・ワシントンの生涯』*The Life and Memorable Actions of George Washington*，たぶんこの年に初版（父の桜の木を切った伝説は第5版，1806年）．ウィームズは聖職者で書物行商人book peddlerをしながら道徳的な伝記類を書きまくった人．

『ナショナル・インテリジェンサー』*National Intelligencer and Washington Advertiser*創刊．1813年より日刊．議会のニュースを伝える主要なメディアとなる（〜1870年）．

*省略記号：■=歴史・政治・経済　▲=世界　●=日本

▲ **10月1日**　サン・イルデフォンソ秘密条約Treaty of San Ildefonsoにより，スペインがミシシッピー川の西とニュー・オーリンズをフランスへ返還（1762年および1803年参照）．

1801（寛政13年／享和元年）

2月27日　ワシントン市と周囲の郡からなるコロンビア特別区District of Columbia設立．これより首都は，一般的にワシントンDCと呼ばれることとなる．

8月6日　ケンタッキーでキリスト教のキャンプ・ミーティング，ケーン・リッジ集会Cane Ridge Meeting開催．1〜2万人もが参加．18世紀中期の大覚醒（1734年参照）に次ぐ大きな信仰復興運動（第2次大覚醒）の先ぶれとなる（1824年参照）．

この頃，フロンティアでは，丸太ころがしlogrolling（birling）や，リールreelと呼ばれるフォークダンスなど，独自の娯楽が発達．

ジョサイア・ベント Josiah Bent，油脂ではなく水のみを使用した長期保存可能な「クラッカー」をマサチューセッツ州で発売．焼くときのパリパリcrackという音から「クラッカー」というアメリカ英語に．

タビサ・テニーTabitha Tenney『ドン・キホーテ流の女』Female Quixotism出版．ロマンス小説の流行に対する諷刺小説で，当時最大のベストセラーとなる．

『ポート・フォリオ』The Port Folio創刊（〜1827年）．「フィラデルフィア火曜会」を中心とする週刊，後に月刊の文芸雑誌．

『ニューヨーク・イヴニング・ポスト』New York Evening Post，フェデラリスト党の機関紙として創刊．19世紀アメリカで最も有力な新聞のひとつとなる（1826年参照）．

■ **2月17日**　大統領選挙．リパブリカン党のジェファソンとアーロン・バーAaron Burrが選挙人投票で同数の最高票獲得，下院で36回の投票を経てようやくジェファソンが第3代大統領に決定（バーは副大統領）．憲法修正第12条制定の契機となる（1804年参照）．

■ **5月14日**　トリポリ戦争Tripolitan War 起こる．北アフリカ沿岸のトリポリが合衆国に宣戦．海賊を擁するトリポリは沿岸水域の安全通行を保証する貢納金を徴収していたが，ジェファソンが支払いを拒否したため．1805年6月10日，トリポリが米国の要求をのんで講和．米国は独立後初の対外戦争を遠い地中海で戦いながら，ヨーロッパ諸国を手こずらせたバーバリ海賊を

破って，その軍事力を世界に知らしめた.

▲ **3月23日** アレクサンドル1世即位（露）．アラスカや北太平洋での交易活動を推進する．ニコライ・レザノフの訪日（1804年）もその一環.

▲ フランス作家シャトーブリアン，アメリカを舞台にした小説『アタラ』*Atala*出版.

1802（享和2年）

7月4日（独立記念日） ニューヨーク州ウェスト・ポイントWest Pointで陸軍士官学校が開校.

壮大な柱廊玄関を特徴とするギリシャ復興様式Greek Revivalの建築の流行続く（1796年参照）．ヴァージニア州アーリントンのカスティス＝リー邸Custis-Lee Mansion（現在のアーリントン・ハウスArlington House）など.

アメリカ初のホテルhotel，ニューヨーク州サラトガ・スプリングスSaratoga Springsに建設．従来の飲食中心の宿屋tavernと違い，宿泊とサーヴィスが中心.

ニューヨーク美術アカデミーNew York Academy of the Fine Arts設立．古典的な歴史画を重視する．1808年，アメリカ美術アカデミーAmerican Academy of the Fine Artsに発展（〜1841年）し，美術の中心もニューヨークへ.

独学の数学者ナサニエル・バウディッチ Nathaniel Bowditch，『新実践的アメリカ航海術』*The New American Practical Navigator*出版．経度を正確に計る方法を指南し，アメリカ流の実践的科学者の例となる.

■ この年までにメイソン＝ディクソン・ライン（1763年参照）以北のすべての州，反奴隷制の法律を制定か，または順次，奴隷を解放する手段を執りはじめる.

1803（享和3年）

2月4日 ダンラップ，フランス劇の翻案『自然の声』*The Voice of Nature*を上演する．フランス由来のメロドラマ（音楽を付けたロマンチックな芝居）をアメリカで上演した最初期の例．ただし，まだ音楽は主として芝居の背景に使用されるのみだった（1808年参照）.

5月22日 コネティカット州サリズベリーSalisburyに自治体の援助により児童図書館創設．アメリカ初の無料公開図書館となる．公立地方図書館運動の第一歩.

＊省略記号：■＝歴史・政治・経済　▲＝世界　●＝日本

ウィリアム・ワートWilliam Wirt,『英国人スパイの手紙』*Letters of the British Spy*出版．後の法務長官が英国人をよそおい匿名で綴った，南部生活のスケッチ集．

■ **5月2日**　フランスよりルイジアナ領土を購入（「ルイジアナ購入」Louisiana Purchaseとして知られる）．合衆国の領土が一挙に倍増し，ロッキー山脈へ到達．

1804（享和4年／文化元年）

2月2日　オハイオ州エイムズAmesにクーンスキン図書館Coonskin Library設立．アライグマcoonの毛皮をボストンで売った収入で書籍購入．辺境への書物の普及を示す．

5月14日　メリウェザー・ルイスMeriwether Lewisとウィリアム・クラークWilliam Clarkの探検隊，セント・ルイスから大陸横断の途につく（〜1806年9月23日，1805年参照）．⇒コラム（10）

フィラデルフィアの発明家オリヴァ・エヴァンズ Oliver Evans，おそらく世界初の自動車を発明．蒸気機関の水陸両用車．⇒図⑪

コラム｜10｜ルイス＝クラーク探検隊 1804年

　ルイジアナ購入の直前，ジェファソン大統領は太平洋に到る水路を求め，ミシシッピー川の支流ミズーリ川を西へ遡る探検隊の派遣を決定した．命を受けたメリウェザー・ルイス大尉は友人ウィリアム・クラーク少尉とともに48名の「発見隊」を組織する．

　1804年5月，隊はセント・ルイスを出発．翌年8月，ミズーリ川の水源に達するが，そこからのビタールート山脈横断が最大の難関だった．飢えに苦しみ馬さえ食べた．10月，ようやく西漸するクリアウォーター川に達し，11月7日，「海」（じつは河口の入江）を目撃，「海が見えた！ああこの歓喜」と飛びあがる．11月24日，太平洋に達して，1806年9月に帰還した．2年4ヶ月，1万3,000キロの探検で，病死者1名を失っただけだった．

　こうして探検隊は，新領土ルイジアナの地理的情報を集めることによって，その広大さを国民に知らしめただけでなく，さらにその西も探ることによって，新しい西部への関心を高めた．

南部黒人奴隷の逃亡を助ける地下鉄道Underground Railroadの組織が作られはじめる（～1860年）．⇒図⑫

ジョージ・ラップGeorge Rappを中心とするドイツ敬虔派（別名「ラッピスト」Rappists），共産村「ハーモニー・ソサエティ」Harmony Societyをペンシルヴェニアに建設．以後場所を変え盛衰を重ねながら1906年まで存続．

新古典主義の画家ジョン・ヴァンダリンJohn Vanderlyn,「ジェーン・マックリーの死」"The Death of Jane McCrea"で，インディアンによる白人女性殺害の場面を描く．

アメリカ初のロマン主義画家，ワシントン・オールストン Washington Allston,イギリス留学中に代表作「洋上に湧きおこる雷雨」"Rising of a Thunderstorm at Sea"を描く．

最高裁長官・国務長官を務めたジョン・マーシャルJohn Marshall，ワシントンの伝記*The Life of George Washington*を出版（～1807年）．当時もっとも正確なワシントン伝．

ボストンの文芸クラブ「アンソロジー・クラブ」Anthology Club発足．機関誌『月刊アンソロジーおよびボストン評論』*Monthly Anthology and Boston Review*（『ノース・アメリカン・レヴュー』の前身，～1811年）創刊．

■ **7月11日**　ハミルトン，アーロン・バーと決闘し，重傷を負って翌12日死亡．

■ **9月25日**　正副大統領の分離投票を定めた憲法修正第12条発効（1801年参照）．

▲ **1月1日**　サン＝ドマングの黒人，フランスからの独立を宣言し，ラテン・アメリカ最初の独立国ハイチHaitiを建てる（1791年参照）．

● **10月13日**　華岡青洲，自ら考案した全身麻酔剤「通仙散」を用いて，乳癌摘出手術に成功．

1805 （文化2年）

ショショーニShoshone族インディアンの女性サカガウィーアSacagawea，ルイス＝クラーク探検隊にノース・ダコタから同行し，ガイド・通訳として活躍．11月7日，探検隊は太平洋岸に到達（1804年参照）．

ニューイングランドの氷の輸送業始まる．最初はマルティニーク島へ，後にハヴァナHavanaやニュー・オーリンズへと販路を拡大．

ニューヨークの大型劇場パーク・シアターPark Theatre（1798年～），赤字のため閉鎖されたが，ジョン・ジェイコブ・アスターJohn Jacob Astorらが再建

*省略記号：■=歴史・政治・経済　▲=世界　●=日本

（1808年参照）．

ユニテリアンの神学者ヘンリー・ウェアHenry Ware，ハーヴァード大学神学教授に．以後ハーヴァードは，ユニテリアニズムの牙城となる．

12月26日　画家・博物学者のピール（1772年参照）らによって，ペンシルヴェニア美術アカデミーPennsylvania Academy of Fine Arts設立．現存するアメリカ最古の美術アカデミーとなる．

米国ユニヴァーサリズムの父とされるホジーア・バルーHosea Ballou，『贖罪論』 *A Treatise on the Atonement*刊行．三位一体を否定し，キリストの贖罪によって万民が救済されると説き，ユニテリアニズムに接近する．

ニューヨーク市の慈善団体「無料学校協会」Free School Society of New York発足．宗教教育を重んじるが，教会による従来の貧民学校charity schoolとは違い，宗派にこだわらない無料学校を1806年より開校（1834年参照）．

マーシー・オーティス・ウォレン（1773年他，参照），知友の独立戦争指導者たちを直接取材し，女性による最初の米国独立戦争史『アメリカ独立革命の勃興・展開・終焉』*History of the Rise, Progress, and Termination of the American Revolution*（全3巻）を出版．

1806（文化3年）

7月15日　ゼビュロン・M・パイクZebulon M. Pike，コロラドColoradoとニュー・メキシコNew Mexico地方の探検（〜1807年）に出発．11月15日，ロッキー山脈にそびえる頂（後にパイクス・ピークスと命名）を確認する（1858年参照）．

ノア・ウェブスター，『簡明英語辞典』*A Compendious Dictionary of the English Language*出版．アメリカ英語の独立を図る試みからは後退していたが，lengthy長たらしい，belittle見くびる，等のアメリカ英語を採用．ただし粗野だと批判もされる．

1807（文化4年）

1月24日　アーヴィング兄弟William and Washington Irvingとジェイムズ・カーク・ポールディングJames Kirke Paulding，雑誌『サルマガンディ』*Salmagundi*をニューヨークで創刊．英国の『スペクテイター』流の詩歌随筆雑誌で，月2回，1808年1月25日までに全20号発行された．

ボストンのアンソロジー・クラブ，有料会員制の図書館「ボストン・アシニーア

ム」Boston Athenaeumを開設（1804年参照）.

5月22日　フィラデルフィアの薬剤師タウンゼンド・スピークマンTownsend Speakman，医療用の炭酸水に果汁を加え，清涼飲料水を発明.

6月22日　チェサピーク＝レパード号事件*Chesapeake-Leopard* Affair起こる. 脱走兵を捜索中だった英国軍艦レパード号がヴァージニア沖で米国軍艦 チェサピーク号を砲撃, 4名の乗組員を拿捕. 反英感情高まる.

8月17日　ロバート・フルトンRobert Fultonの設計による蒸気船ノース・リ ヴァー・スチームボート*North River Steamboat*号（のちにクラーモント *Clermont*号と呼ばれる），ニューヨークからオルバニーまでハドソン川を遡 航する. 蒸気船時代の到来.

米国初の神学大学院，アンドーヴァー神学校Andover Theological Seminary創 立. ハーヴァード大学のユニテリアニズム傾斜に対抗する（1805年参照）.

バーロー『コランビアド』*The Columbiad*出版. コロンブスにあらわれた啓示を 通してアメリカの栄光を歌う.『コロンブスの夢想』の改訂版（1787年参照）.

■ **12月22日**　出港禁止法Embargo Act. ナポレオン戦争中の英仏による経済封 鎖に対抗して米国船舶による通商を禁じる. 米国経済に悪影響が大きく， 1809年に撤廃.

1808(文化5年)

4月6日　アスター，アメリカ毛皮会社American Fur Companyを設立. 西部の 毛皮取引を事実上独占し，1848年の死亡時にはアメリカ最大の富豪となって いた.

米国初の聖書協会であるペンシルヴェニア聖書協会Pennsylvania Bible Society 設立.

鳥類学者アレグザンダー・ウィルソンAlexander Wilson,『アメリカの鳥類』 *American Ornithology*出版. 全9巻（〜1814年）. 科学への貢献と同時に，イ ラストも人気となった.

ジェイムズ・ネルソン・バーカーJames Nelson Barker，ポカホンタスを主題と した劇『インディアンの王女』*The Indian Princess*を上演，出版. 1820年には ロンドンでも上演され，米国初演の演劇が海外で上演される最初の例とな る. 台詞と音楽が完全にからみあったメロドラマ（1803年参照）.

■ **1月1日**　黒人奴隷の輸入を禁止. ただし密輸や国内売買が続く（1820年参 照）.

*省略記号：■=歴史・政治・経済　▲=世界　●=日本

1809（文化6年）

ボストンに最初のクリケット・クラブ設立．野球が普及するまで高い人気を誇る．

ペンシルヴェニア州の宣教師アレグザンダー・キャンベルAlexander Campbell，ディサイプル派Disciples of Christを創設．信仰復興運動のなかで，宗派に与せず新約聖書に帰ろうとする宗教回復運動Restoration Movementを展開する．

12月25日　ケンタッキーの医師イーフレイム・マクダウェルEphraim McDowell，世界初の開腹手術に成功する．まだ麻酔の使用が知られていないため，患者に讃美歌を歌わせながらその卵巣腫瘍を摘出したという．辺境でも医学が進歩したことを示す．

ワシントン・アーヴィングのユーモラスな『ニッカボッカー著　ニューヨークの歴史』*A History of New York by Diedrich Knickerbocker*出版．文壇にニッカボッカー派（ニューヨーク文人グループ）活躍時代を迎える．

地質学者ウィリアム・マクルアWilliam Maclure，『合衆国の地学に関する考察』*Observations on the Geology of the United States of America*を刊行．初のアメリカ地質図を含む．マクルアは後にニュー・ハーモニー生活共同体にも参加し，地質学者を育成（1825年参照）．

▲　スコットランドの詩人トマス・キャンベルThomas Campbell，物語詩『ワイオミングの乙女ガートルード』*Gertrude of Wyoming*出版．ペンシルヴェニアで1778年に起こったワイオミング・ヴァリーWyoming Valleyの虐殺（イロコイIroquois族が300人の植民地人を虐殺したとされる事件）を歌う．米国の歴史がヨーロッパの想像力を喚起した例．

1810（文化7年）

国勢調査．人口7,239,881人（1800年より約193万人の増．うち黒人は1,378,110人で，約48万人の増）．

ボストン・フィルハーモニックBoston Philharmonic Society発足．アメリカ最初の本格的オーケストラ（～1824年）．現在のボストン・フィルハーモニックやボストン交響楽団Boston Symphony Orchestraとは異なる（1842年参照）．

アメリカ海外伝道委員会American Board of Commissioners for Foreign Missions（「アメリカン・ボード」）結成．はじめ会衆派の組織だったが，1812年諸宗派

1810–1811

の連合組織となる．活発に海外伝道を行ない，1869年には日本へも伝道師を派遣，1875年の同志社開校を支援する．

コーニーリアス・ヴァンダービルトCornelius Vanderbilt，ニューヨークのスタテンStaten島とマンハッタンとの間に小型フェリーの運航を開始．のち海運王，鉄道王となる．

10月1日　マサチューセッツ州ピッツフィールドPittsfieldで，バークシャー家畜ショーBerkshire Cattle Show始まる．米国のお祭りカウンティ・フェアcounty fairの起源．

マサチューセッツ州ウスターの出版者アイザイア・トマスIsaiah Thomas,『アメリカ印刷史』*History of Printing in America*出版（1812年参照）．

フィラデルフィアの弁護士チャールズ・インガソルCharles Jared Ingersoll,『イエズス会士インチクインの手紙』*Inchiquin, the Jesuit's Letters on American Literature and Politics*出版．アメリカを旅するイエズス会士の手紙という設定で，米国を野蛮視するヨーロッパ人に対し米国社会を擁護．

ウィリアム・カレン・ブライアントWilliam Cullen Bryant,「死の観想」"Thanatopsis"（無韻詩）を16歳にして書く（発表は1817年）．

1811（文化8年）

1月8日　ニュー・オーリンズ郊外のプランテーションで，奴隷の反乱が起こる．農具で武装しニュー・オーリンズへ向かって行軍．500人が参加とも言われ，米国史最大の奴隷蜂起となったが，数日で鎮圧された．

ニューヨークにアメリカ博物館American Museum開設．科学や芸術への興味を反映．1841年に興行師フィニアス・T・バーナムPhineas T. Barnumが買収して大衆向け見せ物本位の陳列館museumに改変．

カンバーランド国道Cumberland Road着工．メリーランド州カンバーランドから西へアリゲニー山脈を越え，1833年にはオハイオ州コロンバスColumbusに至る西部進出の幹線道路となる．現在の国道40号線U.S. Route 40の一部．

10月20日　ミシシッピー川に初の蒸気船ニュー・オーリンズ*New Orleans*号就航．ピッツバーグを出発し，オハイオ川とミシシッピー川を下って，翌年1月12日にニュー・オーリンズに到着．

アスターの太平洋毛皮会社Pacific Fur Company，現在のオレゴン州アストリアAstoriaに交易所を建設，米国人が初めて太平洋岸に定住を始めた．

アイザック・ミッチェルIsaac Mitchell，ゴシック小説『避難所』*The Asylum*出版，

1811-1812

*省略記号：■=歴史・政治・経済　▲=世界　●=日本

ベストセラーに．ニューヨーク州の教師ダニエル・ジャクソンDaniel
Jackson, Jr.による露骨な剽窃（1811年）も版を重ねる．

■ **11月7日**　ティペカヌーTippecanoeの戦闘．ウィリアム・ヘンリー・ハリソ
ンWilliam Henry Harrisonの指揮する連邦軍が，ショーニーShawnee族の首長
テカムセTecumseh率いるインディアン軍をインディアナ準州で破る（1813
年，1840年参照）．その勝利が誇大宣伝される．

● **9月18日**　廻船商人の高田屋嘉兵衛，国後沖でロシア船に拿捕される．日本
に抑留中のゴローニン船長の釈放を巡る日露交渉に尽力し，自らも13年に
帰国を許される．

1812(文化9年)

ニューヨーク市庁舎New York City Hall完成．現在も使われている米国最古の
市庁舎．

ロシア人がアメリカ大陸太平洋岸を南下進出．サンフランシスコの北に毛皮交
易所フォート・ロスFort Rossを建設する．

画家ヴァンダリン，裸婦画「ナクソス島で眠るアリアドネ」"Ariadne Asleep on
the Island of Naxos"をパリで展示，好評を得る．1815年，ニューヨークでは
スキャンダルに．

7月23日　ユニテリアンの牧師ウィリアム・エラリー・チャニングWilliam
Ellery Channing，愛国主義者による平和思想弾圧を批判．チャニングの一連
の演説は，マサチューセッツ平和協会Massachusetts Peace Societyの設立
（1815年）を導く．

西半球最古の自然科学研究所，フィラデルフィア自然科学アカデミーAcademy
of Natural Sciences of Philadelphia開設．自然科学の「有用な知識」を拡大する
ため．1828年には博物館を公開．

アメリカ好古協会American Antiquarian Society，アイザイア・トマスによりマ
サチューセッツ州ウスターに設立（1810年参照）．

スコットランド出身のジョン・メリシュJohn Melish，『合衆国の旅』*Travels in
the United States of America*出版．ヨーロッパからの移民を促すため，地図を
多用し，みずからの旅の見聞を記す．

ロバート・スチュアートRobert Stuart，ロッキー山脈のサウス・パスSouth Pass
を発見．極西部への重要な移住路となる（1824年参照）．

ベンジャミン・ラッシュ『精神病に関する医学的調査と考察』*Medical Inquiries*

083

*and Observations upon the Diseases of the Mind*出版.「アメリカ精神病学の父」
（1775年，1787年参照）.

スコットランドの作家ウォルター・スコットWalter Scottの物語詩『マーミオン』
Marmion，バーカーによって詩劇に翻案，上演され好評. スコットランドと
イングランドの戦争の物語に託して1812年戦争へのアメリカ人の感情を表
現する. この頃から米国におけるスコット熱盛んに（1814年参照）.

ポールディング，イギリスを諷刺したアメリカ植民地のコミカルな歴史『ジョ
ン・ブルとブラザー・ジョナサンの愉快な歴史』*The Diverting History of John
Bull and Brother Jonathan*出版.

■ **6月18日** 対英宣戦布告により1812年戦争始まる（～1814年12月24日）. ナ
ポレオン戦争中の英国による海上封鎖によって中立貿易が打撃を受けたこ
とに加え，英国海軍が米国人船員を拿捕して強制徴用したことが背景.

1813（文化10年）

この頃よりアメリカの人格的象徴として「アンクル・サム」Uncle Samという呼
称が広まる. 一説には1812年戦争中，ニューヨーク州トロイTroyの精肉業
者サミュエル・ウィルソンSamuel WilsonがU. S.（合衆国）という印をつけた
牛肉を軍へ納品したところ，彼を知る地元兵が彼の愛称「アンクル・サム」を
表すと言ったことに由来.

2月23日 ボストン工業会社Boston Manufacturing Company，マサチューセッ
ツ州ウォルサムWalthamに設立. チャールズ川の水力を使って綿生地を製
造. 米国の産業革命の始まり.

9月4日 米国初のキリスト教系週刊新聞（長老派）『レリジャス・リメンブラン
サー』*Religious Remembrancer*，フィラデルフィアで創刊（1840年に『クリス
チャン・オブザーヴァー』*Christian Observer*となり，現在に続く）.

ユニテリアンの牧師チャニング，キリスト教雑誌『クリスチャン・ディサイプ
ル』*Christian Disciple*創刊. カルヴィニズムの雑誌『パノプリスト』*The
Panoplist*に対抗する. 1824年,『クリスチャン・イグザミナー』*Christian
Examiner*と改名.

ロマン主義画家としても有名なオールストン，詩集『四季の風の精』*The Sylphs
of the Seasons*をロンドンで出版，高く評価される.

■ **7月22日** クリーク戦争Creek Indian War（～1814年）. アラバマAlabamaの
クリーク族が開拓者を襲撃する. 翌年，アンドルー・ジャクソンAndrew

1813–1814

＊省略記号：■=歴史・政治・経済　▲=世界　●=日本

Jackson率いるテネシー軍がクリーク族を撃退. 獲得した広大な土地はやがて綿花プランテーションとなる.

■ **9月10日**　海軍大佐オリヴァー・ハザード・ペリーOliver Hazard Perry（黒船で訪日したペリー提督の兄，1853年参照）率いる米国艦隊，エリーErie湖で英国艦隊を破る. これにより米国がエリー湖だけでなく，デトロイトDetroitも奪還する.

■ **10月5日**　カナダのオンタリオでテムズThames川の戦闘. ハリソン将軍の指揮する陸軍が英・インディアンの連合軍と対戦. インディアン軍を率いていたテカムセは戦死し，連合軍敗北により北西部辺境開ける.

1814（文化11年）

女性教育者エマ・ウィラードEmma Willard，ヴァーモント州ミドルベリーMiddleburyの自宅に女子寄宿学校を開設. 男子校と同じカリキュラムを提供する（1821年参照）.

米国が生んだ最初の優れた彫刻家ウィリアム・ラッシュWilliam Rush，ジョージ・ワシントンの実物大木像を彫る. ラッシュは，海軍最初期の軍艦の船首像も制作.

ボストンにニューイングランド・トラクト協会New England Tract Society設立. キリスト教の小冊子を印刷し配布する. 1825年，ニューヨーク・トラクト協会New York Tract Societyと合併し，アメリカン・トラクト協会American Tract Societyに. 信仰復興運動（第2次大覚醒）に貢献する（1824年参照）.

フランシス・スコット・キーFrancis Scott Key，9月13〜14日の夜，英国海軍のボルティモア砲撃にもかかわらず，マクヘンリー要塞Fort McHenryに星条旗がひるがえり続けていることに感激して詩「星条旗」"The Star-Spangled Banner"を書く. 正式にアメリカ国歌となったのは1931年.

ルイス＝クラーク探検隊の報告書『ルイスとクラーク両大尉の指揮による探検の沿革』History of the Expedition under the Command of Captains Lewis and Clark出版.

ウォルター・スコットのロマンチックな歴史小説『ウェイヴァリー』Waverley，アメリカでも出版されて爆発的人気. 以後のいわゆるウェイヴァリー小説群も広く読まれ，アメリカのロマン主義興隆に貢献する.

愛国派詩人であったデイヴィッド・ハンフリーズDavid Humphreys，喜劇『イギリスのヤンキー』The Yankey in England上演. 翌年出版.

- ■ 3月27日　アンドルー・ジャクソン，アラバマ州のホースシュー・ベンド Horseshoe Bendの戦闘でクリーク族インディアンを破る．クリーク戦争終結．
- 8月25日　英軍，首都ワシントンを占領，議事堂やホワイト・ハウスを焼き払う．
- ■ 12月24日　ガン平和条約Treaty of Ghent調印．1812年戦争終結．
- ▲ ジョージ・スティーヴンソンGeorge Stephenson，蒸気機関車発明（英）．
- ● 伊能忠敬，日本全図である「沿海実測全図」を完成．死後の1821年，弟子たちが「大日本沿海輿地全図」を仕上げ，幕府に献上する．

1815（文化12年）

この頃，コネストーガ・ワゴンConestoga wagonと呼ばれる大型の幌馬車，東部と西部の間の輸送手段として活躍．最大のもので全長18メートルあった．

ボストン貧困救済団体Boston Society for the Moral and Religious Instruction of the Poor設立．会衆派教会が中心となり，都市の新しい貧困層に対応する．

オペラハウス，テアトル・ドルレアンThéâtre d'Orléansがニュー・オーリンズに完成．翌年消失するも1819年に再建され，アメリカのオペラの殿堂となる．

『ノース・アメリカン・レヴュー』North American Review，ボストンで創刊（〜1939年）．季刊，後に月刊となる文芸雑誌．「アメリカの国民的文学」を求める．

フリノー，『アメリカ詩集』A Collection of Poems on American Affairs出版．1812年戦争をめぐる愛国詩を収める．

性別を偽って1812年戦争に従軍した女性の自伝という『女水兵ルーシー・ブルーアの冒険』The Female Marine, or the Adventures of Miss Lucy Brewer，ボストンで出版．現在では出版者のナサニエル・カヴァリー Nathaniel Coverlyあるいはその友人の詩人ナサニエル・ヒル・ライトNathaniel Hill Wrightによるフィクションと考えられている．

- ■ 1月8日　前年締結されたガン平和条約の報が届かず，アンドルー・ジャクソン率いる米軍が英軍とニュー・オーリンズで戦って大勝．ジャクソンは国民的英雄となる．
- ■ 3月3日　第2次バーバリ戦争（アルジェとの戦い）Second Barbary War始まる（〜6月30日）．地中海南岸のアルジェAlgiersが，トリポリ戦争（1801年参照）の講和条約（1805年）は無関係として海賊行為を継続し，米国船舶から貢納金を取り立てたため．

*省略記号:■=歴史・政治・経済　▲=世界　●=日本

● 杉田玄白『蘭学事始』脱稿. 解剖学書『ターヘル・アナトミア』(ドイツの『解剖図譜』*Anatomische Tabellen*のオランダ語訳*Ontleedkundige Tafelen*) を『解体新書』として翻訳(1774年)したときの苦労などを語る. 出版は1869年.

1816(文化13年)

1812年戦争やナポレオン戦争の終結により, アイルランドやドイツからの移民が急増する. また捕鯨業が拡大し, 鯨油ランプを普及させる.

米国初のガス会社, ボルティモア・ガス灯会社Gas Light Company of Baltimore設立, 市の街灯にガスを提供する.

創立以来聖職者を育成してきたハーヴァード大学, 専門職大学院の神学校Divinity Schoolを設立. 表向きは特定宗派に与しないが, 実質上, ユニテリアンの時代が続く.

実業家エイビアル・スミスAbiel Smithの遺志により, スペインとフランスの言語文学を講じるスミス講座がハーヴァード大学に設立. 近代語を専門とする米国初の講座となる. 翌年, 初代教授としてジョージ・ティクナーGeorge Ticknorが就任(〜1835年).

4月9日　アフリカン・メソジスト監督教会African Methodist Episcopal Church, フィラデルフィアに設立. この頃から黒人教会が各地に設立される.

拳闘ボクサーのジェイコブ・ハイアーJacob Hyer, ニューヨークでトム・ビーズリーTom Beasleyを破り, 初代アメリカ・チャンピオンを名乗る. 米国初のプロ・ボクシング選手権.

言語学者ジョン・ピカリングJohn Pickering, アメリカ英語を集めた初の辞書『合衆国固有語句集』*Vocabulary of Words and Phrases Peculiar to the United States*刊行. 約500語のアメリカ英語を収録. 1812年戦争後の文化的独立機運を反映する.

聖職者ジョン・ピアポントJohn Pierpont, 長詩『パレスティナの調べ』*Airs of Palestine*出版. 聖者たちと音楽の関わりを歌い好評.

ジョゼフ・ロドマン・ドレイクJoseph Rodman Drake「罪人になった妖精」"Culprit Fay"作詩. 発表は死後の1835年. アメリカの風景に妖精を導入したロマンチックな詩.

サミュエル・ウッドワースSamuel Woodworth, 1812年戦争を扱った小説『自由の戦士たち』*The Champions of Freedom*出版.

『ポーティコ』*The Portico*創刊(〜1818年). ボルティモアの「デルフィアン・ク

ラブ」Delphian Clubによる月刊文芸誌.

■ **7月27日** 第1次セミノール戦争Seminole War始まる（〜1818年）．フロリダのインディアン諸部族の連合体であるセミノール・インディアン領内に逃げ込んだ黒人奴隷の捕獲を主目的に，ジャクソン率いるアメリカ軍が侵攻し襲撃.

■ **12月4日** 大統領選挙，ジェイムズ・モンローJames Monroe（リパブリカン）当選．フェデラリストは対抗力を失い，いわゆる「好感情の時代」Era of Good Feelingsが到来.

1817（文化14年）

ブラック・ボール・ライン社Black Ball Line，ニューヨークとリヴァプールを結ぶ大西洋横断郵便船の運航のため設立される．翌18年に就航.

4月15日 トマス・ホプキンズ・ギャロデットThomas Hopkins Gallaudet，コネティカット州ハートフォードにアメリカ初の公立聾学校を設立（後に現在のアメリカ聾学校American School for the Deafとなる）.

5月15日 米国初の精神病院，ペンシルヴェニア州フランクフォードFrankfordに設立（後に有島武郎はここで働く）.

5月16日 ミシシッピー川に蒸気船の定期便就航．ニュー・オーリンズからケンタッキー州ルイヴィルLouisvilleまで25日で遡航する.

フィラデルフィアに日曜成人学校連合Sunday and Adult School Union設立．宗派を問わず各地の日曜学校を支援する．1824年，アメリカ日曜学校連合American Sunday School Unionと改称.

8月29日 オハイオ州マウント・プレザントMount Pleasantで反奴隷制週刊新聞『博愛主義者』*Philanthropist*創刊．全奴隷の即時解放を訴える．米国初の反奴隷制新聞.

自由黒人のアフリカ植民を企図するアメリカ植民協会American Colonization Society，長老派教会牧師ロバート・フィンリーRobert Finleyらによって設立．1822年，入植基地として西アフリカにモンロヴィアMonroviaを建設する（1847年，リベリアLiberiaとして独立）.

9月 ブライアントの詩「死の観想」，雑誌『ノース・アメリカン・レヴュー』に発表（1810年参照）．その完成度の高さから，『レヴュー』の編集者が「このような詩が大西洋のこちら［アメリカ］側で書かれるなどありえない」と言ったとされる.

*省略記号：■=歴史・政治・経済　▲=世界　●=日本

1818（文化15年／文政元年）

1月1日　英軍により1814年に焼かれた大統領公邸が再建される．再建前と同様の白亜の外観により，この頃までにホワイト・ハウスという通称が定着した．1901年，シオドア・ローズヴェルト大統領がホワイト・ハウスを正式の呼称とする．

イギリスのアルビノ（先天性白皮症）の女性，「アルビネス」Albinessという見世物として各地を巡業し話題となる．「前代未聞のもっとも驚くべき現象」というふれこみだった．19世紀中期には，このように人間や動物を見世物にしたフリーク・ショーfreak show（あるいはサイドショーsideshow）がもてはやされる．

ニューヨーク州にウェスト・ポイント鋳造工場West Point Foundry建設．南北戦争時，北軍の重砲の大量供給を可能にした．

フィラデルフィアの画家バス・オーティスBass Otis，アメリカ初の石版画（リトグラフ）を刷る．のち石版画は多色化されアメリカの「民主主義的美術」となる（1834年参照）．

現在も続くアメリカ最古の学術雑誌『アメリカ総合学術雑誌』*American Journal of Science and Arts*創刊．イェール大学の科学者ベンジャミン・シリマンBenjamin Sillimanが20年間編集を担当し，学問の振興に貢献．

アメリカ滞在中の英国ジャーナリスト，ウィリアム・コベットWilliam Cobbett,『アメリカ合衆国における1年の逗留』*A Year's Residence in the United States of America*をロンドンで出版（〜1819年）．米国農民の識字率の高さを指摘．

スコットの小説『ロブ・ロイ』*Rob Roy*（スコットランドの義賊の物語），米国で人気．1790年の著作権法が保護しない海外作品は無断で出版できたため，米国の出版社はいち早く英国作家の人気作品を出版しようとした．

ジョン・ハワード・ペインJohn Howard Payneのロマンチックな無韻詩悲劇『ブルータス』*Brutus*，ロンドンで上演，出版（米国では翌年），大成功．

1819（文政2年）

1月25日　ヴァージニア大学University of Virginia創立．中心となって準備したジェファソンが初代学長に就任する．

2月2日　ダートマス大学事件Dartmouth College Caseの連邦最高裁判決．ダートマス大学が1769年に英国王から受けていた特許状の定めに干渉しようと

した州議会の動きを違憲と判定．契約上の既得権を保護し，私立大学や私企業の独立性を認める．

3月2日　最初の移民法施行．移民運送の規則や手続きを定め，移民の数の登録を求める．通称，三等船室法Steerage Act.

5月24日　ジョージア州サヴァナを出港したサヴァナ*Savannah*号，蒸気船として初めて大西洋を横断し，6月20日，リヴァプールに到着．

週刊新聞『アメリカの農夫』*American Farmer*（～1897年），農業紙として初めて成功．

チャニング『ボルティモア説教』*Baltimore Sermon*，カルヴィニズムと明瞭に絶縁し，ユニテリアニズムを推進．⇒コラム（11）

アーヴィング『スケッチ・ブック』*The Sketch Book*出版（～1820年）．イギリス風物のスケッチ，幻想味をおびた短篇小説など，29（のち34）の作品からなる．米国のロマン主義文学を導くとともに，ヨーロッパで初めて認められたアメリカ文学となる．

ドレイクとフィッツグリーン・ハレックFitz-Greene Halleck，一連の時事諷刺詩「クローカー文集」"Croaker Papers"を『ニューヨーク・イヴニング・ポスト』などに連載．主にニューヨークの政治家をユーモラスに描く．

■ **2月22日**　アダムズ＝オーニス条約Adams-Onis Treaty調印．スペインがフ

コラム｜11｜ユニテリアニズム　1819年

　ユニテリアニズムという語は，「単一」unit-,「派」-arian,「主義」-ismという語源からなる．キリスト教の根本教義である三位一体（神は父と子と聖霊からなるという説）を否定し，神は創造主（父）のみからなる単一体と考えるからだ．しかしユニテリアニズムの意義はむしろ，カルヴィニズムが唱えた原罪論や人間の自由意思否定を斥け，個人の良心に従うよう説いていたことにあった．それは理性を重んじた合理主義的キリスト教だった．

　アメリカでは1796年，最初のユニテリアン教会がフィラデルフィアに作られ，1805年には，ハーヴァード大学が神学教授としてユニテリアンのヘンリー・ウェアをおくまでになった．なお，このような自由なユニテリアニズムでもなお飽きたらず，さらに自己内面の自由な信仰を求めたのが，エマソンやシオドア・パーカーらトランセンデンタリストである．彼らは理性による把握を超越した自己内心の直観によって真理を把握しようとした．

*省略記号：■=歴史・政治・経済　▲=世界　●=日本

ロリダを割譲，米国はテキサスの領有権主張を放棄，さらにスペイン＝米国
間の国境を北緯42度線に設定する．

1820(文政3年)

国勢調査．人口9,638,453人．

スティーヴン・H・ロングStephen H. Long，ミズーリ川の支流プラットPlatte川
　流域を探検．新種の動植物を発見し，さらにインディアンの生活を調査す
　る．

「ケンタッキーの丸太小屋作曲家」を自称したアンソニー・フィリップ・ハイン
　リックAnthony Philip Heinrich，評論『ケンタッキーの音楽の夜明け』Dawning
　of Music in Kentucky出版．アメリカの国民的音楽を求める．

地学者ヘンリー・ロウ・スクールクラフトHenry Rowe Schoolcraft，ルイス・キャ
　スLewis Cass探検隊に加わり，ミシガン準州の鉱物だけでなくインディアン
　も調査．のちインディアンの妻を娶ってインディアン研究の第一人者に．

ボストンに商業図書館協会Mercantile Library Association設立．商業に従事する
　ボストン市民に正しい娯楽を提供するための会員制図書館．同年，ニュー
　ヨークにも同種の図書館が設立される．読者層の拡大を反映．

ボストンのウィリアム・アンダーウッドWilliam Underwoodとニューヨークの
　トマス・ケンセットThomas Kensett，缶詰食品の製造はじめる．

ニューイングランドの宣教師団ハワイに定着，伝道を開始．

チャニング「反カルヴィニズム道徳論」"The Moral Argument against Calvinism"講
　演，出版．

ジェイムズ・イーストバーンJames Wallis Eastburnとロバート・サンズRobert C.
　Sands，叙事詩『ヤモイデン』Yamoyden出版．フィリップ王戦争を扱い，イン
　ディアン側を正当化する．この頃より，ロマンチックに美化されたインディ
　アン像が頻出．

ジェイムズ・フェニモア・クーパーJames Fenimore Cooper，英国舞台の風俗小
　説『用心』Precautionを匿名出版．クーパーの第1小説．

■ 3月3日　ミズーリ妥協Missouri Compromise成立．南北の妥協を図るため，
　ミズーリを奴隷州とする一方，マサチューセッツ州からメインを分離して自
　由州にし，ルイジアナ購入で獲得した領土の北緯36°30'以北には奴隷制を禁
　ずることを定める．

▲ 5月15日　海賊法が改訂され，奴隷密貿易も海賊行為，違反した米市民は死

刑と定められる．ただし実際に処刑された奴隷商人は1人のみ．

▲ 英国の批評家シドニー・スミスSydney Smith，『エジンバラ・レヴュー』*Edinburgh Review*で「この地球上で，いったい誰がアメリカの本を読んだり，芝居を見たり，絵や彫刻を鑑賞したりするだろうか」と述べ，新興国アメリカの文化を揶揄（1868年参照）．

1821（文政4年）

5月31日　アメリカ初のカトリック大聖堂，ボルティモア・バシリカBaltimore Basilica完成．連邦議会議事堂を設計したベンジャミン・ラトロウブBenjamin Henry Latrobeが設計する．憲法によって信教の自由を保障されたカトリックの自己主張．

この頃からコーヒーの飲用が普及．当初は媚薬とみなされるなど禁止運動の対象にもなったが，旧敵国イギリスを連想させる紅茶に対する反感もあって，コーヒー愛飲が広がった（1670年参照）．

アメリカ初の黒人劇団アフリカン・カンパニーAfrican Company，ニューヨークで公演を始める．

ウィリアム・ベックネルWilliam Becknell，サンタ・フェ街道Santa Fe Trailを開く．ミズーリ州インディペンデンスから当時メキシコ領のサンタ・フェへ至る交易路．1880年の鉄道敷設まで米墨間の重要な街道となる．

9月18日　アマースト大学Amherst College，マサチューセッツ州アマーストに開校．（設立許可は遅れて1825年．）リベラル化しつつあったハーヴァードに対抗する勢力に．

英語古典学校English Classical School，ボストンに設立．アメリカ初の公立高校．1824年，英語高校English High Schoolと改名し，ハイスクールという呼称の最初となる．

エマ・ウィラード（1814年参照），ヴァーモント州からニューヨーク州トロイへ移り，トロイ女性学校Troy Female Seminary開設．高度なカリキュラムで女性高等教育を推進する．

ベンジャミン・ランディBenjamin Lundy，反奴隷制運動機関誌『解放の精神』*The Genius of Universal Emancipation*を創刊（不規則週刊，～1835年，1838～39年）．

『サタデー・イヴニング・ポスト』*The Saturday Evening Post*，フィラデルフィアで創刊（～1969年）．幅広い大衆をターゲットにする．

*省略記号：■=歴史・政治・経済　▲=世界　●=日本

コネティカットの才人ティモシー・ドワイト，『ニューイングランドとニューヨークの旅』*Travels in New England and New York*死後出版（〜1822年）．両地の風景や風俗の重要な記録となる（1785年，1794年参照）．

スコットランドの女性社会運動家フランシス・ライトFrances Wright，『アメリカの社会と風俗に関する諸見解』*Views of Society and Manners in America*出版．ヨーロッパ人の批判に対するアメリカ弁護論．

ウッドワース，ニュー・オーリンズの戦い（1815年）におけるジャクソンの活躍を詩「ケンタッキーの猟師たち」"The Hunters of Kentucky"に描く．兵士の多くがケンタッキー出身だった．

ブライアント『詩集』*Poems*出版．初めて実名で世に問う．アメリカ詩の出発を世に示したともいえる記念碑的詩集．

ジェイムズ・ゲイツ・パーシヴァルJames Gates Percival『詩集』*Poems*出版．

▲ 2月24日　メキシコ独立．スペイン立憲革命（1820年）で危機を感じたメキシコの王党派が，反乱軍と手を組みスペインからの独立を達成する．

1822（文政5年）

セント・ルイスの毛皮罠猟師ウィリアム・ヘンリー・アシュリーWilliam Henry Ashley，罠猟師を集めてミズーリ川を遡り，ロッキー山脈を探検．この地方開発の先鞭をつける．翌年の探検には罠猟師ヒュー・グラスHugh Glassも参加，熊に襲われ重傷を負うも無事生還し，伝説的探検家となる．

ロウエル・メイソン Lowell Mason，歌集『ボストン・ヘンデル・ハイドン協会の教会音楽集』*Boston Handel and Haydn Society Collection of Church Music*編纂．改訂を重ねる．

フィラデルフィアの出版者マシュー・ケアリーMathew Carey，『政治経済論』*Essays on Political Economy*出版．保護貿易を説く．

ニューヨークに「パンとチーズの会」Bread and Cheese Club（クーパーを中心とした文芸社交クラブ）発足．

アーヴィング『ブレイスブリッジ邸』*Bracebridge Hall*（短篇集）／ジョン・ニールJohn Neal『ローガン』*Logan*（インディアンを主人公とした小説）出版．

1823（文政6年）

ヴァーモント州のミドルベリー大学Middlebury College，アメリカで初めてア

フリカ系アメリカ人に学位授与.

この頃からハドソン・リヴァー派Hudson River Schoolと呼ばれる画家たちが活躍. ハドソン川の渓谷美などを壮麗・崇高に描き, 絵画におけるアメリカ・ロマン主義を推進 (1836年参照).

劇作家ペイン, オペラ『クラリ』Clariのために「ホーム・スウィート・ホーム」"Home, Sweet Home"作詞. 英人ヘンリー・ビショップHenry Bishopの曲に合わせて19世紀最大のヒットに. この曲を含め, パーラー・ソングparlor songと呼ばれるセンチメンタルな歌曲がこの頃から家庭で流行する.

インガソル (1810年参照), アメリカ哲学協会で「精神に及ぼすアメリカの影響」"Influence of America on the Mind"講演. 米国の知力はヨーロッパのそれに勝ると説く.

クーパー『開拓者たち』The Pioneers (インディアンと暮らす白人猟師ナッティ・バンポーNatty Bumppoの活躍を描いた「レザー・ストッキング物語」"Leather-Stocking Tales"5部作の第1作), および『水先案内人』The Pilot (彼の海洋小説の第1作) 出版.

コラム | 12 | アメリカのクリスマス 1823年

　イエスの誕生日は聖書に記されていないため, アメリカではクリスマスがしばらく御法度だった. クリスマスが米国社会に浸透するのは19世紀の文学を通してである.

　まずワシントン・アーヴィングが戯作『ニューヨーク史』のなかで, オランダ人たちがセント・ニコラスを守護神のようにいつくしみ, その祝日 (12月6日) にはプレゼントを贈る風習があることを紹介, さらに改訂版では, セント・ニコラスが空飛ぶ馬車に乗り, 贈り物をもって樹上を駆けめぐる場面を加えた. 一方, 『スケッチ・ブック』では, 英国の伝統的クリスマスを5篇の短篇の中でロマンチックに伝えていた.

　アーヴィングがそれぞれ伝えたセント・ニコラスとクリスマスを合体させたのが, クレメント・クラーク・ムーアによる詩「セント・ニコラスの訪れ」である. そこでは白いあごひげをたくわえたセント・ニコラスが「クリスマスの前夜」, トナカイ8頭だてのソリに乗って空を飛び, 家々の煙突から飛び降りてプレゼントを配っていた. このセント・ニコラス像はさらにイラストレーター, トマス・ナストによって視覚化され, 現在のサンタクロース像へと進化した. こうして1870年, クリスマスは連邦の祝日となり, 米国を代表する祝日へと発展した.

*省略記号：■=歴史・政治・経済　▲=世界　●=日本

ポールディング『コニングズマーク』*Koningsmarke*（スウェーデン人のデラウェ
　ア植民を扱った小説）／ジョン・ニール『1776年』*Seventy-Six*（独立革命小説）
　出版.

クレメント・ムアClement Clarke Moore，詩「セント・ニコラスの訪れ」"A Visit
　from St. Nicholas"発表.「クリスマスの前夜」"('Twas) the Night Before
　Christmas"としても知られる．オランダのセント・ニコラス伝説とイギリス
　のファーザー・クリスマス像を合体させた，新しいサンタクロース像の登場.
　⇒コラム（12）

『ニューヨーク・ミラー』*New-York Mirror*（週刊文芸紙，～1860年）創刊.

■ **12月2日**　モンロー大統領，年次教書においてモンロー主義Monroe Doctrineを
　発表．ヨーロッパへ干渉しない代わりに，ヨーロッパによる南北アメリカへ
　の干渉を許さない外交政策.

▲ **1月3日**　スティーヴン・オースティンStephen F. Austin，メキシコ領テキサ
　スに植民地サン・フェリペ・ド・オスティンSan Felipe de Austinを建設.

1824（文政7年）

チェロキーCherokee族インディアンの女性と白人男性との間に生まれたシク
　ウァイヤSequoyah（英語名George Guess），チェロキー語を音標化．チェロ
　キー族に読み書きの普及をはかる.

罠猟師・毛皮商ジェデダイア・スミスJedediah Smithとトマス・フィッツパトリッ
　クThomas Fitzpatrick，ロッキー山脈を越え，現在のユタ州にあるグリーン
　Green川に達する．サウス・パスを再発見（1812年参照）.

この頃チャールズ・G・フィニーCharles Grandison Finneyによる信仰復興運動，
　ペンシルヴェニア，ニューヨーク，マサチューセッツで盛ん．とくに盛りあ
　がったニューヨーク州西部は，宗教熱によって「焼きつくされた地域」
　burned-over districtと呼ばれた．中西部ではピーター・カートライトPeter
　Cartwright，ジェイムズ・B・フィンリーJames B. Finleyが活躍（1801年参照）.

医学者チャールズ・コールドウェルCharles Caldwell,『骨相学の原理』*Elements
　of Phrenology*を出版．米国における骨相学流行の先がけ.

『スプリングフィールド・リパブリカン』*The Springfield Republican*（週刊，後に
　日刊新聞）マサチューセッツで創刊される．内村鑑三はこの新聞を最も信頼
　していた.

ジョン・ニール，アメリカ文学に厳しいことで知られる英国雑誌『ブラックウッ

ズ・マガジン』*Blackwood's Magazine*に米国作家論を連載（9月～1825年2月）. アメリカ文学史の最初の試みともなる（『アメリカの作家たち』*American Writers*と題して1937年出版）.

アーヴィング『旅行者の話』*Tales of a Traveller*出版. 主にドイツ旅行中に集めた材料の物語集.

インディアン戦争や魔女裁判などアメリカの過去を題材としたジェイムズ・バーカーの悲劇『迷信』*Superstition*上演（1826年出版）.

インディアン捕囚物語『メアリー・ジェミソン夫人の生涯の物語』*A Narrative of the Life of Mrs. Mary Jemison*出版. 1758年以来インディアンと暮らした白人女性の体験をまとめる.

■ **12月1日**　大統領選挙, ジョン・クインジー・アダムズ, アンドルー・ジャクソン, ウィリアム・クロフォード, ヘンリー・クレイHenry Clayがそれぞれリパブリカン党から出馬したが, いずれも過半数を獲得できず, 翌年2月9日, クレイを除く上位三名から下院の投票によってアダムズが大統領に選出された. 副大統領にはジョン・C・カルフーンJohn C. Calhoun. ジェファソンから続いた「ヴァージニア王朝」Virginia Dynastyが終わる.

● ドイツ人医師フィリップ・フランツ・フォン・ジーボルト（シーボルト）Philipp Franz von Siebold, 長崎郊外に鳴滝塾を開く.

1825（文政8年）

1月3日　イギリス人ロバート・オーウェンRobert Owen, インディアナ州のラッピストの宗教共同体「ハーモニー」（1804年参照）を買い取って, 新しい共産的共同社会「ニュー・ハーモニー」New Harmonyを建設（～1828年）.

スコットランドの女性社会運動家ライト（1821年参照）, テネシー州に黒人自立教育のためのユートピア共同社会「ナショバ・コミュニティ」Nashoba Communityを建設（～1829年）.

6月17日　ダニエル・ウェブスターDaniel Webster, アメリカの民主主義は「山のごとく不動」とする, 「バンカー・ヒルの演説」"Bunker Hill Oration"を行ない雄弁家として名を高める.

10月26日　エリー運河開通. ハドソン川（オルバニー）とエリー湖（バッファローBuffalo）を結ぶことにより, 五大湖とニューヨークが結ばれ, ニューヨークの商域が拡大. 運河の全盛期へ.

旅行ガイドブックの普及が進む. ダニエル・ヒューエットDaniel Hewettによる

*省略記号：■=歴史・政治・経済　▲=世界　●=日本

地理ガイド『アメリカ旅行者』*The American Traveller*や，同じくヒューエット編の雑誌『世界旅行者』*The Universal Traveller*など．

いわゆるロッキー山脈ランデヴーRocky Mountain Rendezvous始まる．年に一度，ロッキー山脈中で毛皮取引のために開かれる市場で，生活必需品も売買される．第1回はワイオミングのマッキノンMcKinnonにて開催．

11月29日　ロッシーニGioacchino Rossiniのオペラ『セヴィリアの理髪師』*Il Barbiere di Siviglia*，ニューヨークのパーク・シアターで上演．イタリアの本格的オペラの紹介始まる．

ウッドワースのメロドラマ『森の薔薇』*The Forest Rose*初演．コミカルなヤンキーの典型としてジョナサン・プラウボーイJonathan Ploughboyというキャラクターが人気．

■ リパブリカン党（民主共和党）がジョン・クインジー・アダムズ率いる国民共和党National Republican Party（後のホイッグ党）と民主共和党Democratic Republican Party（後の民主党）に分裂する．

● 外国船打払令（～1842年）．幕府は，沿岸に近づく外国船があれば，ただちに砲撃して撃退せよと諸藩に命じる．

1826(文政9年)

ジェデダイア・スミス，現在のユタ州グレイト・ソルト・レイクからモハーヴェMojave砂漠を越え，カリフォルニアのサン・ガブリエルSan Gabriel伝道所に達する．翌年は，白人としては初めてシエラ・ネヴァダSierra Nevada山脈，グレイト・ベイスンGreat Basin砂漠を西から東へ抜け，グレイト・ソルト・レイクへ帰還．これら山男たちの活躍によって西部の大自然の探検が進む．

2月13日　最初の禁酒運動組織であるアメリカ禁酒協会 The American Temperance Society，ボストンに設立．同年，同じくボストンで，最初の禁酒運動雑誌『全米博愛主義者』*The National Philanthropist*発刊．

ジョサイア・ホルブルックJosiah Holbrook，マサチューセッツ州ミルベリーMillburyにアメリカ最初のライシーアムlyceum（講演活動を中心とした文化向上団体）を設立．これより講演が知的な娯楽として人気を呼び，各地にライシーアム運動がひろまる．

ニューヨークにアメリカ国内伝道協会The American Home Missionary Society設立．宗派を越えて国内の伝道を支援する．とくに南部の黒人伝道に貢献．

10月7日　米国最初の商業鉄道グラニット鉄道Granite Railwayが開通する．マ

1826

サチューセッツ州クインジーQuincyから花崗岩graniteをネポンセット
Neponset川へ輸送する馬車鉄道.

ボストンにクインジー・マーケットQuincy Market完成. ファニュエル・ホール
（1742年参照）に隣接した商業施設で，全長163メートルの長いアーケード状
の建築.

10月23日 ニューヨークにバワリー劇場Bowery Theatreオープン. 当時全米最
大の3,500席数を誇る.

この頃から，米国生まれの俳優も成長して，英国の俳優と人気を競うようにな
る. この年『オセロ』を演じたアメリカ生まれのエドウィン・フォレスト
Edwin Forrestと，来米したイギリス俳優ウィリアム・チャールズ・マクリー
ディWilliam Charles Macreadyが人気を二分. この対立が1849年のアスター・
プレイス暴動へ.

ブライアント，『ニューヨーク・イヴニング・ポスト』の副編集長に. 29年には編
集長になり，フェデラリストの機関紙をデモクラットへ（さらに南北戦争の
頃からはリパブリカン寄りへ）導くとともに，アメリカで最も信頼される新
聞に高める（～1878年）.

この頃から，豪華なギフトブックの出版が盛ん. 主にクリスマス・プレゼント
用として出版し，しばしば鋼版画を使用. リディア・シガニーLydia
Sigourneyなど女性詩人の詩集が多かった. サミュエル・グッドリッチ
Samuel Goodrich編のギフトブック詩文集『記念』*The Token*は毎年刊行（1828
～42年）.

ウッドワースの詩「桶」"The Bucket"（1817年）に曲が付され，「古いオークの桶」
"The Old Oaken Bucket"という歌曲に. ノスタルジックな歌として今日まで
愛唱される.

『グレアムズ・マガジン』*Graham's Magazine*（月刊文芸雑誌，～1858年），フィ
ラデルフィアで創刊.

ジェイムズ・ケントJames Kent『アメリカ法解義』*Commentaries on American
Law*出版（～1830年）. 全4巻. アメリカ法学の権威として版を重ねる.

クーパー『モヒカン族の最後の者』（邦訳『モヒカン族の最後』）*The Last of the
Mohicans*出版.「レザー・ストッキング物語」の中で最大の冒険活劇物語. フ
レンチ・アンド・インディアン戦争を背景にして，白人猟師バンポー（本作で
の通称「鷹のように目ざとい者」Hawkeye）の活躍と，インディアンとの交流
や反目を描く.

作家ティモシー・フリントTimothy Flint, 宣教師としてミシシッピー上流を

*省略記号：■=歴史・政治・経済　▲=世界　●=日本

回った体験を『この十年の回想』Recollections of the Last Ten Yearsに著す．辺
境生活の苦労を描きながら，新しい社会の魅力を説く．
▲ ヴェネズエラ生まれの南米独立運動指導者シモン・ボリヴァルSimón
Bolívar，独立した国々の安定をはかる目的で初の汎アメリカ会議Pan-
American Summitsをパナマで開く．ただし念願の軍事同盟は実現せず．

1827（文政10年）

2月7日　フランスのバレリーナ，フランシースク・ユタンFrancisque Hutin，
初めてバレエをアメリカに伝える．ユタンの軽装に観衆驚愕．

2月27日　ニュー・オーリンズで初のマルディ・グラMardi Gras（謝肉祭最終日
の祭り）開催．フランス由来のカーニヴァルの伝統をフランス系の学生たち
が復活．

マサチューセッツ州，500家族以上の住む町にハイスクール設立を課する法律
制定．

百科事典『エンサイクロペディア・アメリカーナ』Encyclopædia Americana，フィ
ラデルフィアで編纂開始．全13巻（1829～33年）．ドイツの『ブロックハウス
百科事典』Brockhaus Enzyklopädieを手本とする．

ジョン・ジェイムズ・オーデュボンJohn James Audubonの超大判画集『アメリカ
の鳥類』The Birds of America出版開始（～1838年）．それに付随するテキスト
『鳥類の生態』Ornithological Biography全5巻（1831～39年）も刊行．⇒図⑬

英国の女性作家フランシス・トロロープFrances Trollope，アメリカを訪問．の
ち第1作『アメリカ人の家庭風習』Domestic Manners of the Americans（1832年）
を出版，アメリカの生活や文化を批判したが，イギリス人のアメリカ観察記
の古典となる．

経済学者フリードリッヒ・リストFriedrich List，『アメリカ政治経済概論』
Outlines of American Political Economyを出版．米国の発展基盤は（農業や商
業よりも）工業生産にあると説く．

クーパー『大草原』The Prairie，『赤い海賊』The Red Rover出版．

ジョージ・タッカーGeorge Tucker『月への旅』A Voyage to the Moon（スウィフト
流の人間諷刺小説，米国初のSF小説とも言われる）出版．

エドガー・アラン・ポウEdgar Allan Poe，最初の詩集『タマレーン』Tamerlane
and Other Poems，ボストンで匿名出版．

キャサリン・マライア・セジウィックCatherine Maria Sedgwick，小説『ホープ・

レズリー』*Hope Leslie*出版. ピークォット戦争 (1636年参照) 後のニューイングランドを舞台に, 白人植民者によるインディアン制圧を問い直す.

グッドリッチ, 平易な文体で歴史を記述した児童向けの『ピーター・パーリーのアメリカ物語』*The Tales of Peter Parley about America*出版, 人気を呼び, グッドリッチはこの後も「ピーター・パーリー」ものを続々出版.

『ユース・コンパニオン』*The Youth's Companion* (児童向け週刊誌, 〜1929年) 創刊. この頃から「楽しませながら教育する」児童図書の出版盛ん.

1828(文政11年)

詩人・作家のセアラ・ジョジーファ・ヘイルSarah Josepha Hale, ボストンの新しい雑誌『レイディズ・マガジン』*Ladies' Magazine*の編集長となり, 以後40年以上にわたり大きな影響力を持つ (1830年参照).

7月4日 ボルティモア＝オハイオ鉄道Baltimore and Ohio Railroadの建設始まる. 1830年, ボルティモア＝エリコットEllicott間が開通. 1853年, ホイーリングWheeling (当時はヴァージニア州) に達し, 西へ下るオハイオ川へ接続した. のち他の鉄道と合併を重ね, 東はニューヨークから西はシカゴやセント・ルイスへ達する. 米国は鉄道時代に入る.

工場労働者による全米初のストライキがニュー・ジャージー州パタソンPatersonの綿織工場で起こる.

アメリカ平和協会American Peace Societyがニューヨークに設立. これまでの地方組織を束ねた初の全米平和運動組織となる. 初代会長にはウィリアム・ラッドWilliam Laddが就く. 禁酒運動や奴隷解放運動と同じく, 福音主義にもとづく社会改革運動.

ノア・ウェブスター『アメリカ英語辞典』*An American Dictionary of the English Language*出版.『簡明英語辞典』(1806年) を拡大し, 約7万語を収む. 第2版 (1841年) で5千語追加.

ナサニエル・ホーソーンNathaniel Hawthorne, 最初の小説『ファンショー』*Fanshawe*を匿名自費出版.

アーヴィング, 在スペイン公使として招かれたマドリッドで米西関係史料を調査し,『コロンブスの生涯とその航海』*A History of the Life and Voyages of Christopher Columbus*を著す. 初めてペンネームではなく本名を掲げる.

ボストンの貿易商ウィラード・フィリップスWillard Phillips,『政治経済学便覧』*A Manual of Political Economy*を出版し, 保護貿易を説く. これを受け, ダ

ニエル・ウェブスターも自由貿易主義から保護関税導入に動く．ニューイングランドにおける産業の発展が背景．

クーパー『アメリカ人観』*Notions of the Americans*出版．旅行記の体裁をとって，アメリカ人やその社会の特徴を語る．

■ アンドルー・ジャクソンを中心とする民主共和党．ジェファソン流民主主義の流れをくむリパブリカン党を継承し，南部の農園主や北部の労働者の支持を得て発展．対する国民共和党は資本勢力支持を頼りにホイッグ党へと結束していく．

● シーボルトの禁制品持ち出しが発覚し，高橋景保ら関係者処罰（シーボルト事件）．

1829(文政12年)

3月2日 全米初の盲学校，ニューイングランド盲学校New England Asylum for the Blind，ボストンで設立される．

宣教師のシルヴェスター・グレアムSylvester Graham，性欲抑制や禁酒に繋がる食事改良運動の一環として，通常の小麦粉に表皮（ふすま）と胚芽の粗挽きを加えた一種の全粒粉（グレアム粉）を開発し，それを使ったグレアム・パンなどを作る．アメリカ菜食主義協会American Vegetarian Society設立（1850年）にも尽力．

かつてメソジスト教会の宣教師であったエベニーザー・ブラウンEbenezer Brown，ニューヨーク州トロイで取り外し式の襟を発明．襟だけ洗うことができ合理的なため普及する．のちトロイは「襟の町」に．

10月7日 命知らずの飛込み男サム・パッチSam Patch，ナイアガラの滝に飛び込み生還．名声を高めるが，同年11月13日，ニューヨーク州ジェネシーGenesee川への飛込みに失敗，翌春，遺体で発見される．

10月16日 アメリカ初の豪華ホテル，トレモント・ハウスTremont House，ボストンに開業．全170室の4階建て．各部屋に水道を装備し，石鹸を無料で提供する．

ブルックリン南端のコニー・アイランドConey Islandに初のホテル，コニー・アイランド・ハウスConey Island Houseがオープン．まずはリゾート地として発達するが，やがて多数の遊戯施設が集まり，アメリカを代表する娯楽地となる．

10月17日 チェサピーク＝デラウェア運河Chesapeake and Delaware Canal，25

年にわたる工事を経て開通する．チェサピーク湾とデラウェア川を結び，全長23キロ．この頃，まだ運河がもっとも重要な交通路だった．運河の総キロ数2,055キロに対し，鉄道は117キロ．それが1850年には，運河5,951キロ，鉄道14,520キロとなる．

この頃からオハイオ＝ミシシッピー川でキールボートkeelboatをあやつる船頭マイク・フィンクMike Fink，伝説的なヒーローとなる．

ヘンリー・トランブルHenry Trumbull編『マサチューセッツの隠者ロバートの生活と冒険』*Life and Adventures of Robert, the Hermit of Massachusetts*出版．元黒人奴隷ロバート・ヴーリスRobert Voorhisが隠者になるまでの波乱に富んだ生涯を編者に語った物語．奴隷制廃止運動に貢献するが，編者の手による虚構も多いとされる．

サミュエル・ナップSamuel Lorenzo Knapp『アメリカ文学講義』*Lectures on American Literature*／サミュエル・ケテルSamuel Kettell『アメリカ詩選』*Specimens of American Poetry*（全3巻）出版．

アーヴィング『グラナダ征服史』*A Chronicle of the Conquest of Granada*出版．

劇作家ジョン・オーガスタス・ストーンJohn Augustus Stoneによる『メタモラ』*Metamora*（フィリップ王を題材にした）上演，出版．この頃「インディアン劇」が流行し，1825年から60年にかけて，約50のインディアン劇が上演された．

■ **3月4日** アンドルー・ジャクソン，大統領に就任．初の西部人で庶民階級出身の大統領．ジャクソニアン・デモクラシーの開始．

■ ジャクソン大統領，多くの公職者を更迭し，自分の支持者をその地位につける．また閣議ではなく側近との会合で政策を決定．前者の公職交替は猟官制度として確立し，後者は，台所の棚とかけてキッチン・キャビネット（台所内閣）と揶揄される．

■ ロバート・オーウェン（1825年参照）の子であるロバート・デイル・オーウェンRobert Dale Owenらの指導のもと，ニューヨークに労働者党Workingmen's Party結成．

1830（文政13年／天保元年）

国勢調査実施．人口12,866,020人．

この頃，白人芸人トマス・ライスThomas D. Rice，ケンタッキー州ルイヴィルで，ジム・クロウJim Crowという黒人キャラクターに扮して滑稽な歌と踊りを披露．ミンストレル・ショーの直接の起源とされる．⇒コラム（13）

1830

*省略記号：■=歴史・政治・経済　▲=世界　●=日本

黒人の権利拡大を求める米国最初の全米黒人大会National Negro Convention,
フィラデルフィアで開催.

鞘付き片刃猟刀「ボウイ・ナイフ」Bowie knife誕生. 西部開拓者の重要な武器
で，かつ日常不可欠の道具に. 名前はアラモの戦い（1836年参照）で戦死し
た英雄ジェイムズ・ボウイJames Bowieにちなむ.

この頃，肖像画家ウィリアム・マシュー・プライアーWilliam Matthew Prior, 大
西洋岸の各地の住民を描く. 立体感の乏しい素朴な作品だったが，中産階級
に美術を普及.

4月6日　モルモン教会Mormon Church（正式名は末日聖徒イエス・キリスト教
会Church of Jesus Christ of Latter-Day Saints），ニューヨーク州フェイエット
Fayetteに設立（翌年，追われて流浪に出る）. 神の国がアメリカ西部に作ら
れると説く. 創始者ジョゼフ・スミスJoseph Smith, 聖典『モルモン書』*The
Book of Mormon*出版.

メリーランド州で蒸気機関車一寸法師*Tom Thumb*号, 馬と競走. 機関の故障に
より敗れる.

ロバート・デイル・オーウェン，アメリカ初の産児制限書『道徳的生理学』
*Moral Physiology*出版. 性欲発散は生殖を伴わなくとも非道徳的ではないと
して，膣外射精や避妊具使用を勧める.

コラム | 13 | ミンストレル・ショー 1830年

　ミンストレル・ショーとは，白人が顔を黒く塗り，黒人風を誇張した歌や踊りを披
露するショーのこと. 白人が黒人を演じることは古くからあったが，1830年ころ，ケ
ンタッキーで芸人トマス・ライスがジム・クロウ（日本流にいえばカラスの権兵衛）
という黒人キャラクターに扮して，エチオピアン・オペラというショーを始めたことが
直接の起源となった. ライスのショーは大当たりし，1836年にはアメリカ音楽の
ショーとして初めて英国公演を実現する. 1843年，オハイオ出身のダン・エメット
が4人組の楽団ヴァージニア・ミンストレルズを結成すると，楽団によるショーが定
着した. ミンストレルという名称を初めて使ったのもエメットである. それは元来，ヨー
ロッパ中世の吟遊詩人をさすが，エメットはそれをオーストリアのコーラス・バンド，
ライナー・ファミリーから借用した. 彼らは自らをチロリーズ・ミンストレルズと宣伝し
て米国公演（1839〜43）していた. 彼らがチロルの民族衣装を着てチロルの歌
をうたったごとく，エメットは黒人の「民族性」を売り物にしたのである.

1830-1831

チャニング,「国民文学論」"Remarks on National Literature"発表,アメリカ文学の独立を主張.

ジョゼフ・エマソン・ウスターJoseph Emerson Worcester『発音つき詳解英語辞典』*Comprehensive Pronouncing and Explanatory Dictionary of the English Language*出版. 英国流の保守的な綴りや発音を示す. アメリカらしさを強調したウェブスターとの対立は剽窃問題も絡んで,「辞書戦争」"Dictionary War"と呼ばれた.

オリヴァー・ウェンデル・ホームズOliver Wendell Holmes,詩「わが鉄甲艦」"Old Ironsides"発表. 1812年戦争で活躍し,敵の砲弾を跳ねかえす堅固な樫材の側板で知られた木造の戦艦コンスティテューション*Constitution*号をたたえる. ひろく愛唱されたため,戦艦の解体が中止された.

シバ・スミスSeba Smith,メイン州ポートランドPortlandの自分の新聞に「ジャック・ダウニング少佐」Major Jack Downingの名で記事を書き始め,人生社会観察を素朴滑稽に語るヤンキー・ユーモアが大好評となる. 33年,『ジャック・ダウニング少佐の人生と著作』*The Life and Writings of Major Jack Downing*出版. 奥地住民の「ほら話」tall taleも全盛期に達し,各地に広まる.

S・J・ヘイル「メアリーの子羊」"Mary's Lamb"(童詩)発表.

月刊誌『ゴウディズ・レイディズ・ブック』*Godey's Lady's Book*(〜1898年),フィラデルフィアで創刊,ヘイルの編集により女性のモラルと風俗の中心的存在となる.

『ボストン・デイリー・イヴニング・トランスクリプト』*Boston Daily Evening Transcript*(〜1941年)創刊,保守的ニューイングランドの象徴となる.

■ イートン事件. ジャクソン新政権の陸軍長官ジョン・ヘンリー・イートンJohn Henry Eatonの妻ペギーPeggyが,宿屋の娘という出自で,前夫の死からまもない再婚だったため,副大統領カルフーンや他の閣僚夫人から非難され,イートンだけでなく国務長官マーティン・ヴァン・ビューレンMartin Van Burenの辞職を招く.「女性らしさ」「妻らしさ」の問題が国政に関わる問題に発展した例.

■ 5月28日 インディアンをミシシッピー川以西(オクラホマOklahoma)に移住させる強制移住法Indian Removal Act,ジャクソン大統領の署名により成立.

1831(天保2年)

1月1日 ウィリアム・ロイド・ギャリソンWilliam Lloyd Garrison,奴隷の即時

*省略記号：■=歴史・政治・経済　▲=世界　●=日本

解放を求め，週刊新聞『解放者』*The Liberator*（～1865年）をボストンで創刊．

8月13～23日　ヴァージニア州サウサンプトン郡で，黒人ナット・ターナーNat Turnerの暴動起こる．これを契機に黒人奴隷の抑圧が強化される．

この頃，ヴァージニアの白人ジョール・ウォーカー・スウィーニーJoel Walker Sweeney，バンジョー演奏の公演を始める．のちミンストレル・ショーが興隆すると，バンジョーはアメリカ音楽を象徴する楽器となる．⇒図⑭

最初のショウボート「浮かぶ劇場」*Floating Theater*号がピッツバーグからオハイオ川，ミシシッピー川を下る．蒸気船ではないためニュー・オーリンズで解体され薪となる．

ニューヨーク大学University of the City of New York（現在のNew York University）創立．

フィラデルフィアの銀行家スティーヴン・ジラードStephen Girard，貧しい孤児の学校建設のために多大な財産を残して死去．その遺言により1848年，ジラード・カレッジGirard College（ただし小中高）開校．

農民出身の宣教師ウィリアム・ミラーWilliam Miller，1843年3月21日から1年以内にキリストが再臨すると予言．予言は的中しなかったが，キリスト再臨は近いとする教義は信奉者（MilleritesまたはAdventists）を集め，後のアドベンティストおよびセブンス・デー・アドベンティストSeventh-day Adventist派の元となった．エドワード・エグルストンEdward Egglestonの小説『世界の終わり』*The End of the World*（1872年）はミラーとその支持者を扱う．

ポールディングの芝居『西部のライオン』*The Lion of the West*，ニムロド・ワイルドファイア大佐Colonel Nimrod Wildfireという破天荒な辺境開拓者を登場させ好評．デイヴィッド・クロケット（1833年参照）がモデルとも言われたが，クロケット自身もこの芝居を楽しんだという（出版は1854年）．

ポウ『詩集』*Poems*（「ヘレンに」"To Helen"などの傑作を収める）／ジョン・グリーンリーフ・ホイッティアJohn Greenleaf Whittier『ニューイングランドの伝説』*Legends of New England in Prose and Verse*出版．

サミュエル・スミスSamuel Francis Smith，愛国歌「アメリカ」"America"作詞．当時の愛国気運を象徴する．ただし付された曲は英国の事実上の国歌「国王陛下万歳」"God Save the King"だった．

9月26日　ロバート・バードRobert Montgomery Bird『剣闘士』*The Gladiator*（古代ローマの奴隷反乱指導者スパルタクスを扱った無韻詩劇），フォレスト主演で1,000回以上上演．反奴隷制や反専制の気運を反映（出版は1919年）．

週刊新聞『時代精神』*Spirit of the Times*（～1861年），ニューヨークで創刊．南

西部のユーモア話を掲載したことで知られる．競馬やクリケット等のスポーツ記事も売り物．

■ **3月18日** チェロキー国対ジョージア州事件Cherokee Nation v. Georgia. マーシャル裁判長（1804年参照），チェロキー国は「外国」foreign stateではなく「国内の従属国家」domestic dependent nationと判定（1871年参照）．

1832(天保3年)

1月6日 ギャリソンら，ニューイングランド反奴隷制協会New England Anti-Slavery Societyをボストンに設立．

世界初の路面鉄道street railway，ニューヨーク市に開通．馬が引いてバワリー街をプリンス通りから14丁目まで走る．37年にはさらに四番街を北進しハーレムHarlemまで通じる．これより，路面鉄道はボストンやフィラデルフィア，シカゴにも普及する．

ウィリアム・D・ティクナーWilliam D. Ticknor，ボストンで書店の共同経営を始める．次第に出版業へ移行し，ジェイムズ・T・フィールズJames T. Fieldsが経営に加わると，ティクナー・アンド・フィールズとして，ニューイングランドの主要な文学者の作品を一手に引き受ける出版社に成長．ソロー『ウォールデン』（1854年参照）を刊行するなど，アメリカン・ルネサンスを支えもする．

10月 ラルフ・ウォルド・エマソンRalph Waldo Emerson，ボストン第2教会の牧師を辞し，12月，ヨーロッパへ旅立つ（～1833年10月）．

ウィーンの骨相学者ヨハン・ガスパール・シュプルツハイムJohann Gaspar Spurzheim，アメリカで講演旅行，骨相学をひろめる．ジャクソンやダニエル・ウェブスターもその信奉者になり，後にはウォルト・ホイットマンやマーク・トウェインも関係するようになる．

イギリスの女優ファニー・ケンブルFanny Kemble，アメリカに来演．のちジョージアの農園主と結婚する．1863年，『ジョージア・プランテーション居住日誌』*Journal of a Residence on a Georgian Plantation in 1838-1839*を出版．奴隷の過酷な生活を伝えた．

ブライアント『詩集』*Poems*（彼の主要な詩の大半を収めた）出版．

劇作家ジョゼフ・スティーヴンズ・ジョーンズJoseph Stevens Jones,『自由の木』*The Liberty Tree*がヒット．ビル・ボールBill Ballというキャラクターで抜け目ないヤンキーを描く．

1832–1833

＊省略記号：■＝歴史・政治・経済　▲＝世界　●＝日本

アーヴィング『アルハンブラ』*The Alhambra*／ジョン・ペンドルトン・ケネディ
　John Pendleton Kennedy『燕の納屋』*Swallow Barn*（ヴァージニア生活スケッ
　チ集）出版.
クーパー『異教徒の壁』*The Heidenmauer*出版. 16世紀バイエルンの階級間闘争
　を描いた小説で，アメリカの民主社会と対比させる意図があったとされる.
ダンラップ『アメリカ演劇史』*The History of the American Theatre*出版.
■ **4月6日**　ブラック・ホーク戦争Black Hawk War（〜8月2日）. ブラック・ホー
　ク率いるソークSauk族インディアンが政府軍・民兵隊により全滅，ミシシッ
　ピー川上流地域が白人に開放される.
■ **5月21日**　民主共和党，ボルティモア大会で正式に「民主党」Democratic
　Partyの名称を採用.

1833（天保4年）

1月8日　メイソン，ボストン音楽アカデミーBoston Academy of Musicを設立.
　子供の音楽教育と，音楽教師の養成を図る.
クリッパーclipperと呼ばれる細長い高速帆船のアン・マッキム*Ann McKim*号進
　水. 蒸気船にとってかわられるまでクリッパーの時代となった. 中国貿易や
　ホーン岬経由のアメリカ東西航路などで活躍.
この頃，サミュエル・コルトSamuel Colt，回転式拳銃revolverを発明. 6連式の
　コルト・リヴォルヴァーはやがて西部の開拓者を象徴する武器となる.
ノア・ウェブスター，削除修正版聖書を出版. 教室での使用を考慮して，
　whereforeをwhyに替えるなど表現を新しくすると同時に，teat（乳首）をbreast
　（乳房）に改めるなど身体的表現を婉曲にした.
11月11日　マサチューセッツ州，州憲法を修正して政教分離を確立. これま
　で会衆派のみに与えてきた支援をやめる. これにより，合衆国全体の政教分
　離が完成.
11月16日　イタリアの詩人ロレンツォ・ダ・ポンテLorenzo Da Ponte,「ニュー
　ヨーク・オペラ・カンパニー」New York Opera Companyを創始，ニューヨー
　クに「イタリアン・オペラハウス」Italian Opera Houseを建設. ただし財政難
　のため2シーズンで解散し，オペラハウスは売却された.
12月3日　オハイオ州に会衆派系のオーバリン大学Oberlin College創立. 29名
　の男性に加え女性15名の入学も認め，米国初の男女共学大学となる. ただ
　し，女性の学士課程受け入れは1837年から始まり，1841年，米国で初めて3

名の女性に学士学位を授与．なお1835年より黒人の入学も認める．

12月4日 フィラデルフィアにアメリカ反奴隷制協会American Anti-slavery Society，ギャリソンとニューヨークの実業家アーサー・タッパンArthur Tappanを中心に設立される．

ハヴァフォード・カレッジHaverford College，ペンシルヴェニア州に創立．最初のクエーカー系大学．有島武郎が1903年留学した．

『ニッカボッカー・マガジン』*The Knickerbocker Magazine*（月刊文芸雑誌，～1865年），ニューヨークで創刊．

『ニューヨーク・サン』*New York Sun*創刊．安価な日刊大衆新聞の嚆矢．

『デイヴィッド・クロケット大佐の生涯と冒険』*Life and Adventures of Colonel David Crockett of West Tennessee*出版．「奥地から出てきたばかり．半身は馬，半身はワニ．ちょっとスッポンにも似ている」という，西部開拓者クロケットの神話化始まる．クロケット自身は1834年，もう少し正確な自伝『デイヴィッド・クロケットの生涯の物語』*A Narrative of the Life of David Crockett of the State of Tennessee*刊行．

ルシアス・マンリアス・サージェントLucius Manlius Sargent，『母の金の指輪』*My Mother's Gold Ring*出版．禁酒小説の代表．指輪が禁酒の誓いを見守るというモチーフは後の禁酒小説に定着した．

ポウ，短篇小説「瓶の中から出た手記」"MS. Found in a Bottle"で新聞懸賞に当選．作家として世に出る契機となる．

▲ 奴隷制度廃止法（英）．翌年8月1日をもって英植民地における奴隷を解放する．

● この頃，葛飾北斎「富嶽三十六景」完成．のち，その大胆な構図がフランス等のジャポニスムに影響を与える．

1834（天保5年）

石版画家ナサニエル・カリアーNathaniel Currier，ニューヨークで石版画（リトグラフ）制作所の共同経営を始める．楽譜などの印刷から次第に版画出版へ転じ，1857年には，ジェイムズ・アイヴズJames Merritt Ivesと組んでカリアー・アンド・アイヴズ社設立．1890年までに7,000種以上の作品を刷る．

シンシナティCincinnatiのレーン神学校Lane Theological Seminaryの生徒シオドア・ウェルドTheodore Dwight Weld，学校当局の奴隷制反対運動弾圧に抗議して退学．奴隷制をめぐって，北部の聖職者も意見が割れる．

−1834

＊省略記号：■＝歴史・政治・経済　　▲＝世界　　●＝日本

哲学者エイモス・ブロンソン・オルコットAmos Bronson Alcott，ボストンにテンプル・スクールTemple Schoolを創立．人間性を調和的に発達させようとする全人教育が知識階層の支持を得る．1839年，黒人少女の入学を認めたため閉校に追い込まれた．

4月1日　ペンシルヴェニア州，米国初の無料学校法Free School Act制定．授業料なしの公立学校制度進む（1805年参照）．

6月21日　サイラス・マッコーミックCyrus McCormick，自動刈取機を発明．農家に売り込むため，セールスマンや後払い制度を導入する．

フォレスト，ヨーロッパに巡業，アメリカ生まれの最初の名優として歓迎される．

『南部文芸通信』*Southern Literary Messenger*，リッチモンドで創刊（〜1864年）．1835年12月より37年1月までポウが編集する．

ニューヨークのドイツ語週刊新聞『シュターツ・ツァイトゥング』*Staats-Zeitung*創刊．後に日刊．世界一の発行部数をもつドイツ語新聞と自称する．

ウィリアム・ダンラップ（1789年他，参照），『合衆国におけるデザイン美術の興隆と進歩の歴史』*History of the Rise and Progress of the Arts of Design in the United States*出版．アメリカ初期美術史の重要な研究．

ジョージ・バンクロフトGeorge Bancroft『合衆国史』*History of the United States*（全10巻，〜1876年）出版．政府高官として勤務しながら資料を集め，ロマンチックな情熱や強烈なナショナリズムをもって執筆．

ウィリアム・ギルモア・シムズWilliam Gilmore Simms『ガイ・リヴァーズ』*Guy Rivers*（「南部のクーパー」の辺境ロマンス第1作）出版．

ジェイコブ・アボットJacob Abbott，児童書『話ができるようになる小さな生徒』*The Little Scholar Learning to Talk*出版（後に『話ができるようになるロロ』と改題）．この後，シリーズRollo Booksなど少年ロロが登場する作品をさらに27冊出版，教訓的児童書の著者として親しまれる．

■　ホイッグ党Whig Party発足．クレイ，カルフーン，ダニエル・ウェブスターら反ジャクソン勢力によって結成．

■　**6月30日**　インディアン省Department of Indian Affairs設置（1836年，インディアン局Bureau of Indian Affairsとなる）．インディアンとの交易だけでなく，1830年の強制移住法により設置されたオクラホマ保留地と，そこに移住させられた多様なインディアン部族の一元的監督を図る．

●　**1月**　日本人水夫3名，黒潮に乗って現在のワシントン州に漂着，インディアン学校でアメリカ人宣教師から教育を受ける．

1835（天保6年）

バーナム，ニューヨークで黒人女性ジョイス・ヘスJoice Hethを161歳というふれこみで展示．興行師バーナムの誕生．

各地の移動動物園，経営を統合して動物学研究所Zoological Institute結成．「自然史知識の普及」という名のもとに移動動物園を運営する．

10月21日　奴隷解放論者ギャリソン，ボストンで奴隷解放運動に反対する群衆に捕らえられ，警察による「逮捕」という形で辛くも逃れる．奴隷解放運動の高まりとともに反発も各地で激化．

12月29日　連邦政府，ジョージア州のチェロキー族（じつはその一部）とニュー・エコタ条約Treaty of New Echota締結．チェロキー族の多数派はその条約に反対したが，チェロキー族はミシシッピー川以東の土地をオクラホマの保留地と交換し，1838年5月末までにオクラホマへ移住することが決定．

ユニテリアンの牧師ジョゼフ・タッカーマンJoseph Tuckerman，ボストンで慈善会代表者連盟Association of Delegates from the Benevolent Societies of Bostonを組織し社会福祉事業を始める．その活躍により「アメリカの社会事業の父」と呼ばれた．

米国初の生命保険会社ニューイングランド相互生命保険会社New England Mutual Life Insurance Company設立．1843年12月1日より営業を始める．ただし，米国で初めて生命保険を販売（1843年2月1日）したのは，1842年に設立されたニューヨーク相互生命保険会社Mutual Life Insurance Company of New York．

サウス・カロライナのウィリアム・ウォーカーWilliam Walker，簡略な記譜法（シェイプ・ノートshape note）を用いた聖歌集『南部のハーモニー』*The Southern Harmony*出版．この聖歌集のなかで，英国牧師ジョン・ニュートンJohn Newtonによる詩「アメイジング・グレイス」"Amazing Grace"（1779年）と，現在も歌われている作曲者不詳の旋律とが初めて組み合わせられた．

『ウェスタン・メッセンジャー』*The Western Messenger*（チャニング編集の月刊宗教文芸雑誌，～1841年）創刊．

5月6日　『ニューヨーク・ヘラルド』*New York Herald*（大衆向け日刊新聞）創刊．犯罪記事・社会記事で売る．

『クロケット暦』*Crockett Almanacs*，この年から1856年までに約50冊，さまざまなものが出る．

アーヴィング『大草原の旅』*A Tour on the Prairies*（西部旅行記）出版．

*省略記号：■=歴史・政治・経済　▲=世界　●=日本

オーガスタス・ロングストリートAugustus Baldwin Longstreet『ジョージア風景』
Georgia Scenes（ユーモア・スケッチ集）出版．地方色文学の先がけ．
リディア・マライア・チャイルドLydia Maria Child『諸国諸時代の女性の境遇史』
*History of the Condition of Women, in Various Ages and Nations*出版．奴隷の境
遇と女性の境遇を並べる．女性運動の高まりを反映．
キャサリン・マライア・セジウィック『リンウッド家』*The Linwoods*（歴史小説）
／スーザン・セジウィックSusan Sedgwick（キャサリン・マライアの義姉）『若
き移住者』*The Young Immigrants*（中西部に移住する一家を描いた児童小説）
出版．
ケネディ『蹄鉄ロビンソン』*Horse-Shoe Robinson*（独立戦争ロマンス）／シムズ
『イェマシー族』*The Yemassee*（彼のインディアンものの第1作），『愛国者』*The
Partisan*（彼の独立戦争ものの第1作）出版．
■ **5月20日**　民主党，ボルティモアで政党史上初の全国指名大会を開催．ジャ
クソンの後継者にヴァン・ビューレンを指名．
■ **6月30日**　テキサス独立戦争始まる（～1836年）．
■ **12月23日（あるいは28日）**　第2次セミノール戦争，フロリダで勃発（～1842
年8月14日）．強制移住に反対するセミノール・インディアンの抵抗にあい，
戦いは長引く．
▲ フランスの政治思想家アレクシス・ド・トックヴィルAlexis de Tocqueville『ア
メリカにおける民主主義』*De la démocratie en Amérique*ベルギーで出版．英
訳版*Democracy in America*の米国刊行は1838年．外国人によるアメリカ論の
古典となる．

1836(天保7年)

ハドソン・リヴァー派を代表するトマス・コールThomas Cole，風景画「コネティ
カット川の湾曲部」"The Oxbow of the Connecticut"制作．原初的自然と牧歌
的田園が接している風景にアメリカの特徴を見いだす（1823年参照）．
5月31日　ニューヨークにパーク・ホテルPark Hotel開業．まもなくアスター・
ハウスAstor Houseと改名し，もっとも豪華なホテルとして社交界の舞台と
なる．アストリア・ホテルとは異なる（1893年参照）．
この頃，禁酒協会cold water societyふえる．聖職者トマス・P・ハントThomas P.
Huntら，日曜学校を通して子供も動員し，運動を拡大していく．
8月4日　アメリカ禁酒同盟The American Temperance Union，第1回全国大会開

1836

催.

この頃からフランス人のシャルル・ポイアンCharles Poyen, メスメリズムmesmerismを米国に紹介する. ドイツ由来の催眠治療で, 人体に及ぶ宇宙の磁気を制御することによって病気が治るという. 翌年からは実演ツアーを興行. ポイアンは40年に帰国するが, 39年からは英国人ロバート・コリヤーRobert Collyerも同様のツアーを行なう.

米国最初の本格的女子大学マウント・ホーリヨク・セミナリーMount Holyoke Seminary創立. のちエミリー・ディキンソンも通う (1862年参照).

マライア・マンクMaria Monk, 『恐ろしい暴露』*The Awful Disclosures of Maria Monk*をニューヨークで出版. モントリオールの修道院では, 修道女が神父に凌辱され, 生まれた子供が殺されていると訴えた. 調査の結果, 事実無根と判明. ゴシックの形を借りた反カトリック・プロパガンダと考えられている.

エマソン『自然』*Nature*出版.「超絶主義のバイブル」といわれるエマソンの代表作のひとつだが, 初版500部で, 再版までに13年かかる.

「超絶主義クラブ」Transcendental Club, コンコードのエマソン宅などで会合 (〜1844年頃まで). 経験や理性よりも直観的・神秘的なものを重視する超絶主義思想を打ち出す.

黒人指導者たち, アメリカ道徳改革協会American Moral Reform Societyをフィラデルフィアに設立. 奴隷制廃止と正義の確立を求める.

奴隷制廃止論者ジェイムズ・バーニーJames G. Birney, 週刊新聞『博愛主義者』*The Philanthropist*をオハイオ州で創刊 (1817年刊の新聞とは異なる). バーニーは1840年と44年に自由党Liberty Partyから大統領選挙に立候補する.

ウェルド, 若者に反奴隷制の雄弁術を教え, 各地へ派遣する. 彼はこの「ウェルドの70人」によって, 北部の田舎にも反奴隷制運動を広めようとした.

リチャード・ヒルドレスRichard Hildreth『奴隷――アーチー・ムアの回想』*The Slave: Or, Memoirs of Archy Moore*(反奴隷制小説の嚆矢とされる) 出版.

ヴァージニアの奴隷制擁護者ナサニエル・タッカーNathaniel Beverley Tucker『党派指導者』*The Partisan Leader*(南北戦争を予言した政治小説) 出版.

ドナルド・ウォーカーDonald Walker『女性のための運動』*Exercises for Ladies*出版. 女性の健康美容志向にこたえる.

ホームズ『詩集』*Poems*出版. 第1詩集. ユーモラスな作品とともに, 出世作「わが鉄甲艦」や「最後の一葉」"The Last Leaf"のような哀感あふれる詩も含む.

教育思想家ウィリアム・マクガッフィーWilliam Holmes McGuffey『精選読本』

*省略記号：■=歴史・政治・経済　▲=世界　●=日本

1836-1837

Eclectic Readers（学校教科書，全6冊，～1857年）出版．一説には約1億2,200万部売って，19世紀中葉の児童形成に深甚な影響を与える．
■ **2月23日**　アラモの戦い（～3月6日）．サン・アントニオの伝道所アラモを守るクロケットら187名のアメリカ人義勇兵が，メキシコ軍に包囲され全滅．だが3月2日，テキサス共和国Republic of Texas，独立宣言を公布．4月21日，サン・ハシントSan Jacintoの戦いでサミュエル・ヒューストンSamuel Houston率いるテキサス軍が，「アラモを忘れるな」"Remember the Alamo"の合言葉のもと，サンタ・アナAntonio López de Santa Anna将軍の指揮するメキシコ軍を破る．10月22日，ヒューストン，テキサス共和国大統領となる．

1837（天保8年）

イリノイの鉄鍛冶ジョン・ディアJohn Deere，鋳鋼製の鋤を開発．土壌の硬い中西部の平原を耕作可能にする．その工房はのち米国最大級の農業機械メーカーへ発展．
この頃から北西部の巨人きこり，ポール・バニヤンPaul Bunyanの伝説形成．
マサチューセッツ教育長ホラス・マンHorace Mann，教育制度を改革．普通義務教育制度の確立へ進む．さらにアメリカ初の教育委員会をマサチューセッツ州に設立．
8月31日　エマソン『アメリカの学者』*The American Scholar*講演，出版．聴講していた詩人ホームズは，のち「アメリカの知的独立宣言」と呼ぶ．
11月7日　奴隷制反対紙の編集者イライジャ・ラヴジョイElijah P. Lovejoy，イリノイ州オルトンAltonで暴徒に襲われ死亡．反奴隷制運動の殉教者として南北対立激化の象徴となる．
英国女性ハリエット・マーティノーHarriet Martineau，米国滞在記『アメリカの社会』*Society in America*出版．女性の地位や南部の奴隷制，文学の状況を批判する．
ロバート・バードRobert Montgomery Bird，『森のニック』*Nick of the Woods*出版．インディアンに家族を殺された白人が復讐心に燃え，「インディアン・ヘイター」と化す．
ユニテリアン宣教師ウィリアム・ウェアWilliam Ware，歴史小説『パルミラからの手紙』*Letters from Palmyra*出版（～1838年），ベストセラーに．3世紀のキリスト教徒たちを描く（翌年『ゼノビア』*Zenobia*と改題）．
フィラデルフィアの経済学者・出版者ヘンリー・C・ケアリーHenry C. Carey，『政

治経済学の原理』*Principles of Political Economy*刊行（〜1840年）．保護政策により国力の増強をはかる「アメリカ学派」が誕生する．

ウィリアム・プレスコットWilliam Hickling Prescott『フェルディナンドとイサベラの治世史』*History of the Reign of Ferdinand and Isabella*完結（1839年刊行開始，全3巻）．以降，ドラマティックで生き生きとした彼のスペイン史の出版続く．

ホーソーン『トワイス＝トールド・テールズ』*Twice-Told Tales*（短篇集）出版．

『ボルティモア・サン』*Baltimore Sun*（大衆向け日刊新聞），『ニュー・オーリンズ・ピキューン』*New Orleans Picayune*（1部1ピキューン＝6.25セントなのでこの名あり）創刊．

『ジェントルマンズ・マガジン』*The Gentleman's Magazine*（〜1840年），フィラデルフィアで創刊．1839年からポウが編集する．

『デモクラティック・レヴュー』*United States Magazine and Democratic Review*（ジャクソニアン政治文芸雑誌，〜1849年）創刊．編集者ジョン・オサリヴァンJohn O'Sullivanは1839年頃から，米国が領土を西へ拡大することは必然とする「明白な運命（マニフェスト・デスティニー）」Manifest Destiny論を展開．

■ **5月10日**　ニューヨークの諸銀行の正金支払停止を引き金として，金融恐慌発生．ジャクソン政権下における地価高騰や投機的融資のバブルがはじけたもの．特に南部と西部で農作物価格の下落や銀行の破綻がひろがる（〜1842年）．

▲ **6月20日**　英国でヴィクトリアAlexandrina Victoria女王即位．在位64年に及ぶ（〜1901年）．

● **7月30日**　アメリカ船モリソン*Morrison*号，日本人漂民7名をのせて浦賀と鹿児島に接近し，漂流民の返還と通商開始を申し出るが，砲撃され退去する（モリソン号事件）．

1838(天保9年)

ハーヴァード大学，宗教史以外の歴史を専門に講じる講座を開設．翌年からジェイルド・スパークスJared Sparksがアメリカ史を教授する．アメリカ史の本格的な研究・教育の始まり．

女性運動家アーネスティン・ローズErnestine Rose，既婚女性の財産権を求めてニューヨーク州議会に請願．女性の権利拡大を求める合衆国初の請願となる（1648年参照）．

*省略記号：■=歴史・政治・経済　▲=世界　●=日本

1月26日　テネシー州，米国初の禁酒法可決．小売店に与えられていたアルコール販売許可を無効にし，飲食店では一定量以上を禁止，日曜日には全面的に止める．ただしワインやビール，シードルは禁止の範囲外．

メイソン，ボストンの教育委員会を説得し，公立学校に音楽教育を導入させる．そのための音楽教員養成も推進．

7月15日　エマソン「神学部講演」"Divinity School Address"を行なう．超絶主義の思想を信仰問題にも展開．

トリニティ・カレッジTrinity College（現在のデューク大学Duke University），ノース・カロライナ州に創立．

9月3日　黒人奴隷フレデリック・ダグラスFrederick Douglass，メリーランドからマサチューセッツへ逃亡，奴隷解放に働きはじめる（1845年参照）．

12月　ジョージアおよびテネシーのチェロキー族，連邦軍によりオクラホマへ強制移住させられる．途中で14,000人のうち4,000人が死亡，「涙の旅路」Trail of Tearsと言われる．

ホイッティア，『詩集』Poemsをフィラデルフィアで出版．集められた作品の約半数を反奴隷制の詩が占める．

クーパー『アメリカの民主主義者』American Democrat発表．7年間のヨーロッパ滞在中は民主主義者を自認していたが，帰国すると，ジャクソン時代の民主主義の急激な進展に驚愕し，地主階級を核とした社会や政治を求める．

ジョゼフ・ニールJoseph Clay Neal『木炭画スケッチ』Charcoal Sketches（フィラデルフィア風俗のディケンズ風な諷刺）出版．

ポウ，長篇小説『アーサー・ゴードン・ピムの物語』The Narrative of Arthur Gordon Pym出版．

▲ ノルウェイ出身でイリノイ移住後死亡した農夫オーリ・リニングOle Rynningの『アメリカの真実』A True Account of Americaをノルウェイで死後出版，アメリカ事情を詳述し北欧からの移民熱を刺戟する．

● 緒方洪庵，大阪に適塾（蘭学塾）を開く．

1839(天保10年)

ニューヨーク市にアメリカ美術協会American Art Union結成．宝くじで美術品を配布するなどし，大衆の美術愛好を刺戟する．

7月　アミスタッドAmistad号事件起こる．奴隷に乗っ取られたスペインの奴隷輸送船を米国海軍が拿捕．裁判では奴隷制反対派が弁護に立ち，彼らは非合

法的に拉致されたのであって奴隷ではないとして無罪となる．奴隷制廃止運動にはずみ．

7月3日　ホラス・マン，アメリカ初の州立師範学校をマサチューセッツ州に設立（現在のフレイミンガム州立大学Framingham State University）．すぐれた教師を養成することによって教育体制の改善をはかる．

チャールズ・グッドイヤーCharles Goodyear，硫化ゴムの製造に成功（1844年，特許取得）．これによりゴムの実用化がなり，ゴム産業が興こる．

この頃から商品作物としての小麦の位置が飛躍的に高まる．西部への耕作地の拡大，運河や鉄道による大量輸送，大型の製粉所の建設などが寄与．

オーストリアのコーラス・バンド，ライナー・ファミリーThe Rainer Family，各地を巡業（～1843年）．チロルの民族衣装をまとい，いわゆるマウンテン・ソングの流行をもたらす．

ヘンリー・ワズワース・ロングフェローHenry Wadsworth Longfellow『ハイペリオン』*Hyperion*（ヨーロッパ旅行をもとにした小説），『夜の声』*Voices of the Night*（第1詩集，「人生讃歌」"A Psalm of Life"など所収）／ジョーンズ・ヴェリーJones Very『エッセイと詩』*Essays and Poems*出版．

ダニエル・トンプソンDaniel Pierce Thompson『グリーン・マウンテンの仲間』*The Green Mountain Boys*（歴史小説）出版．

ウェルド『アメリカ奴隷制の現状』*American Slavery as It Is*（南部奴隷制に関する新聞記事や奴隷制反対者の見聞を収録）を，奴隷解放運動家・女権論者として活躍する妻アンジェリーナ・グリムケAngelina Grimkéおよびその姉セアラ・グリムケSarah Moore Grimkéと共著で出版．ストウにも影響を与える（1852年参照）．

『自由の鐘』*Liberty Bell*（反奴隷制文学を集めた年刊ギフトブック，～1858年）発刊．

■ **11月13日**　奴隷制反対の最初の政党，自由党Liberty Party結成，ジェイムズ・バーニーを大統領候補に指名する（1836年参照）．

● 蛮社の獄．モリソン号追い払いに反発した洋学者を弾圧する．

1840（天保12年）

国勢調査．人口17,069,453人．

この頃，ロールを回しながら観客に見せるパノラマ絵画が流行．ジョン・バンヴァードJohn Banvardが描いたミシシッピー川の風景（1846年）は，1,900キ

ロの景観を「3マイルのキャンヴァス」に描いたと宣伝された.

ボルティモア歯科大学Baltimore College of Dental Surgery創立. 一般医療から独立した, 世界初の歯科大学.

6人の「酔っ払い」drunkardsがワシントン禁酒協会Washington Temperance Society設立. 経験を語り, 励ましあうことによって断酒を誓う. 全盛期には会員60万人を擁す.

6月12日 ロンドンの世界反奴隷制大会に派遣された米国人女性7名, 性別を理由に参加を拒否される. 後に女権運動の指導者となるルクリーシア・モットLucretia Mott. エリザベス・ケイディ・スタントンElizabeth Cady Stantonらもその中に.

この頃から水治療法hydrotherapy; water cure (患部を冷水や温水に浸す療法) が流行し, ニューヨーク州サラトガ・スプリングスなどに療養所が作られる. 新しい「科学」への信仰. マーク・トウェインは1844年, 9歳の時, 母親からこの治療を施されている.

この頃からフランス人社会思想家シャルル・フーリエCharles Fourierの影響下にファランクスphalanx (約1,500人の社会主義的農業共同体) 運動がひろまる (40以上が設立されたが, 60年までにすべて解散).

この頃からウィリアム・ミッチェルWilliam Mitchellらによりバーレスクburlesqueと呼ばれるパロディ劇が行なわれる. オペラやシェイクスピア劇などを戯画化. 1860年代以降, バーレスクは女性の色気を強調するダンス中心のショウへと変化する.

12月2日 大統領選挙, ティペカヌーの戦い (1811年参照) の英雄ハリソン (ホイッグ党) 当選. 副大統領はジョン・タイラーJohn Tyler. 初めてイメージ選挙となり, ホイッグ党は「丸太小屋とリンゴ酒」"Log Cabin and Hard Cider"というキャッチフレーズで, ハリソンが庶民の味方であることをアピール (実際はいわゆるヴァージニア貴族の出身). 応援歌「ティペカヌーとタイラーも」"Tippecanoe and Tyler Too"も作られた.

『ダイアル』*The Dial* (「超絶主義クラブ」の機関誌, 最初はマーガレット・フラーMargaret Fullerの編集, 季刊, ～1844年4月) 創刊. タイトルは, 過去ではなく未来の「生や成長」を計る「日時計sundial」を意図する. 定期購読者は220名程度だった.

クーパー, 13年ぶりの「レザー・ストッキング物語」となる『先導者』*The Pathfinder*出版 (1823年参照).

リチャード・ヘンリー・デイナRichard Henry Dana, Jr.『平水夫の2年間』*Two*

Years Before the Mast ／ ポウ最初の短篇集『グロテスクとアラベスクの物語』
*Tales of the Grotesque and Arabesque*出版.

キャロライン・カークランドCaroline Kirkland, 『新しい家——あとに続くのは
誰？』*A New Home: Who'll Follow?*出版. フロンティア生活の体験に基づく
ユーモラスな小説.

▲ **6月**　アヘン戦争（～1842年）. 列強による中国半植民地化の契機となる.

▲ **7月23日**　連合法（いわゆるカナダ法）により，連合カナダProvince of
Canadaが成立し，英帝国内における最初の自治植民地となる.

1841 (天保12年)

バーナム，ニューヨークのアメリカ博物館を買収. 小人や人魚といった見世物
を目玉にして成功を収める（1811年参照）.

4月1日　超絶主義者ジョージ・リプリーGeorge Ripleyら，ボストン郊外に共同
体「ブルック・ファーム」Brook Farm Institute of Agriculture and Education建設（～
1847年）. 作家ホーソーンも一時期参加した.

4月10日　ホラス・グリーリー Horace Greeley，日刊紙『ニューヨーク・トリ
ビューン』*New York Tribune*創刊.

11月7日　クレオール*Creole*号事件起こる. 黒人奴隷たちが同船を乗っ取り，
英領バハマへ向かう. すでに奴隷制を廃止していた英国は最終的に奴隷たち
を解放.

イギリスの旅行家ジェイムズ・バッキンガムJames Silk Buckingham，4年間の
アメリカ旅行の成果『アメリカ，その歴史・統計・描写』*America, Historical,
Statistic, and Descriptive*全9巻（～43年）出版. 百科全書的にアメリカを紹介.

エマソン『エッセイズ』*Essays*出版. 超絶主義のもっとも見事な表現.

ユニテリアンの牧師パーカー，説教「キリスト教における流行と不易について」
"The Transient and Permanent in Christianity"を行なう. 仲介者（牧師）を通し
てではなく，直接に神と対し崇拝すべきと説いた超絶主義的説教. 彼はやが
て教会を追放される.

ジェイムズ・ラッセル・ロウエルJames Russell Lowell『1年の生活』*A Year's Life*
（第1詩集）出版.

クーパー『鹿殺し』*The Deerslayer*（「レザー・ストッキング物語」5作目）出版,「レ
ザー・ストッキング物語」完成する.

ジョージ・キャトリンGeorge Catlin『北米インディアンの風俗と習慣』*Manners*

*省略記号:■=歴史・政治・経済　▲=世界　●=日本

and Customs of the North American Indians（画文集）出版.

トマス・ソープThomas B. Thorpe, 西部のほら話「アーカンソーの大熊」"The Big Bear of Arkansas"発表. ⇒コラム (14)

ポウ「モルグ街の殺人」"The Murders in the Rue Morgue"発表. 世界初の本格的探偵小説とされる.

● **6月27日**　捕鯨船ジョン・ハウランド*John Howland*号, 中浜万次郎他5名の日本人を救助.

1842(天保13年)

ニュー・ハンプシャーのコーラス・バンド, ハッチンソン・ファミリーThe Hutchinson Family, コンサート巡業を始める. 奴隷制廃止運動など, 社会改革運動にも深く関わり, シンギング・ファミリーの流行を作りだす.

エドウィン・P・クリスティEdwin P. Christy, ミンストレル楽団クリスティ・ミンストレルズChristy Minstrels結成. ミンストレル・ショーの人気高まる.

チャールズ・ディケンズCharles Dickens, 5ヶ月にわたり米国を旅行. 帰国後, 辛口のアメリカ論『アメリカ紀行』*American Notes*（1842年）出版.

コラム | 14 「アーカンソーの大熊」1841年

　マサチューセッツに生まれ, ルイジアナで肖像画を描きながらユーモア話を書いたトーマス・B・ソープによるトール・テール（ほら話）. 物語は, ミシシッピ川の蒸気船に乗り合わせた多彩な客を「私」が洗練された語り口で描くところから始まる. そのなかでとくに関心を惹いたのがアーカンソーの猟師ダゲットだった. 彼によれば, アーカンソーでは「獣も巨大, 木も巨大, 川も巨大」. 熊の頭数もブラックベリーより多いという.

　猟師はある大熊について語る. 何度も追い求めたが, そのたび取り逃がし「悪魔」のごとく取り憑かれていた. もうこれを最後の狩りにしようと決心すると, その出発の前日, 大熊が近くの森に現れ, 「黒い霧」のように立ちあがる. 狙いを定めて発砲. 追いかけると, すでに大熊は息絶えていた. あっけない最期だった. きっと奴は「死期がくると命を絶つ」熊であって, 「人間には仕留められない熊」だったのだ. フォークナーの傑作中篇「熊」(1942) の先鞭をなす, 超自然的な自己の化身の物語.

3月30日 ジョージア州の医師クローフォード・ロングCrawford Long, 初めてジエチルエーテルを麻酔薬として使用. 4年後にはボストンの歯科医ウィリアム・モートンWilliam Thomas Green Mortonが医師団の前で公開実施 (1804年参照).

4月2日 ニューヨーク交響楽団New York Philharmonic設立. 現存する米国最古のオーケストラとなる.

マサチューセッツ州最高裁, 労働組合を合法化. ストライキの権利も認める. 労働運動に対する司法の大転換.

キリスト教社会主義共同社会ホープデイル・コミュニティHopedale Community, マサチューセッツ州ミルフォードMilfordに建設 (〜1845年).

ジョン・フリモントJohn C. Frémont, オレゴン・トレイルとシエラ・ネヴァダ山脈の第1回探検. のちクーパーの小説にちなんで「先導者」Pathfinderと呼ばれる. オレゴン移住熱高まる. 翌年, 第2回探検.

ルーファス・グリズウォルドRufus Wilmot Griswold, アンソロジー『アメリカの詩と詩人』*The Poets and Poetry of America*出版, この種のものとしては大成功.

ロングフェロー『バラッドその他の詩』*Ballads and Other Poems*出版.

ウォルト・ホイットマンWalt Whitman, 流行を追って禁酒小説『飲んだくれ, フランクリン・エヴァンズ』*Franklin Evans, or the Inebriate*を書き, 2万部を売る.

● 薪水給与令. アヘン戦争におののいた幕府は, 遭難外国船へ薪水を与えることに.

1843(天保14年)

2月6日 ダン・エメットDan Emmett「ヴァージニア・ミンストレル楽団」Virginia Minstrels結成. ミンストレル・ショーますます隆盛.

ハーヴァード大学に初の本格的天文台を建設する事業が発足する. 天文学の進歩に対する市民の期待を反映.

ニューヨーク市に貧困者状況改善協会Association for Improving the Condition of the Poor設立. 各地にも同様の協会設立が続く.

「黄金の捕鯨時代」(〜1860年). 鯨油を求めて700隻以上の捕鯨船操業. 小笠原諸島近海を絶好の漁場としたため, 難破漂流などによる米国人と日本人との接触が頻発.

−1843

*省略記号：■=歴史・政治・経済　▲=世界　●=日本

6月　エイモス・ブロンソン・オルコット，マサチューセッツ州ハーヴァード Harvardに共同社会「フルーツランズ」Fruitlands建設（〜1843年）．晴耕雨読により精神と肉体を充足させる共同体の確立を目指したが，約半年で挫折する（1834年参照）.

「ノース・アメリカン・ファランクス」North American Phalanx（1840年参照）ニュー・ジャージー州に建設（1854年，火事により解散するまで，ファランクスの中では最も成功したもののひとつ）.

6月12日　モルモン教の創始者ジョゼフ・スミス，一夫多妻制は神の啓示により認められていると宣言．教団内部にも議論を招く.

医学者でもある詩人ホームズ，論文「産褥熱の伝染性」"The Contagiousness of Puerperal Fever"を発表．アメリカ医学が世界的に評価される一因となる.

ドロシーア・ディックスDorothea Dix『マサチューセッツ州議会への請願書』*Memorial to the Legislature of Massachusetts*出版．みずからの調査に基づいて，精神病患者の待遇改善を要求．その後も病院改革に尽力する（1861年参照）．内村鑑三は『余は如何にして基督教徒となりし乎』（1895年）で「聖地としてのアメリカ」のイメージを支える一人とたたえる.

プレスコット『メキシコ征服史』*History of the Conquest of Mexico*出版.

ホイッティア『我が故郷の歌』*Lays of My Home*出版．ニューイングランドの生活や自然を歌う.

ピアポント『反奴隷制詩集』*The Anti-Slavery Poems of John Pierpont*出版.

ウィリアム・トンプソンWilliam Tappan Thompson『ジョーンズ少佐の求婚』*Major Jones's Courtship*（ユーモラスなジョージア・スケッチ）出版.

ハーパー社，豪華版『聖書』*The Illuminated Bible*を54分冊にして刊行（〜1846年）．計1,600以上の精緻なイラストを収め，19世紀中盤の米国を代表する出版事業となる.

■ ハワイと通商条約締結．英国やフランスのハワイ領有を牽制するため.

■ **6月**　反カトリック・反移民の国粋主義的団体，アメリカ共和党American Republican Party，ニューヨークで結成．1845年，生粋アメリカ党Native American Partyと改称し，1855年，アメリカ党American Partyと名乗る．彼らは党のことを訊かれても「何も知らない」と答えたのでノー・ナッシング党 Know-Nothing Partyとも呼ばれた.

1844(天保15年／弘化元年)

5月6〜8日 フィラデルフィアで, カトリック教徒と非カトリック教徒の間に衝突. カトリック教会堂の焼き打ちも.

5月24日 サミュエル・モースSamuel Finley Morse, ワシントン＝ボルティモア間の電信に成功. 最初の電信メッセージは "What hath God wrought"「神のなせるわざ」(聖書民数紀からの引用).

6月27日 モルモン教のジョゼフ・スミス, イリノイ州カーシジCarthageで暴徒により殺される.

ウィリアム・カイルWilliam Keil, ペンシルヴェニアのドイツ・オランダ移民を引き連れ, 生活共同体「ベセル・コミュニティ」Bethel Communityをミズーリ州に建設(〜1880年). 宗教的なユートピア実現を計る.

彫刻家ハイラム・パワーズHiram Powers, フィレンツェで裸婦像「ギリシャの奴隷」"The Greek Slave"制作. 47年, アメリカで展示. センセーションを巻きおこす.

ナサニエル・バニスターNathaniel Bannisterの芝居『パトナム』*Putnam*, ニューヨークで上演. 独立戦争を描いた歴史劇で, 本物の馬を舞台に登場させて話題を呼ぶ.

ジョージア州のベンジャミン・ホワイトBenjamin Franklin White, シェイプ・ノート(1835年参照)で記譜した聖歌集『聖なる竪琴』*The Sacred Harp*出版. 改訂を重ね, 現在も使われる.

チャールズ・ウィルキンズ・ウェバーCharles Wilkins Webber, 西部の冒険譚『ジャック・ロング』*Jack Long*出版. 大ヒット.

エマソン『エッセイズ・第2集』*Essays, Second Series*出版.

労働運動家ジョージ・ヘンリー・エヴァンズGeorge Henry Evans, 休刊していた自らの新聞『労働者の主張』*Workingman's Advocate*(1829〜36年, 1844〜49年)を復刊し, 翌年には, 東部の労働者に西部の土地の無償提供を求める論を発表する.

▲ ディケンズ『マーティン・チャズルウィット』*The Life and Adventures of Martin Chuzzlewit*(彼の米国旅行をもとにした小説)出版(1842年参照).

1845(弘化2年)

6月4日 ウィリアム・ヘンリー・フライWilliam Henry Fry, アメリカ人による

1845

*省略記号：■=歴史・政治・経済　▲=世界　●=日本

初のグランドオペラ『レオノーラ』*Leonora*初演．対話部分も楽曲からなる．

7月4日　ヘンリー・デイヴィッド・ソローHenry David Thoreau，ウォールデン湖畔に自給自足生活の実験（～1847年9月6日）を開始（1854年参照）．

この頃，ジョン・バーソロミュー・ゴフJohn Bartholomew Gough，飲酒癖を克服した体験を語って人気を博す．40年の間に各地で計9,600回の講演会を開催．

9月23日　アレグザンダー・J・カートライトAlexander J. Cartwright，最初の野球クラブ，ニッカボッカーズThe Knickerbockersを結成し，現代に通じる野球のルール確立．

10月10日　海軍士官学校U. S. Naval Academy，メリーランド州アナポリスAnnapolisに設立．

『先駆者』*The Harbinger*（リプリー編集，一時「ブルック・ファーム」の機関誌ともなった週刊誌，～1849年）創刊．

『ブロードウェイ・ジャーナル』*Broadway Journal*（ポウ編集の文芸新聞，～1846年）創刊．

ダグラス，奴隷体験記の代表作と言われる自伝『フレデリック・ダグラスの半生』*Narrative of the Life of Frederick Douglass*出版（1838年参照）．

フラー『十九世紀の女性』*Women in the Nineteenth Century*出版．米国最初の本格的フェミニズム論とも言われる．

ポウ，詩「大鴉」"The Raven"発表．センセーションを巻きおこし，多くの新聞雑誌に転載される．同年，『物語集』*Tales*，『大鴉その他の詩』*The Raven and Other Poems*出版．

アナ・モーワットAnna Cora Mowatt『ファッション』*Fashion, or Life in New York*（風俗喜劇）上演，粗野素朴なアメリカ人像を打ちだす（1850年出版）．

クーパー『セイタンズトー物語』*Satanstoe*（3部作「リトルページ家文書」Littlepage Manuscriptsの第1作）／ジョンソン・ジョーンズ・フーパーJohnson Jones Hooper『サイモン・サグズ大尉の冒険』*Some Adventures of Captain Simon Suggs*（南西部ユーモア・スケッチ）出版．

■ **3月1日**　議会のテキサス併合決議案，成立．3月28日，怒ったメキシコが対米国交を断絶．6月25日，テキサス議会も併合を承認し，併合が成立する．

■ フリモント，第3回遠征．今回は騎馬隊を率いてカリフォルニアへ向かい，メキシコからの独立を工作，翌年のベア・フラッグの反乱Bear Flag Revoltの道をつける．

▲ アイルランドに大飢饉始まる．ジャガイモの疫病が原因．死者が百万に上

るという説も（1846年参照）.

● **4月18日**　マーケイター・クーパーMarcator Cooper船長の捕鯨船マンハッタン号，漂流民を届けるため浦賀へ来航．公式に日本を訪問した初の米国人・米国船となる．幕府は異例の措置として浦賀での引き渡しを認め，謝意とともに食糧や薪水を与える．⇒図⑯

1846（弘化3年）

アイルランド飢饉により，アイルランドからの移民急増する．1851年までに百万人以上．

2月4日　ブリガム・ヤングBrigham Young率いるモルモン教徒，迫害を逃れてイリノイ州ノーヴーNauvooから西へ大移動開始．定住地を求め，ミシシッピー川とロッキー山脈を越える．翌年7月24日，ソルト・レイク湖付近（当時メキシコ領）に到着，苦難に満ちた大移動の最終地として定住を決める．

6月19日　野球クラブのニッカボッカーズ，現代ルールにもとづく初の公式試合をニュー・ジャージー州ホーボーケンHobokenのエリージャン・フィールズElysian Fieldsで行なう．相手は元ニッカボッカーズの選手を多く含むニューヨーク・クラブ．

7月23日　ソロー，メキシコ戦争に抗議して人頭税を払わず，一晩牢屋に留置される．

ニューヨークのトリニティ教会Trinity Church再建．ゴシック・リヴァイヴァルの代表的建築であり，1890年までニューヨーク市でもっとも高い建物だった．

ペンシルヴェニア鉄道会社Pennsylvania Railroad設立．ハリスバーグHarrisburgとピッツバーグを結ぶ鉄道を建設する．合併を繰り返し，20世紀前半には米国最大の鉄道会社となる．

8月10日　スミソニアン協会Smithsonian Institution，ワシントンに設立．米国訪問の経験がない英国の化学者ジェイムズ・スミソンJames Smithsonの遺産により「人類の間に知識を普及向上させるための施設」になることを目的とする．

ニューヨークの印刷業者リチャード・M・ホウRichard M. Hoe，輪転印刷機を発明．大量印刷の時代到来．

9月10日　イライアス・ハウElias Howe，実用的ミシンの特許取得．現在のミシンの原型となる．

1846

＊省略記号：■=歴史・政治・経済　▲=世界　●=日本

マグネティック・テレグラフ会社Magnetic Telegraph Company，初の商用電信ケーブルをワシントンとニューヨーク間に敷設．

アレグザンダー・T・スチュワートAlexander T. Stewart，ニューヨークに大規模小売店「スチュワート織物店」A. T. Stewart's Dry Goods Store建設．百貨店の嚆矢とされる．

メイン州，本格的な禁酒法制定．工業と医療の目的以外のアルコール販売を禁じる．

フラー『文学美術論』Papers on Literature and Art出版．

フロンティア物語集『百万人のミンスパイ』Mince Pie for the Million出版．著者不明，西部の方言で語られ，ほら話の原型となる．

『カリフォーニアン』Californian（カリフォルニアで最初の新聞），モンタレイMontereyで創刊（1849年『アルタ・カリフォーニアン』Alta Californianとなり，1891年廃刊）．

雑誌『南部と南西部の商業評論』The Commercial Review of the South and Southwest（通称『ド・ボウズ・レヴュー』De Bow's Review）創刊．南部の経済と社会を活写し，1880年まで南部で最大部数を誇る雑誌だった．

骨相学者オーソン・ファウラーOrson Fowler，『結婚――気の合う伴侶を選ぶための骨相学と生理学』Matrimony: or Phrenology and Physiology Applied to the Selection of Congenial Companions for Life出版．コルセットで締めあげたウエストは不健康だとして，「自然なウエストでない女性を娶るな」"Natural waists or no wives"と説く．

ホイッティア『自由の声』Voices of Freedom（反奴隷制詩集）／エマソン『詩集』Poems（刊記では翌年）出版．

ポウ「作詩の哲学」"The Philosophy of Composition"発表．前年の詩「大鴉」創作の秘訣を（誇張して）語る．

コーニーリアス・マシューズCornelius Mathews『セイレムの魔女』Witchcraft or the Martyrs of Salem（無韻詩劇）大好評．

ホーソーン『旧牧師館の苔』Mosses from an Old Manse／ハーマン・メルヴィルHerman Melville，長篇第1作『タイピー』Typee出版．

■ **4月25日**　米，メキシコ両軍の戦闘開始．5月13日，対メキシコ宣戦布告．メキシコ戦争（または米墨戦争）始まる（～1848年）．6月14日，カリフォルニアの米国人植民者たち，米国と併合することを狙って反乱（ベア・フラッグの反乱）を起こし，カリフォルニア共和国California Republicを樹立．白地に星とハイイログマを象った旗を掲げる．7月9日，米軍の到着とともに消滅．

● **7月19日** 米国の提督ジェイムズ・ビッドルJames Biddle，2隻の軍艦を率いて浦賀に来航，通商を求める．上陸を拒否されたが，威嚇することなく出航．

1847（弘化4年）

ジョージ・ドナーGeorge Donnerに率いられイリノイからカリフォルニアへ向かった開拓民グループが雪のシエラ・ネヴァダ山脈中で進退きわまり，87名のうち約半数が死亡．生存者が死者の肉を食べて越冬した「ドナー隊の悲劇」として知られる．

この頃，大衆演劇の一部として活人画tableau vivantが流行．有名な絵画や神話の場面を再現するという建前で，裸体に近い男女が舞台で静止してポーズをとる．

5月7日 米国医師会American Medical Association，フィラデルフィアで結成．

7月1日 国内共通の郵便料金を定めた郵便局改正法（1845年）に基づき，連邦政府による初の郵便切手発売．初代大統領ワシントンを描いた10セント切手と初代郵政長官フランクリンの5セント切手．これまでは受取人が料金を払うか，地域的な切手が使われていた．

10月1日 図書館員マライア・ミッチェルMaria Mitchell，新彗星（「ミッチェル嬢彗星」）を発見．翌年，女性として初めてアメリカ芸術科学アカデミー（1780年参照）の会員となる．

11月22日 「アッパー・テン・サウザンド」"the upper ten thousand"と呼ばれるニューヨークの富裕層の資金助成によりアスター・プレイス・オペラ・ハウスAstor Place Opera House開館．オペラは高尚な芸術とされ，観客はイヴニング・ドレスや手袋の着用を求められた．

「センチュリー・アソシエーション」Century Association（ニューヨークの文芸社交クラブ）発足．

『ユニオン・マガジン』*The Union Magazine*（月刊文芸雑誌，～1852年），ニューヨークで創刊．

ホラス・ブッシュネルHorace Bushnell『キリスト教的自然』*Christian Nature*出版．会衆派の神学者でありながら，信仰復興運動を否定し，回心は不要と説く．のち「自由主義神学の父」と呼ばれる．

ロングフェロー，第1物語詩『エヴァンジェリン』*Evangeline*出版．故郷を追われたアカディア人の悲恋を歌う（1755年参照）．

プレスコット『ペルー征服史』*The History of the Conquest of Peru*出版．

*省略記号：■=歴史・政治・経済　▲=世界　●=日本

メルヴィル『オムー』*Omoo*出版.

ジョン・ブルームJohn Brougham, ストーンの『メタモラ』(1829年参照)を換骨
　奪胎したバーレスク劇『メタモラ』*Metamora*を発表. 過去と外国の崇拝を斥
　けるバーレスク劇が好評をえる.

▲ ヴァージニア生まれの黒人ジョゼフ・ジェンキンス・ロバーツJoseph Jenkins
　Roberts, アメリカ植民協会が解放黒人をアフリカへ帰還させて建設した植
　民地モンロヴィア(1817年参照)などをリベリア共和国として独立させ, 大
　統領に就任する.

1848(弘化5年／嘉永元年)

1月24日　ジェイムズ・マーシャルJames W. Marshall, カリフォルニアのサク
　ラメントSacramento渓谷のサッター製材所Sutter's Mill付近で金を発見.
　「ゴールド・ラッシュ」の発端.

2月2日　初の中国人移民3名がサンフランシスコへ到着(1852年には年2万人へ
　急増).

ベルリンやウィーンで起こった三月革命を逃れてきたドイツ系移民たち, 各地
　で体操協会ターンヴァラインTurnverein設立. うちシンシナティの協会シン
　シナティ・セントラル・ターナーズCincinnati Central Turnersは, 現存する最
　古のターンヴァラインとなる.

ジョン・ハンフリー・ノイズJohn Humphrey Noyes, ニューヨーク州にオナイダ・
　コミュニティOneida Community建設. 原罪を否定し人間の完全性を信じる
　宗教的生活共同体. 多夫多妻に似た複合結婚complex marriageを実践して周
　囲の反発を招くが, 農業や銀器生産によって成功する.

モーゼズ・ビーチMoses Beach, 連合通信社(Associated Press; 略称AP)を設立
　する. メキシコ戦争の最新情報を複数の新聞社が共同で入手したことが契
　機.

4月7日　ニューヨーク州, 既婚女性の財産権を大幅に認める法制定. 他州の
　モデルとなる.

7月19日　ニューヨーク州セネカ・フォールズSeneca Fallsにおいて, ルクリー
　シア・モット, エリザベス・ケイディ・スタントンら約300名が参加し, 女性
　権利会議を開催. 翌日, 独立宣言の文言をふまえて「すべての男女は平等に
　創られている」と主張する「所感の宣言」"Declaration of Sentiments"を採択す
　る.

−1848

『インディペンデント』*The Independent*（週刊誌．〜1928年），ニューヨークで創刊．宗教雑誌として出発したが，後に女性参政権問題も扱う．

11月1日　ボストン女性医学校Boston Female Medical School開学．正規の医学教育を女性に授ける米国初の医学校となる．ただし当初は助産婦の育成が目的．医師の学位（M.D.）を授与したのは1854年から．現在のボストン大学医学校の前身（1850年参照）．

ジェイムズ・ラッセル・ロウエル，『ビグロー・ペーパーズ』*The Biglow Papers*（ヤンキー方言でメキシコ戦争に反対した諷刺詩），『批評家のための寓話』*A Fable for Critics*（当時の文人を批評した詩），『サー・ローンファルの夢』*The Vision of Sir Launfal*（物語詩）出版．

ポウ『ユリイカ』*Eureka*出版（散文詩の宇宙論）．

スティーヴン・フォスターStephen Foster『黒き歌びとたちの歌』*Songs of the Sable Harmonists*（歌曲集）出版．そのうちの「（オー！）スザンナ」"(Oh!) Susanna"はゴールド・ラッシュの金鉱採掘者に広く歌われる．好評を受け，フォスターはシンシナティの蒸気船会社の帳簿係を辞めてプロの作詞作曲家となる．

■ **2月2日**　メキシコ戦争の講和条約としてガダルーペ・イダルゴGuadalupe Hidalgo条約締結．メキシコから，現在のカリフォルニア，ネヴァダ，ユタ，ニュー・メキシコに跨る160万km²以上の土地を獲得する．

■ この頃，民主党内に「青年アメリカ」Young America運動が興こり拡張主義的ナショナリズムを宣揚．上院議員スティーヴン・ダグラスStephen A. Douglasらが牽引する．

■ **6月22日**　ニューヨーク民主党の奴隷制反対派が，独自にヴァン・ビューレンを大統領候補に指名．8月9日　ホイッグ，民主両党の奴隷制反対派が集まり自由土地党Free Soil Partyを結成し，同じくヴァン・ビューレンを大統領候補に指名する．11月7日，大統領選挙．ヴァン・ビューレンはニューヨークを含め1州の選挙人票も獲得できず落選．当選したのはホイッグ党のザカリー・テイラーZachary Taylorだった．

● 捕鯨船員ラナルド・マクドナルドRanald MacDonald，漂流者をよそおって利尻島へ単身上陸．護送された長崎で通詞たちに英語を教えただけでなく，みずからも日本語習得に努める．翌年，米艦に引き渡され帰国．

1849-1850

*省略記号：■=歴史・政治・経済　▲=世界　●=日本

1849（嘉永2年）

カリフォルニアで本格的なゴールド・ラッシュ始まる．金を求め「49年者」
　forty-ninersと呼ばれる人々が殺到．1848年に1万4千人程度であった非イン
　ディアン人口が50年には9万人を超え，カリフォルニアは州に昇格．
1月23日　エリザベス・ブラックウェルElizabeth Blackwell，ニューヨーク州の
　ジニーヴァGeneva医学校で学び，女性として米国で初めて医師の学位
　（M.D.）を取得する（1850年参照）．
マーガレットとキャサリンのフォックス姉妹Margaret & Katharine Fox，ニュー
　ヨーク州ハイズビルHydesvilleの自宅で死者の霊の発する音rappingと交信で
　きると主張し，科学者を巻き込んだ大騒動となる．後にトリックであったこ
　とを告白したが，死者の霊の存在を信じる心霊主義（スピリチュアリズム）
　の流行が続いた．
5月10日　アスター・プレイスの暴動Astor Place Riot．米国の俳優フォレスト
　のファンが暴徒と化し，英国の俳優ウィリアム・マクリーディの出演する劇場
　アスター・プレイス前に集結して公演の中止を求める．鎮圧に当たった武装
　兵の発砲により22名が死亡．フォレストを支持する労働者階級の反上流意
　識や，アメリカ固有の娯楽を求める反英意識が背景にあったとされる（1826
　年参照）．
フランシス・パークマンFrancis Parkman，旅行記『オレゴン・トレイル』*The
　Oregon Trail*出版．
ソロー『コンコード川とメリマック川の1週間』*A Week on the Concord and
　Merrimack Rivers*出版，「市民としての反抗」"Civil Disobedience" 発表．
メルヴィル『マーディ』*Mardi*，『レッドバーン』*Redburn*出版．
10月7日　ポウ没．ボルティモアの路上にて意識混濁状態で発見され，4日後，
　息を引きとる．医学的な死因は不明とされる．

1850（嘉永3年）

国勢調査．人口23,191,876人．
米国の優れた作家，思想家が次々と代表作を生み出した「アメリカン・ルネサ
　ンス」American Renaissance，頂点の時期を迎える（～1855年）．
3月11日　ペンシルヴェニア女性医科大学Female Medical College of Pennsylvania創
　立．医師の学位（M.D.）を女性に授けるために設立された米国初の医学校と

なる．翌年，8名の女性に学位を授与する．現在のドレクセル大学医学校の前身のひとつ（1848年，1849年参照）．

5月15日 アメリカ菜食主義協会American Vegetarian Society，ニューヨークに設立（1829年参照）．

9月1日 スウェーデンのソプラノ歌手ジェニー・リンドJenny Lind，バーナムの招聘により来米し，熱狂的歓迎を受ける．2年間にわたり各地を巡業．「スウェーデンのナイチンゲール」と呼ばれる．

本部のある会館の名前からタマニー・ホールTammany Hallと呼ばれるようになっていたニューヨークのタマニー協会（1789年参照）は，この頃，民主党系機関として市政に広範な影響力を行使する（1871，1901年参照）．

アミリア・ブルーマーAmelia Jenks Bloomer，女性の健康を促進し，軽快な行動を可能にする「ブルマー」を考案する．⇒図⑰

10月23〜24日 第1回全米女性権利会議National Women's Rights Convention，マサチューセッツ州ウスターで開催．各地から広く約1,000名を集め，調査や資金，広報活動など，組織的運動を始める．

『ハーパーズ・マンスリー』Harper's Monthly Magazine創刊．当初はイギリスの有名作家の作品を再掲して部数を拡大し，のち米国人の創作も掲載．1860年の発行部数約20万．現在も『ハーパーズ・マガジン』Harper's Magazineとして継続．

ホイッティア「ああ，無念」"Ichabod"（奴隷制反対から妥協に転じたダニエル・ウェブスターを攻撃した詩）発表，『労働の歌』Songs of Labor出版．

エマソン『代表的人物論』Representative Men／ホーソーン『緋文字』The Scarlet Letter／メルヴィル『ホワイト・ジャケット』White-Jacket出版．

ベイヤード・テイラーBayard Taylor，金鉱発見にわくカリフォルニアを題材とする『黄金郷』Eldorado出版．

ドナルド・ミッチェルDonald Grant Mitchell『独身者の夢』Reveries of a Bachelor（エッセイ集）出版．

スーザン・ウォーナーSusan B. Warner『広い広い世界』（邦題『エレン物語』）The Wide, Wide World（若い女性を主人公に，内的な信仰と実践を重視した敬虔主義的な感傷小説）出版，ベストセラーに．この頃，女性作家による感傷小説が売れて「女性的50年代」Feminine Fiftiesを迎える．

アメリカ最初の重要な写真家マシュー・ブレイディMatthew B. Brady，『アメリカ著名人肖像集』Gallery of Illustrious Americans出版．

■ **9月9〜20日** 奴隷制を巡る南北対立の解決策として，「1850年の妥協」

*省略記号：■=歴史・政治・経済　▲=世界　●=日本

Compromise of 1850が成立．カリフォルニアを自由州とする（北部への妥協）一方，逃亡奴隷の援助を禁じる逃亡奴隷取締法Fugitive Slave Act（南部への妥協）等を定めた．

1851(嘉永4年)

ボルティモアのジェイコブ・フッセルJacob Fussell，アイスクリームの大量生産開始．

5月14日　エリー鉄道Erie Railroad開通．ニューヨーク州ピアモントPiermontから同ダンカークDunkirkまで446マイル（718キロ）を結ぶ．当時，世界最長をほこる．

5月29日　解放奴隷女性ソジャナー・トゥルースSojourner Truth，オハイオ州アクロンAkronの女性権利会議で，後に「私は女じゃないのかね」"Ain't I a Woman"と題される演説をうつ．男性優位の象徴とされるイエスも，神と女性から生まれたと説く．

6月2日　メイン州，さらに厳格な禁酒法（1846年参照），いわゆるメイン法Maine Law制定．アルコールの製造と販売をともに禁じる．

8月12日　アイザック・メリット・シンガーIsaac Merritt Singer，ミシンに関する特許取得．やがて家庭用ミシンを大量生産することに成功．

8月22日　イギリスのワイトWight島周回レースで，米国のヨット，アメリカAmerica号が優勝，海洋王国の座を米国が英国から奪った象徴的な事件とされる．1870年から，この時の優勝カップをかけて国際ヨットレース，アメリカズ・カップAmerica's Cup開催．近代オリンピックよりも古い国際競技として定着する．

9月18日　『ニューヨーク・タイムズ』の前身，『ニューヨーク・デイリー・タイムズ』New York Daily Times創刊．当初は保守的なホイッグ党系新聞だった．

フォスター，歌曲「故郷の人々（スワニー河）」"Old Folks at Home (Swanee River)"発表．ミンストレル楽団のリーダー，E・P・クリスティの作詞作曲として出版し，ミンストレル音楽の質の向上を陰で支える．1935年，フロリダ州歌に制定．

12月29日　ボストンにキリスト教青年会（YMCA）設立．若者の精神・肉体・知性の健全な成長を図る．英国由来の組織だが，やがて全米に広まる．

「アメリカ人類学の父」ルイス・モーガンLewis Henry Morgan，インディアンの学術的研究『イロコイ同盟』League of the Ho-dé-no-sau-nee or Iroquois出版．

スクールクラフト（1820年参照），インディアン研究の集大成『合衆国インディアンの歴史的統計的知識』*Historical and Statistical Information ... of the Indian Tribes of the United States*（全6巻，～1857年）出版．ロングフェロー『ヒアワサの歌』（「ハイアワサ」と発音されることも多い）はこれに依拠した（1855年参照）．

ホーソーン『七破風の家』*The House of the Seven Gables*，『雪人形』*The Snow-Image and Other Twice-Told Tales*／メルヴィル『白鯨（モービー・ディック）』*Moby-Dick*／パークマン『ポンティアクの陰謀』*History of the Conspiracy of Pontiac*出版.

ベンジャミン・シレイバーBenjamin Penhallow Shillaber，ユーモア週刊誌『カーペット・バッグ』*The Carpet-Bag*（～1853年）をボストンで創刊．アメリカン・ユーモア文学に新生面を開く．兄の印刷所を手伝っていた若きサミュエル・クレメンズSamuel Langhorne Clemens（後のマーク・トウェインMark Twain）の最初期の作品も掲載（1853年）．

1852_{（嘉永5年）}

イライシャ・オーティスElisha Otis，建築現場用巻き揚げ機の落下防止装置を発明．摩天楼への道を開く．53年，後のオーティス・エレベーター会社Otis Elevator Companyを設立.

3月20日　ハリエット・ビーチャー・ストウHarriet Beecher Stowe『アンクル・トムの小屋』*Uncle Tom's Cabin*出版（初出は週刊新聞『ナショナル・イラ』*The National Era*に連載，1851～52年）．米国史上初の100万部を突破するベストセラーとなる．ジョージ・エイケンGeorge Aiken，これを劇化し，ニューヨーク州トロイで100日のロング・ラン．以後「トム・ショー」が続出する．

フォスター，「なつかしきケンタッキーのわが家」"My Old Kentucky Home"作詞作曲．ミンストレル・ショー向けの黒人風英語ではなく，標準英語の歌詞で書き，「トム・ショー」の舞台でテーマソングのように歌われる．

5月18日　マサチューセッツ州，米国初の近代的義務教育法を定める．8歳から14歳までの児童を持つ親は児童を就学させる義務を負う（1642年参照）．

『ゴウディズ・レイディズ・ブック』誌，定期コーナー「女性の職業」Employment of Women掲載開始．社会で働く女性の活躍を紹介する．

この頃から女性教師が各地の学校に進出．ボストンでは8,000人の教師のうち，女性が6,000人を占めた．

1852–1853

＊省略記号：■=歴史・政治・経済　▲=世界　●=日本

全国印刷工組合National Typographical Union結成．現存する最古の職種別全米
労働組合となる．

8月3日　最初の大学対抗ボートレースが開催される．ハーヴァード対イェー
ル．

大学教授トマス・デューThomas R. Dew，大学総長ウィリアム・ハーパー
William Harper，州知事ジェイムズ・ハモンド James H. Hammond 等，南部名士
の論考を集めた『奴隷制賛成論』*The Pro-Slavery Argument*出版．

ホーソーン『ブライズデイル・ロマンス』*The Blithedale Romance*／メルヴィル
『ピエール』*Pierre*出版．

『ゴールデン・イラ』*Golden Era*（文学新聞，〜1893年），サンフランシスコで創
刊．西部文学が出発する．

週刊新聞『フランク・レズリーズ・イラストレイティッド・ニューズペーパー』
*Frank Leslie's Illustrated Newspaper*創刊（〜1922年）．『ハーパーズ・ウィーク
リー』（1857年創刊）と並んで，木口木版wood engravingによるイラストが呼
び物となる．

1853（嘉永6年）

この頃からグリーリー，「若者よ，西部へ行け」"Go West, young man"と説きは
じめる．合衆国の拡張を正当化した「明白な運命」という表現とともに西部
進出の気運を象徴（ただし，この句の創出や由来には諸説あり）．

この頃，結婚制度に対する批判あいつぐ．トマス・ニコルズThomas Low
Nichols『古今東西の女性』*Woman, in All Ages and Nations*（1849年），マーク
ス・ラザルスMarx Edgeworth Lazarus『愛と結婚の相克』*Love vs. Marriage*
（1852年），スティーヴン・アンドルーズStephen Pearl Andrews編『愛，結婚
そして離婚』*Love, Marriage, and Divorce*（1853年）など．奴隷解放や女性解
放と同様に，制度の拘束を脱した自由な魂を求める．

1月24日　ニューヨーク＝シカゴ間に鉄道開通．

5月3日　ニューヨークにヒポドロウム Franconi's Hippodromeオープン．大天
幕を設置し，動物の競争や曲芸を呼び物にした．サーカスの前身とされる．

7月7日　アメリカ北東部の鉄道10社が合併し，ニューヨーク・セントラル鉄道
New York Central Railroad発足．

7月14日　ニューヨーク万国博覧会Exhibition of the Industry of All Nations開
催．ロンドン万博（1851年）にならって水晶宮Crystal Palaceを呼び物とする．

1853-1854

9月15日　アントワネット・ブラウンAntoinette Brown，ニューヨーク州サウス・バトラーSouth Butlerの会衆派教会の牧師に任命される．米国初の女性聖職者．

イライシャ・ケーンElisha Kent Kane，北極地方を探検（〜1855年）．

ドイツ出身のピアノ職人ヘンリー・E・スタインウェイHenry E. Steinway，ニューヨークにピアノ製造会社スタインウェイ・アンド・サンズを設立．

ゲイル・ボーデンGail Borden，真空蒸発による牛乳濃縮法を発明．58年，保存性のよい加糖練乳（コンデンスミルクcondensed milk）の製造開始．南北戦争中，兵士用に需要急増する。

ウィリアム・W・ブラウンWilliam Wells Brown，小説『クローテル——大統領の娘』Clotel; or, The President's Daughter出版．作者は元奴隷の黒人．ヒロインの女奴隷はジェファソン大統領の娘という設定．

人気女性作家ファニー・ファーンFanny Fern（本名セアラ・ペイソン・ウィリスSara Payson Willis），コラム集『シダの葉』Fern Leaves from Fanny's Portfolio出版．ホイットマン『草の葉』初版（1855年）の装丁は，この『シダの葉』の装丁がヒントとも言われる．

ジョージ・カーティスGeorge William Curtis『ポティファー文集』Potiphar Papers（ニューヨーク社交界の諷刺スケッチ集）／ジョゼフ・ボールドウィンJoseph Glover Baldwin『アラバマ＝ミシシッピー繁盛記』The Flush Times of Alabama and Mississippi（南部の辺境の生活や社会をユーモラスに描いたスケッチ集）出版．

ホーソーン『タングルウッド物語』Tanglewood Tales for Girls and Boys（児童向け短篇集）出版．

『パトナムズ・マンスリー・マガジン』Putnam's Monthly Magazine（『ハーパーズ』よりアメリカ的要素の強い文芸雑誌，〜1910年）ニューヨークで創刊．

● **7月8日**　マシュー・C・ペリーMatthew C. Perry提督，4隻の軍艦（うち2艦が蒸気外輪船，旗艦は当時最大級のサスケハナSusquehanna号）を率いて浦賀へ来航，日本に開国を迫る．翌年2月13日，9隻の艦隊（うち3艦が蒸気外輪船）を伴って再び来航．浦賀到着後，ポーハタンPowhatan号が旗艦となる．

1854 <small>（嘉永7年／安政元年）</small>

1月9日　ニューヨークにアスター図書館Astor Library開館．ジョン・ジェイコブ・アスターの遺産による．のちニューヨーク公共図書館へ発展（1895年参

照）.

3月20日 ボストン市立図書館Boston Public Library開館. 初めての無料で利用できる大都市の市立図書館.

10月2日 ニューヨークにオペラハウス「アカデミー・オブ・ミュージック」Academy of Music開館. 天井高24メートルで, 当時世界最大と謳う.

ペンシルヴェニア石油会社Pennsylvania Rock Oil Company設立. アメリカ初の石油会社となる.

牧師で奴隷解放論者ヘンリー・ウォード・ビーチャーHenry Ward Beecherの呼びかけによって, カンザスの反奴隷制勢力にライフル銃を購入.「ビーチャー聖書」Beecher's Biblesと呼ばれる. ⇒コラム (15)

ソロー『ウォールデン――森の生活』*Walden, or Life in the Woods*出版.

ティモシー・S・アーサーTimothy S. Arthur, 禁酒小説『酒場の十夜』*Ten Nights in a Bar-Room*刊行.『アンクル・トムの小屋』に次ぐベストセラーと言われた.

メアリー・ジェーン・ホームズMary Jane Holmes, 小説『風雨と晴天』*Tempest and Sunshine*を出版. 徐々に売り上げを伸ばし, ストウに次ぐ女性作家と言われる.

ジョージ・フィッツヒューGeorge Fitzhugh『南部のための社会理論』*Sociology for the South*（南部体制の優位を主張）／ウィリアム・グレイソンWilliam T. Grayson, 長詩『賃雇い人と奴隷』*The Hireling and the Slave*（北部の悲惨な労

コラム 15 ヘンリー・ウォード・ビーチャー 1854年

　ヘンリー・ウォード・ビーチャーは19世紀米国の「もっとも有名な人物」のひとりだった. まず19世紀前半の信仰復興運動で活躍した説教師を父,『アンクル・トムの小屋』の著者ハリエットを姉にもつ有名一族の出身だった. ニューヨークのブルックリンの牧師としても名高かった. 原罪を説いた父とちがい, 神の愛を強調. 毎週日曜,「巡礼者」であふれるブルックリン・フェリーは「ビーチャー・ボート」と呼ばれ, 波止場から教会への道案内は「群衆に続け」だったらしい. さらにライシーアムの講演者としても引っぱりだこだった. とくに, 人間は娯楽を愉しめるよう創造されていると説いた講演が人気だった. ビーチャーは奴隷制廃止運動でも知られ, その教会は奴隷逃亡を助ける「地下鉄道」の主要な「駅」となった. だが1873〜74年, 不倫スキャンダルで世を騒がせた. 本人は否定, 裁判でも評決に至らなかったが, かつての名声が回復することは二度となかった.

働者と南部ののどかな奴隷を対比することによって奴隷制を称える）出版.

ジョン・エステン・クックJohn Esten Cooke『革脚絆と絹』*Leather Stocking and Silk*,『ヴァージニアのコメディアン』*The Virginia Comedians*（ともに植民地時代のヴァージニアを舞台としたロマンス）出版.

シレイバー『パーティントン夫人の生活と意見』*Life and Sayings of Mrs. Partington*（ユーモア雑記）出版.　以後続々と「パーティントン夫人もの」を出す.

■ **5月30日**　カンザス＝ネブラスカ法Kansas-Nebraska Act成立. ミズーリ妥協（1820年）を廃棄し，カンザスとネブラスカの両準州では住民の多数決によって奴隷制を可能とする. 7月6〜13日，危機感を抱いた反奴隷制勢力は，既成政党の枠を越えて共和党Republican Partyを新たに結成.

● **3月31日**　日米和親条約U.S.-Japan Treaty of Peace and Amity（Treaty of Kanagawa），神奈川で調印. 徳川幕府の鎖国政策終わる.

1855 <small>(安政2年)</small>

マンハッタン南端のキャッスル・ガーデンCastle Gardenに，米国初の移民局設置. 移民受け入れ事務の大量処理が可能になる.

「土曜クラブ」Saturday Club（ボストンの有力な文芸クラブ）発足.

7月4日　ホイットマン『草の葉』*Leaves of Grass*出版. 1892年までに改訂増補して9版を重ねる.

11月10日　ロングフェロー，インディアン叙事詩『ヒアワサの歌』*The Song of Hiawatha*出版（1851年参照）. 直ちに8,000部を売る.『草の葉』初版とは対照的に文壇の話題をさらう.

デイヴィッド・クリスティDavid Christy『綿は王様』*Cotton Is King*出版. 綿の有用性および綿の輸出がもたらす富を力説し，"Cotton is king"や"King Cotton"という表現が南部で流布する.

アーヴィング『ジョージ・ワシントン伝』*The Life of George Washington*出版（全5巻，〜1859年）.

ダイキンク兄弟Evert Augustus and George Long Duyckinck『アメリカ文学事典』*Cyclopaedia of American Literature*出版，文学的ナショナリズムを発揚.

ハーヴァードの博識な書店主ジョン・バートレットJohn Bartlett,『引用句辞典』*Familiar Quotations*出版. 改訂，版を重ねる.

ジョージ・ボーカーGeorge Henry Boker『フランチェスカ・ダ・リミニ』*Francesca da Rimini*（ロマンチックな韻文悲劇）出版.

1855-1856

＊省略記号：■=歴史・政治・経済　▲=世界　●=日本

モーティマー・トムソンMortimer Neal Thomson『ドースティックスの意見』
　Doesticks, What He Says（ニューヨーク社会のユーモア・スケッチ集）出版.
『ニューヨーク・デイリー・ニューズ』*New York Daily News*紙創刊（〜1906年）.
　（今日のタブロイド紙『デイリー・ニューズ』とは異なる.）
『ニューヨーク・レジャー』*New York Ledger*（当時もっとも読まれた週刊紙, の
　ち月刊, 〜1903年）創刊.

1856（安政3年）

電信会社ウェスタン・ユニオンWestern Union発足. 61年には初の大陸横断電信
　線を開通させる.
9月21日　イリノイ・セントラル鉄道Illinois Central Railroad開通. これにより
　ミシガン湖とミシシッピー川が通じる.
ノース・カロライナ州, 白人男性に与えている選挙権から財産条件を撤廃する.
　これにより, 白人男性の実質的普通選挙が全米で実現し, ジャクソニアン・
　デモクラシーの完成をみる（以後の選挙権拡大については, 1866年, 1870年,
　1920年, 1965年参照）.
アメリカ初の幼稚園, ウィスコンシン州に開設. 主にドイツ移民の子供たちを
　対象に, ドイツ語で教育した.
ホイッティア, 詩集『パノラマ, その他の詩』*The Panorama and Other Poems*出
　版.「裸足の少年」"The Barefoot Boy"などを含む.
フリーマン・ハントFreeman Hunt『富と価値』*Wealth and Worth*出版. ビジネス
　も医学や法学と同等の価値をもつと説く.
ニューヨークの古書籍商ジョゼフ・セイビンJoseph Sabin『セイビン事典』
　Sabin's Dictionary（アメリカに関する書誌的事典）刊行に着手する. 1936年全
　29巻で完成.
エマソン『イギリスの国民性』*English Traits*／メルヴィル『ピアザ物語』*The
　Piazza Tales*（短篇集）／ストウ『ドレッド』*Dred*（反奴隷制小説）出版.
■ **5月24〜25日**　カンザス準州のポタワトミー・クリークPottawatomie Creek
　においてジョン・ブラウンJohn Brownらの反奴隷制勢力, 奴隷制賛成住民を
　虐殺する. カンザス＝ネブラスカ法が引きおこしたカンザスの不穏（「流血
　のカンザス」Bleeding Kansas）を象徴する事件.

1857(安政4年)

1月22日 初の野球協会である全米野球選手協会National Association of Baseball Players発足. ニューヨークのアマチュア16チームが参加する（1871年参照）.

フレデリック・オームステッドFrederick Law Olmsted, ニューヨークのセントラル・パークCentral Parkを設計. 憩いの場所を提供し, 市民の「趣味」を高めるよう意図する. 76年完成.

スイス生まれの米国の科学者ルイ・アガシーLouis Agassiz,『合衆国自然史論考』 *Contributions to the Natural History of the United States of America*出版（〜1862年）.

フィッツヒュー『すべてこれ食人種！──主人なき奴隷たち』*Cannibals All! or, Slaves without Masters*出版. 奴隷制を讃美する.

ノース・カロライナのヒントン・ヘルパーHinton R. Helper『さし迫った南部の危機』*The Impending Crisis of the South*を出版. 黒人擁護よりも, 経済的理由から奴隷制に反対する.

ウィリアム・バトラーWilliam Allen Butler, ニューヨーク社交界の婦人を諷刺した詩「着る物がない」"Nothing to Wear"を匿名発表し評判. ホレイショ・アルジャー Horatio Alger, Jr.の詩『やることがない』*Nothing to Do*（1857年）など, 新興上流階級をからかった作品が流行する.

メルヴィル『信用詐欺師』*The Confidence Man*出版.

ジョン・トローブリッジJohn T. Trowbridge『隣人ジャックウッド』*Neighbor Jackwood*（反奴隷制小説）出版, 劇化.

雑誌『アトランティック・マンスリー』*Atlantic Monthly*ボストンで創刊, ニューイングランド高踏趣味Brahminismの牙城となる. 初代編集長はジェイムズ・ラッセル・ロウエル.

『ハーパーズ・ウィークリー』*Harper's Weekly*（〜1916年）創刊. 精緻で大きなイラストレーションが人気を集める.

■ **3月6日** ドレッド・スコット事件Dred Scott Case. イリノイ州など自由州に住んだことを根拠に解放を求めたミズーリ州の黒人奴隷スコットに対し, 連邦最高裁は, 奴隷は市民ではなく訴訟を提起できない財産であると判断.

*省略記号：■=歴史・政治・経済　▲=世界　●=日本

1858(安政5年)

8月5日　初の大西洋海底電線敷設．アイルランドのヴァレンシアValentia島と
カナダのニューファンドランド島を結ぶ．ただし1か月で断線．実用的な
ケーブルは1866年に完成．

バターフィールド大陸横断郵便会社Butterfield Overland Mail営業開始．東はメ
ンフィスとセント・ルイスから西はサンフランシスコまで郵便物と乗客を駅
馬車で運ぶ．

現在のコロラド州デンヴァーで金鉱発見．近くの山「パイクス・ピーク」Pike's
Peakをめざして「58年者」fifty-eightersが集まる（1806年参照）．

ニューヨークのセント・パトリック大聖堂St. Patrick's Cathedral建設始まる．
ゴシック・リヴァイヴァル様式．完成式典は1879年に開催．

社会活動家ヘンリー・クラーク・ライトHenry Clarke Wright『歓迎されない子供』
*The Unwelcome Child*出版．産児制限を説くとともに，性交を拒否する妻の
権利を唱える．

ジョン・ゴーラム・ポールフリーJohn Gorham Palfrey『ニューイングランドの歴
史』*History of New England*出版開始（全5巻，～1890年）．マサチューセッツ中
心の記述．

「ロッキー山脈の英雄」キット・カーソンの口述自伝『キット・カーソンの生涯
と冒険』*The Life and Adventures of Kit Carson, the Nestor of the Rocky Mts.*出
版．

ロングフェロー『マイルズ・スタンディッシュの求婚』*The Courtship of Miles
Standish*（物語詩）／オリヴァー・ウェンデル・ホームズ『朝の食卓の独裁者』
The Autocrat of the Breakfast Table（随筆集．下宿屋の朝食時の会話という設
定）出版．

■**6月16日**　エイブラハム・リンカンAbraham Lincoln，イリノイ州選出の連邦
上院議員候補（共和党）となり，「分かれて争う家は立つこと能わず」"A house
divided against itself cannot stand"と演説．聖書の文言を借りて連邦の結束を
訴える．8月21日，現職のスティーヴン・ダグラス（民主党）と7回の討論（～
10月15日）．選挙には負けるが，奴隷制反対を明言して注目を集める．

●**7月29日**　日米修好通商条約U.S.-Japan Treaty of Amity and Commerce．下
田・函館に加え，神奈川・長崎・新潟・兵庫の開港，江戸・大坂の開市などを
定める．

●**10月**　安政の大獄始まる．吉田松陰ら尊王攘夷派を処刑．

1859(安政6年)

6月 ネヴァダの銀鉱脈（コムストック鉱脈Comstock Lode）の発見が公表される．実際の発見は1857年頃だった．それまでに知られた米国最大の銀鉱．

マサチューセッツ工科大学Massachusetts Institute of Technology設立．

クーパー・ユニオンCooper Union，発明家・実業家ピーター・クーパーPeter Cooperの寄付により，人種，宗教，男女の別なく授業料無料の大学としてニューヨークに創立（2014年より有料化）．

ダン・エメット，ミンストレル楽団のために「ディクシー」"Dixie"作曲．南北戦争時には南部連合を象徴する歌として愛唱される．

トマス・P・ロシターThomas P. Rossiter，歴史画「マウント・ヴァーノンのワシントンとラファイエット "Washington and Lafayette at Mount Vernon"制作．

アイルランド出身の俳優・劇作家ダイオン・ブーシコウDion Boucicault『混血黒人』*The Octoroon*（ルイジアナの奴隷制を扱った問題劇）で評判となる．

女性作家サウスワースE. D. E. N.（Emma Dorothy Eliza Nevitte）Southworth，男装のヒロインが活躍する小説『隠された手』*The Hidden Hand*出版．一説によると200万部を売り上げる．

ハリエット・E・ウィルソンHarriet E. Wilson，米国の黒人女性による初の小説『私たちのクロちゃん』*Our Nig*出版．

英国作家サッカレー William Makepeace Thackeray，二度のアメリカ訪問の後，『ヘンリー・エズモンド』*The History of Henry Esmond*（1852年）の続篇として『ヴァージニア人』*The Virginians*出版．

ストウ，ニューイングランドの「地方色文学」に道をつけた『牧師の求婚』*Minister's Wooing*出版．

『ヴァニティ・フェア』*Vanity Fair*（ユーモア週刊誌，～1863年），ニューヨークで創刊．

■ **10月16～18日** ジョン・ブラウン，ヴァージニア州ハーパーズ・フェリーHarper's Ferryの連邦軍兵器庫を襲撃．奪った武器によって黒人の決起を図ったが，ロバート・E・リーRobert E. Lee指揮下の海兵隊に逮捕され，12月2日，処刑される．

▲ 英国の自然科学者チャールズ・ダーウィンCharles Robert Darwin『種の起源』*On the Origin of Species*を出版，進化論を唱える．同じく思想家ジョン・スチュワート・ミルJohn Stuart Mill,『自由論』*On Liberty*出版．

● **5月** 日米修好通商条約の結果，アメリカ聖公会の宣教師ジョン・リギンズ

*省略記号：■=歴史・政治・経済　▲=世界　●=日本

John Liggins，長老派のジェイムズ・カーティス・ヘップバン（ヘボン）James Curtis Hepburn，オランダ改革派のグイド・フリドリン・フェルベック（フルベッキ）Guido Herman Fridolin Verbeckら来日してキリスト教伝道を始める．

1860(安政7年／万延元年)

国勢調査．人口31,443,321人（うち黒人約444万2千，その他の非白人約7万9千）．

この年，合衆国に3,725種の新聞あり，日刊387紙，週刊3,173紙，半週刊79紙，週3回刊86紙．

ミシガン州のオリンピア・ブラウンOlympia Brown，ユニヴァーサリスト系のセント・ローレンス大学St. Lawrence University神学部に入学．神学の正規教育を受ける初めての米国女性となる．

この頃，クリケットがイギリスから導入される．女性も参加でき，男女がプレイすることも可能な屋外スポーツとして，70年代に人気を集める．

4月3日　ポニー・エクスプレスPony Expressによる速達運送業務開始（～1861年）．ミズーリ州セント・ジョゼフSt. Josephとカリフォルニア州サクラメント間の3,150キロを馬で8日後に配達する（1858年参照）．ウィリアム・コーディWilliam Cody（後のバッファロー・ビルBuffalo Bill）ら神話的な早馬乗りを生んだが，合衆国郵便とは異なるため高価で，電信線の延長や南北戦争の緊張も重なって短命に終わった（1883年参照）．

ヘンリー連発ライフルHenry rifle発明．16発も装弾できる強力な武器として北軍兵士にも使用された．1866年からはウィンチェスター連発ライフルWinchester rifleとして改良が続く．

イラスタス・ビードルErastus Beadle，最初のダイム・ノヴェルdime novel（安価な大衆小説），アン・スティーヴンズAnn S. Stephens作『マラエスカ』*Malaeska*を出版．約30万部売る．このようなダイム・ノヴェルにより，神話化された西部のイメージ拡大．

フレデリック・タッカーマンFrederick Goddard Tuckerman『詩集』*Poems*出版．

エマソン『処世論』*The Conduct of Life*（論文集）／ホーソーン『大理石の牧神』*The Marble Faun*出版．

■ **11月6日**　大統領選挙．共和党のリンカンが当選．

■ **12月20日**　サウス・カロライナ州議会，連邦離脱を満場一致で宣言．

● **2月9日**　万延元年遣米使節団，日米修好通商条約の批准交換のため．正使・新見正興らを乗せたポーハタン号に，勝海舟・艦長の咸臨丸が随行する．6

月16日，ニューヨークのブロードウェイをパレードする使節の行列を見て，ホイットマン「ブロードウェイの盛観」"A Broadway Pageant" 執筆．

1861（万延2年／文久元年）

1月9日～2月1日　サウス・カロライナに加え，さらに低南部6州（ミシシッピー，フロリダ，アラバマ，ジョージア，ルイジアナ，テキサス）が連邦離脱．離脱7州は2月4～9日，アラバマ州モントゴメリーMontgomeryで南部連合 Confederate States of Americaを結成．ジェファソン・デイヴィスJefferson Davisを大統領に選出する．3月4日　南部連合，最初の国旗「星杠旗」Stars and Bars定める．離脱7州を表す7つの星と赤白赤の帯線からなる．⇒図⑱

ドロシーア・ディックス（1843年参照），北軍病院の看護婦長に任命される．

ギャトリング砲Gatling gun発明．多数の銃身を回転させる初期の機関砲として強力な武器となる．日本でも戊辰戦争（1868～69年）や西南戦争（1877年）等で使われた．

イェール大学，米国初の（学術）博士号の学位Ph.D.を3名の修了生に授与（1692年参照）．

ヴァッサー女子大学Vassar College，ニューヨーク州に創立．

ジョージ・イネスGeorge Inness，油絵「デラウェア峡谷」"Delaware Water Gap" 制作．ハドソン・リヴァー派的パノラマと，バルビゾン派的な農村風景を融合する．

60年代と70年代，ウィンズロー・ホーマーWinslow Homer，トマス・エイキンズThomas Eakins等による写実的絵画が発展．

「ジョン・ブラウンの屍」"John Brown's Body"（諸説あるが作詞はたぶんトマス・ビショップThomas B. Bishop），北軍によって大いに歌われる．

ヘンリー・ティムロッドHenry Timrod「エスノジェネシス」"Ethnogenesis"（南部讃歌）を作詞．同類の詩によって彼は「南部連合の桂冠詩人」と呼ばれる．

女性逃亡奴隷ハリエット・A・ジェイコブズHarriet A. Jacobs，リンダ・ブレントLinda Brentと称して自伝『ある奴隷少女に起こった出来事』（邦訳『ハリエット・ジェイコブズ自伝――女・奴隷制・アメリカ』）*Incidents in the Life of a Slave Girl: Written by Herself*出版．女性奴隷が見舞われる性的虐待を描く．長らく編者リディア・チャイルドによる創作と考えられてきたが，20世紀後半になってジェイコブズ自身の作であることが明らかに．

ロングフェロー「ポール・リヴィアの疾駆」"Paul Revere's Ride" 作詩．独立戦争

*省略記号：■=歴史・政治・経済　▲=世界　●=日本

1861-1862

開戦前夜，英軍の進軍開始の報を伝えたリヴィアの活躍を歌う（1775年参照）．

オリヴァー・ウェンデル・ホームズ，第1小説『エルシー・ヴェンナー』*Elsie Venner*出版．妊娠中に蛇に嚙まれた女性から生まれた娘の物語．親からの遺伝と人類始祖の原罪を対比する効能があるとして，作者自身が「効能小説」medicated novelと呼ぶ．

■ **4月12日〜13日**　南軍，サウス・カロライナ州内にある連邦軍のサムター要塞Fort Sumterを攻撃，陥落させる．南北戦争の始まり．

■ **4月17日〜5月20日**　高南部4州（ヴァージニア，アーカンソー，ノース・カロライナ，テネシー）も連邦離脱．

■ **7月21日**　南軍，ブル・ランBull Runの戦い（第1次）に大勝．「石壁」ジャクソン将軍Thomas "Stonewall" Jacksonの勇名上がる．

1862（文久2年）

この頃，南部連合との和解を訴える北部民主党員がコパーヘッドcopperhead（マムシ野郎）と呼んで蔑まれるようになる．

7月2日　モリル法Morrill Act制定．農業技術開発を主眼とする州立大学設立を特に西部において促進する．

社会改革家ジュリア・ウォード・ハウJulia Ward Howe,「共和国讃歌」"The Battle Hymn of the Republic"作詩．「ジョン・ブラウンの屍」の節に合わせて北部で盛んに歌われる．

4月15日　エミリー・ディキンソンEmily Dickinson，自作の詩4篇を批評家トマス・ヒギンソンThomas Wentworth Higginsonに送る．アメリカ詩の新たな転回を印す．

オーフューズ・C・カーOrpheus C. Kerr（本名ロバート・ニューウェルRobert Henry Newell）『オーフューズ・C・カー文集』*The Orpheus C. Kerr Papers*／アーティマス・ウォードArtemus Ward（本名チャールズ・ブラウンCharles Farrar Browne）『アーティマス・ウォードの本』*Artemus Ward: His Book*を出版．いわゆる「文学コメディアン」たちの登場．

シオドア・ウィンスロップTheodore Winthrop『ジョン・ブレント』*John Brent*出版．西部小説の出発となる．

ストウ『オーズ島の真珠』*The Pearl of Orr's Island*出版．

■ **5月20日**　自営農地法Homestead Act，公有地の無償交付の原則確立．

1862-1863

■ **9月17日** アンティータムAntietamの戦い．一日の交戦で両軍合わせて死者6,300から6,500人，負傷者1.5万人に上り，アメリカ史上最大の流血となる．実質的には北軍勝利し，開戦以来つづいた南軍の快進撃が終わる．

▲ 英国の社会学者ハーバート・スペンサーHerbert Spencer『第1原理』*First Principles*出版．社会進化論を説く．

1863 (文久3年)

1月1日 リンカン，奴隷解放宣言Emancipation Proclamation発布．離脱諸州の奴隷を解放するという内容で，実効力はないものの北部の戦意高揚に貢献．

1月31日 黒人による初の北軍部隊，第1サウス・カロライナ義勇連隊結成．隊長は詩人ディキンソンとの交流で知られるヒギンソン大佐（1862年参照）．

5月8日 鉄道機関士，全国的労働組合Brotherhood of the Footboardを結成する．後の機関士組合Brotherhood of Locomotive Engineers and Trainmen.

7月1日 人口5万人以上の都市で，郵便配達員による郵便物の配達開始．これまでは市民が郵便局に赴いて郵便物を受け取らなければならなかった．しだいに小都市までサーヴィス拡大，1896年，辺地でも配達が始まる．

7月13〜16日 ニューヨークで徴兵暴動起こる．資産家は徴兵を回避できる連邦徴兵法に対して，主にアイルランド系が抗議．

マサチューセッツ農業大学Massachusetts Agricultural College創立（現在のマサチューセッツ大学University of Massachusetts）．1867年から79年までウィリアム・クラークWilliam Smith Clark博士が学長を務める（1876年参照）．

全米科学アカデミーNational Academy of Sciences設立．

エドワード・ヘイルEdward Everett Hale，短篇小説「国なき男」"The Man without a Country"を発表．謀叛に加担したとして有罪判決を受けた主人公が愛国者に変貌する物語．祖国としての連邦の価値を説く．

ロングフェロー『路傍の宿の物語』*Tales of a Wayside Inn*（物語詩，〜1874年）／ホーソーン『なつかしの故郷』*Our Old Home*（随筆集）／ソロー『散策』*Excursions*（随筆集）出版．

■ **7月1〜3日** ゲティズバーグGettysburgの戦い（ペンシルヴェニア州南部）．激戦の末，南軍敗退．11月19日，リンカン，ゲティズバーグを訪れ演説．「人民の人民による人民のための政治」government of the people, by the people, for the peopleを訴える．

*省略記号：■=歴史・政治・経済　▲=世界　●=日本

1864 (文久4年／元治元年)

硬貨に初めて「神を我ら信頼す」IN GOD WE TRUSTと刻印（2セント貨）.

11月15日（あるいは16日）　北軍のウィリアム・シャーマンWilliam Sherman将軍，ジョージア州を焦土進撃（〜12月21日）．アトランタから大西洋岸のサヴァナまで1ヶ月かけて焼き尽くす.

この頃，ジャクソン・ヘインズJackson Haines，バレエとスケートを融合した現代的フィギュア・スケートを米国およびヨーロッパで広め，「フィギュア・スケートの父」と呼ばれる.

マイルズ・オライリー（本名チャールズ・ハルピンCharles G. Halpine）『マイルズ・オライリー2等兵の生活と冒険』*The Life and Adventures...of Private Miles O'Reilly* ／ペトローリアム・V・ナズビーPetroleum V. Nasby（本名デイヴィッド・ロックDavid Ross Locke）『ナズビー文集』*The Nasby Papers*出版．「文学コメディアン」ますます活躍.

トローブリッジ『カッジョーの洞窟』*Cudjo's Cave*（南北戦争に取材した反奴隷制児童小説）出版.

■ **3月10日**　ユリシーズ・グラントUlysses S. Grant将軍，北軍最高司令官に任命される.

■ **11月29日**　ジョン・チヴィングトンJohn M. Chivington大佐，コロラド準州サンド・クリークSand Creekで450人のインディアンを虐殺（シャイアン＝アラパホ・インディアン戦争Cheyenne-Arapaho War）.

● **3月**　アメリカの曲芸師リズリー"教授""Professor" Risley（本名リチャード・リズリー・カーライルRichard Risley Carlisle），一座を率いて来日．横浜で曲馬などを披露する．66年，日本人の軽業師一団を引き連れ，米国を巡業.

● **6月14日**　新島襄，国禁を犯して渡米．アマーストおよびアンドーヴァー神学校に学び，74年帰国.

1865 (元治2年／慶応元年)

4月9日　南軍のリー将軍，ヴァージニア州アポマトクスAppomattoxでグラント将軍に降服．南北戦争終わる.

4月14日　リンカン，ワシントンDCで観劇中，俳優ジョン・ブースJohn Wilkes Boothに撃たれ翌朝死亡する．アンドルー・ジョンソンAndrew Johnson副大統領，大統領就任.

シカゴにユニオン・ストックヤーズUnion Stockyards開設. シカゴが全米の食肉加工センターとして発展.

ジョージ・プルマンGeorge Mortimer Pullman, 豪華な寝台車パイオニア*Pioneer*号をシカゴ・アンド・オルトン鉄道Chicago and Alton Railroadに納入. 最初の運行として, リンカン大統領の遺体をワシントンからイリノイ州スプリングフィールドへ移送する.

この頃, 西部の大草原に牧畜王国Cattle Kingdom形成. テキサスからカンザスやネブラスカまで移動した牛は1865〜1879年間に約400万頭にのぼる (1867年参照).

コーネル大学Cornell University, ニューヨーク州イサカIthacaに創立.

米国初の美術学部がイェール大学に, 米国初の建築学部がマサチューセッツ工科大学にそれぞれ設置.

12月24日　南軍の退役軍人6名, テネシー州プラスキPulaskiでクラブ「陽気な6人」Jolly Sixを結成, やがてクー・クラックス・クランKu Klux Klanへ進展する (1870年参照).

ジェイムズ・マクニール・ホイスラーJames McNeil Whistler,「磁器の国の王女」"The Princess from the Land of Porcelain"を制作. 和服を着た白人女性像. アメリカにおけるジャポニスムの代表となる.

ホイッティア「神をたたえよ」"Laus Deo!"(憲法修正第13条を祝った詩) 発表.

ホイットマン『軍鼓の響き』*Drum-Taps* (南北戦争詩集) 出版. 続篇 (*Sequel to Drum Taps*, 1865年)にリンカン追悼詩「先頃ライラックが前庭で咲いたとき」"When Lilacs Last in the Dooryard Bloom'd"等を収める.

パークマン『新世界におけるフランスの開拓者』*Pioneers of France in the New World*出版. 以後, 彼はアメリカ大陸の支配権をめぐる諸勢力間の闘争史7冊を書く (〜1892年).

11月18日　マーク・トウェイン (1851年参照),「ジム・スマイリーと彼の跳び蛙」"Jim Smiley and His Jumping Frog"(翌月「キャラヴェラス郡の名高い跳び蛙」"The Celebrated Jumping Frog of Calaveras County"と改題) 発表.

ジョッシュ・ビリングズ (本名ヘンリー・ショーHenry Wheeler Shaw)『ジョッシュ・ビリングズの意見』*Josh Billings: His Sayings*出版.

メアリー・ドッジMary Elizabeth Mapes Dodge, オランダを舞台とした児童文学『ハンス・ブリンカー』*Hans Brinker*出版.

E・L・ゴドキンEdward Lawrence Godkin,『ネイション』*Nation*誌をニューヨークで創刊. みずから編集長 (1865〜81年)となり, 米国を代表するリベラル

*省略記号:■=歴史・政治・経済　▲=世界　●=日本

1865-1866

誌へ成長させる．徳富蘇峰の『国民之友』(1887～98年) の名は本誌に由来．
■ 10月　第1次スー戦争Sioux War始まる (～1868年4月29日).
■ 12月18日　憲法修正第13条 (奴隷制廃止) 発効.

1866 (慶応2年)

4月10日　ヘンリー・バーグHenry Bergh, アメリカ動物虐待防止協会American Society for the Prevention of Cruelty to Animalsをニューヨークに設立.「動物権利宣言」Declaration of the Rights of Animalsを採択し，アメリカ初の動物保護団体となる.

ホーマー，油絵「前線からの戦争捕虜」"Prisoners from the Front"制作．これにより，挿絵画家から米国を代表する写実画家へ脱皮する.

9月12日　『黒魔術のせむし男』The Black Crook初演．歌と踊りで物語を構成する現代的ミュージカルが形を成す.

エマソン，詩「終端」"Terminus"で生涯の仕事の終りにいたったことを歌う.

ホイッティア『雪にとざされ』Snow-Bound／メルヴィル『戦争詩篇』Battle-Pieces and Aspects of the War出版.

ジョージア州の政治家・作家のチャールズ・H・スミスCharles H. Smith, ビル・アープBill Arpというペンネームで南部方言のユーモア・エッセイ集『ビル・アープ，という男』Bill Arp, So-Called出版.

ウィリアム・ディーン・ハウェルズWilliam Dean Howells, 旅行記『ヴェニスの生活』Venetian Life出版.

『ギャラクシー』The Galaxy (月刊文芸雑誌, ～1878年), ニューヨークで創刊.

『ニューヨーク・ワールド』New York World (大衆新聞, ～1931年) 創刊.

■ 4月9日　公民権法Civil Rights Act, ジョンソン大統領の拒否権行使を乗越えて成立．インディアンを除いた国内生まれの者すべてを国民と認め，平等の権利を与える.

■ 6月16日　憲法修正第14条 (黒人の市民としての権利を保障), 議会を通過し各州に送られる．1868年，批准.

■ 8月20日　ボルティモアに全米労働者組合National Labor Union結成 (～1873年)．米国初の全国規模の連合組織.

● 福沢諭吉『西洋事情』(～1870年)．欧米5ヶ国の歴史と政治を紹介する.

1867(慶応3年)

ミルウォーキーの発明家・ジャーナリスト，クリストファー・ショールズ Christopher L. Sholes，実用的タイプライター製造に成功.

この頃から，紙巻きタバコの国内生産始まる.

カンザス・パシフィック鉄道Kansas Pacific Railroadの伸長により，カンザス州アビリーンAbileneが牛の積みこみ地として繁栄. カウボーイが千数百キロ追ってきた(「ロング・ドライヴ」)テキサス牛を貨車に載せてシカゴへ.

この頃，ネヴァダ州のヴァージニア・シティ，銀採掘により活況を呈する. 人口1.5万人，酒場100軒以上，劇場5棟.「ブームタウン」boom townの典型となる.

ハワード大学Howard University，ワシントンDCに創立. 代表的黒人大学となる.

ジョンズ・ホプキンズ大学Johns Hopkins University創立(開校は1876年). 研究と博士号授与を重視したアメリカ初の「研究大学」research universityに.

「急進クラブ」The Radical Club(ニューイングランドの自由主義的宗教家や超絶主義的思想家の集まり)隆盛(～1880年).

ウィリアム・フランシス・アレンWilliam Francis Allenら，初の黒人歌集『合衆国の奴隷たちの歌』*The Slave Songs of the United States*を出版.

エマソン，詩集『五月祭その他の詩』*May-Day and Other Pieces*／ロウエル，南部の蜂起を諷刺した詩集『ビグロー・ペーパーズ第2集』*The Biglow Papers, Second Series*(第1集は1848年)／ロングフェロー，英訳版『神曲』*Divine Comedy*出版.

ジョサイア・ギルバート・ホランドJosiah Gilbert Holland(筆名ティモシー・ティトコムTimothy Titcomb)，物語詩『カトリーナ』*Katrina*出版. ロングフェローの『ヒアワサの歌』に次ぐベストセラーに.

ブレット・ハートBret Harte『圧縮小説集』*Condensed Novels and Other Papers*(クーパーやディケンズらの有名小説を滑稽化しながら圧縮した茶番作品集)／ジョージ・ワシントン・ハリスGeorge Washington Harris『サット・ラヴィングッドの長物語』*Sut Lovingood Yarns*(南西部ほら話集)出版.

ジョン・ウィリアム・デフォレストJohn William DeForest『ミス・レーヴネルの回心』*Miss Ravenel's Conversion from Secession to Loyalty*出版. 南北戦争を扱い，リアリズム小説の先がけとされる.

オーガスタ・エヴァンズAugusta Jane Evans，教訓的な感傷小説『セント・エル

*省略記号：■=歴史・政治・経済　▲=世界　●=日本

1867–1868

モ』*St. Elmo*出版.

ホレイショ・アルジャー『ぼろ着のディック』*Rugged Dick*（貧困少年が努力により成功する物語）出版，好評で迎えられ，以後「運と勇気」Luck and Pluck，「ぼろ服トム」Tattered Tomシリーズなどを書き，世紀末までに2,000万部以上を売る（1857年参照）.

■ **1月8日**　ワシントンDCの全黒人男性に選挙権が付与される．米国初の，黒人を含めた男子普通選挙が実現.

■ **10月18日**　アラスカをロシアから720万ドルで買収．交渉に当たった国務長官ウィリアム・H・スーアードWilliam H. Sewardは批判され，「スーアードの愚行」Seward's follyと呼ばれた.

■ **10月21日～28日**　「文明化された5部族」Five Civilized Tribes（Nations）と呼ばれたチェロキー族，チカソーChickasaw族，チョクトーChoctow族，クリーク族，セミノール族インディアンのために，オクラホマ保留地を設定（1901年参照）.

▲ **3月29日**　英領北米条例．カナダ連邦成立.

● **10月29日**　徳川幕府の大政奉還.

1868（慶応4年／明治元年）

3月23日　カリフォルニア大学University of California創立．開学時（1869年）の学生数は38名（2017年現在，10キャンパスに学生23万8千人）.

この頃から，再建期の南部へ鞄ひとつで乗り込み一旗あげようとする北部の政治家たち「カーペットバガー」carpetbaggerの活動が目立つ.

5月30日　南北戦争戦没者を追悼する勲章記念日Decoration Day，初めて全国的な記念日になる．後の戦没将兵記念日Memorial Day.

7月1日　アメリカ初の高架鉄道ウェスト・サイド・アンド・ヨンカーズ特許鉄道West Side and Yonkers Patent Railway，マンハッタンに開通.

この頃，サイクリング，男女が共に愉しめるスポーツとして流行する．前輪にペダルがついたヴェロシピードvelocipedeと呼ばれる自転車を使用.

女性コラムニストのジェーン・カニンガム・クローリーJane Cunningham Croly（筆名ジェニー・ジューンJennie June），専門職の女性からなる初の社交クラブ，ソロシスSorosisをニューヨークに設立.

ブレイディ『戦争情景写真集』*National Photographic Collection of War Views*（南北戦争写真集）出版.

『ワールド・オルマナック』*World Almanac*刊行始まる. 現代も続く年鑑.

フィラデルフィアの経済学者・出版者ヘンリー・C・ケアリー, シドニー・スミスら米文学を軽視してきた英国文人に対して, 「誰がアメリカの本を読まないのか」*"Who does not read American books?"*と反問. 米文学の独立と興隆に自信を示す (1820年参照).

ブレット・ハート, サンフランシスコで創刊された文芸雑誌『オーヴァランド・マンスリー』*Overland Monthly* (〜1875年, 1883〜1935年) の初代編集長に就任 (〜1870年). 同年, 同誌にみずから短篇「騒がしキャンプの幸福ちゃん」*"The Luck of Roaring Camp"*を発表, 西部文学に対する東部の関心を高める.

エリザベス・ウォードElizabeth Stuart Phelps Ward, 教訓的感傷小説『門ひらかれて』*The Gates Ajar*出版, 大好評.

ルイザ・メイ・オルコットLouisa May Alcott (エイモス・ブロンソンの次女)『若草物語』*Little Women*出版. 少女たちの日常を描き, 世界中で児童文学のロングセラーとなる.

『暖炉と家庭』*Hearth and Home* (農村の家庭向け週刊誌, 〜1875年), 『リッピンコッツ・マガジン』*Lippincott's Magazine* (フィラデルフィアの月刊文芸雑誌, 〜1916年) 創刊.

日刊紙『アトランタ・コンスティチューション』*Atlanta Constitution*創刊. ヘンリー・グレイディHenry W. Grady編集 (1880〜89年) のもとに「新しい南部」のスポークスマンとなる (1886年参照).

■ **3月30日〜5月16日** ジョンソン大統領, 官職保護法 (1867年) で保護された陸軍長官エドウィン・スタントンEdwin M. Stantonを更迭したため, 弾劾裁判を受ける初の米国大統領となる. 投票の結果, 1票差で弾劾は成立せず.

● **6月18日** 最初の日本人移住者, ホノルルに到着. のち「元年者」と呼ばれる.

1869 (明治2年)

2月6日 米国を象徴する人物像アンクル・サム, 初めて顎鬚をたくわえた姿で『ハーパーズ・ウィークリー』誌上に描かれる.

3月15日 最初のプロ野球チーム, シンシナティ・レッド・ストッキングズCincinnati Red Stockingsが結成される.

5月10日 大陸横断鉄道完成. ユニオン・パシフィック鉄道Union Pacific R. R.とセントラル・パシフィック鉄道Central Pacific R. R.がユタのプロモントリーPromontoryで結ばれる. ⇒図⑮

＊省略記号：■=歴史・政治・経済　▲=世界　●=日本

地質学者ジョン・ウェズリー・パウエルJohn Wesley Powell，コロラド川を探検
し，グランド・キャニオンGrand Canyonを越える.

5月15日　全米女性参政権協会National Woman Suffrage Association，ニュー
ヨークに設立される.　初代会長スタントン.

アラベラ・マンスフィールドArabella Mansfield，アイオワ州の弁護士になる.
米国初の女性弁護士.

9月1日　禁酒党Prohibition Party，シカゴで設立.　南北戦争によって下火になっ
ていた禁酒運動が復活する.

11月6日　ラトガーズ大学とニュー・ジャージー大学（現在のプリンストン大
学）の間で，フットボールの試合開催.「初のアメリカン・フットボール試合」
とされるが，ボールを投げないルールで行なわれたため，サッカーに近かっ
た.

12月9日　労働騎士団Noble Order of the Knights of Labor結成.　全労働者をひと
つの組合に組織する秘密結社（後に公開）.

12月10日　ワイオミング準州，米国で初めて女性に参政権を付与する.　ただ
し投票権のみ.

チャールズ・W・エリオットCharles W. Eliot，非聖職者として初めてハーヴァー
ド大学学長に就任する（～1909年）.　選択科目の導入や，大学院の強化を実

コラム ┃ 16 ┃ 社会進化論　1869年

　生物は原始的生命から始まり，適者生存による自然淘汰をへて高度な生物へ
進化したという生物進化論を説いたのはダーウィンだが，同じ頃，英国の社会学
者スペンサーは，生物だけでなく人間の社会も同様の進化をとげたとする社会進
化論を唱えた.　その一部はダーウィン以前から説かれ，適者生存という語もスペン
サーの造語だった.

　社会進化論は英国よりもむしろ米国で受け入れられた.　南北戦争後の急激な
産業化とそれを牽引した資本家を正当化する思想だったからである.　とくにサム
ナーが唱道者となって，社会学者の立場から，人間は「無力」であって社会は生
存競争なくして進展はありえないと論じ，経済学者としては規制のない自由放任
経済を主張した.　社会進化論は米国の自然主義文学にも影響を与えた.　たとえば
ドライサーは第1小説『シスター・キャリー』のなかで，社会の階段を上るキャリーと
落ちぶれるハーストウッドとを描いた.

施.

アメリカ哲学協会，ハーバート・スペンサーを名誉会員に推す．社会進化論，アメリカで隆盛．⇒コラム (16)

トマス・ベイリー・オールドリッチThomas Bailey Aldrich，児童小説「悪童物語」"The Story of a Bad Boy"連載 (単行本出版は翌年) ／パークマン『ラ・サールと大西部の発見』*La Salle and the Discovery of the Great West* (歴史) ／トウェイン『おのぼりさん外遊す』(邦訳『赤毛布外遊記』) *Innocents Abroad* (旅行記) ／ストウ『オールドタウンの人びと』*Oldtown Folks* (地方色の小説) 出版.

『アップルトンズ・ジャーナル』*Appleton's Journal* (週刊，後に月刊総合雑誌，～1881年) 創刊.

▲ 11月17日　スエズ運河開通．ヨーロッパとアジアが運河で結ばれる．

1870(明治3年)

国勢調査，人口39,818,449人．

1月15日　民主党の象徴として，初めてロバが使われる．トマス・ナストThomas Nastが描く．

1月20日　ハイラム・R・レヴェルズHiram R. Revels，黒人として初めて連邦議会議員に選ばれる (ミシシッピー州選出の上院議員)．2月25日，連邦上院の採決をへて，ようやく就任．

この頃から黒人の英雄的鉄道労働者ジョン・ヘンリーJohn Henryの伝説広まる．

ジョン・D・ロックフェラーJohn D. Rockefeller，石油会社スタンダード・オイルStandard Oil Company設立．1911年に解体されるまで，アメリカの石油精製をほぼ独占する．

ニュー・ジャージー州アトランティック・シティAtlantic Cityに，アメリカ初の板張り遊歩道 (「ボードウォーク」boardwalk) が完成する．

シラキュース大学Syracuse Universityがニューヨーク州シラキュース，ウェルズリー女子大学Wellesley Collegeがマサチューセッツ州ウェルズリーにそれぞれ創立．

ボストン美術館Museum of Fine Arts, Boston設立．90年，日本部が創設されると，アーネスト・フェノロサErnest Fenollosaが初代部長として日本美術の蒐集に腕をふるう．

「ロータス・クラブ」Lotus Club (「センチュリー・アソシエーション」の保守主義と対照的な傾向のニューヨークの文芸社交クラブ) 発足．

*省略記号：■=歴史・政治・経済　▲=世界　●=日本

ハート「正直ジェイムズの嘘のない話」"Plain Language from Truthful James"（抜け目ない中国人を登場させ，中国人への偏見を諷刺した滑稽バラッド）発表，好評．

ウォーキン・ミラーJoaquin Miller，『太平洋詩集』*Pacific Poems*をロンドンで出版，ホイットマンに比せられるアメリカ詩人として歓迎される（翌年増補アメリカ版『シエラ地方の歌』*Songs of the Sierras*出版）．

ブライアント，英訳『イリアッド』*Iliad*／ベイヤード・テイラー，英訳『ファウスト』*Faust*（〜1871年）出版．

ブロンソン・ハワードBronson Howard『サラトガ』*Saratoga*（喜劇）上演．これ以後も評判となる戯曲を幾つも書き，米国演劇の発展に貢献．

『スクリブナーズ・マンスリー』*Scribner's Monthly*（月刊文芸雑誌，〜1881年）創刊．

■ 3月30日　憲法修正第15条（黒人の選挙権を保障）発効．5月31日，強制法Enforcement Act（憲法修正第15条に対する抵抗を排除）制定．クー・クラックス・クラン法Ku Klux Klan Actとも呼ばれる（1865年参照）．

1871（明治4年）

3月3日　インディアン歳出予算法Indian Appropriations Act成立．これまでインディアン部族は条約を締結できる「国家」nationとされてきたが，米国の「被後見者」wardとすることによって条約の交渉や締結を打ち切る（1831年参照）．

3月17日　全米プロ野球選手協会National Association of Professional Base Ball Players設立．プロ野球初のリーグとなる（1857年参照）．76年，ナショナル・リーグNational League of Professional Baseball Clubsへ改編（1900年参照）．

10月8日　シカゴ大火．〜11日．人口30万のうち，約10万人が住まいを失う．

10月9日　ニューヨークのグランド・セントラル駅Grand Central Station完成．現在の駅舎は1913年築．

10月24日　ロサンゼルスで反中国人暴動．白人暴徒がチャイナタウンを襲い，一説には18名の中国人を殺害する．

11月24日　全米ライフル協会National Rifle Association設立．のち武器保有の自由を唱えるロビー団体になる．

スミス女子大学Smith College，マサチューセッツ州ノーサンプトンに設立．

ホイスラー，油絵「灰色と黒のアレンジメント」"Arrangement in Grey and Black

No.1"制作.「ホイスラーの母」"Whistler's Mother"という別名でも知られる.

バーナム,「地上最大のショー」the greatest show on earthと銘打ったサーカスを始める.

ナッシュヴィルの黒人大学フィスク大学(1866年創立)の学生合唱団フィスク・ジュビリー・シンガーズThe Fisk Jubilee Singers,大学の運営資金を集めるためコンサート巡業に出る.白人教師ジョージ・ホワイトGeorge Whiteが編曲した「黒人霊歌」をレパートリーにして人気を博し,黒人音楽への関心を高める.

オハイオ生まれのハウェルズ,ニューイングランドの伝統を体現する『アトランティック・マンスリー』(1857年参照)の編集長に就任.リアリズム文学がアメリカで展開の時期を迎える.

ハウェルズ『二人の新婚旅行』*Their Wedding Journey* ／エグルストン(1831年参照)『インディアナの学校教師』*The Hoosier Schoolmaster*出版.

ブライアント,英訳『オデッセイ』*Odyssey*出版(〜1872年).

ハート『東西詩集』*East and West Poems* ／ジョン・ヘイJohn Hay『パイク地方歌謡集』*Pike County Ballads*(ともに日常語で日常生活を歌う)サンフランシスコで出版.

ホイットマン『民主主義の展望』*Democratic Vistas*(アメリカの現状を批判し救済の方途をさぐった文学論),『インドへの道』*Passage to India*(宇宙性に志向を示した詩集)出版.

ジョン・バローズJohn Burroughs『えんれい草』*Wake-Robin*(自然観察記)出版.これより彼は20世紀初頭までネイチャー・ライティングの第一線で活躍する.

■ **7月8日** 『ニューヨーク・タイムズ』,タマニー・ホール(1850年参照)のボスとしてニューヨーク市政を牛耳っていたウィリアム・トゥイードWilliam Marcy Tweedの汚職をあばく.73年,トゥイードは有罪となり投獄.

● **1月28日** 日本最初の日刊紙『横浜毎日新聞』創刊.

● **11月12日** 岩倉具視らの米欧回覧使節団出発(〜1873年).津田うめ(梅子)らの留学生も同行.

1872(明治5年)

3月1日 イエローストーン国立公園Yellowstone National Park Reserve設立.「国民の公園として永遠に保護」するため,初の国立公園となる.

1872

*省略記号：■=歴史・政治・経済 ▲=世界 ●=日本

クレイディ・モビリエ社事件Crédit Mobilier scandal発覚. ユニオン・パシフィック鉄道建設にともなう政府高官の汚職事件. グラント政権下の腐敗の代表となる.

5月10日 女性運動家でフリーラブの主唱者ヴィクトリア・ウッドハルVictoria Woodhull, みずから立ちあげた男女平等権党Equal Rights Partyから大統領選に立候補. 最初の女性大統領候補となる. ⇒コラム (17)

11月5日 女性運動家スーザン・B・アンソニーSusan B. Anthony, 投票権をもたない大統領選挙で投票し, 逮捕（11月18日）される. 翌年, 罰金100ドルの有罪判決を下されるが, 支払いを拒否.

ウッドハル, ヘンリー・ウォード・ビーチャーの不倫を暴露し, フリー・ラブを非難する聖職者の偽善を糾弾. 全米を騒がせるスキャンダルに発展.

ウォード・マカリスターWard McAllister, ニューヨークの名家の長たちによる「元老会」The Patriarchsを組織. さらに「400人」The Four Hundredを選んで最高の社交界メンバーとし, 成金の俗物根性snobberyに奉仕.

シカゴにモンゴメリー・ウォード社Montgomery Ward & Company設立. 中西部の農家向け通信販売を始める. 当初のカタログは1枚刷りだったが, 20年後には500ページに拡大（2000年に倒産）.

秋から翌年初頭にかけて馬インフルエンザが大流行. 死亡率は2%以下だったが, 約90%の馬が罹患し, 全米の運輸, 交通, 農業などに甚大な影響を与

コラム│17│フリー・ラヴ 1872年

　19世紀アメリカのフリー・ラヴは, 後のフリー・セックスのように法や道徳を超えようとしたのではなく, 法や道徳, さらには性欲にも支配されない自由な関係を探る運動だった. たとえば1830年にモルモン教を興したジョゼフ・スミスは, 旧約聖書に見られる一夫多妻を実践した. 1848年に始まった宗教的共同体オナイダ・コミュニティは, 厳しい監視のもと, 複数の男女が交わる複合結婚を実験した.

　なかでも南北戦争後には, 女性参政権を説いたヴィクトリア・ウッドハルが熱烈にフリー・ラヴを求めた. 多くの女性が望まない結婚生活や性暴力に苦しんでいて, フリー・ラヴなくして女性の権利拡大はありえないと考えたからである. 社会は驚愕し, ウッドハルの男女同権党をフリー・ラヴ党と呼んだ. その後, フリー・ラヴ運動はたとえばアナーキストのモーゼズ・ハーマンに引き継がれた. ハーマンは自ら編集する週間新聞『明けの明星』のなかで, 夫婦間の強制的セックスを非難した.

える．蒸気船さえ，石炭の補給ができず滞った．

国際聖書学徒協会International Bible Students，ピッツバーグに設立．後の「エ
ホバの証人」Jehovah's Witnesses．終末の時が迫っていると信じ，平和主義
を説き，兵役や輸血の拒否を特徴とする．

ウィリアム・サムナーWilliam Graham Sumner，イェール大学政治社会学教授
に就任．スペンサーの進化論思想を鼓吹する．

法律家ロバート・グリーン・インガソルRobert Green Ingersoll，講演「神」"The
Gods"などで宗教問題に科学的合理性を要求．19世紀後半の不可知論の代表
として活躍．

トウェイン『苦難を忍んで』（邦訳『西部放浪記』）*Roughing It*（西部生活の自伝的
ユーモア・スケッチ）出版．

クラレンス・キングClarence King『シエラ・ネヴァダ登山』*Mountaineering in
the Sierra Nevada*出版．バローズらとともに自然文学を推進．

エドワード・ローEdward P. Roe『障害焼尽』*Barriers Burned Away*（シカゴ大火
を背景にした宗教的小説）出版，好評．

アップルトン社，『ピクチャレスク・アメリカ』*Picturesque America*刊行開始（〜
1874年）．豪華な画文集で，アメリカの原初的自然への興味を掻きたてる．
編者は詩人ブライアント．

● 福沢諭吉『学問のすゝめ』．アメリカ独立宣言（1776年参照）から借りた「天
は人の上に人を造らず，人の下に人を造らず」という原則に立脚し，刻苦勉
励の重要性を説いた．

● 僕婢娼妓解放令を布告し，人身売買を禁止．外圧によって公娼制度廃止の
第一歩を踏み出す．

1873（明治6年）

アンソニー・コムストックAnthony Comstock，ニューヨーク悪徳抑圧協会New
York Society for the Suppression of Viceを設立．同年，連邦議会で不道徳文
書取締法，いわゆるコムストック法Comstock Lawの成立（3月3日）をみちび
く．産婦人科の医学書等も規制対象となった．

2月12日　1873年貨幣鋳造法Coinage Act制定．銀が稀少のため1ドル銀貨の鋳
造を中止する．のち銀鉱採掘者たちから「73年の犯罪」と呼ばれる．

ニューヨークのベルヴュー病院Bellevue Hospital，英国の看護師・看護教育家
フローレンス・ナイチンゲールFlorence Nightingaleの理念に基づき，近代的

> 1873-1874

＊省略記号：■＝歴史・政治・経済　▲＝世界　●＝日本

な専門職としての看護師養成学校を設立.

中西部を中心に「女性十字軍運動」Woman's Crusadeが興こる. アルコール売買
　の禁止を求めて, 酒場で跪いて祈りを捧げるなど, 非暴力的運動を展開.

5月20日　サンフランシスコのリーヴァイ・ストラウスLevi Straussら, 金属リ
　ベットをデニム地のズボンに使う特許を取得, ジーンズが誕生.

8月2日　サンフランシスコで世界初のケーブル鉄道, クレイ・ストリート・ヒ
　ル鉄道Clay Street Hill Railroadが開業する.

この頃, 西部への鉄道の伸長にともない, バッファロー狩りが拡大する. 工事
　の障害を防ぐためや皮革を得るため, 1890年までにバッファローは1,000頭
　以下に激減する.

アメリカン・ヘブライ信徒連合Union of American Hebrew Congregations, シン
　シナティに設立. 初の全米ユダヤ教組織. 後の改革派ユダヤ教連合Union
　for Reform Judaism.

アルバート・ピンカム・ライダーAlbert Pinkham Ryder, この頃から神秘的幻想
　的絵画を制作 (〜1898年頃). 1917年の死後, 評価が高まる.

喜劇役者のエドワード・ハリガンEdward Harriganとトニー・ハートTony Hart,
　コミックソング「アイルランド人の守備隊」"The Mulligan Guard"で大当たり
　をとる. 二人はこの後さまざまな「アイルランド人もの」の喜劇ショー
　Mulligan playsを発表, 南北戦争後の風俗や社会問題を滑稽に描く.

トウェイン, チャールズ・ダドリー・ウォーナーCharles Dudley Warnerとの共
　著『金ぴか時代』*The Gilded Age*出版 (日付は1874年). この表題を借りて投機
　と汚職のこの時代を「金ぴか時代」(〜1890年) という.

『デリニエーター』*The Delineator* (月刊女性ファッション雑誌, 〜1937年),『婦
　人家庭の友』*Woman's Home Companion* (半月刊, 後に月刊婦人雑誌, 〜1957
　年) 創刊.

『セント・ニコラス』*St. Nicholas* (月刊児童雑誌, 〜1940年), ドッジの編集で創
　刊, 児童文学の質的向上に貢献.

■ 大規模な経済恐慌起こり, 南北戦争後のバブル経済が崩壊.

▲古典SFの父, ジュール・ヴェルヌJules Gabriel Verne『80日間世界一周』*Le
　tour du monde en quatre-vingts jours*出版 (仏).

1874(明治7年)

7月1日　フィラデルフィア動物園Philadelphia Zoological Garden開園. 米国初

1874–1875

の（移動式ではない）動物園となる．

8月4日　シャトーカ運動Chautauqua movement，日曜学校教師の夏期勉強会と
してニューヨーク州シャトーカで始まる．のち成人教育運動として全国に普
及．

11月7日　トマス・ナスト，共和党の象徴として象のイラストを描く（1870年
参照）．

11月18日　女性キリスト教禁酒連合Woman's Christian Temperance Union，ク
リーヴランドで結成．「女性十字軍運動」の成果のひとつ（1873年参照）．
5年で1,000の支部を作る．

ジョン・フィスクJohn Fiske『宇宙学原理概説』*Outlines of Cosmic Philosophy*出
版．有神論とダーウィニズムとの合致を目ざす．

1875（明治8年）

エルブリッジ・T・ゲリーElbridge T. Gerry，ヘンリー・バーグ（1866年参照）と
ともに児童虐待防止協会Society for the Prevention of Cruelty to Childrenを
ニューヨークに設立する．世界初の児童福祉組織．

ウィリアム・アンソニーWilliam A. Anthony，最初のダイナモ製造（コーネル大
学）．

3月15日　カトリック聖職者ジョン・マクロスキーJohn McCloskey，米国初の
枢機卿cardinalに任命される．

ヘブライ連合大学Hebrew Union College，シンシナティに設立．アメリカ初の
ユダヤ教神学校．

11月17日　ヘレナ・ペトロヴナ・ブラヴァツキーHelena Petrovna Blavatsky，
ニューヨークに神智学協会Theosophical Societyを創設．人間と宇宙に関する
太古以来の秘伝を学ぶことによって普遍的な真理の追究をめざす．

美術学校アート・ステューデンツ・リーグArt Students League of New York，学
位を授与しない自由な専門学校としてニューヨークに設立．1916年，国吉康
雄が入学し，33年からは教員を務める．

エイキンズ，油絵「グロス臨床講義」"The Gross Clinic"制作．アメリカン・リ
アリズム絵画の代表．

ヘンリー・クレイ・ワークHenry Clay Work，歌曲「おじいさんの時計」"Grand-
Father's Clock"を作詩作曲する．ノスタルジックな情感にあふれるパーラー・
ソング．

*省略記号：■=歴史・政治・経済　▲=世界　●=日本

メアリー・ベイカー・エディMary Baker Eddy『科学と健康――聖書を読む鍵』
*Science and Health with Key to the Scriptures*出版，クリスチャン・サイエンス
の理論を展開する．
■ 3月1日　公共の場所や交通機関，陪審員選出における人種差別を禁止する
公民権法Civil Rights Act成立．しかし1883年，最高裁により違憲と判断され
る（1883年，1886年，1892年，1896年，1964年および1965年参照）．

1876(明治9年)

3月7日　アレグザンダー・グレアム・ベルAlexander Graham Bell，電話の特許
取得．翌年最初の家庭に設置される．
5月10日　フィラデルフィアで万国博覧会Centennial Exposition開催．建国100
年を記念．
ニューヨークのセントラル・パーク開園（1857年参照）．
この頃，テキサス州に農民同盟Farmers' Alliance 結成．「牧場貴族」からみずか
らを守るため，全国に広がり，1891年の人民党People's Party結成につながる．
エドワード・ブーシェEdward Bouchet，イェール大学から物理学の博士号を授
与され，初めて米国の大学で博士号を得た黒人となる．
メルヴィル・デューイMelvil Dewey，図書を分類するためにデューイ十進分類
法Dewey decimal systemを創案．改訂されながら現在も使われる．
アメリカ化学会American Chemical Society，ニューヨークで設立．自然科学研
究の促進を図る．現在では世界最大級の自然科学学会．
10月6日　フィラデルフィアでアメリカ図書館協会American Library Association
設立．
ニューヨーク州サラトガで，アメリカ・アマチュア運動競技者大学連合会設立
Intercollegiate Association of Amateur Athletes of America（ICAAAA）．初の大
学対抗競技会組織となる．
メルヴィル，長詩『クラレル』*Clarel*出版．宗教に基づかない現代文明を思索．
トウェイン『トム・ソーヤの冒険』*The Adventures of Tom Sawyer*／ヘンリー・ジェ
イムズHenry James『ロデリック・ハドソン』*Roderick Hudson*出版．
■ 6月26日　リトル・ビッグ・ホーンLittle Big Hornの戦い．カスター将軍
George A. Custer麾下の騎兵隊264名，スー族を中心としたインディアン軍に
より全滅（第2次スー戦争）．
▲ スペンサー『社会学原理』*Principles of Sociology*第1巻出版（全3巻出版は1896

159

年）（英）.

● マサチューセッツ農業大学学長のクラーク博士（1863年参照），札幌農学校
教頭（英語の肩書きはPresident）として招聘される（〜1877年）.

1877(明治10年)

6月15日　ジョージア出身の元奴隷ヘンリー・O・フリッパーHenry O. Flipper,
陸軍士官学校を卒業，初の黒人陸軍士官となる.

10月9日　クリーヴランドでアメリカ人道協会American Humane Association設
立．とくに家畜への虐待を批判し，その結果，家畜輸送車が改善される.

12月6日　トマス・エディソンThomas Edison，蓄音機発明.

モーガン『古代社会』*Ancient Society*出版.

シドニー・ラニエSidney Lanier『詩集』*Poems*出版.

ジェイムズ『アメリカ人』*The American*／セアラ・オーン・ジューエットSarah
Orne Jewett『ディープヘイヴン』*Deephaven*出版.

『パック』*Puck*創刊（〜1918年）．週刊滑稽諷刺雑誌.

■ **4月10〜24日**　連邦軍，南部から撤退．共和党主導による南部再建時代が
終わる．以後1950年代まで南部は頑として民主党を支持（「堅固な南部」Solid
Southの時代）.

■ **7月17日**　鉄道大ストライキ始まる．連邦軍によって鎮圧.

■ アイダホ準州やモンタナ準州でネズ・パースNez Percé戦争．ネズ・パース族
インディアンが居留地への移住を拒んで合衆国軍と交戦する.

● **6月19日**　アメリカ人動物学者エドワード・モースEdward Sylvester Morse,
東京の車窓から大森貝塚を発見．動物標本収集のための来日だったが，請わ
れて東京大学動物学教授に就任する.

1878(明治11年)

G・F・スウィフトGustavus Franklin Swift，実用的冷蔵貨物列車を完成．シカゴ
などからの精肉の輸送が容易になる.

エドワード・マイブリッジEdward Muybridge，速歩の馬の足4本がすべて地面
から離れる瞬間があることを実証するため，馬を高速連続撮影．エディソン
によるキネトグラフ発明（1891年参照）につながる.

フィラデルフィアのデパートにアーク灯が設置される．初の実用化.

1878-1879

＊省略記号：■=歴史・政治・経済　▲=世界　●=日本

10月15日　ニューヨークにエディソン電灯会社Edison Electric Light Company設立．

ジョゼフ・ピューリツァーJoseph Pulitzer，セント・ルイスの『ディスパッチ』*Dispatch*紙と『ポスト』*Post*紙を買収し，『ポスト・ディスパッチ』*Post Dispatch*紙発刊．やがて新聞王となる足がかり（1917年参照）．

チャールズ・パースCharles Sanders Peirce，プラグマティズムの先駆論文「われわれの概念を明晰にする方法」"How to Make Our Ideas Clear"発表．

モーゼズ・コイト・タイラーMoses Coit Tyler，学問的なアメリカ文学研究の嚆矢『アメリカ文学史 1607-1765』*History of American Literature 1607-1765*出版．

ヘンリー・ジェイムズ「デイジー・ミラー」"Daisy Miller"発表，『ヨーロッパ人』*The Europeans*出版．

アナ・グリーンAnna Katherine Green『レヴンワース事件』*The Leavenworth Case*（アメリカ最初の長篇探偵小説）出版．

● フェノロサ来日，東京大学で政治学，経済学，哲学などを講じ（〜1886年），日本や東洋の美術文芸も研究．

1879(明治12年)

2月22日　フランク・W・ウルワースFrank W. Woolworth，5セントと10セントの均一価格で売る雑貨店をペンシルヴェニア州にオープン．チェーン店として全国展開．

5月31日　マディソン・スクエア・ガーデンMadison Square Garden開設．陸上競技会や自転車競技会，ボクシングなどを開催する．1925年，移転して屋内アリーナになる．さらに1964年，現在の位置（ペンシルヴェニア駅の地上）へ再移転．

8月23日　エディ，科学者キリスト教会Church of Christ, Scientistを設立する．通称クリスチャン・サイエンスChristian Science．信仰によって妄想を断ち切れば病気を癒すことができると説く（1875年参照）．

10月22日　エディソン，実用白熱電球を発明．

先住民のための寄宿学校カーライル・インディアン実業学校Carlisle Indian Industrial School，ペンシルヴェニア州に設立．教育によるアメリカ文明への同化を図る．

ラドクリフ女子大学Radcliffe College創立．男子校であったハーヴァード大学の「別館」Annexとして女子教育を受け持つ．1999年，ハーヴァード大学へ統

合.

女性画家メアリー・カサットMary Cassatt, 米国人として初めてパリの印象派展に参加. 1886年まで計4回出展する. ⇒図⑲

ヘンリー・ジョージHenry George『進歩と貧困』*Progress and Poverty*出版. 社会改革の手段として単一土地課税を主張する. 以後, 出版と講演に活躍し, 個人週刊新聞『スタンダード』*The Standard*（1887～92年）も発行.

フィスク『ダーウィニズムその他の論考』*Darwinism and Other Essays*出版. コントやスペンサーの哲学をひろめる.

ジョージ・ワシントン・ケイブルGeorge Washington Cable『古きクレオールの日々』*Old Creole Days*出版. 地方色短篇集.

アルビオン・トゥアジェーAlbion W. Tourgée『ある愚者の仕事』*A Fool's Errand*出版. 再建時代南部を描く自伝的小説.

フランク・R・ストックトンFrank R. Stockton, 空想的でユーモラスな小説『ラダー・グレンジ』*Rudder Grange*出版, 児童文学者から大人向きの作家に転進.

● **7月～8月** 前大統領グラント将軍, 世界一周旅行の途中43日間, 日本に滞在. 8月25日に明治天皇と会見し, 議会政治の要諦を語る.

1880(明治13年)

国勢調査実施. 人口50,155,783人. ニューヨーク州, 初めて500万人を超える.

セント・ルイス＝ニュー・オーリンズ間の鉄道が完成. これによって牛のロング・ドライヴ終焉. 鉄道建設の最盛期を迎える（～1890年）.

英国発祥の救世軍Salvation Army, ペンシルヴェニアに支部設置. 福音伝道と社会事業を行なう.

メトロポリタン美術館Metropolitan Museum of Artが開館. 美術品が富の象徴になるだけでなく, その収集によって富を市民へ還元しようという意図.

5月31日 アメリカ自転車乗り協会League of American Wheelmenが設立される. 自転車の流行を反映.

ウォルター・キャンプWalter Campが中心となって, フットボールのルールを改定. プレイヤー数, プレイ開始法, 攻守交代法などを改め, ラグビーやサッカーとは別個のアメリカン・フットボールを確立する.

ヘンリー・アダムズHenry Adams小説『デモクラシー』*Democracy*（ワシントン政界を諷刺）／ケイブル『グランディシム家』*The Grandissimes*（クレオールの過去を描く）／トゥアジェー『藁のない煉瓦』*Brick without Straw*（再建時代南部

黒人が得たとされる自由には欺瞞が満ちていることをあばく）出版.

ルイス・ウォレスLewis Wallace『ベン・ハー』*Ben-Hur*（歴史ロマンス）出版，200万部を売る.

女性作家メタ・ヴィクトリア・ヴィクターMetta Victoria Fuller Victor，児童小説『いたずら小僧日記』*A Bad Boy's Diary*匿名出版. 佐々木邦の出世作『いたづら小僧日記』（1909年）はこの翻案.

『ダイアル』*The Dial*（月刊，後に半月刊文芸批評雑誌）シカゴで創刊. 1920年以後，新文学運助のチャンピオンとなる（～1929年）.（1918年参照）.

● 音楽教師ルーサー・ホワイティング・メイソンLuther Whiting Mason来日（～1882年）. 文部省音楽取調掛で日本の音楽教育確立に尽力し，伊沢修二の『小学唱歌集 初編』編纂（1881年）を助ける.

1881(明治14年)

俳優兼興行師トニー・パスターTony Pastor，ニューヨークに「14丁目劇場」Fourteenth Street Theatreを開設し，ヴォードヴィルvaudevilleを中産階級が家族で観劇できる「まじめで清廉なヴァラエティ・ショー」に改めて興行，圧倒的な支持を得る.

5月21日 ニューヨーク市に，全米ローン・テニス協会United States National Lawn Tennis Association設立. 後の全米テニス協会 United States Tennis Association.

5月21日 南北戦争中，「戦地の天使」として知られたクララ・バートンClara Barton，アメリカ赤十字American Red Cross設立.

ウィリアム・ヴァンダービルトWilliam Kissam Vanderbilt（鉄道王コーニーリアス・ヴァンダービルトの孫），ニューヨークの五番街に豪邸「プチ・シャトー」Petit Chateau建設. 富豪たちの間に，ヨーロッパの城をまねた豪邸建設が流行する.

7月14日 西部の無法者ビリー・ザ・キッドBilly the Kid，ニュー・メキシコ準州で殺される.

10月26日 アリゾナ準州トゥームストーンTombstoneでOK牧場O.K. Corralの決闘. 保安官助手ワイアット・アープWyatt Earpらとごろつきカウボーイたちとの確執が銃撃戦に発展し，3名が死亡. その後も相互の仇討ちが続く. なおCorralは本来「畜舎・牛囲い」を意味するが，映画『OK牧場の決斗』*Gunfight at the O.K. Corral*（1957年）の邦題によって「牧場」として知られる.

1881

気象学者アドルファス・グリーリーAdolphus Washington Greely北極圏探検（〜 1883年）.

黒人教育家ブッカー・T・ワシントンBooker T. Washington，アラバマ州にタスキーギ実業師範学校Tuskegee Institute創立，職業教育による黒人の経済的地位向上を目ざす.

テネシー州でジム・クロウ・カー（黒人専用車両）採用. 1907年までに南部諸州に拡がる. 公共施設における人種隔離（ジム・クロウ制度）が南部に定着.

オーガスタス・セント＝ゴーデンズAugustus Saint-Gaudens「ファラガト記念碑」Farragut Monumentによってアメリカ第一の彫刻家の名声を確立. 形式的忠実さを求めた彫刻界にもようやく新時代近づく.

ジョン・ラ・ファージJohn La Farge，ステンド・グラス「戦闘の窓」"Battle Window"完成. 美術批評家としてアメリカのジャポニスムにも貢献.

ヘレン・ハント・ジャクソンHelen Maria Hunt Jackson『恥ずべき100年』*A Century of Dishonor*出版. 連邦政府のインディアン政策を糾弾する.

『アトランティック・マンスリー』編集長がハウェルズからオールドリッチに代り，再び「お上品な伝統」の牙城となる（1857年, 1871年参照）. ⇒コラム (18)

マーガレット・シドニーMargaret Sidney（本名ハリエット・ロスロップHarriett Mulford Stone Lothrop），児童小説『ペッパー家の5人兄妹』*Five Little Peppers*

コラム │ 18 │ お上品な伝統 1881年

　19世紀後半の米国社会では上品さが求められた. それはヴィクトリア治世の英国に由来するため，ヴィクトリアニズムとも呼ばれるが，本国よりいっそうアメリカを風靡した. 新興の中産階級が，紳士階級のごとく「立派」respectableに見られるよう腐心したからである. なお「お上品な伝統」というのは哲学者ジョージ・サンタヤナによる造語である.

　女性の服装では，細いコルセットや大きなクリノリン（スカート下にはくペチコート）が代表的だった. 言葉づかいにも注意が必要で，脚legのような一般語も性的含意を伴うためnether limb（下の手足）と言いかえられた. 雄鶏cockは男性器も意味するので，『若草物語』の著者オルコットの父ブロンソンはその音を嫌ってAlcockeからAlcottへ改姓した. コムストック法による取り締まりもお上品な伝統の極端なあらわれといえる. 1890年代，運動競技や野外活動が急速に好まれるようになると，お上品な伝統の時代が終わった.

*省略記号：■=歴史・政治・経済　▲=世界　●=日本

*and How They Grew*出版．好評のため，1916年までに計12冊の連作となる．

ジョール・チャンドラー・ハリスJoel Chandler Harris，黒人から収集した民話を
　もとにした『リーマスじいさん――歌と話』*Uncle Remus: His Songs and His
　Sayings*出版．子供に人気で，以後10冊の「リーマスじいさんもの」を刊行す
　る．

ヘンリー・ジェイムズ『ある婦人の肖像』*The Portrait of a Lady*出版．

雑誌『センチュリー』*The Century Illustrated Monthly*創刊．『スクリブナーズ・マ
　ンスリー』*Scribner's Monthly*誌の後継．米国を代表する文芸総合誌に成長す
　る．イラストを多用した長文の歴史記事が有名．

『ジャッジ』*Judge*（『パック』から別れた滑稽週刊誌，〜1939年）創刊．

■ **9月19日**　ジェイムズ・ガーフィールドJames A. Garfield大統領暗殺．副大
　統領チェスター・アーサーChester A. Arthur，大統領に就任．

1882(明治15年)

2月3日　バーナム，ロンドン動物協会から巨大なアフリカ象のジャンボJumbo
　を購入．サーカス最大の呼び物となる．これより巨大を意味する英語jumbo
　が定着．

2月6日　コロンブス騎士団Knights of Columbus（カトリック慈善会），ニュー・
　ヘイヴンで組織．

米国初の路面電車，インディアナ州サウス・ベンドSouth Bendに開業．

4月3日　西部の無法者ジェシー・ジェイムズJessie James，賞金目当ての仲間に
　射殺される．その最期はバラッドやフォークソングの題材に．

ユナイテッド・プレスUnited Press（UP）組織．新聞シンジケート本格化．

ホイットマン『草の葉』第7版，「不道徳」のかどによりボストンの悪徳抑圧協会
　The Society for the Suppression of Viceと検察当局の干渉にあい販売中止．版元
　をフィラデルフィアに移して1日で3,000部を売り切る．『自選日記』*Specimen
　Days and Collect*も出版．

トウェイン『王子と乞食』*The Prince and the Pauper*出版．

ハウェルズ『このごろのありふれた訴訟』*A Modern Instance*出版．社会と倫理
　の問題のリアリスティックな表現に向かう．

フランシス・クローフォードFrancis Crawford『アイザックス氏』*Mr. Isaacs*（イ
　ンドを舞台としたロマンス）出版．これ以後,純粋な娯楽小説を続々と書き,
　当時最高の稿料を得る作家となる．

この年，エマソン，ロングフェロー没．ニューイングランドの聖者文人時代，事実上の終焉．
- ■ **5月6日**　中国人労働者入国禁止法（中国人排斥法）Chinese Exclusion Act．合衆国の事実上最初の移民制限法．

1883（明治16年）

5月17日　バッファロー・ビル（本名ウィリアム・コーディ），「ワイルド・ウェスト・ショー」Wild West Showをネブラスカ州で開始．以後巡業20年に及ぶ（1860年参照）．

5月24日　ブルックリン橋Brooklyn Bridge完成．全長486メートルで，当時世界最長の吊り橋．「熱狂によって融合された竪琴と祭壇」（ハート・クレイン）．

合衆国海軍，近代的鋼鉄艦の建造に乗りだす．以後の海軍は「新海軍」New Navyとも呼ばれる．

10月22日　メトロポリタン・オペラ・ハウス完成．

ピューリツァー，『ニューヨーク・ワールド』*New York World*紙を買収．のちウィリアム・ランドルフ・ハーストWilliam Randolph Hearstの『ニューヨーク・モーニング・ジャーナル』*New York Morning Journal*紙とはげしい拡販競争を展開する．

サムナー，『社会階級の依存関係』*What Social Classes Owe to Each Other*出版，社会進化論を推進する．

ボルティモアでアメリカ近代語協会Modern Language Association of Americaが設立される．のち約3万人の会員を擁する文学語学最大級の学会に成長．

ヘンリク・イプセンHenrik Ibsen『人形の家』*A Doll's House*（1879年），米国で初演．ただし内容は改変され，結末でノラNoraは家出を思いとどまる．

インディアナ州の詩人ジェイムズ・ホィットコム・ライリーJames Whitcomb Riley，詩集『なつかしい水浴び場，およびその他11の詩』*The Old Swimmin' Hole and 'Leven More Poems*出版．綴りを変えた視覚方言を使い，少年時代をノスタルジックに歌う．

イラストレーターのハワード・パイルHoward Pyle，みずから文章も書いて児童文学『ロビン・フッドの愉快な冒険』*The Merry Adventures of Robin Hood*出版．1890年代から1930年代に至る「アメリカン・イラストレーションの黄金時代」を先導する（1898年参照）．

トウェイン『ミシシッピー川の生活』*Life on the Mississippi*出版．

*省略記号：■=歴史・政治・経済　▲=世界　●=日本

エドガー・ハウEdgar W. Howe『ある田舎町の物語』*The Story of a Town*出版．中西部を描いた自然主義小説の先がけ．

『ライフ』*Life*（ユーモア週刊誌，〜1936年．同年から写真誌として新装，〜2000年），『レイディズ・ホーム・ジャーナル』*Ladies' Home Journal*（やがて米国の代表的婦人雑誌となる）創刊．

■ **1月29日**　最高裁，異人種間混淆（性交渉，同棲，結婚を含む）を禁じたアラバマ州法を合憲と判断する．完全に違憲とされたのは1967年になってから（同年参照）．

■ **12月15日**　公民権裁判Civil Rights Cases．最高裁，憲法修正第14条（1866年参照）は州による黒人差別を禁じたのであって，個人による差別をも禁じた1875年公民権法は違憲と判決．

1884(明治17年)

3月16日　第10回ケンタッキー・ダービーで，黒人騎手アイザック・マーフィーIsaac Murphyが初優勝．同年の第1回アメリカン・ダービーAmerican Derbyも制す．マーフィーの勝率34.5％は歴代最高と言われる．

6月16日　コニー・アイランドに世界初のジェット・コースター設置．

12月16日　ニュー・オーリンズで万国博覧会Cotton Centennial Exposition開幕（〜6月1日）．綿花輸出百年を記念する．ニュー・オーリンズ在住ジャーナリストのラフカディオ・ハーンLafcadio Hearn，日本館を訪問し日本の工芸に関心を抱く．

オットマー・マーゲンセイラーOttmar Mergenthaler，ライノタイプ植字機を発明．

ルイス・ウォーターマンLewis E. Waterman，万年筆発明．

ニューヨーク州サラトガでアメリカ歴史協会American Historical Association設立．アメリカの過去に対する学問的興味の拡大が背景．

パリで活動していたアメリカ人画家ジョン・シンガー・サージェントJohn Singer Sargent，油絵「マダムXの肖像」"Portrait of Madame X"をサロンに出品．人妻を官能的に描いたとして非難を浴びる．現在では代表作のひとつ．

トウェイン『ハックルベリー・フィンの冒険』*Adventures of Huckleberry Finn*出版（イギリス版はこの年，アメリカ版の日付は1885年）．「アメリカの現代文学はこの一冊をもって始まる」（アーネスト・ヘミングウェイ）．

フィスク『起源からみた人間の運命』*The Destiny of Man Viewed in the Light of* *his Origin*出版. ダーウィニズムを説く.

ヘレン・ハント・ジャクソン『ラモーナ』*Ramona*出版. インディアンと結婚した混血娘の苦難を描いてインディアン差別を告発し, 政府によるインディアン実情調査の契機となる.

メアリー・マーフリーMary N. Murfree『テネシーの山間にて』*In the Tennessee Mountains*(地方色短篇集)出版.

● 鹿鳴館時代, 始まる.

● 内村鑑三, 渡米留学. アマースト大学およびハートフォード神学校に学び, 1888年帰国.

1885(明治18年)

2月21日 初代大統領ジョージ・ワシントンを記念するワシントン・モニュメントWashington Monument, 首都ワシントンに完成する. 高さ169メートル. 当時, 世界でもっとも高い建造物.

医師エドワード・トゥルドーEdward Livingston Trudeau, ニューヨーク州サラナク・レイクSaranac Lakeに, 米国初の結核療養所アディロンダック・コテージAdirondack Cottage Sanitarium開設. 結核には冷涼で清浄な空気が有効と考えられていた.

ホーム・インシュアランス・ビルHome Insurance Building, シカゴに完成. 10階建て(のち12階に増築). 鋼鉄製の柱と梁で全荷重を支える構造で, 最初の摩天楼と謳われる.

スタンフォード大学Stanford University, カリフォルニア州パロ・アルトPalo Altoに創立.

時代の子トウェイン, 出版社を経営. グラント将軍『回想録』*Personal Memoirs* (〜1886年)を出して成功.

牧師ジョサイア・ストロングJosiah Strong『われらの国』*Our Country*出版. 資本主義の浄化とキリスト教文明の世界普及を説く.「社会的福音」Social Gospel運動の展開.

ジョサイア・ロイスJosiah Royce『哲学の宗教的面』*The Religious Aspect of Philosophy*出版.

ハウェルズ『サイラス・ラッパムの向上』*The Rise of Silas Lapham*出版. 金銭的成功の倫理にメスを入れる.

■ 東欧やイタリアからの「新移民」New Immigrants流入始まる(〜1914年).

*省略記号：■=歴史・政治・経済　▲=世界　●=日本

● 坪内逍遙『小説神髄』. 尾崎紅葉, 硯友社を結成.

1886（明治19年）

3月29日　アトランタの薬剤師ジョン・ペンバートンJohn Pemberton, コカ・コーラ発明. 宣伝にも積極的で, 広告の時代を牽引する.

10月28日　自由の女神像Statue of Liberty（正式名「世界を照らす自由」Liberty Enlightening the World）完成. 独立100年を記念してフランスの民衆が寄贈.

米国初のセツルメント（宿泊や託児が可能な福祉施設）, ネイバーフッド・ギルドNeighborhood Guild, ニューヨーク市に開設. 現在の大学セツルメントUniversity Settlement.

マサチューセッツ州のアンドーヴァー神学校で, 死後の試練をめぐってリベラルな教授陣が審問にかけられ, 翌年, 学長が罷免される（「アンドーヴァー論争」）. のち州最高裁によりその処分は無効となる.

12月8日　労働組合, アメリカ労働総同盟American Federation of Labor（略称AFL）結成. 熟練労働者中心の職業別組合. 初代会長にサミュエル・ゴンパーズSamuel Gompers. 1955年, 産業別組合会議Congress of Industrial Organizations（略称CIO）と合併する.

12月21日　グレイディ, ニューヨークで「新しい南部」"The New South"講演. 工業化による南部の復活を説く.

アンドルー・カーネギーAndrew Carnegie『デモクラシーの勝利』*Triumphant Democracy*出版.

ヘンリー・ジェイムズ『ボストン人』*The Bostonians*,『カサマシマ公爵夫人』*The Princess Casamassima*出版, 社会問題を扱う.

フランシス・ホジソン・バーネットFrances Hodgson Burnett『小公子』*Little Lord Fauntleroy*出版, アメリカ民主主義とイギリス貴族主義との融合にあこがれを示す.

『フォーラム』*The Forum*（～1950年),『コズモポリタン』*Cosmopolitan*（ともに月刊時事雑誌）創刊.

■**5月4日**　同月1日から始まった8時間労働を求めるストライキとデモの興奮により, 労働者・無政府主義者と警官とがシカゴのヘイマーケット広場Haymarket Squareで衝突する（Haymarket Massacre）. 労働騎士団凋落の原因となる.

■**9月4日**　アパッチ族の指導者ジェロニモGeronimo, アリゾナ準州で投降し,

アパッチ戦争終る.

1887(明治20年)

この頃，スタンダード石油にならったトラストの設立あいつぐ．砂糖トラスト，
ウィスキー・トラスト，鉛トラストなど.

シオドア・ローズヴェルトTheodore Roosevelt，ニューヨーク市でブーン・アン
ド・クロケット・クラブBoone and Crockett Club設立．ダニエル・ブーンとデ
イヴィ・クロケットにちなんで，狩猟を愛好し，自然を保護する団体.

トマス・ネルソン・ペイジThomas Nelson Page『古きヴァージニアにて』*In Ole
Virginia*(南部地方色短篇集)／メアリー・フリーマンMary Wilkins Freeman『つ
つましきロマンス』*A Humble Romance*(ニューイングランド地方色短篇集)
／ジョゼフ・カークランドJoseph Kirkland『ズーリー』*Zury*(中西部を自然主
義的に描いたロマンス)出版.

『スクリブナーズ・マガジン』*Scribner's Magazine*(月刊文芸雑誌，～1939年)創
刊.

■ **2月8日**　ドーズ法 Dawes Severalty Act制定．部族で共有していたインディ
アン保留地を分割し，個人の所有に変える自営農地法．結果的に伝統的共同
体を弱体化しただけでなく，分割されずに残った土地が白人の手に渡ること
となった.

■ **3月3日**　エドマンズ＝タッカー法Edmunds-Tucker Act制定．モルモン教徒
による一夫多妻を禁じ，実践者の公民権を剝奪する．ユタ準州の選挙も連邦
の管理下におかれ，1870年以来ユタ準州で認められていた女性参政権も奪わ
れた(1890年，1895年参照).

1888(明治21年)

ジョージ・イーストマンGeorge Eastman，最初のコダック・カメラKodak
camera完成．写真の大衆化時代始まる.

アメリカ民俗学協会American Folk-Lore Society設立.

アーネスト・L・セアーErnest L. Thayer，詩「打席のケーシー」"Casey at the
Bat"を発表．コメディアンのウィリアム・ドゥウォルフ・ホッパーWilliam De Wolf
Hopperの朗誦により，米国でもっとも親しまれる詩のひとつとなる.

詩人ユージン・フィールドEugene Field「ブルー坊や」"Little Boy Blue"発表．残

*省略記号：■=歴史・政治・経済　▲=世界　●=日本

されたおもちゃを通して少年の死を描く．センチメンタルな哀悼詩の代表．

バプティスト派牧師ラッセル・コンウェルRussell Herman Conwell『広きダイヤ
　モンドの土地』*Acres of Diamonds*出版，何千回と講演もし，キリスト教と資
　本主義との合致を説く．

エドワード・ベラミーEdward Bellamy『かえりみれば』*Looking Backward: 2000-
　1887*（社会主義的ユートピア小説）出版．大好評で各地に「ベラミー・クラブ」
　結成，1891年，「産業国営党」Nationalist Partyの結成にいたる．

エドマンド・クラレンス・ステッドマンEdmund Clarence Stedman『アメリカ文
　学全集』*A Library of American Literature*編集出版（全11巻，～1890年），アメ
　リカ文学への関心を高める．

『コリヤーズ』*Collier's*（週刊誌，～1957年）創刊．

▲　イギリス人ジェイムズ・ブライスJames Bryce『アメリカ共和制』*The American
　Commonwealth* ／マシュー・アーノルドMatthew Arnold『合衆国の文明』
　*Civilization in the United States*出版．

1889(明治22年)

ジェーン・アダムズJane Addams，シカゴのスラム街にセツルメント「ハル＝ハ
　ウス」Hull-House設立．貧しい移民など恵まれない人々の救済活動に乗りだ
　す．

4月22日　合衆国政府，1866年にインディアンから割譲させたオクラホマ中央
　部を白人入植者に開放，合図とともに1万人以上が州境を超えて押し寄せる
　「ランドラッシュ」land rush起きる．

パイユートPaiute族インディアンのウォヴォカWovoka，ゴースト・ダンスを再
　興．集団で踊ることにより，大洪水を引き起こして白人を一掃し，死んだ同
　胞を復活させると説く．白人の間に危機感を引きおこす（1890年参照）．

4月30日　ニューヨークでワシントン大統領就任100周年を記念し，愛国組織
　「アメリカ独立革命の息子たち」Sons of the American Revolution結成．会員は
　独立戦争時の軍人および協力者の子孫の男性．翌年「アメリカ独立革命の娘
　たち」も結成される．

9月27日　ニューヨーク初の摩天楼，タワー・ビルTower Building完成．11階建
　て．

この年，アメリカ政治社会科学学会American Academy of Political and Social
　Science，アメリカ物理学会American Physical Association，アメリカ方言学

会American Dialect Associationなどが設立. 学問研究の専門化の進展.

エドワード・ウィリアム・ボクEdward William Bok,『レイディズ・ホーム・ジャーナル』誌の編集長に就任. 理想的なインテリアなど中流女性向けの企画によって, 1903年には100万部の雑誌に成長させる.

シオドア・ローズヴェルト『西部の獲得』The Winning of the West（ロマンチックな米国拡張史）／ヘンリー・アダムズ『ジェファソン, マディソン治政下のアメリカ合衆国史』History of the United States during the Administrations of Jefferson and Madison（科学的歴史, 全9巻, ～1891年）出版.

カーネギー『富の福音』Gospel of Wealth出版. 富の追求と公共の善との一致を説く.

フィールド『ささやかな西部詩集』A Little Book of Western Verse出版.

トウェイン『アーサー王宮廷のコネティカット・ヤンキー』A Connecticut Yankee in King Arthur's Court出版.

『アリーナ』The Arena（経済・社会・文学の改革を目ざす月刊誌, ～1909年）, ボストンで創刊.

2月2日 大衆週刊誌『マンシーズ・ウィークリー』Munsey's Weekly, ニューヨークで創刊. 1891年, 月刊誌『マンシーズ・マガジン』Munsey's Magazineに. イラストを多用した低価格の雑誌として急速に拡大する.

7月8日 新聞『ウォール・ストリート・ジャーナル』The Wall Street Journal創刊.

1890（明治23年）

国勢調査実施. 人口62,947,714人（1891年参照）.

1月25日 『ニューヨーク・ワールド』紙の女性記者ネリー・ブライNellie Bly（本名エリザベス・コクランElizabeth Jane Cochrane）, ヴェルヌの小説『80日間世界一周』（1873年参照）に対抗して世界一周旅行に挑戦し, 72日で帰還する. 『ワールド』紙によって大々的に喧伝され, 同年『72日間世界一周』Around the World in Seventy-Two Daysを出版. 交通網の進歩, メディアの発達, 女性の社会進出の融合的象徴となる. ⇒図⑳

建築家ルイス・H・サリヴァンLouis H. Sullivanの設計によるウェインライト・ビルWainwright Building, セント・ルイスに完成. 鉛直方向のラインを強調し,「摩天楼の父」サリヴァンの代表作となる.

9月25日 ヨセミテ国立公園Yosemite National Park制定. 環境保護が国の重要な課題になった.

　　　　　　　　　　　　　　　　　　　　　　　　　　　　　1890

＊省略記号：■=歴史・政治・経済　▲=世界　●=日本

10月6日　モルモン教の大管長ウィルフォード・ウッドラフWilford Woodruff，
　一夫多妻制の廃止を宣言．教会内の反発をおさえ，1904年，廃止を実現．

11月1日　ミシシッピー州，憲法理解のテストによる黒人選挙権制限を定めた
　新しい州憲法を採択し，1867年以来の黒人選挙権を事実上剝奪．のち「ミシ
　シッピー・プラン」としてサウス・カロライナやルイジアナに広まる．

アメリカ・バプティスト教育協会American Baptist Education Society，石油王
　ロックフェラーの資金提供によりシカゴ大学University of Chicago創立．

前海軍大学校長アルフレッド・マハンAlfred Thayer Mahan『歴史に及ぼした海
　軍力の影響，1660-1783』*The Influence of Sea Power upon History, 1660-1783*
　出版（続編は1892年）．制海権の重要性を説き，大海軍主義を主張．日本で
　は『海上権力史論』として知られる．

フォト・ジャーナリストのジェイコブ・リースJacob August Riis『他の半分はい
　かに生きているか』*How the Other Half Lives*出版．ニューヨークの下層階級
　の実態を示し，シオドア・ローズヴェルトにも影響を与える．

ウィリアム・ジェイムズWilliam James『心理学原理』*The Principles of Psychology*
　出版．

5月19日　劇作家クライド・フィッチClyde Fitch，出世作『洒落者ブランメル』
　*Beau Brummell*初演．

ディキンソン『詩集』*Poems*（第2集は1891年）出版．ヒギンソンとメイベル・トッ
　ドMabel Loomis Toddが共編．全詩集の刊行は1955年になってから．

ハウェルズ『新しい運命の危機』*A Hazard of New Fortunes*（倫理・社会問題小説）
　出版．

雑誌『スマート・セット』*The Smart Set*創刊（〜1930年）．ニューヨーク社交界の
　ための雑誌として始まったが，1914年，メンケン（1919年参照）とネイサン
　（1924年参照）が編集に加わると，機知と洗練に富む文芸誌へ生まれ変わっ
　た．フィッツジェラルド（1920年参照）など新人作家も紹介．

『リテラリー・ダイジェスト』*Literary Digest*（時事評論の抜粋転載週刊誌，〜
　1938年）創刊．

『レヴュー・オブ・レヴューズ』*Review of Reviews*（月刊評論雑誌，〜1937年）創刊．

■ **7月2日**　シャーマン反トラスト法Sherman Anti-Trust Act成立．

■ **12月15日**　スー族インディアンのシッティング・ブルSitting Bull，ゴースト・
　ダンス運動の首謀者とみなされサウス・ダコタで射殺される．12月29日，サ
　ウス・ダコタでウーンデッド・ニーWounded Kneeの虐殺（第7騎兵隊による
　約200名のスー族殺害）．翌年1月15日，スー族の首長キッキング・ベア

173

Kicking Bearが降伏，一連のゴースト・ダンス戦争Ghost Dance War終わる．

● **4月4日** ラフカディオ・ハーン来日．1896年，帰化して小泉八雲を名のる（1884年参照）．

1891(明治24年)

4月 国勢調査局，前年の国勢調査を受けて，フロンティア・ラインの消滅を報告．

3月4日 国際著作権保護法International Copyright Act制定．これまで許されてきた海外作品の無断出版がようやく禁止される．

5月5日 ニューヨークにカーネギー・ホールCarnegie Hall開館．オープニング・コンサートにはチャイコフスキーPyotr Ilyich Tchaikovskyも出演し，自作の「荘厳行進曲」を指揮．

8月24日 エディソン，活動写真撮影機キネトグラフkinetograph，および覗きめがね式映写機キネトスコープkinetoscope発明．

12月1日 マサチューセッツ州の体育教師ジェイムズ・ネイスミスJames Naismith，冬季に室内で可能なスポーツとしてバスケットボールを考案する．

彫刻家セント＝ゴーデンズ，ヘンリー・アダムズ夫人の墓標「嘆き」"Grief"完成．モニュメントでありながら豊かな情感を表現する．

会衆派牧師ワシントン・グラッデンWashington Gladden，『誰が聖書を書いたのか』*Who Wrote the Bible?*出版．近代科学から見た聖書の誤謬を一部みとめた上で，聖書に基づく社会改革を説く．社会的福音主義の唱道．

「文壇の大御所」ハウェルズ，ニューヨークへ転居する．「ハウェルズとともにアメリカ文学の中心はニューヨークへ移行」(ヴァン・ウィク・ブルックス)．

チャールズ・エリオット・ノートンCharles Eliot Norton，英訳『神曲』*Divine Comedy*出版(〜1892年)．散文訳．

フリーマン『ニューイングランドの尼僧』*A New England Nun and Other Stories*(地方色短篇集)／ハムリン・ガーランドHamlin Garland『人の踏みかよった道』*Main-Travelled Roads*(中西部農民を描いて地方色から自然主義への掛け橋となる短篇集)／アンブローズ・ビアスAmbrose Bierce『兵士と市民の物語』*Tales of Soldiers and Civilians*(短篇集，翌年『人生のなかばに』*In the Midst of Life*と改題)出版．

*省略記号：■=歴史・政治・経済　▲=世界　●=日本

■ 3月3日　森林保存法Forest Reserve Act成立．保存地域の国立公園化が容易になり，自然保護を推進．

■ 5月19日　人民党People's Party（後にPopulist Party），シンシナティで発足．農民の利益を代表する．

1892（明治25年）

1月1日　ニューヨーク湾のエリスEllis島に移民審査局設置．1954年に閉鎖されるまで計1,200万人以上の移民を審査する．

4月15日　電気会社ジェネラル・エレクトリックGeneral Electric Company設立．ジョージ・W・G・フェリスGeorge W. G. Ferris，観覧車を考案．翌年，シカゴ万博に建設．

4月19日　ドゥリエー兄弟Charles and Frank Duryea，マサチューセッツ州でガソリン自動車の製作に成功する．翌年，公開走行．

6月7日　ニュー・オーリンズの黒人ホーマー・プレッシーHomer Plessy，人種隔離政策に反対し，あえて白人専用車両に乗って逮捕される（1881年，1896年参照）．

7月8日　アメリカ心理学会American Psychological Association設立．

9月27日　チェコの作曲家ドヴォルザーク（ドヴォジャーク）Antonín Dvořák，渡米．翌年，黒人音楽の旋律を取り入れた交響曲『新世界より』*From the New World*を発表する．

12月27日　ニューヨークで聖ヨハネ大聖堂Cathedral of St. Johnの建築が始まる．同じニューヨークの聖パトリック大聖堂に対抗して米国最大を企図．現在も建設が続く．

長老派の神学者チャールズ・A・ブリッグズCharles A. Briggs，旧約聖書の予言の多くは実現しなかった等，リベラルな神学を説いたため，異端審問にかけられる．無罪になったものの，翌年，長老派から追放．

『シウォーニー・レヴュー』*Sewanee Review*，テネシー州シウォーニーの南部大学University of the Southで創刊．現在も刊行されるアメリカ最古の文芸批評季刊誌．アレン・テイトAllen Tateの編集（1944〜46年）により，「ニュー・クリティシズム」の展開を牽引したことでも知られる（1922年参照）．

■ 7月1日　ペンシルヴェニア州のカーネギー製鋼会社ホームステッドHomestead工場でストライキ（〜11月20日）．警備員との衝突により死者10名．

■ この年，リンチ数最高を記録．黒人155人，白人100人が殺害される．

1893（明治26年）

1月17日　ハワイ事変（革命）．サンフォード・ドールSanford B. Doleがリリウオカラニ女王Queen Liliuokalaniを追放し共和政府樹立．

3月13日　ニューヨークにウォルドーフ・ホテルWaldorf Hotel開業．97年，隣接する新たなアストリア・ホテルAstoria Hotelと連結し，世界最大の高級ホテルとなる．1929年に閉鎖（跡地にはエンパイア・ステート・ビルディング建設），1931年，現在地のパーク街で再開業．

4月5日　モルモン教のソルト・レイク寺院Salt Lake Templeが完成する．モルモン教寺院の中で最大．

5月1日　シカゴ万国博覧会Chicago World Fair（コロンブスのアメリカ「発見」400年を記念し，コロンビア万国博覧会World Columbian Expositionともいう）開催．米国が世界一の工業国であることを誇示し，10月末の閉幕までに2,700万人以上が来場する．⇒図㉑

7月12日　フレデリック・ジャクソン・ターナーFrederick Jackson Turner，万国博覧会の会場で開催されたアメリカ歴史学会で「アメリカ史におけるフロンティアの意義」"The Significance of the Frontier in American History"講演．⇒コラム（19）

コラム｜19｜フロンティア理論 1893年

　1891年4月，国勢調査局は，もはや「フロンティア・ラインが存在するとはいいがたい」と静かに報告する．それは西へ向かえばフロンティアという独立自営を可能にする土地があると信じられていた時代が終わったことを意味していた．

　その2年後，歴史家フレデリック・ジャクソン・ターナーが「アメリカ史におけるフロンティアの意義」を講じる．ターナーによれば，フロンティアは多様な移民を「アメリカ人という新しい産物」に「融合」し，その厳しい環境によってたくましい個人主義や，専制を嫌う民主主義を発達させたという．これがフロンティア理論（学説）である．興味ぶかいことに，ターナーはインディアンのたとえを借りて新しいアメリカ人を描いていた．フロンティアでは白人が「列車」から「樺のカヌー」に乗りかえ，「文明の服」を脱いで「モカシン」をはき「トウモロコシ」を育てるからだ．米国はインディアンの「文明化」を試みたが，フロンティアでは逆に白人がインディアン化されていたというのである．

1893–1894

*省略記号：■=歴史・政治・経済　▲=世界　●=日本

公共衛生看護活動の指導者リリアン・D・ウォルドLillian D. Wald，ニューヨーク市にセツルメントを設立する．後のヘンリー・ストリート・セツルメントHenry Street Settlement.

この頃，自転車の流行がいっそう拡大．300社以上が製造し，年産100万台以上．ライト兄弟も自転車の製造修理業を営んでいた．

12月24日　ヘンリー・フォードHenry Ford，ガソリンエンジン製作．1896年，ガソリン自動車の製作を始める．⇒図㉒

スティーヴン・クレインStephen Crane『街の女マギー』*Maggie: A Girl of the Streets*，ニューヨークのスラム街に住む人々を描く．

ヘンリー・ブレイク・フラーHenry Blake Fuller『絶壁に住む人びと』*The Cliff-Dwellers*，シカゴの摩天楼に住む富裕層の生態を描き，cliff-dwellerが流行語に．

『マクルーアズ・マガジン』*McClure's Magazine*（月刊総合雑誌，～1929年），『アウトルック』*The Outlook*（月刊総合雑誌，～1935年）創刊．

■ 6月27日　金融恐慌．銀行と鉄道の倒産あいつぐ．

1894（明治27年）

3月25日　実業家・政治家ジェイコブ・セクラー・コクシーJacob Sechler Coxey，「コクシー団」Coxey Armyと呼ばれる失業者の一団を率いてオハイオ州から首都ワシントンへ行進，連邦政府による失業対策を訴える．他のグループも各地を出発して行進に加わる．政治活動としての行進の始まり．

アリゾナ州にロウエル天文台Lowell Observatory設立．1930年，冥王星を発見する．

ウィリアム・ハーヴィWilliam Hope Harvey（みずから「コイン」ハーヴィと称した），『コインの財政講義』*Coin's Financial School*出版，銀貨自由鋳造論のバイブルとなる．

ヘンリー・ロイドHenry Demarest Lloyd『富と福祉国家の対立』*Wealth against Commonwealth*出版，独占権益勢力を批判．

トウェイン『間抜けのウィルソン』*Pudd'nhead Wilson*（辛辣な人間観を示す小説）／ハウェルズ『アルトゥルリアからの旅人』*A Traveler from Altruria*（社会主義的ユートピア小説）出版．

ブリス・カーマンBliss Carman，リチャード・ハヴィRichard Hoveyとの共著『放浪国からの歌』*Songs from Vagabondia*（ボヘミアン詩集）出版．カーマン編集

177

『チャップ・ブック』*The Chap-Book*（半月刊誌，～1898年）創刊．シカゴを根城に世紀末文学をひろめる．

■ **5月11日**　プルマン寝台会社の賃下げに抗議して，シカゴでプルマン・ストライキPullman Strike起こる．6月26日，ユージン・デブズEugene V. Debs率いるアメリカ鉄道組合American Railway Unionが支援に加わり，オハイオからカリフォルニアまで鉄道ストライキが拡大．7月3日，ストライキ鎮圧のため連邦軍が派遣され，7月20日ストライキ終わる．

● **7月**　日清戦争（～1895年）．

1895（明治28年）

5月23日　アスター図書館などが連合し，ニューヨーク公共図書館New York Public Library開設を決定．開館は1911年5月23日．

7月4日　キャサリン・リー・ベイツKatherine Lee Bates，詩「アメリカ・ザ・ビューティフル」"America the Beautiful"発表．1910年，サミュエル・A・ウォードSamuel A. Wardの曲（1882年）が付され，愛国歌のひとつとして定着する．

作曲家ジョージ・チャドウィックGeorge Chadwick，『交響的スケッチ』*Symphonic Sketches*作曲（～1904年，初演は1908年）．ヨーロッパ由来のロマン主義に基づきながら，黒人のリズムなどアメリカ的要素を加える．

この頃よりラグタイムragtimeが流行する．シンコペーションを強調したピアノ曲が多い．ジャズの先駆のひとつ．

8月　カナダ北西部クロンダイクKlondikeに金鉱発見．クロンダイク・ゴールド・ラッシュ起こる．97年，ジャック・ロンドンJack Londonも加わり，クロンダイクを舞台にした代表作『野生の呼び声』*The Call of the Wild*（1903年）等を書く．

9月18日　ブッカー・T・ワシントン，アトランタ綿産州博覧会で演説．黒人は法的平等よりも労働者としての経済的自立を望むと主張，白人聴衆の熱狂的支持を得るが，黒人知識人からは「アトランタの妥協」として批判される．

11月5日　翌年，州へ昇格するユタの憲法に女性参政権復活が明記される（1887年参照）．

11月28日　アメリカ初のガソリン自動車レース，イリノイ州で開催．輸入されたベンツ車を抑え，ドゥリエー兄弟（1892年参照）の車が優勝する．

12月17日　酒場反対同盟Anti-Saloon League，オハイオで結成．やがて全国組織になる．

*省略記号:■=歴史・政治・経済　▲=世界　●=日本

この頃，イラストレーターのチャールズ・デイナ・ギブソンCharles Dana
Gibsonの描くイラストが「ギブソン・ガール」Gibson girlとして人気を得る．
肩幅広く，ウエスト細いアメリカ美人の典型．⇒図㉓

カウボーイや騎兵隊など西部の男たちを描いたことで知られる画家・彫刻家フ
レデリック・レミントンFrederic Remington，ブロンズ像「荒馬乗り」"The
Bronco Buster"制作．

リチャード・アウトコールトRichard Outcault，ニューヨークの『ワールド』
紙にマンガ「ホーガンの横丁」"Hogan's Alley"連載．翌年，ライバル紙の
『ジャーナル』紙へ移り，「イエロー・キッド」"The Yellow Kid"と改題．『ワール
ド』と『ジャーナル』が壮絶な拡販競争をさらに激化させたため，このマンガ
の名を借りて「イエロー・ジャーナリズム」という言葉が生まれたとされる．

ウィリアム・アレン・ホワイトWilliam Allen White，カンザス州エンポリアの
新聞『エンポリア・ガゼット』The Emporia Gazetteを買収．以後，ジャーナリ
スト，作家としても活躍し，「小さな町」と中産階級の代弁者として革新主義
を支持した．

スティーヴン・クレイン，第1詩集『黒い騎士』The Black Riders and Other Lines,
第2小説『赤い武勲章』The Red Badge of Courage出版．

サンフランシスコの「若者たち」Les Jeunes編集による『ラーク』The Lark（～
1897年），ヴァンス・トンプソンVance Thompson編集の『マドモアゼル・
ニューヨーク』M'lle New York（～1898年），エルバート・ハバードElbert
Hubbard編集の『フィリスティン』Philistine（～1915年）など，世紀末的雑誌
創刊あいつぐ．

『ブックマン』The Bookman（月刊文芸批評雑誌，～1933年）創刊．

● 4月17日　日清講和条約（下関条約）締結．三国干渉を招く．

1896(明治29年)

4月23日　ニューヨークの劇場で初めて映画（活動写真vitascope）を興行．

ビリー・サンデーWilliam Ashley（"Billy"）Sunday，福音伝道を始める．元プロ
野球選手で，20世紀初頭最大の伝道家になる．

6月4日　ヘンリー・フォード，「フォード四輪車」Ford Quadricycle製造開始．自
転車から借用したタイヤをアルコール・エンジンで駆動．

ドロシー・ディックスDorothy Dix（本名エリザベス・ギルマーElizabeth
Meriwether Gilmer，社会活動家のドロシーア・ディックスとは別人），

ニュー・オーリンズの新聞紙上で女性向け結婚・恋愛相談のコラムを始める．のち全国の新聞に配信．

8月15日 ホワイト，社説「カンザスのどこが問題か」"What's the Matter with Kansas?"を『エンポリア・ガゼット』紙に発表．ポピュリズムが景気停滞を引きおこしていると非難する．中産階級の感覚を代弁して注目を集め，共和党も大統領選に利用（1895年参照）．

ダイム・ノヴェル作家ウィリアム・パッテンWilliam Gilbert Patten，バート・L・スタンディッシュBurt L. Standishの筆名で，スポーツマンのイェール大学生フランク・メリウェルFrank Merriwellを主人公にした冒険ものを刊行開始．200タイトル以上，2,500万部以上売り，パッテン（1945年没）の本は全部で1億部以上売る．

ジョージ・サンタヤナGeorge Santayana『美の意識』*The Sense of Beauty*（美学論）出版．

会衆派の牧師チャールズ・シェルドンCharles Monroe Sheldon，キリスト教に基づく社会改革を訴える小説『みあしのあと』*In His Steps*刊行，国際的な大ベストセラーとなる．副題「イエスならどうなさるか?」"What Would Jesus Do?"はいわゆる社会的福音派の合言葉として人口に膾炙する．

エドウィン・アーリントン・ロビンソンEdwin Arlington Robinson，第1詩集『奔流と前夜』*The Torrent and the Night Before*出版．思想性をもつ詩の復興の先ぶれ．

黒人詩人ポール・ローレンス・ダンバーPaul Laurence Dunbar，ハウェルズの推輓を得て，第1詩集（1892年）と第2詩集（1896年）の作品に新作を加えた詩集『黒人生活の詩』*Lyrics of Lowly Life*出版．黒人みずから黒人口語表現を使って詩を書く．

トウェイン『ジャンヌ・ダルク』*Joan of Arc*／ジューエット『もみの木の地方』*The Country of the Pointed Firs*出版．

■ **5月18日** プレッシー対ファーガソン事件Plessy v. Ferguson．最高裁，人種隔離の州法（ジム・クロウ法）を合憲とし，「分離はするが平等」"separate but equal"の原則確立（〜1954年）．

■ **7月8日** ウィリアム・ブライアンWilliam Jennings Bryan，シカゴの民主党全国大会で農民や労働者の救済のために銀本位制を要求する「金の十字架」"Cross of Gold"演説を行ない，11日，大統領候補に指名される．

▲ **4月6日** アテネで第1回近代オリンピック開催．米国が国別では最高数の11の金メダルを獲得．

*省略記号：■=歴史・政治・経済　▲=世界　●=日本

● 日本人ヨネ・ノグチYone Noguchi（本名・野口米次郎），大胆な形式・内容の英語詩集『見界と不見界』*Seen and Unseen*をサンフランシスコで出版.「東洋のホイットマン」と称される.

1897（明治30年）

4月19日　第1回ボストン・マラソン開催.

9月1日　米国最初の地下鉄，ボストンで開通.

9月23日　ワイオミング州で第1回シャイアン・フロンティア・デイズCheyenne Frontier Daysが開催される．現在もつづく世界最大級のロデオ大会.

スクリップス＝マクレー新聞連合The Scripps-McRae League of Newspapers結成．新聞のチェーン組織化が始まる.

ポール・ドレッサーPaul Dresser，インディアナの故郷を回想するセンチメンタルな歌「はるかなるウォーバシュ川の堤に」"On the Banks of the Wabash, Far Away"を作詞作曲．大流行し，1913年，インディアナ州歌となる．なおドレッサーは作家ドライサーの兄（1900年参照）.

ロイス『神の概念』*The Conception of God* ／ウィリアム・ジェイムズ『信ずる意志』*The Will to Believe*出版.

タイラー『アメリカ独立革命文学史，1763-1783』*The Literary History of the American Revolution, 1763-1783*出版（1878年参照）.

ロビンソン，詩集『夜の子ら』*Children of the Night*出版．1905年，ローズヴェルト大統領はその「深い霊魂」に感銘を受け，詩「ルーク・ハーヴァガル」"Luke Havergal"などを讃える.

社会福祉雑誌『サーヴェイ』*The Survey*（当初のタイトルは『チャリティズ』*Charities*，〜1944年），ニューヨークで創刊.

1898（明治31年）

2月15日　米国軍艦メイン*Maine*号，キューバのハヴァナ湾で原因不明の爆沈，スペインの攻撃によるものとする強硬派が「メイン号を忘れるな」と米西戦争への開戦気運を煽る．イエロー・ジャーナリズム（読者の興味をそそる俗っぽいセンセーショナリズム，1895年参照）ますます盛ん.

3月1日　「10人のアメリカ画家展」Ten American Painters（アメリカ印象派の最初の画展）開催.

パイル（1883年参照），ブランディワイン川上流のペンシルヴェニア州チャッズ・フォードChadds Fordにイラストレーションを教える画塾を開設．1900年には，下流のデラウェア州ウィルミングトンWilmingtonにハワード・パイル美術学校Howard Pyle School of Artを設立，N・C・ワイエスN. C. Wyethらブランディワイン派Brandywine schoolを育てる．

8月26日　ウィリアム・ジェイムズ，講演「哲学的概念と実際的結果」"Philosophical Conceptions and Practical Results"でプラグマティズムの名をひろめる．

文学史家ヘンリー・パンコーストHenry S. Pancoast，『アメリカ文学入門』*An Introduction to American Literature*出版．「米国文学は英文学の合衆国における延長continuation」にすぎないと記す．前年，日本人・内村鑑三は「米国詩人は英国詩人よりも遙かに偉大なり」（談話「米国詩人」）と述べていたが．

ポーランド系移民モリス・ローゼンフェルドMorris Rosenfeldのイディッシュ語詩集，レオ・ウィーナーLeo Wienerによって英訳され，『ゲットーの歌』*Songs from the Ghetto*として出版．アメリカにおけるイディッシュ文学の先がけとなる．

英国出身の博物学者アーネスト・トンプソン・シートンErnest Thompson Seton，「狼王ロボ」"Lobo"を含む創作集『私の知っている動物たち』*Wild Animals I Have Known*出版．大好評となり，以後，同様の作品群（日本では「シートン動物記」として知られる）を発表．

ヘンリー・ジェイムズ「ねじの回転」"The Turn of the Screw"連載．

■ **4月25日**　スペインに宣戦布告，米西戦争始まる．

▲ **6月12日**，エミリオ・アギナルドEmilio Aguinaldo y Famy，フィリピン独立を宣言，翌年1月23日，フィリピン第1共和国を樹立し，初代大統領に就く．

■ **7月7日**　ハワイ併合．1900年に準州となり，1959年に州へ昇格．

■ **12月10日**　パリ条約．米西戦争の終結によって，合衆国はフィリピン，プエルト・リコなどを獲得する．キューバは独立．

1899（明治32年）

ハバード，エッセイ「ガルシアへの伝言」"A Message to Garcia"を発表する．米西戦争中の伝令の行為を通して義務遂行の大切さについて語り，企業や軍隊等を中心に広くもてはやされる．

7月1日　アメリカ・キリスト教実業者協会Christian Commercial Men's Association of America，3人のビジネスマンによりウィスコンシン州で発足し，1908年から

＊省略記号：■=歴史・政治・経済　▲=世界　●=日本

全米のホテル客室に聖書を配布するプロジェクトを開始（現在の国際ギデオン協会The Gideons International）.

黒人ピアニストのスコット・ジョプリンScott Joplin,「メイプル・リーフ・ラグ」"Maple Leaf Rag"発表. ラグタイムの人気を牽引する.

ソースタイン・ヴェブレンThorstein Veblen『有閑階級の理論』The Theory of the Leisure Class出版. 有閑階級の「見せびらかし的消費」conspicuous consumptionを指摘.

エドウィン・マーカムEdwin Markham「鍬もつ男」"The Man with the Hoe"発表. フランスの画家ジャン＝フランソワ・ミレーJean-François Milletによる同題の絵画（1863年）から着想を得る. 労働者の苦しみを歌った社会抗議詩の先がけ.

クレイン，第2詩集『戦争はやさし』War Is Kind出版.

女性作家ケイト・ショパンKate Chopin, 小説『めざめ』The Awakening出版. 自分の性の独立に「めざめ」る人妻を描いて非難を集める.

フランク・ノリスFrank Norris, 自然主義小説『マクティーグ』McTeague ／ウィンストン・チャーチルWinston Churchill『リチャード・カーヴェル』Richard Carvel（独立戦争ロマンス）出版.

『ピアソンズ』Pearson's（月刊文学芸術政治雑誌, ～1925年）,『エヴリボディズ』Everybody's（百貨店宣伝誌から総合雑誌に発展, ～1929年）創刊.

■ **2月**　米比戦争始まる. 翌年3月23日，アギナルドが捕らえられ，1902年7月4日，パリ条約に基づく米国によるフィリピン統治がはじまる.

■ **9月6日**　国務長官ジョン・ヘイJohn Hay, 中国に進出している列強諸国に対して，同等の権益を合衆国にも与えるよう「門戸開放」Open Door通牒を発す.

● 新渡戸稲造，英文著書『武士道』Bushido: The Soul of Japan, フィラデルフィアで出版（年末あるいは翌年初頭）.

1900 (明治33年)

国勢調査. 人口75,994,575人. 居住人口でニューヨーク市が1位, シカゴ, フィラデルフィアと続く.

4月30日 テネシー州メンフィス＝ミシシッピ州カントンMemphis-Canton 間の長距離列車が緊急停車中の列車に激突, 機関士ケイシー・ジョーンズJohn Luther "Casey" Jonesが急ブレーキをかけ続けたため乗客に死傷者は出なかったが, ジョーンズ自身は死亡. 物語や歌「ケイシー・ジョーンズのバラッド」"The Ballad of Casey Jones"が生まれ, ジョーンズは民衆のヒーローとなる.

プロ野球のアメリカン・リーグAmerican League創設（翌年, リーグ戦開始. 1871年参照）.

アンドルー・カーネギー, ピッツバーグにカーネギー技術学校Carnegie Technical Schools（カーネギー工科大学Carnegie Institute of Technologyへと発展）を設立.

デイヴィッド・ベラスコDavid Belasco, ジョン・ロングJohn L. Long共著『蝶々夫人』*Madame Butterfly*出版（1幕悲劇, 1904年プッチーニGiacomo Pucciniによりオペラ化）——当時サンフランシスコでコミック・オペラ『ミカド』や『ゲイシャ』も流行,「私の日本魂は痛んだ」(ヨネ・ノグチ).

チャールズ・シェルドン, カンザス州の『トピーカ・デイリー・キャピトル』*The Topeka Daily Capitol*を宗教理念に従って1週間だけ編集, 販売数3万部（一説では1万2千部）を37万部に引き上げる（1896年参照）.

ハーヴァード大学ではじめてアメリカ文学を講じたバレット・ウェンデルBarrett Wendell『アメリカ文学史』*A Literary History of America*出版, ただし依然としてホイットマンやメルヴィルを認めず.

シオドア・ドライサーTheodore Dreiser『シスター・キャリー』*Sister Carrie*出版. 自然主義文学の古典. 通説では, 未婚のまま同棲を続けるヒロインが社会的に成功する結末は不道徳という理由で出版が難航した.

ライマン・フランク・ボームLyman Frank Baum『オズの魔法使い』*The Wonderful Wizard of Oz*出版, ファンタジー小説で, 児童文学の古典となりシリーズ化され人気を得る.

黒人作家チャールズ・チェスナットCharles Chesnutt『杉林の奥の家』*The House Behind the Cedars*出版——白人になりすます黒人を描く「パッシング」passing小説の代表作.

1900–1901

*省略記号：■=歴史・政治・経済　▲=世界　●=日本

■ **3月14日**　金本位制法Gold Standard Act議会を通過.
■ マッキンリー大統領再選. 副大統領はシオドア・ローズヴェルトTheodore Roosevelt.
▲ 義和団の乱（清）.
▲ ジークムント・フロイトSigmund Freud『夢判断』*Die Traumdeutung*出版（英訳, 1913年）――精神分析の基本的文献. 心理現象の動因に性欲をすえた解釈が米国で広く受け入れられる（墺）.

1901（明治34年）

J・P・モーガンJ. P. Morgan, エルバート・ゲイリー Elbert H. GaryらとU・S・スチール会社U. S. Steel Corporationを設立. 資本金1,402,846,000ドル, 資本金10億ドルを超える世界初の会社.
ギュスターヴァス・マイヤーズ Gustavus Myers『タマニー・ホールの歴史』*The History of Tammany Hall*出版, 米国政治の腐敗を攻撃. この頃から「マックレイカー」Muckrakerと呼ばれるジャーナリストたちによる腐敗摘発が盛んになる（～第一次世界大戦参加の頃まで）. ⇒コラム（20）
ロックフェラー医学研究所Rockefeller Institute of Medical Research設立.
ウィリアム・ヴォーン・ムーディWilliam Vaughn Moody『詩集』*Poems*出版.

コラム｜20｜**マックレイカー** 1901年

　muckは「肥やし」, rakeはそれを「熊手でひっくり返す」こと. シオドア・ローズヴェルトが, バニヤンの『天路歴程』に登場するマックレイク（肥やし熊手）を持った男の話をひいて, 政界・財界の不正を暴く一部のジャーナリズムのことを醜聞あさりと批判したことから,「マックレイカー」という呼び名が生じたと言われる. そのため最初は蔑称だったが, 社会的正義, 教育・法的改革, 政府の合理化に目を向け, 社会改良運動を推進する言論家たちの呼称となった. 政治の不正に対する怒りは, 同時期に急成長をとげたジャーナリズムによって代弁され, 大企業による搾取, 不衛生な食肉工場, 腐敗した政府などを告発する動きとなった. 雑誌では『マックリュアーズ』『エヴリボディーズ』『インデペンデント』『コリアーズ』『コズモポリタン』, 新聞では『ニューヨーク・ワールド』『キャンザス・シティー・スター』, 著述家ではステフェンズ, ターベル, マイヤーズ, シンクレアら多数が活躍した.

ブッカー・T・ワシントン『奴隷より立ち上がりて』*Up from Slavery*（自伝）出版.

フランク・ノリス『オクトパス』*The Octopus*出版，タコのように土地収奪の手を伸ばす鉄道と戦うカリフォルニアの農民の姿を描く――3部作「小麦の叙事詩」The Epic of the Wheatの第1作.

ロイス『世界と個人』*The World and the Individual*出版――自らの意思に従って行動することでよりよい人生を手にすることができると主張.

■ **9月6日** マッキンリー大統領，ニューヨーク州バッファローで無政府主義者に撃たれ，14日死亡．同日シオドア・ローズヴェルトが昇格し，42歳で史上最年少の大統領となる（副大統領は1905年まで空席）.

■ 西洋人の生活様式を取り入れたいわゆる「文明化された5部族」のインディアン，1830～43年にインディアン地区Indian Territoryに強制移住させられたが，他の部族に先駆けて市民権を付与される．その保留地とオクラホマ準州との合併によって，1907年にオクラホマが州に昇格（1867年参照）.

▲ **1月22日** ヴィクトリア女王没（英）.

▲ ノーベル賞発足.

1902（明治35年）

ローズヴェルト大統領，反トラスト法の適用，労働争議の調停，自然資源の保護など，革新主義progressivismの政策を展開する.

ニューヨーク，ヘラルド・スクエアHerald Squareにメイシー百貨店Macy's新装開店．世界初の近代的エスカレーターを備えた建物となる．⇒図㉔

ロサンゼルスとシカゴに映画専用の劇場開設される．のち，入場料が5セントの5セント劇場nickelodeonと呼ばれる映画館が登場．1908年にはニューヨークに600以上の映画館があり，庶民に娯楽を提供した.

ハッチンズ・ハップグッドHutchins Hapgood『ゲットーの精神』*The Spirit of Ghetto*出版．自らニューヨークのゲットーで生活した体験に基づくノンフィクション.

スー族インディアンの血を引き，ダートマス大学で教育を受けた医師チャールズ・イーストマンCharles Alexander Eastmanの自伝『インディアンの少年時代』*Indian Boyhood*出版．これ以後，インディアンであることに誇りをもった自伝的著作を相次いで出す.

ヘレン・ケラーHelen Keller，自伝『わたしの生涯』*The Story of My Life*出版.

トマス・ディクソンThomas Dixon『豹の斑点』*The Leopard's Spots*出版．黒人差

別集団クー・クラックス・クランを英雄視する立場から，引き続き『クランズマン』*The Clansman*（1905年），『裏切り者』*The Traitor*（1907年）を発表．『クランズマン』は，D・W・グリフィスにより映画化（1915年参照）．

オーウェン・ウィスターOwen Wister『ヴァージニアン』*The Virginian*出版——1870〜80年代のワイオミングのカウボーイを描いた，本格的な西部劇小説の元祖．

ヘンリー・ジェイムズ『鳩の翼』*The Wings of the Dove*出版．

プリンストン大学教授ウッドロー・ウィルソンWoodrow Wilson『アメリカ国民史』*A History of the American People*（全5巻）／ウィリアム・ジェイムズ『宗教的経験の種々相』*Varieties of Religious Experience*／ジェイン・アダムズ『民主主義と社会倫理』*Democracy and Social Ethics*出版．

■ 4月29日　中国人移民禁止法 Chinese Exclusion Act 成立．

■ 5月20日　キューバ独立．米西戦争終結から4年．グアンタナモGuant'anamoなどに米軍が基地を置き，常駐することを認める．

● 1月30日　日英同盟Anglo-Japanese Alliance締結（1923年失効）．

1903（明治36年）

7月4日　サンフランシスコからマニラまで太平洋海底電線，サービス開始．

10月1〜13日　プロ野球の大リーグ，初のワールド・シリーズ開催．アメリカン・リーグ代表のボストン・アメリカンズBoston Americans（のちのレッド・ソックス）がナショナル・リーグ代表のピッツバーグ・パイレーツPittsburgh Piratesを破り，初代ワールド・チャンピオンとなる．

12月17日　ライト兄弟Orville and Wilbur Wright はじめて飛行に成功．兄オーヴィルが滞空時間12秒，弟ウィルバーが滞空時間59秒の記録を達成．⇒図㉕

全国女性労働組合連盟Women's Trade Union League（WTUL）設立．以後，女性労働者の法的保護，教育活動，女性参政権運動を牽引する．

最初の劇映画『大列車強盗』*The Great Train Robbery*上映．

ヘンリー・フォード，フォード自動車会社Ford Motor Co.を設立．

W・E・B・デュボイスW. E. B. DuBois『黒人のたましい』*The Souls of Black Folk*（論文・エッセイ集）出版．ブッカー・T・ワシントン的温柔主義を批判し，黒人の人権と黒人独自の歴史，文化の重要性を訴える（1895年参照）．

ベッシーとマリー・ヴァン・ヴォーストBessie and Marie Van Vorst義姉妹が，偽名で工場で働いた経験を記した『労働する女性たち』*Women Who Toil*出版．

1903–1904

ローズヴェルト大統領の賞賛を得る.

ノリス『小麦取引所』*The Pit*,ベストセラーとなり,劇化,映画化され,小説を下敷きにした"The Pit"というボードゲームも発売される.

ヘンリー・ジェイムズ『使者たち』*The Ambassadors*／ジャック・ロンドン『野性の呼び声』*The Call of the Wild*出版.

■ 11月 パナマ,コロンビアからの独立を宣言.

■ 米国は,パナマとヘイ゠ブナウ゠ヴァリラ条約Hay-Bunau-Varilla Treaty締結,パナマ運河地帯(幅約16,000メートル)を永久租借する.

● ヨネ・ノグチ,ロンドンで英語詩集『東海より』*From the Eastern Sea*出版,好評を博す.

● 夏目漱石,上田敏,日本人ではじめて東京帝国大学英文科講師となる.

1904(明治37年)

5月9日 パナマ運河建設着工(1914年8月開通).

5月14日 第3回近代オリンピック大会.セント・ルイス万博の一部として開催される.

10月8日 第1回ヴァンダービルト・カップ Vanderbilt Cup(300マイルを走る自動車レース),ロング・アイランドで開催される.観衆25,000人を集めた.

アメリカ芸術院American Academy of Arts and Letters設立.

リンカン・ステフェンズLincoln Steffens『都市の恥辱』*The Shame of the Cities*／アイダ・ターベルIda Minerva Tarbell『スタンダード石油会社史』*The History of the Standard Oil Company*出版——ともにマックレイキングの記念碑的仕事.

ポール・エルマー・モアPaul Elmer More『シェルバーン・エッセイズ』*Shelburne Essays*(全11巻,〜1921年.続篇3巻,1928〜1935年)出版——古典を重んじロマン主義と自然主義を批判する「ニュー・ヒューマニズム」New Humanismを展開.

ヘンリー・アダムズ『モン゠サン゠ミシェルとシャルトル』*Mont-Saint-Michel and Chartres*出版.

ヘンリー・ジェイムズ『黄金の盃』*The Golden Bowl*／ロンドン『海の狼』*The Sea-Wolf*／エレン・グラスゴーEllen Glasgow『評決』*The Deliverance*出版.

■ 大統領選挙.ローズヴェルト再選.革新熱にのって,ローズヴェルトの共和党は1872年以来の圧勝.

1904-1905

*省略記号：■=歴史・政治・経済　▲=世界　●=日本

▲ マックス・ヴェーバーMax Weber『プロテスタンティズムの倫理と資本主義
　の精神』*Die protestantische Ethik und der Geist des Kapitalismus*（～1905年）
　（独）．ベンジャミン・フランクリン等を例にとり，資本主義の発展と宗教的
　倫理観の関連を論じる．
● **2月8日**　日露戦争始まる（～1905年）．

1905（明治38年）

人道的奉仕と国際的親善を目指す実業人の社交団体ロータリー・クラブRotary
　Club，シカゴで結成．名称は会員が輪番で会場を受け持つという意味．1910
　年には全国組織化，1922年には世界組織Rotary Internationalとなる．
世界産業労働者同盟Industrial Workers of the World（IWW）シカゴで発足（～
　1920年）．
デュボイスらを中心に，黒人の地位向上を目指す「ナイアガラ運動」Niagara
　Movement始まる．後の全国黒人向上委員会NAACPの前身（1909年参照）．
英国の劇作家バーナード・ショウGeorge Bernard Shawの『ウォレン夫人の職業』
　Mrs. Warren's Profession，ニューヨークで上演．売春を扱った内容が猥褻文
　書の流通を禁じたコムストック法に抵触するとして上演打切り，俳優逮捕さ
　れる．
アメリカ・キリスト教会協議会The Federal Council of Churches of Christ in
　America結成．
タイ・カップTyrus Raymond "Ty" Cobb，プロ野球デトロイト・タイガース
　Detroit Tigersに入団．以後24年にわたって打者として活躍し，ベーブ・ルー
　ス "Babe" Ruth, Jr.と共に大リーグの黄金時代を築く．大リーグ史上1位の終
　身打率3割6分7厘，首位打者12回．
ハーヴァード大学英文科教授ジョージ・ベイカーGeorge P. Baker，演劇課程「47
　番作業劇場」47 Workshopを設ける（～1925年）．ユージン・オニールEugene
　O'Neill，シドニー・ハワードSidney Howard，トマス・ウルフらを輩出．
ジェイムズ・ハネカーJames Gibbons Huneker『偶像破壊者たち――劇作家論』
　*Iconoclasts: a Book of Dramatists*出版，米国演劇界にヨーロッパの新風を紹
　介．
『ヴァラエテイ』*Variety*（週刊演劇雑誌）創刊．
サンタヤナ『理性の生命』*The Life of Reason*（全5巻，～1906年）出版．
イーディス・ウォートンEdith Wharton『歓楽の家』*The House of Mirth*出版．

IWW指導者の一人ダニエル・デ・レオンDaniel De Leon『社会の社会主義的再建』*Socialist Reconstruction of Society*／ロンドン『階級闘争』*War of the Classes*出版.

■ **8月9日**　ローズヴェルトの調停により，ニュー・ハンプシャー州ポーツマスPortsmouthで日露戦争講和会議開催．9月5日，平和条約締結，日露戦争終結（1906年参照）.

▲ アルバート・アインシュタインAlbert Einstein，特殊相対性理論を発表（独）.

● 上田敏，訳詩集『海潮音』出版.

1906(明治39年)

ローズヴェルト大統領，日露戦争の終結に果たした役割が評価されてノーベル平和賞を受賞，米国人として初めてのノーベル賞受賞者となる.

12月24日　レジナルド・A・フェッセンデンReginald Aubrey Fessendenにより，史上初のラジオ放送．マサチューセッツ州ブラント・ロックBrant Rockから大西洋上の船舶に向けて，音楽と声の無線放送に成功.

アプトン・シンクレアUpton Sinclair『ジャングル』*The Jungle*出版――シカゴ精肉産業の内幕と労働者の窮状をリアルに描いてセンセーションを巻き起こし，純良食品薬剤法，食肉検査法制定の一因となる.

黒人女性セアラ・ブリードラヴSarah Breedlove，マダム・ウォーカーMadam C. J. Walkerと名乗り，黒人女性の髪用美容品製造・販売の事業を従業員3,000人の企業に発展させ，黒人女性の雇用創出を推進.

トウェイン『人間とは何か』*What Is Man?*出版――悲観主義的な人間決定論を展開.

オー・ヘンリーO. Henry（本名ウィリアム・シドニー・ポーターWilliam Sidney Porter），ニューヨーク市井の人々を描いた短篇集『400万人』*The Four Million*出版.

ゼイン・グレイZane Grey 西部劇小説『辺境の魂』*The Spirit of the Border*出版．グレイはこれ以後60冊以上の西部劇小説を出版，1,300万部以上を売りあげてこの分野の第一人者となる．代表作は『草原の騎士たち』*Riders of the Purple Sage*（1912年）.

マックレイカーの一人，デイヴィッド・フィリップスDavid Graham Philips，議会の腐敗と拝金主義を告発した「上院の裏切り」"Treason of the Senate"を『コズモポリタン』*Cosmopolitan*誌に連載して反響を呼び，複数の議員の辞職と

憲法修正17条の契機となる（1913年参照）. この連載中『コズモポリタン』の
発行部数が2倍に.
- ■ **4月18〜19日** サンフランシスコ大地震. 米国史上最悪の自然災害とされる
が, 地震後の火災による被害の方が大きかった. 死者452人.
- ■ 純良食品薬剤法Pure Food and Drug Act, 食肉検査法Meat Inspection Act制定.
- ■ サンフランシスコ教育委員会, 日本, 中国, 朝鮮人学童の隔離を指令（日本
政府の抗議を受け, 日本人児童の隔離は1907年に撤回）.

1907（明治40年）

年間移民数, 史上最高の1,285,349人を記録.

ニューヨークにフレンチ・ルネサンス様式のプラザ・ホテルPlaza Hotel完成.
シカゴでは, 広く低い屋根で平らな広がりを見せるフランク・ロイド・ライ
トFrank Lloyd Wrightの「プレーリー・スタイル」prairie style（主に一般住宅向
け）の建築盛ん.

プロデューサー, フローレンツ・ジーグフェルドFlorenz Ziegfeld, ニューヨー
クのブロードウェイで華やかなミュージカル・ショー「ジーグフェルド・
フォーリーズ」Ziegfeld Folliesを上演（〜1925年, 1931年）.

バプティストの聖職者ウォルター・ラウシェンブッシュWalter Rauschenbusch
『キリスト教と社会の危機』*Christianity and the Social Crisis*出版——資本主
義を批判し, キリスト教の立場から社会問題に取り組むべきとする「社会的
福音」Social Gospelを唱え, 大きな反響を呼ぶ.

ヘンリー・アダムズ, 自伝『ヘンリー・アダムズの教育』*The Education of Henry
Adams*私家版出版（死後の1918年に公刊, 1919年にピューリッツァー賞）.

ウィリアム・ジェイムズ『プラグマティズム』*Pragmatism*出版.

ヘンリー・ジェイムズ『アメリカ印象記』*The American Scene*出版. イギリスに
拠点を移していたジェイムズが1904年から翌年にかけてアメリカを旅行し
た記録.

- ● **2月24日** 日米紳士協定Gentlemen's Agreement——日本が移民の自主規制
を約束（1908年2月18日発効）.
- ■ **12月16日** 新造の戦艦16からなる大白艦隊Great White Fleet（全艦が白装さ
れていたことによる命名）, 世界周航に出発（〜1909年2月9日帰国）. 世界に
対して米国海軍の威力を示し, 日本を牽制する意図もあったが, 日本を含め
各地で歓迎される.

1908(明治41年)

W・C・デュラントWilliam C. Durantによって，ゼネラル・モーターズ（GM）発足．

新聞『クリスチャン・サイエンス・モニター』*The Christian Science Monitor*創刊．

フォード自動車会社，「モデルT」発表．画期的な大量生産方式を用い，一台850
ドルという低価格を達成して1年で10,000台を売る．

ロイス，『忠誠心の哲学』*The Philosophy of Loyalty*出版．個人の自由意思と集団
への忠誠心の関係を論じ，米国の哲学に大きな影響を与える．

エディソンが中心になって映画特許会社Motion Picture Patents Company，別名
「ザ・トラスト」を設立，米国国内の映画製作と配給の独占を試みる（1915年
にシャーマン反トラスト法違反の判決）．ザ・トラストに加入しなかった映
画製作者たちが，ハリウッドに映画製作の場を移すきっかけとなる．

「ごみ箱派」Ashcan Schoolと呼ばれる写実派を含む画家たち，「八人組」The
Eight展をニューヨークで開催．日常の風景・人物を扱った作品が話題とな
る．

モダン・ダンスの推進者としてヨーロッパを拠点に活躍するイサドラ・ダンカ
ンIsadora Duncan，故国のアメリカ公演旅行．賛否両論を巻き起こす．

アーヴィング・バビットIrving Babbit『文学とアメリカの大学』*Literature and
the American College*出版．「ニュー・ヒューマニズム」の旗手の最初の著作．

エズラ・パウンドEzra Pound，初めての詩集『消えた光に』*A Lume Spento*出版．

ロンドン，ファシズムの到来を予言する未来小説『鉄の踵』*The Iron Heel*出版．

■ 大統領選挙．ウィリアム・タフトWilliam H. Taft（共和党）当選．3回目の出馬
となる民主党のウィリアム・ジェニングス・ブライアンWilliam Jennings
Bryanは農民と労働者の支持を得て，落選するも政界に大きな影響力を保つ．

1909(明治42年)

4月6日　軍人で探検家のロバート・ピアリーRobert Edwin Peary，黒人従者1人，
エスキモー4人と共にはじめて北極に到達．

デュボイスら，黒人の地位向上を目指す全国黒人向上協会National Association
for the Advancement of the Colored People（NAACP）創設．

W・C・ハンディW. C. Handy，メンフィスの政治家エドワード・クランプ
Edward H. Crumpの市長選のために「ミスター・クランプ」"Mr. Crump"を作
曲．これが1912年に「メンフィス・ブルース」"Memphis Blues"として流行す

*省略記号：■=歴史・政治・経済　▲=世界　●=日本

る．黒人音楽のブルースが普及し始める．

フロイトとカール・ユングCarl G. Jung, 渡米し，クラーク大学で講演——米
国に精神分析学浸透．

ヴァン・ウィク・ブルックスVan Wyck Brooks,『ピューリタンの酒』*The Wine of
the Puritans*でピューリタニズムを攻撃．

パウンド，詩集『ペルソナ』*Personae*出版．

エドワード・シェルドンEdward Sheldon『黒んぼ』*The Nigger*(「パッシング」を
扱った戯曲)上演(翌年出版，1915年に映画化)．

ロンドン，自伝的小説『マーティン・イーデン』*Martin Eden*／ガートルード・
スタインGertrude Stein『三人の女』*Three Lives*(短篇集)出版．

● **10月26日**　伊藤博文，ハルピンで暗殺される．

1910(明治43年)

国勢調査，人口91,972,266人．非識字者が1900年より3％減り7.7％となる．

4月　ハレー彗星Halley's Comet大接近で地球破滅の噂広がり，一部に恐慌現
象．

ニューヨークのペンシルヴェニア駅Pennsylvania Station開業．

米国ボーイスカウトBoy Scouts of America発足．初代隊長に「動物記」(1898年
参照)のシートンがなる．

マン法Mann Act (別称「白人奴隷取引法」White Slave Traffic Act)成立．主に売
春を目的とした州間の女性移送とヨーロッパからの女性の入国を取り締ま
るもの．

チャールズ・エリオット，高等教育を受けていない人の教養のために「ハー
ヴァード・クラシックス」The Harvard Classics 50巻を編集．ギリシア・ロー
マの古典からフランクリン自伝，東洋思想に至るまで，古今東西の教養の書
を収める．

マイヤーズ『アメリカ巨大財産史』*The History of the Great American Fortunes*で
財閥独裁を攻撃．

ジョン・ローマックスJohn Lomax『カウボーイ・ソングその他のフロンティア
歌謡』*Cowboy Songs and Other Frontier Ballads*出版——以後，息子アラン
Alanとともにアメリカ民謡の収集につとめる．

ジェイン・アダムズ『ハル＝ハウスの20年』*Twenty Years at Hull-House*出版．改
革主義の理念に基づいたセツルメント運動実践の記録(1889年参照)．

パウンド，最初の批評集『ロマンス語文学の魂』*The Sprit of Romance*出版．アメリカ文化の不毛を攻撃．

エドウィン・アーリントン・ロビンソンEdwin Arlington Robinson『川下の町』*The Town Down the River*（詩集）出版．

▲ **10月6日**　メキシコ革命始まる．30年以上メキシコに君臨したポルフィリオ・ディアスPorfirio Diazの不正選挙による大統領就任に対して，フランシスコ・マデロFrancisco Maderoら武装蜂起．ディアスはフランスに亡命し，マデロが大統領に就任（～1920年）．

▲ ライナー・マリア・リルケRainer Maria Rilke『マルテの手記』*Die Aufzeichnungen des Malte Laurids Brigge*（独）．

● **8月29日**　日韓併合．

● 東京帝国大学教授の鈴木梅太郎，米糠から脚気に効く成分を抽出．オリザニンと命名．後に vitamine（後にvitamin）の名で世界的に広まる．

1911（明治44年）

カーネギー，1億4500万ドルを投じてカーネギー財団Carnegie Corporationを設立する．図書館の建設や高等教育の支援などを目的とした．

ダブリンのアベイ座The Abbey Theatre来演，大きな刺激を与える．

ハロルド・ベル・ライトHarold Bell Wright，西部劇小説『バーバラ・ワースの勝利』*The Winning of Barbara Worth*出版．25年間で150万部売れる．

アンブローズ・ビアスAmbrose Bierce『悪魔の事典』*The Devil's Dictionary*／ウォートン『イーサン・フローム』*Ethan Frome*出版．

ドライサー『ジェニー・ゲアハート』*Jennie Gerhardt*，編集者による大幅な「編集」を経て出版．

左翼系週刊誌『マッセズ』*The Masses*，ニューヨークで創刊（～1918年）．

サンタヤナ「アメリカの哲学における上品な伝統」"The Genteel Tradition in American Philosophy"講演．米国の知性の中核をなすブルジョア階級の思考がいまだに植民地時代のまま留まっていると批判（1931年参照）．

■ **1月21日**　ロバート・ラフォレットRobert M. La Follette上院議員によって全国革新共和連盟National Progressive Republican League発足．立法の改革，民衆政治の推進を目指す．

■ 連邦最高裁，スタンダード石油会社Standard Oil Companyにシャーマン反トラスト法を適用し，解散を命令．この結果，同社はジャージー・スタンダー

1911–1913

*省略記号：■=歴史・政治・経済　▲=世界　●=日本

ド（後のエクソン）など34の独立企業に分割される.
▲ 10月　辛亥革命，清朝の崩壊.
▲ 12月14日　ノルウェー人ロアール・アムンゼンRoald Engelbregt Gravning Amundsen，人類初の南極点到達.

1912（明治45年 大正元年）

ハリエット・モンローHarriet Monroe『ポエトリー』*Poetry: A Magazine of Verse*（月刊詩誌）をシカゴで創刊，いわゆる「詩的ルネサンス」の中心となる.
ポーランド系ユダヤ人メアリー・アンティンMary Antin『約束の地』*The Promised Land*（米国を肯定的に描いた，移民第1世代の自伝）／黒人作家ジェイムズ・ウェルドン・ジョンソンJames Weldon Johnsonの小説『もと黒人の自伝』*The Autobiography of an Ex-Colored Man*出版.
ドライサー『資本家』*The Financier*出版──「欲望3部作」Trilogy of Desireの第1作. 1890年代にシカゴの大物財界人だったチャールズ・T・ヤーキーズCharles Tyson Yerkesをモデルに，金融界でのし上がる人物クーパーウッドCowperwoodを描く.
ジーン・ウェブスターJean Webster『あしながおじさん』*Daddy-Long-Legs*出版.
■ 1月　マサチューセッツ州ロレンスの紡績工場，IWW主導でストライキ，2か月続き，労働者側が勝利.
■ 共和党全国大会，タフトを大統領候補に再指名. シオドア・ローズヴェルト，共和党を脱退して革新党Progressive Partyを結成（1916年に解党）.
■ 大統領選挙で，民主党のウッドロー・ウィルソンが圧勝. 南北戦争後，民主党の大統領としては2人目.
▲ 1月1日　中華民国成立.
▲ 4月14日　英客船タイタニック*Titanic*号海難事故.

1913（大正2年）

2月2日　ニューヨーク市のグランド・セントラル駅Grand Central Terminal開業.
2月17日　「アーモリー・ショー」Armory Show（国際近代美術展），ニューヨークのレキシントン街，第69連隊兵器庫69th Regiment Armoryで開催. 兵器庫armoryで行われたことからこの名で呼ばれる. ヨーロッパの野獣派，立体派，未来派，表現派などのモダンアート作品を展示し米国美術に大きな影響

を与える（～3月15日）.

ウルワース・ビルWoolworth Building完成. 60階241メートルで世界一の高さを誇る. 以後ニューヨークに林立する摩天楼の先駆けとなる.

ウィルソン『新しい自由』*The New Freedom*出版.

チャールズ・ビアードCharles A. Beard『合衆国憲法の経済的解釈』*An Economic Interpretation of the Constitution of the United States*出版.

ジョン・メイシーJohn Macy『アメリカ文学の精神』*The Spirit of American Literature*出版——ロングフェロー, ジェイムズ・ラッセル・ロウエルらを斥け, ソロー, メルヴィル, ホイットマンらを評価する「新しい精神」の文学史出現.

ロバート・フロストRobert Frost, 詩集『少年の心』*A Boy's Will*, ロンドンで出版（米国版は1915年刊）.

ヴェイチェル・リンジーVachel Lindsay, 詩集『ウィリアム・ブース将軍天国に入る』*General William Booth Enters into Heaven and Other Poems*出版.

ウォートン『国の慣習』*The Custom of the Country*出版.

ウィラ・キャザーWilla Cather『おお, 開拓者たちよ！』*O Pioneers!*（ネブラスカの開拓民女性を描く）／エレン・グラスゴー『ヴァージニア』*Virginia*（世相の変化に翻弄されるヴァージニア上流婦人を描く）／N・S・アレン N.S. Allen『侵略者たち』*The Invaders*（コネティカット峡谷のポーランド, アイルランド系移民を描く）出版.

D・W・グリフィスDavid Wark Griffith, 初の野心的本格長篇映画『アッシリアの遠征』*Judith of Bethulia*製作. 公開は翌1914年.

■ カリフォルニア州, 日系移民の農地所有を制限することを主な目的とし, 帰化資格を有する外国人のみにアメリカ市民同様の土地所有を認めた, 第1次排日土地法Heney-Webb Billを成立させる.

■ 憲法修正第17条発効. 上院議員を住民の直接選挙によって選ぶことを定める.

■ 連邦準備法Federal Reserve Act成立. 経済の中央集権化進む.

● 12月6日　米プロ野球, ニューヨーク・ジャイアンツNew York Giants, シカゴ・ホワイトソックスChicago White Sox連合世界一周野球チーム, 初来日.

1914（大正3年）

3月　産児制限の普及者, マーガレット・サンガーMargaret Sanger個人雑誌『女

1914

*省略記号:■=歴史・政治・経済　▲=世界　●=日本

性の反逆者』*Woman Rebel*創刊．女性の権利拡大をめざす活動家の報告や，避妊の重要性を説く．6月，「バース・コントロール」birth controlという言葉を初めて使い，定着させる．創刊号からコムストック法により郵送の禁止処分を受けたが，この年，『家族制限』*Family Limitation*と題する避妊の手引書を極秘に印刷（1916，20，22年参照）．⇒コラム（21）

ボストンの「民衆の代弁者」people's attorneyと呼ばれた弁護士ルイス・ブランダイスLouis Dembitz Brandeis，投資銀行による不当な利益の独占を批判する『他人の金』*Other People's Money*出版．ウィルソン大統領，これに感動し，1916年，ブランダイスを最高裁判事に指名．ユダヤ人初の最高裁判事となる．

マーガレット・アンダソンMargaret C. Anderson，『リトル・レヴュー』*The Little Review*（月刊，～1929年）をシカゴで創刊，前衛文芸を推進（1918年から20年にかけてジェイムズ・ジョイスJames Joyceの『ユリシーズ』*Ulysses*を連載，19年に雑誌没収，20年に罰金刑を受ける）．

『ニュー・リパブリック』*The New Republic*（自由主義的週刊誌）創刊．

ジョン・リードJohn Reed『反乱するメキシコ』*Insurgent Mexico*，メキシコ革命におけるパンチョ・ヴィラPancho Villaの姿などを記録．

パウンド編『イマジスト詩人集』*Des Imagistes: An Anthology*／フロスト『ボス

コラム｜21｜マーガレット・サンガー　1914年

　サンガーは，世界の女性保護に絶大な貢献をしたが，苦闘の生涯だった．ニューヨーク州の田舎の石工の家に生まれ，1900年に家を出て，ニューヨークの貧民街で看護師をするうちに，貧しい家庭の女性たちが自分の体について無知で妊娠を繰り返すことに驚き，産児制限の必要を痛感，1913年からヨーロッパへ研修に行き，避妊の具体的な方法を学んだ．1914年，個人雑誌『女性の反逆者』を発行，「バース・コントロール」という言葉を使用し，避妊の重要性や女性の権利拡大を説いた．翌1915年には『家族制限』を出版，発禁処分となったが，屈せず戦った．1922年3月にはロンドンの万国産児制限会議に出席する途中，改造社の招きで来日．しかし，日本が推進していた「産めよ増やせよ」の施策にサンガー夫人の主張が反するため，外務省はビザの発給を差し止め，国内での講演をしないことを条件にようやく入国を許可する始末だった．それでも内外に与えた影響は計り知れない．

トンの北』*North of Boston*／リンジー『コンゴ川──その他の詩集』*The Congo and Other Poems*／エイミー・ロウエルAmy Lowell『刀身とケシの実』*Sword Blades and Poppy Seed*／ジェイムズ・オッペンハイムJames Oppenheim『新時代のための歌』*Song of the New Age*出版.

ドライサー『巨人』*The Titan*出版──「欲望3部作」の第2作,成人に達し,実業家となったクーパーウッドを描く.

エドガー・ライス・バロウズEdgar Rice Burroughs『猿人ターザン』*Tarzan of the Apes*出版──以後彼は30冊以上のターザンものを書き,四半世紀で2,500万部以上売る(『猿人ターザン』は1918年映画化して大ヒット,以後ターザンは映画化・漫画化相次ぎ,20世紀最大の大衆的ヒーローとなる).

■ **4月21日** 米軍,メキシコのヴェラ・クルズVera Cruzを占領.22日,両国の国交断絶,7月15日にメキシコのウエルタHuerta大統領が辞職する.

■ **6月28日** 第一次世界大戦(1914〜1918年)勃発.8月4日,ウィルソン大統領,米国の中立を宣言.

■ **8月15日** パナマ運河開通.経営はパナマ運河会社で,米国大統領任命の総督が運河警備・主管にあたる.この運河支配権は,1999年12月31日にパナマに返還された(1999年参照).

1915(大正4年)

プロヴィンスタウン劇団Provincetown Players(翌年オニールが関係),ワシントン・スクエア劇団Washington Square Players発足──「リトル・シアター」Little Theatreによるアメリカ演劇刷新運動が始まる.

グリフィス監督による映画『国民の創生』*The Birth of Nation*公開.製作費6万ドル,2時間半におよぶ大作.ディクソン(1902年参照)の小説『クランズマン』(1905年)を脚色.斬新な手法を駆使し,映画が米国の新しい国民芸術であることを実証したが,人種差別的内容が論議を呼ぶ.

ブルックス『アメリカ成年期に達す』*America's Coming of Age*出版──批評家による米国文学新時代の声.

「ネブラスカ桂冠詩人」ジョン・ナイハートJohn G. Neihardt詩集『ヒュー・グラスの歌』*The Song of Hugh Glass*出版──以後彼は5冊のインディアン叙事詩を出し,『西部史詩』*The Cycle of the West*(1949年)で集大成(1822年参照).

エドガー・リー・マスターズEdgar Lee Masters詩集『スプーン・リヴァー詩歌集』*Spoon River Anthology*出版.田舎町に生きる人たちの挫折をうたい,「村落か

*省略記号：■=歴史・政治・経済　▲=世界　●=日本

らの反逆」revolt from the villageの気分を表現.

エイミー・ロウエル編『イマジスト詩人集』*Some Imagist Poets*出版（詩集. 1917
　年まで毎年1冊づつ）.

ドライサー，自伝的小説『「天才」』*The "Genius"*出版. 主人公の性的衝動の描
　写がニューヨーク悪徳抑圧協会から攻撃され，出版社が同書を回収（1923年
　に別の出版社から出版）.

アーネスト・プールErnest Poole，社会主義小説『港』*The Harbor*出版——資本
　と労働組合との問題を扱ったマックレイキングの代表作の一つ.

セシル・B・デミルCecil B. DeMille監督作品『チート』*The Cheat*公開. 主役を演
　じた日本人の早川雪舟，ハリウッドのスターとなる.

セダ・バラTheda Bara，映画『愚者ありき』*A Fool There Was*でデビュー. 毒婦
　を意味する「ヴァンプ」女優の登場.

■ 5月7日　英客船ルシタニア*Lusitania*号，独潜水艦により撃沈され，124名の
　米国人が死亡. 米独関係が緊張し，国交断絶の一因となる.

▲ アインシュタイン，一般相対性理論発表（独）.

● 1月18日　大隈重信内閣が袁世凱に対華21か条の要求を行なう.

1916 (大正5年)

この頃から南部黒人の北部工業都市への移住盛ん.

イラスト黄金時代の巨匠ノーマン・ロックウェルNorman Rockwell，初めて『サ
　タデー・イヴニング・ポスト』の表紙をかざる（1821年参照）.

10月16日　サンガー，ニューヨークのブルックリンに産児制限クリニックを
　開く. 最初の10日間で488人の女性が相談に来たが，警察に閉鎖させられる.
　しかし21年にはアメリカ産児制限連盟American Birth Control Leagueを
　ニューヨークに設立，さらに産児制限臨床研究センター Birth Cotrrol
　Clinical Reserch Centerを開設，29年にはニューヨーク市警の捜索を受け，3人
　の看護師と2人の医師が逮捕されたが，市警は各方面から批判され，法廷も
　訴追を却下.

アリス・ポールAlice Paul，女性の参政権を求めて全国女性党National Woman's
　Party設立.

ジャマイカ生まれのマーカス・ガーヴィMarcus Garvey，米国に移住し，国際
　黒人向上協会Universal Negro Improvement Association（UNIA）を立ち上げ
　る. 世界の黒人の共闘をめざす「アフリカへ帰れ」運動が都市部を中心に支

持者を集める.

ジョン・デューイJohn Dewey『デモクラシーと教育』*Democracy and Education*出版.進歩的教育の理念を説く.

『セヴン・アーツ』*The Seven Arts*(前衛的月刊リトル・マガジシ)創刊,アンダーソン,ロウエル,ジョン・リード,ドライサーらが寄稿したが,その反戦的主張のために反対も強く,翌年廃刊.

『シアター・アーツ・マガジシ』*Theatre Arts Magazine*(前衛的演劇季刊雑誌)創刊(〜1964年).

オニール『カーディフをさして東へ』*Bound East for Cardiff*,プロヴィンスタウン劇団によって上演,出版.

スーザン・グラスペルSusan Glaspellの1幕劇『トライフルズ』*Trifles*プロヴィンスタウン劇団で初演.

ロビンソン『空に向かって立つ人』*The Man Against the Sky* ／フロスト『山の合間』*Mountain Interval* ／カール・サンドバーグCarl Sandburg『シカゴ詩集』*Chicago Poems*出版.

トウェイン『不思議な見知らぬ人』*The Mysterious Stranger*,死後出版.

リング・ラードナーRing Lardner『なあ,アルよ』(邦訳『メジャー・リーグのうぬぼれルーキー』)*You Know Me, Al*,かけだし野球選手の手紙の形で書かれたユーモア小説)出版.

■ **3月15日**　パンチョ・ヴィラのゲリラ隊が米領に入ったため,米軍はこれを追ってメキシコに侵入.両国の緊張たかまり,6月には軍事衝突もあったが,翌年2月米軍撤退.

■ **11月**　大統領選挙.ウィルソン辛勝.

1917(大正6年)

米国の自動車登録数4,842,139台,突出した自動車社会に(米国以外では全世界で推定719,246台).

民間社会奉仕団体ライオンズ・クラブLions Club,実業家メルヴィン・ジョーンズMelvin Jonesの呼びかけで結成.現在では世界190か国で展開,日本では52年に結成された.

ピューリツァー賞Pulitzer Prize設定.かつてはイエロー・ジャーナリズムを先導したジョゼフ・ピューリツァーの遺言によって設立された.コロンビア大学新聞学部の委員会によって選考され,ジャーナリズム・文学・音楽におけ

*省略記号：■＝歴史・政治・経済　▲＝世界　●＝日本

る業績に対して毎年授与される.

ニュー・オーリンズの公認売春地区ストーリーヴィルStoryville，軍部の要請により閉鎖．これに伴いジャズ・ミュージシャンの多くが北部に移住．シカゴやニューヨークを拠点としたジャズ・バンドが全米に広まる.

『マッセズ』発禁．スパイ防止法により，挿絵などが国家転覆を狙うとされた.

モダン・ライブラリーModern Library，ボニ・アンド・リヴァーライトBoni & Liveright社によって発足（出版社は後に変更）.

『ケンブリッジ・アメリカ文学史』Cambridge History of American Literature出版（全4巻，～1921年）.

T・S・エリオットT.S.Eliot『プルーフロックその他の観察』Prufrock and Other Observations出版.

エイブラハム・カーハンAbraham Cahan『デイヴィッド・レヴィンスキーの向上』The Rise of David Levinsky出版．米国に移住したユダヤ人の経済的成功と挫折を描き，アメリカの夢の実態を暴く.

ドロシー・キャンフィールド・フィッシャーDorothy Canfield Fisher『リンゴの丘のベッツィー』Understood Betsy出版．人見知りする都会っ子の少女がヴァーモントの農場で次第に自分を発見し成長していく姿を描く.

ハムリン・ガーランドHamlin Garland『中西部の息子』A Son of the Middle Border（自伝）／メアリー・オースティンMary Austin『浅瀬』The Ford（カリフォルニアを舞台に社会的不正と改革をリアルに描く）出版.

■ 1月22日　ウィルソン，上院で「勝利なき平和」peace without victoryを求める演説を行なう．しかし2月3日，対独国交断絶，4月6日，対独宣戦布告へと進む.

■ 4月2日　連邦下院に初めて女性議員誕生．モンタナ選出の共和党ジャネット・ランキンJeannett Rankin（1941年参照）.

■ 6月15日　第一次世界大戦参戦に伴ってスパイ防止法Espionage Act成立．19年，違憲判決.

▲ ロシア，二月革命によりロマノフ王朝滅亡，続く十月革命でレーニン，ソヴィエト政権樹立.

● 石井＝ランシング協定――中国における日本の特殊権益を認める（～1923年）.

1918(大正7年)

5月15日 ニューヨーク＝ワシントンDC間で航空郵便始まる.

5月31日 夏時間Daylight Saving Time, 全米で導入. 不人気で翌年には廃止（1942年参照）.

9月14日 大統領選挙に社会党から4度立候補していたユージン・デブズEugene V. Debs, 政権批判および反戦の主張がスパイ防止法違反とされ懲役10年の有罪判決（1921年, 減刑により釈放）.

新聞『星条旗』*Stars and Stripes*, ヨーロッパ派遣軍の機関紙としてフランスで印刷, 発行. 休戦後は独立の新聞として刊行（～1926年）. 第二次世界大戦中にも同様の新聞が軍によって刊行される.

デューイの思想に基づく進歩的教育協会Progressive Education Association結成.

「シアター・ギルド」*The Theatre Guild*, ワシントン・スクエア劇団のメンバーによって結成——はじめリトル・シアターを目ざしたが, 成功した後, 商業劇団に転向.

サンドバーグ『とうもろこしの皮むきたち』*Cornhuskers*（詩集）出版.

キャザー『私のアントニーア』*My Ántonia*出版. ネブラスカの開拓農民として生きる女性の姿をキャザー自身の幼いころの記憶と重ねて描く.

ブース・ターキントンBooth Tarkington『大いなるアンバーソン家』*The Magnificent Ambersons*（ピューリツァー賞, 1942年にオーソン・ウェルズが映画化）出版.

雑誌『ダイアル』*The Dial*, シカゴからニューヨークへと移り, 急進的な評論誌となる. 1920年から前衛文学者を集めて全米の注目を集める文芸誌に脱皮（～1929年）.

■ **1月8日** ウィルソン, 議会教書で「14カ条」14 Pointsの平和再建構想を発表.

11月9日 ドイツで革命, 皇帝ウィルヘルム2世Wilhelm II退位.

11月11日 第一次世界大戦終結. 休戦記念日Armistice Day, 米国では「退役軍人の日」Veterans Dayとなる.

● **8月2日** ロシア革命への干渉を目的として, シベリア出兵（～1922年）.

● 東京帝国大学に「米国講座」（「米国憲法, 歴史及外交講座」, 通称「ヘボン講座」）開設. 高木八尺を初代担当に1924年開講.

1919(大正8年)

7月4日 ジャック・デンプシーJack Dempsey, ジェス・ウィラードJess Willard

を3ラウンドで倒し，重量級ボクシングの世界チャンピオンになる．これより1926年までチャンピオンの座を守り，絶大な人気で史上最高のファイト・マネーを獲得し続けた．

『解放者』*The Liberator*（『マッセズ』の後継週刊誌，1922年に共産党機関誌となる，～1924年）創刊．

「ブラックソックス」スキャンダル事件 "Black Sox" scandal．ワールド・シリーズで8名のシカゴ・ホワイトソックスの選手がシンシナティ・レッズCincinnati Reds相手に八百長試合を行なった疑いで起訴され，裁判では無罪となったが選手たちは球界を永久追放される．

フレデリック・キリアンFrederick Killianがラテックス・コンドームを開発，販売開始．1930年代半ばには1日で1,500,000個が使用されるようになる．

ジョン・リード『世界を震憾させた十日間』*Ten Days That Shook the World*（ロシア革命のルポルタージュ）出版．リードは社会党を追われて共産党設立に参加．翌年ソ連で死亡．

H・L・メンケンH.L.Mencken『偏見集』*Prejudices*（全6巻，～1927年），『アメリカ英語』*The American Language*（改版3回，続篇2回，～1948年）出版．

シャーウッド・アンダソンSherwood Anderson『オハイオ州ワインズバーグ』*Winesburg, Ohio*出版．中西部に生きる人々の孤独を描く短篇連作集．

ジョゼフ・ハーゲスハイマーJoseph Hergesheimer『ジャヴァ・ヘッド』*Java Head*

コラム | 22 | 禁酒法 1919年

　1920年施行の酒類の製造・運搬・販売を禁止した憲法修正第18条を一般に禁酒法と呼ぶ．米国ではピューリタニズムの影響もあって，19世紀の初めから禁酒の動きはあり，とくに女性を中心にした酒場反対anti-saloonの運動は盛んだったが，19世紀末から20世紀初頭の社会改革運動の機運にのって活動が活発化し，女性票の行方を気にした政治家たちの後押しを受けて修正18条は成立した．しかし，禁酒法が施行されても飲酒の習慣がなくなるわけではなく，酒の密輸や密造が横行したり，非合法に酒を販売してギャングたちが荒稼ぎをしたりした．悪名高いシカゴのギャング，アル・カポネも，禁酒法にのって無法のボスとなった．映画『暗黒街の顔役』（1932年），『アンタッチャブル』（1987年）など，禁酒法時代を映像化した作品も多い．当初から弊害の目立った禁酒法は，1933年，フランクリン・ローズヴェルト大統領のもとで撤廃された．

出版.

ジェイムズ・ブランチ・キャブルJames Branch Cabellのファンタジー小説『ジャーゲン』*Jurgen*出版. ニューヨーク悪徳抑圧協会によって「猥褻」と糾弾されたことが話題となり, かえって著者に国際的な名声をもたらす.

『ニューヨーク・デイリー・ニュース』*The New York Daily News*(初めてのタブロイド版センセーション新聞) 創刊. 1924年, 米国最高の175万部に達する.

マーカス・ガーヴィ, 新聞『ニグロ・ワールド』*Negro World*を発行.

デミル監督『男性と女性』*Male and Female*公開. 上流階層の夫人が執事と恋に落ちる物語. ヒロインはグロリア・スワンソンGloria Swansonで, 入浴シーンが評判に. これより20年代に入ると, スワンソンの他,「イット・ガール」It Girlと呼ばれたクララ・ボウClara Bowなど, 独立心を持ち性的自由を謳歌する女性がスクリーンに登場し, 憧れの存在となる. ⇒図㉖

■ **1月29日**　憲法修正第18条発効. 米国は禁酒法時代に入る (〜1933年). ⇒コラム (22)

■ **6月28日**　ヴェルサイユ条約調印. 恒久平和実現を目的とするウィルソンの「14か条」はほとんど実現せず. ただ国際連盟League of Nationsは成立へ.

■ **8月31日**　アメリカ共産労働党Communist Labor Party of America発足. 党のモットーは「万国の労働者, 団結せよ！」

▲ **8月14日**　ドイツ, ワイマール憲法公布, 施行.

1920(大正9年)

国勢調査, 人口105,710,620人, その51.4％が都市部に居住. 20年代を通してさらに推定6,000,000人が農村部から都市部へ流入し, 都市化の進展と農村の疲弊が進む.

大陸横断航空便配達開始──9月8日, ニューヨーク発. 11日, サンフランシスコ着.

11月2日　商業ラジオ放送許可され, ピッツバーグの民間ラジオ放送局KDKAがハーディング大統領当選のニュースを放送.

オニール『地平のかなた』*Beyond the Horizon*, ブロードウェイで上演, 160回のロングラン (ピューリツァー賞). 続いて『皇帝ジョーンズ』*The Emperor Jones*も上演 (翌年出版). この頃からニューヨークが次第に世界の演劇の中心となる.

パウンド『ヒュー・セルウィン・モーバリー』*Hugh Selwyn Mauberley* (詩集) ／サ

1920

*省略記号：■=歴史・政治・経済　▲=世界　●=日本

ンドバーグ『煙と鋼鉄』*Smoke and Steel*（詩集）出版.

アンダソン『貧乏白人』*Poor White*（近代産業主義が人間を破壊する有様を描く）／ウォートン『無垢の時代』*The Age of Innocence*（1870年代のニューヨーク上流社会を諷刺的に描く）／シンクレア・ルイスSinclair Lewis『本町通り』*Main Street*（「小さな町」の自己満足的な社会を痛烈に諷刺して描く）.

フランシス・スコット・フィッツジェラルドFrancis Scott Fitzgerald『楽園のこちら側』*This Side of Paradise*／ジョン・ドス・パソスJohn Dos Passos『1人の男の入門』*One Man's Initiation*出版――いわゆる「失われた世代」Lost Generationの登場.

『解放者』編集者フロイド・デルFloyd Dell『出来そこない』*Moon-Calf*（半自伝小説，戦後の幻滅の世代の心を表現）／エドワード・ボク『エドワード・ボクのアメリカ化――あるオランダ人少年の50年後の自伝』*The Americanization of Edward Bok: The Autobiography of a Dutch Boy Fifty Years After*出版.

ユダヤ系ロシア人移民アンジア・イージアスカAnzia Yezierska，ニューヨークの貧しいユダヤ系移民を描いた短篇集『飢えた心』*Hungry Hearts*出版. ハリウッドで映画化され（1922年），著者イージアスカは「労働搾取工場のシンデレラ」と呼ばれる.

サンガー『女性と新しい種族』*Woman and the New Race*出版. 女性の肉体的な解放を説く.

バスター・キートンBuster Keaton監督・主演の短篇喜劇映画『文化生活一週間（キートンのマイホーム）』*One Week*公開. この後30年代まで監督・主演作品を次々と制作，無表情と驚異的なアクションで一世を風靡する.

■ **1月2日**　司法長官ミッチェル・パーマーMitchell Palmerの命で，共産主義者2,700名が逮捕される.「パーマーの襲撃」Palmer's Raids.

■ **3月19日**　上院，ヴェルサイユ条約批准を否決――ウィルソン大統領の国際主義を拒否.

■ **5月5日**　サッコ＝ヴァンゼッティ事件. イタリア系労働者でアナキストのニコラ・サッコNicola Saccoとバートロメオ・ヴァンゼッティBartolomeo Vanzetti，殺人容疑で逮捕される. 翌年には，証拠不十分なまま有罪判決を受け，国際的な抗議運動がおこるが，1927年4月9日，死刑判決が確定し，8月23日準戒厳令下のボストンで処刑. 1977年，マサチューセッツ知事が2人の無罪を公式表明.

■ **8月26日**　憲法修正第19条発効. 婦人参政権.

■ **11月**　大統領選挙.「平常への復帰」a return to "normalcy"を掲げた共和党の

ウォレン・ハーディングWarren G. Harding, 第29代大統領に当選. 副大統領はカルヴィン・クーリッジCalvin Coolidge.

▲ **1月** 国際連盟成立.

11月20日 ウィルソン大統領, ノーベル平和賞受賞——国際連盟設立による世界平和への努力に対して.

● **12月9日** カリフォルニア州, 日本人移民の農地所有を禁じた第二次排日土地法を実施.

1921（大正10年）

10月5〜13日 ニュー・ジャージーのラジオ放送局WJZ, ジャイアンツとヤンキーズNew York Yankeesの間で行われたワールドシリーズを実況放送.

9月8日 第1回ミス・アメリカ・ペイジェント, アトランティック・シティで開催.

J・T・アダムズJames Truslow Adams『ニューイングランドの創設』*The Founding of New England*出版, ピューリタニズムを批判.

ドス・パソス『三人の兵士』*Three Soldiers*出版.

オニール『アンナ・クリスティ』*Anna Christie*上演（翌年出版）.

エリノア・ワイリーElinor Wylie『風をとらえる網』*Nets to Catch the Wind*（詩集, 形而上詩人的に洗練された手法）出版.

ジョージ・メルフォードGeorge Melford監督映画『シーク』*The Sheik*公開, イタリア出身の俳優ルドルフ・ヴァレンティノRudolph Valentino, セックス・シンボルとしての人気を確立する.

チャールズ・チャップリンCharles Chaplin, 監督・脚本・主演『キッド』*The Kid*公開. すでに喜劇俳優, 短篇映画の監督として人気者であったチャップリンの単独監督による初の長篇映画. 以後「喜劇王」として世界的な人気を誇る.

▲ **11月12日** ワシントン軍縮会議開催（〜1922年2月6日）——米・英・日の海軍力5・5・3の割合に制限など決める.

● **11月** 有島武郎訳『ホイットマン詩集』第1輯. 日本におけるホイットマン熱, 最盛期を迎える.

1922（大正11年）

合衆国聖公会, 結婚式の宣誓から「（妻が夫に）従う"obey"」の文句削除を決定.

*省略記号：■=歴史・政治・経済　▲=世界　●=日本

フィッツジェラルド『ジャズ時代の物語』*Tales of the Jazz Age*（短篇集）出版
　　──このタイトルから，20年代を「ジャズ・エイジ」と呼ぶ．⇒図㉗
ハーバート・カルマスHerbert Kalmus，動画のカラー化に成功．ただし，映画
　　に広く利用されるようになるのは20年後．
『リーダーズ・ダイジェスト』*The Reader's Digest*創刊──やがて米国および世
　　界で最大の発行部数を誇る（1963年，合衆国で1,450万部，外国で1,010万部）．
ハロルド・スターンズHarold Stearns編『合衆国の文明』*Civilization in the United*
　　*States*出版，シンポジウムの記録，アメリカ文明の状況への嫌悪を示す．
オニール『毛猿』*The Hairy Ape*上演，出版．
エリオット『荒地』*The Waste Land*出版．
クロード・マッケイClaude McKey『ハーレムの影』*Harlem Shadows*（詩集）出版
　　──この頃からニューヨークの「ハーレム・ルネサンス」Harlem Renaissance
　　始まる．⇒コラム（23）
『フュジティヴ』*The Fugitive*（隔月雑誌で地方主義を唱導，～1925年）テネシー
　　州ナッシュヴィルで創刊──南部の文芸復興を推進，またこの「フュジティ
　　ヴ・グループ」によって米国における「ニュー・クリティシズム」New
　　Criticismが進展（1930年参照）．
シンクレア・ルイス『バビット』*Babbitt*／カミングズ E.E. Cummings『巨大な部

コラム｜23｜ハーレム・ルネサンス（ニグロ・ルネサンス）1922年

　ハーレムはニューヨーク市の黒人居住地区として知られるが，文化的に重要な
役割をになってきた．1910年代，多くの黒人が南部から北部への移動を行ない，
また19世紀後半から教育を受けた黒人（アラン・ロックは「新しい黒人」と呼んだ）
が飛躍的に増え，1920年代にその黒人が多くハーレムに集まり，独自の文化を
花咲かせようとした．文学では，ジーン・トゥーマー，ラングストン・ヒューズ，ゾラ・ニー
ル・ハーストン，クロード・マッケイ，カウンティ・カレンなどの名が知られている．音
楽では，ジャズやブルースなど黒人音楽がナイト・クラブに鳴り響き，デューク・エ
リントン，ルイ・アームストロング，ビリー・ホリデイらが活躍，世界的に知られるよう
になった．美術では，アーチボルド・モトリーやアーロン・ダグラスなどが登場し，ハー
レムやアフリカのイメージを描いた．1929年の大恐慌を境にしてハーレム・ルネッ
サンスは収束するが，黒人が自らの表現によって，自らの置かれた境遇や意味を
公にし始めたことに大きな意義がある．

屋』*The Enormous Room*出版.

▲ 10月　イタリアにファシスト政権樹立.

▲ 12月30日　ソヴィエト社会主義共和国連邦樹立宣言.

▲ ジョイス『ユリシーズ』，パリで出版——米国では1932年に押収廃棄処分.

● 3月10日　サンガー来日．前年に日本で出版された『産児調節論』が話題．日本政府は，産児制限に関する講演を行わないという条件で入国を許可（～4月7日）.

1923<small>（大正12年）</small>

農村的アメリカのチャンピオンであり続けてきたW・J・ブライアン，ミネソタ州セント・ポールの聖職者の集まりで，進化論を「科学の名で仮装した背徳のプログラム」と糾弾.

ニューヨークのヤンキー・スタジアムYankee Studium開場.

週刊誌『タイム』*Time*創刊（1938年に『リテラリー・ダイジェスト』を吸収）.

サンタヤナ『存在の諸領域』*The Realms of Being*（全5巻の哲学的考察の総称）出版（～1940年）.

フロスト『ニュー・ハンプシャー』*New Hampshire*／カミングズ『チューリップと煙突』*Tulips and Chimneys*／ウォレス・スティーヴンズWallace Stevens『足踏みオルガン』*Harmonium*／ウィリアム・カーロス・ウィリアムズWilliam Carlos Williams『春とか』*Spring and All*出版.

エルマー・ライスElmer Rice『計算器』*The Adding Machine*（人間のロボット化を諷刺）上演，出版.

キャザー『迷える夫人』*A Lost Lady*（偉大な開拓時代とその後の幻滅の時代を対比）出版.

ジーン・トゥーマーJean Toomer『砂糖きび』*Cane*出版．南部のアフリカ系アメリカ人の現実を詩的に描く短篇連作.

ジェイムズ・クルーズJames Cruze監督の超大作西部劇映画『幌馬車』*The Covered Wagon*上映．壮大な群衆場面その他，ハリウッド映画の力を示す.

■ 5月4日　ニューヨーク州，同州の禁酒法をハーディング大統領の反対を押し切って撤廃——禁酒法廃止の糸口.

■ 8月2日　汚職などのスキャンダルまみれだったハーディング大統領，サンフランシスコのホテルで急死．翌日クーリッジ副大統領が大統領に昇格.

▲ D・H・ロレンスD. H. Lawrence『アメリカ古典文学研究』*Studies in Classic*

*省略記号：■=歴史・政治・経済　▲=世界　●=日本

*American Literature*出版．ヨーロッパの視点からアメリカ文学・アメリカ文明を論じる（英）．
● **9月1日**　関東大震災．

1924(大正12年)

6月15日　すべてのインディアンに対して市民権を付与（1901年参照）．

ジョージ・ガーシュインGeorge Gershwin，ジャズとクラシック音楽を融合させたシンフォニック・ジャズの始まりと言われる「ラプソディー・イン・ブルー」"Rhapsody in Blue"を作曲，ニューヨークで初演．

『トランスアトランティック・レヴュー』*Transatlantic Review*，パリで創刊（1月～12月），次第に「失われた世代」の雑誌と化す．

『アメリカン・マーキュリー』*The American Mercury*（メンケンと劇評家ジョージ・ネイサンGeorge Jean Nathan編集，『スマート・セット』後継誌）創刊──アメリカ文化の偶像破壊に力を振るう．

『サタデー・レヴュー』*The Saturday Rewiew of Literature*創刊（1952年，*Saturday Review*に改名）．

オニール『楡の木陰の欲望』*Desire Under the Elms* ／ハワード『彼等は何が欲しいか知っていた』*They Knew What They Wanted*（翌年出版，ピューリツァー賞）／マックスウェル・アンダソンMaxwell Anderson，ロレンス・ストーリングズLaurence Stallings共作『栄光何するものぞ』*What Price Glory?*上演．（第一次世界大戦の米軍を舞台とするコメディ，1926年出版，大胆な卑語が話題に．1952年ジョン・フォードJohn Ford監督により映画化）．

ロビンソン・ジェファーズRobinson Jeffers『タマールその他の詩集』*Tamar and Other Poems* ／マリアン・ムアMarianne Moore『観察』*Observations*出版．

ヘミングウェイ『ワレラノ時代ニ』*in our time*（スケッチ集），パリで出版（これを含めた短篇小説集『われらの時代に』*In Our Time*は翌年米国で出版）．

フィッシャー『家事する人』*The Home-Maker*出版．主婦として失敗した女性が，事業に失敗した夫と役割を交換する．

■ **5月26日**　1924年移民法成立．アジアからの移民を事実上禁止するもので，日本では「排日移民法」と呼んで激しい抗議運動起こる．

■ **7月4日**　革新党Progressive Party 結成（1936年解党）．大統領候補にラフォレットを立てる．

■ **11月**　大統領選挙．クーリッジ再選．

1925（大正14年）

7月10日　スコープス裁判Scopes Trial事件——テネシー州法に反して進化論を教えた高校教師ジョン・T・スコープスJohn T. Scopesが起訴され，検察側にW・J・ブライアン，弁護側に不可知論者で労働争議の弁護士としても名高いクラレンス・ダロウClarence Darrowが立ち，全米の注目を集める．進化論を教えることを違法とすること自体の是非は争われず，スコープスの有罪に終わる．⇒コラム（24）

『ニューヨーカー』The New Yorker創刊．「キャヴィアを楽しむ都会人」caviar sophisticatesの雑誌とされる．

この頃から，全米各地の大都市を中心に映画宮殿picture palaceと呼ばれる豪華な映画館が盛んに建設され，中産階級を映画館に呼び込む．

この頃，南部の黒人を起源とする，ジャズに合わせて踊るダンス「チャールストン」charlestonが流行．

ジョン・ローソンJohn Howard Lawson『行進歌』Processional（炭坑争議を扱った表現主義劇），シアター・ギルドにより上演．

W・C・ウィリアムズ，評論集『アメリカの本性に』In the American Grain出版

コラム｜24｜スコープス裁判　1925年

　アメリカでは，進化論を学校で教えることの是非が裁判で争われ続けてきた．そのもっとも有名なのが，1925年7月10日から21日にかけて行なわれた「スコープス裁判」である．第一次世界大戦を経て，米国社会では聖書の文言をすべて事実と解釈するファンダメンタリストが増え，進化論に反対する機運が広まった．テネシー州議会でも1925年の初めに公立学校で進化論を教えることを禁じた．高校教師のジョン・スコープスはこの法律の有効性を問うためにあえて進化論を教え，逮捕されて裁判となった．裁判で，検察側には著名な政治家だが今や65歳に達するW・J・ブライアンが立ち，弁護側にはクラレンス・ダロウが立った．裁判の様子は新聞やラジオによって逐一報道され，全国の注目を集めた．スコープス本人の有罪は最初から明らかだったが，裁判はファンダメンタリストと進化論支持派との論争の場となり，こうなればブライアンの論理は矛盾を露呈せざるをえなかった．彼は結審5日後に死去．裁判には勝ったけれども，これ以後しばらく，ファンダメンタリストはなりをひそめて時を待たなければならなかった．

1925

*省略記号：■=歴史・政治・経済　▲=世界　●=日本

――国籍離脱者に反対し，アメリカ文化の本性を再評価．

アラン・ロックAlain Locke，アンソロジー『新しい黒人』*The New Negro*出版
　　――小説，詩，評論などを収め，黒人としてのアイデンティティに誇りを
　　持つ新しい世代の文化の存在を主張．

ドライサー『アメリカの悲劇』*An American Tragedy*，成功を目指した青年が挫
　　折し殺人罪で処刑されるまでを描く，アメリカ自然主義文学の代表的作品．

シンクレア・ルイス『アロースミス』*Arrowsmith*（ピューリツァー賞辞退）．

アンダソン『黒い笑い』*Dark Laughter*，回想を多用し，モダニズム的手法を用
　　いて現代人の意識の解放を探る．

キャザー『教授の家』*The Professor's House*／グラスゴー『不毛の土地』*Barren
　　Ground*，南部の大地に生きる女性を描く．

スタイン『アメリカ人の形成』*The Making of Americans*／ドス・パソス『マンハッ
　　タン乗換駅』*Manhattan Transfer*／フィッツジェラルド『偉大なるギャツビー』
　　*The Great Gatsby*出版．

アニタ・ルースAnita Loos『紳士は金髪がお好き』*Gentlemen Prefer Blondes*（ジャ
　　ズ・エイジの女性を描く）出版――1953年にマリリン・モンローMarilyn
　　Monroe主演で映画化．

デュボーズ・ヘイワードDuBose Heyward『ポーギー』*Porgy*（チャールストンの
　　黒人を描く）出版――妻ドロシーDorothyの協力で劇化，1935年にはガーシュ
　　インにより黒人音楽と西洋古典音楽を融合させたフォーク・オペラ『ポー
　　ギーとベス』*Porgy and Bess*として上演．

パウンド，生涯の大作『詩篇』*Cantos*の一部がはじめて単行本出版．

カウンティ・カレンCountee Cullen，詩集『色』*Color*出版．

■ 1月5日　ネリー・タイロー・ロスNellie Tayloe Ross，ワイオミングで，女性
　　として初の州知事に選出される．

■ 秋，フロリダの土地ブーム，ピークに達する．

▲ ヒトラーAdolf Hitler『わが闘争』*Mein Kampf*（全2巻，～1927年）出版（独）．

● 3月10日　治安維持法制定．

● 5月5日　「普通選挙法」（25歳以上の男子に選挙権・被選挙権を与える）公布．

● 洋装で都会的な「モダン・ボーイ」「モダン・ガール」登場，ジャズ，ダンスホー
　　ルも都市部で盛況．日本文化の「アメリカ化」に批判も盛ん．

1926(大正15・昭和元年)

3月7日　北大西洋横断無線電話開設.

5月9日　海軍士官リチャード・イヴリン・バードRichard Evelyn Byrd, 初めて北極上を飛行.

9月23日　ジーン・タニーJames Joseph "Gene" Tanney, 歴史的な12万人の観客を集めた試合で, ジャック・デンプシーを破ってボクシングの世界ヘビー級チャンピオンに. 不敗のまま1928年に引退.

『ニュー・マッセズ』*The New Masses*(『解放者』の後継誌, ～1953年)創刊——文壇左翼勢力を結集.

『ブラック・マスク』*Black Mask*創刊. 探偵・冒険・ロマンス小説を主に掲載. ダシール・ハメットDashiell Hammettやレイモンド・チャンドラーRaymond Chandlerなどの作品を掲載し, ハードボイルド小説を生み出す(～1953年).

「ブック・オヴ・ザ・マンス・クラブ」The Book-of-the-Month Club発足——以後ブック・クラブ繁盛.

ポール・グリーンPaul Green『エイブラハムの胸に』*In Abraham's Bosom*(リアリスティックな黒人悲劇)上演, 翌年出版.

ラングストン・ヒューズLangston Hughes『ものういブルーズ』*The Weary Blues*(詩集)出版.

カール・ヴァン・ヴェクテンCarl Van Vechten『黒んぼ天国』*Nigger Heaven*出版. ハーレムの黒人生活をリアリスティックに描いて黒人文化への注目をひくが, タイトルが差別的だと批判もされる("Nigger Heaven"とは天井桟敷のことで, 黒人が上等な席への入場を許されなかった時代の俗語).

ウィリアム・フォークナーWilliam Faulkner, 最初の長篇『兵士の報酬』*Soldiers' Pay*出版.

ヘミングウェイ『日はまた昇る』*The Sun Also Rises*出版. 著者の初期の代表作.

サンドバーグ『リンカン伝——大草原時代』*Abraham Lincoln: The Prairie Years*出版(続く『戦争時代』*The War Years*は1939年出版).

1927(昭和2年)

5月20～21日　チャールズ・リンドバーグCharles Lindbergh, ニューヨーク＝パリ間を単独無着陸飛行に成功. 単葉機「セント・ルイスの魂」*Spirit of St. Louis*号で, 5,809kmを33時間39分かけて飛ぶ. パリでは10万人が歓迎. 帰国

1927

*省略記号：■=歴史・政治・経済　▲=世界　●=日本

した6月13日，ニューヨーク・ブロードウェイでの祝賀パレードを400万人が見物．

9月27日　ニューヨーク・ヤンキーズのベーブ・ルース，年間60本のホームランを打つ．この記録は1961年にロジャー・マリスRoger Marisが61本を打つまで破られず．

T・S・エリオット，英国に帰化．

制作者，批評家等の映画関係者により映画芸術科学アカデミーThe Academy of Motion Picture Arts and Science結成．アカデミー賞の授与が主目的．初代会長は俳優のダグラス・フェアバンクスDouglas Fairbanks．最初の授賞は1929年．

初の長篇トーキー映画『ジャズ・シンガー』Jazz Singer公開．主人公の第一声「ちょっと待て，お楽しみはこれからだ」"Wait a minute, wait a minute. You ain't heard nothin' yet."が有名．

『ハウンド・アンド・ホーン』Hound and Horn（前衛的季刊文芸誌，～1934年）／『アメリカン・キャラヴァン』American Caravan（年刊文芸誌，～1936年）／『トランジション』Transition（パリで発行の国際的月刊，後に季刊前衛文芸誌，～1938年）創刊．

チャールズとメアリ・ビアード夫妻Charles A. and Mary R. Beard『アメリカ文明の興起』The Rise of American Civilization／ヴァーノン・ルイス・パリントンVernon Louis Parrington『アメリカ思想の主潮』Main Currents in American Thought（全3巻，～1930年）出版．

ノルウェー移民O・E・ロールヴァグO.E.Rölvaag『大地に根づく巨人』Giants in the Earth（ノルウェー移民を描く叙事詩的3部作の第1作，ノルウェー語版1924～25年）出版．

ソーントン・ワイルダーThornton Wilder，小説『サン・ルイス・レイ橋』The Bridge of San Luis Rey出版．

ルイス『エルマー・ガントリー』Elmer Gantry出版．不純な動機で伝道師になった男の姿を描き，宗教界を批判．

シンクレア，石油利権をめぐるハーディング政権の汚職事件を題材にした『石油！』Oil!出版．

ヒューズ『晴れ着を質屋に』Fine Clothes to the Jews（詩集）／ジェイムズ・ウェルドン・ジョンソン『神のトロンボーン』God's Trombones／カレン編『カロリング・ダスク──1920年代黒人詩集』Caroling Dusk：an Anthology of Verse by Black Poets of the Twenties出版．

▲ マルセル・プルーストMarcel Proust『失われた時を求めて』*A la recherche du temps perdu*完成（仏）.

▲ アンドレ・シーグフリードAndré Siegfried『今日のアメリカ』*Les États-Unis d'aujourd'hui*出版（仏）.

1928（昭和3年）

2月10日　米国＝ドイツ間で無線電話の送受信開始.

6月17〜18日　アミリア・エアハートAmelia Earhart，女性で初めて大西洋横断飛行に成功.

10月　共和党大統領候補のハーバート・フーヴァーHerbert Clark Hoover（実業家でハーディング政権の商務長官），アメリカのシステムは「頑強な個人主義」rugged individualismに根ざすことを説く.

ウォルト・ディズニーWalt Disney，短篇アニメーション映画『飛行機狂』*Plane Crazy*で初めてミッキー・マウスMickey Mouseを登場させる. 同年世界初のトーキーアニメ『蒸気船ウィリー』*Steamboat Willie*を制作し，先に公開. ミッキー・マウスの時代始まる.

『アメリカ人名辞典』*Dictionary of American Biography*刊行開始（全20巻，〜1936年）.

オニール『奇妙な幕間狂言』*Strange Interlude*上演，出版.

アーチボルド・マクリーシュArchibald MacLeish長篇詩『A・マクリーシュのハムレット』*The Hamlet of A. MacLeish*（ハムレットの懐疑主義を「失われた世代」的に解釈）／スティーヴン・ベネーStephen Vincent Benét物語詩『ジョン・ブラウンの屍』*John Brown's Body*出版.

■ **11月**　大統領選挙. フーヴァー，圧倒的得票で当選.
戦後の好況ピークに達し，株価急騰.

▲ ロレンス『チャタレイ夫人の恋人』*Lady Chatterley's Lover*，フィレンツェで私家版刊行. 完本公刊はロンドンで1960年（1950年参照）.

▲ アレグザンダー・フレミングSir Alexander Fleming，ペニシリンを発見（英）.

1929（昭和4年）

米国の全世帯の約3分の2が電力の供給を受け，約4分の1の世帯に電気掃除機が，約5分の1の世帯にトースターが普及.

*省略記号：■=歴史・政治・経済　▲=世界　●=日本

2月14日　シカゴでギャングの抗争から通行人を含む7人が射殺されるセント・ヴァレンタイン・デーの虐殺St. Valentine's Day Massacre事件．シカゴのギャングスター，アル・カポネAl Caponeの指示によるものと見られ，ギャングに対する世論の非難高まる．

11月　近代美術館The Museum of Modern Art，ジョン・ロックフェラー夫人のアビゲイル・オルドリッチ・ロックフェラーAbigail Aldrich Rockefellerらによりニューヨークに開設．

『アメリカ文学』*American Literature*（季刊アメリカ文学研究誌）創刊．

『ニュー・マッセズ』の外郭団体として「ジョン・リード・クラブ」John Reed Clubs結成，左翼的宣伝活動に従事，若い作家の育成につとめる（〜1935年）．

ウォルター・リップマンWalter Lippmann『道徳への序説』*A Preface to Morals*出版，個人的自由達成のための現実的姿勢を説く．

リンド夫妻 Robert. S. and Helen M. Lynd『ミドルタウン』*Middletown*（中西部の小さな町を象徴的に取り上げた社会学的な総合研究）出版．

ライス『街の風景』*Street Scene*上演，出版．

フォークナー『サートリス』*Sartoris*，『響きと怒り』*The Sound and the Fury*（南部の名家の没落のさまを一族とその周辺の人々の意識の流れにそって描き出した画期的実験作）出版．いわゆる「ヨクナパトーファ年代記」Yoknapatawpha Sagaの礎石．

ヘミングウェイ『武器よさらば』*A Farewell to Arms*／トマス・ウルフThomas Wolf『天使よ故郷を見よ』*Look Homeward, Angel*出版．

カレン『黒いキリスト』*The Black Christ, and Other Poems*（詩集）出版．

ネラ・ラーセンNella Larsen『白い黒人』*Passing*出版．白人になりすます黒人女性の悲劇を描いた長篇小説．

■ **10月24日**　暗黒の木曜日Black Thursday．ニューヨーク株式市場の株価大暴落．大恐慌始まる．この年，659の銀行が倒産．

1930（昭和5年）

国勢調査，総人口122,775,046人．

この年の銀行倒産数1,352件．

この頃からフォーク・リヴァイヴァルFolk Revival始まる。ウッディ・ガスリーWoody Guthri（本名ウッドロウ・ウィルソン・ガスリーWoodrow Wilson Guthrie）は、貧しい民衆の叫びを汲み取り，ギターとハーモニカで唄いあげ

る．彼の最も知られた曲「わが祖国」"This Land Is Your Land"は，60年代の公民権運動家たちにも愛され，のちのボブ・ディランBob Dylanなどにも影響を与えた（1963年参照）．

黒人イスラム教団「ネイション・オブ・イスラム」Nation of Islam，デトロイトで寺院を開く．この後，都市部を中心にメンバーを増やす．

シンクレア・ルイス，米国人としてはじめてノーベル文学賞受賞．主な受賞対象作品は『バビット』（1922年）．

原子物理学者アーネスト・ロレンスErnest O. Lawrence，はじめてサイクロトロン（荷電粒子の加速器の一種．これにより，原子核の破壊が可能となる）を建造．

『フォーチュン』Fortune（『タイム』系の月刊経済誌）創刊．

『社会科学事典』The Encyclopaedia of the Social Sciences刊行開始（全15巻，～1935年）．

12人の南部人『私の立場』I'll Take My Stand出版――「フュジティヴ・グループ」らによる，商業主義・産業主義を斥ける農業主義的宣言．

エリオット『聖灰水曜日』Ash-Wednesday／ハート・クレーンHart Crane，ブルックリン橋をうたった『橋』The Bridge出版（1883年参照）．

フォークナー『死の床に横たわりて』As I Lay Dying／ドス・パソス『北緯四十二度線』The 42nd Parallel（3部作『U. S. A.』U. S. A.の第1作）／ヒューズ『笑いなきにあらず』Not Without Laughter／キャサリン・アン・ポーターKatherine Anne Porter『花咲くユダの木』Flowering Judas（短篇集）出版．

マイケル・ゴールドMichael Gold『金のないユダヤ人』Jews Without Money（自伝的小説）出版――プロレタリア文学の傑作．

ハメット『マルタの鷹』The Maltese Falcon出版．ハードボイルド探偵小説初期の傑作．簡潔な文体とストーリー展開の早さなど後のハードボイルド小説に大きな影響を与える．

■ **9月17日**　ボールダー・ダムBoulder Dam（後に改名してフーヴァー・ダム）着工，1936年完成．砂漠の中の都市ラス・ヴェガスの水源，電力源となる．

● 池崎忠孝『世界を脅威するアメリカニズム』（アメリカ文明批判の書）出版．

1931（昭和6年）

この年の銀行倒産数2,294件．

3月3日　フランシス・スコット・キーの愛国詩「星条旗」"The Star-Spangled

＊省略記号：■=歴史・政治・経済　▲=世界　●=日本

1931–1932

Banner,"公式に国歌となる（1814年参照）.

5月1日　エンパイア・ステイト・ビルEmpire State Building，マンハッタン5番街に完成．高さ381メートル．ニューヨークの摩天楼を代表する建物となる．1950年には屋上に67メートルのテレビ塔が建てられた．1954年まで世界で最も高いビル．⇒図㉘

10月17日　アル・カポネ，脱税で11年の懲役刑（1939年に重病のため釈放）.

ジェイン・アダムズ，女性平和党初代会長としてノーベル平和賞受賞（1889，1910年参照）.

『ストーリー』Story（前衛的月刊短篇小説雑誌，後に隔月刊），ウィーンで創刊
　　——後にニューヨークに移る（〜1967年）.

サンタヤナ，『追い詰められた上品な伝統』The Genteel Tradition at Bayで合理的自然主義の立場からニュー・ヒューマニズム及びその根拠となる「上品な伝統」を批判.

コンスタンス・ルーアクConstance Rourke『アメリカ文学とユーモア』American Humor（アメリカの国民性の文化史的考察）／エドマンド・ウィルソンEdmund Wilson『アクセルの城』Axel's Castle（象徴主義文学考察）出版.

グループ・シアターGroup Theatre（シアター・ギルドから別れたニューヨークの劇団）創設（〜1941年）.

オニール『喪服の似合うエレクトラ』Mourning Becomes Electra，6時間に及ぶ長篇劇，上演，出版.

フォークナー『サンクチュアリ』Sanctuary／パール・バックPearl Buck『大地』The Good Earth出版.

■**3月**　スコッツボロ事件Scottsboro Case．アラバマ州スコッツボロ近くで，列車に乗っていた黒人少年9人が白人女性2人を暴行したとして告発される．8人に死刑，1人に終身刑の判決（全国黒人向上協会，共産党を含め多数の抗議運動が起こり，後に冤罪と判明）.

●**9月18日**　関東軍による南満州鉄道の線路爆破（柳条湖事件）を契機に満州事変勃発.

1932（昭和7年）

この年，合衆国の産業は1929年の全盛期の生産量の半分に落ち，失業者1,300万人に.

3月1日　リンドバーグの息子（当時1歳），誘拐され，5月12日に死体で発見さ

1932

れる. 2年後に容疑者が逮捕され, 1936年死刑. この事件をきっかけに, 誘拐事件を連邦犯罪として捜査するリンドバーグ法が制定される.

5月～7月　退役軍人たち, 軍人恩給の現金支給を求めワシントンに集結("Bonus March"), 17,000人に達する. 7月28日, ダグラス・マッカーサーDouglas MacArthurの指揮する連邦軍により強制退去.

7月20日　フランクリン・D・ローズヴェルトFranklin D. Roosevelt, 民主党大会における大統領候補指名受諾演説で「ニュー・ディール」New Dealを宣言.

世界で最も大きい劇場ラジオ・シティ・ミュージック・ホールRadio City Music Hall, ニューヨークのロックフェラー・センターで開業.

『コモン・センス』Common Sense (進歩的月刊社会雑誌) 創刊 (～1946年).

エドマンド・ウィルソン他52名の著作家たち, 公開状を出して共産党支持を表明. パンフレット『文化と危機』Culture and Crisis出版.

ドライサーを議長とする全米政治犯擁護委員会National Committee for the Defense of Political Prisoners (NCDPP), ケンタッキー州のハーラン炭鉱ストに取材したルポルタージュ『ハーラン炭鉱夫, 語る』Harlan Miners Speak : Report on Terrorism in the Kentucky Coal Fields出版.

労働者出身でマルキストの文芸批評家V・F・カルヴァートン V. F. Calverton『アメリカ文学の解放』The Liberation of American Literature出版.

ヒューズ『スコッツボロ直行』Scottsboro Limited : Four Poems and a Verse (詩の他に1幕劇を収める)でスコッツボロ事件に抗議.

マクリーシュ『征服者』Conquistador (叙事詩) 出版.

フォークナー『八月の光』Light in August ／ドス・パソス『U.S.A.』第2部『1919年』1919／ヘミングウェイ『午後の死』Death in the Afternoon出版.

アースキン・コールドウェルErskine Caldwell『タバコ・ロード』Tobacco Road ジョージア州の荒廃した農地に生きる貧乏白人を描く.

ジェイムズ・ファレルJames T. Farrell『若きロニガン』Young Lonigan(「スタッズ・ロニガン」Studs Lonigan3部作の第1作)／ジョン・スタインベックJohn Steinbeck『天の牧場』The Pastures of Heaven出版. ——米国社会を厳しく描くいわゆる「30年代の文学」盛んになる.

ウォルト・ディズニー社, 初のカラーアニメーション短篇映画『花と森』Flowers and Trees公開. 同社初のアカデミー賞受賞.

■ **11月**　いよいよ深刻化する恐慌の中で大統領選挙. ローズヴェルト, 現職のフーヴァー大統領を圧倒的得票で破り当選.

● **5月15日**　五・一五事件. 犬養毅首相, 青年将校団に暗殺される.

*省略記号：■=歴史・政治・経済　▲=世界　●=日本

1933（昭和8年）

ジェイムズ・ジョイス作『ユリシーズ』，ニューヨーク地方裁判所のジョン・M・ウールジー John M. Woolsey判事が「猥褻文書ではない」と判決．1ヶ月後にはランダム・ハウス社により米国で出版される（1914，22年参照）．

ヒットラー政権を逃れてアインシュタインら多くの亡命者が米国に移住．

1930年頃より『ニューヨーカー』にユーモラスな短篇やエッセイ，イラストを発表していたジェイムズ・サーバーJames Thurber，ユーモラスな自伝スケッチ集『我が人生と困難な時』*My Life and Hard Times*出版．

時事週刊誌『ニューズウィーク』*Newsweek*創刊．

グランヴィル・ヒックスGranville Hicks『偉大なる伝統』*The Great Tradition*（米国文学史のマルキスト的解釈）出版．

ジャック・カークランドJack Kirklandによる『タバコ・ロード』の劇化，上演．ブロードウェイで3,182回のロングラン（1932年参照）．

コールドウェルの小説『神の小さな土地』*God's Little Acre*出版，20年間で600万部売る．

ハーヴィ・アレンHarvey Allenの19世紀を舞台にした歴史小説『アンソニー・アドヴァース』*Anthony Adverse*出版，2年間で50万部売る．

ナサニエル・ウェストNathanael West『ミス・ロンリーハーツ』*Miss Lonelyhearts*（暗い世相と救いのない人間の心を描く）出版．

ジョゼフィン・ハーブストJosephine Herbst『憐みだけでは十分ではなく』*Pity Is Not Enough*，ジャック・コンロイJack Conroy『文無しラリー』*The Disinherited*など，プロレタリア小説出版盛ん．

ジェイムズ・ウェルドン・ジョンソン，自伝『この道に沿って』*Along This Way*出版．教育者，作家，外交官にして，黒人の公民権獲得のために全国黒人向上協会の代表を務めた人物の自伝（1912年参照）．

映画『キングコング』*King Kong*上映．エンパイア・ステイト・ビルに登る場面が現代社会への攻撃を象徴．この頃，『魔人ドラキュラ』*Dracula*（1931年），『フランケンシュタイン』*Frankenstein*（1931年），『ミイラ再生』*The Mummy*（1932年）などの恐怖・怪奇映画が人気．

3月4日　ローズヴェルト大統領，就任演説で国民を勇気づける．「我々が唯一恐れなければならぬのは，恐れる気持ちそのものです」"The only thing we have to fear is fear itself."

3月12日　ローズヴェルト，ラジオで全国に語りかける「炉辺談話」Fireside

1933–1934

Chatを始める. 4月19日　行政命令で金本位制停止.

5月　テネシー川流域開発事業法Tennessee Valley Authority (TVA) 成立をはじめとして，ニュー・ディール政策本格的に開始.

11月　民間事業局Civil Works Administration (CWA) 設立. 約400万人の失業者に仕事を提供.

12月5日　憲法修正第21条発効. 禁酒法撤廃.

▲ **1月30日**　アドルフ・ヒトラー，独首相に就任. 3月に独裁政権となる. 10月，ドイツの国際連盟脱退.

● **3月27日**　満州国が国際連盟総会で承認を否決され，日本は国際連盟を脱退.

1934(昭和9年)

この年以降，30年代後半まで，南部平原地帯 (カンザス，オクラホマ，アーカンソー，テキサス) で旱魃による黄塵の嵐dust stormが頻繁に起きる.

映画『ある夜の出来事』*It Happened One Night*公開. 金持ち令嬢と失業中の新聞記者との恋愛喜劇で，庶民の夢を明るく描くフランク・キャプラFrank Capra監督の初期代表作.

5月23日　銀行強盗のクライド・バロウClyde Barrowとボニー・パーカーBonnie Parker, ルイジアナ州で警察に射殺される. 映画『俺たちに明日はない』*Bonnie and Clyde*はこの二人の実話に基づく (1967年参照).

7月22日　「公共の敵」public enemy No.1とされていた銀行強盗犯ジョン・ディリンジャーJohn Dillinger, シカゴでFBIに射殺される.

11月6日　アプトン・シンクレア, EPIC (カリフォルニア貧乏終結 End Poverty in California) 同盟を結成, 州知事選挙に出馬, 僅差で敗れる.

映画の制作倫理規定を定めたヘイズ・コードHays Code実施. 性表現を厳しく取り締まり，勧善懲悪的な内容を求める.

『パーティザン・レヴュー』*Partisan Review* (社会文芸批評誌, 最初共産党系だったが1938年以後, 党から独立) 創刊.

マルカム・カウリーMalcolm Cowley『亡命者帰る』*Exile's Return* (半自伝的「失われた世代」文学論) 出版.

ヘンリー・ミラーHenry Miller『北回帰線』*Tropic of Cancer*, パリでの生活を露骨な性描写を交えて描き，パリで出版 (1961年参照).

ヘンリー・ロスHenry Roth『それを眠りと呼べ』*Call It Sleep*出版. ニューヨーク,

*省略記号：■=歴史・政治・経済　▲=世界　●=日本

ゲットーの移民家族を描く．プロレタリア性などの欠如を批判されたが，50年代に入ってユダヤ系文学の傑作との評価を得る．

リリアン・ヘルマンLillan Hellman『子供の時間』*The Children's Hour*上演，出版．同性愛を扱い注目される．

フィッツジェラルド『夜はやさし』*Tender Is the Night*，ジョン・オハラJohn O'Hara『サマーラでの約束』*Appointment in Samarra*出版——ともに現代人の破滅を扱い注目される．

■ 6月18日　インディアン再組織法Indian Reorganization Act制定．土地の個人所有制（1887年参照）を廃止し，部族自治と部族共有制を復活するなどし，インディアンの経済的向上や伝統文化援助を計る．ただし保守勢力の妨害にあってうまくいかぬ．

1935(昭和10年)

4月　第1回「アメリカ作家会議」American Writers Congress開催——「ほんものの民主的文化を守り，発展させるため」"the preservation and extention of a truly democratic culture"文壇人の左翼主義的結集．

5月6日　事業推進局Works Progress Administration（WPA）設立，文化面に諸事業を展開（～1939年）．フェデラル・ライターズ・プロジェクトFederal Writers' Project——著作家救済事業として最盛期には6,600人を雇い「アメリカ・ガイド・シリーズ」American Guide Series編集などを行なう．フェデラル・シアター・プロジェクトFederal Theatre Project——13,000人を雇い「リトル・シアター」活動などを推進．フェデラル・ミュージック・プロジェクトFederal Music Project——15,000人を雇い音楽活動を支援．フェデラル・アート・プロジェクトFederal Art Project——スラムや労働者を描く芸術を推進するなど．

9月8日　ルイジアナ選出の上院議員でニュー・ディール時代に乗って民衆の代弁者を任じたヒューイ・ロングHuey Long，暗殺される．

11月　パンアメリカン航空Pan American World Airways（PANAM），世界で初めて太平洋横断定期航空便開設，サンフランシスコ＝マニラ間を59時間48分で飛ぶ．

ラインホールド・ニーバーReinhold Niebuhr『キリスト教倫理の一解釈』*An Interpretation of Christian Ethics*出版——この頃より彼の指導下に社会的福音思想と聖書厳守神学との結合による「新正統神学」Neo-Orthodoxy発展．

1935-1936

サンタヤナ『最後のピューリタン』*The Last Puritan*（小説）出版，現代に適合できなくなったピューリタンを扱う．

ゾラ・ニール・ハーストンZola Neale Hurston，黒人の民話やヴードゥー教を調査し，物語風にまとめた『騾馬と人』*Mules and Men*出版．

グランヴィル・ヒックスGranville Hicks，マイケル・ゴールドらによるアンソロジー『合衆国におけるプロレタリア文学』*Proletarian Literature in the United States: An Anthology*出版．プロレタリア文学の発展を宣言．ただしこれ以後，政府の取り締まり強化もあり，プロレタリア文学は下火になる．

『サザン・レヴュー』*The Southern Review*，ロバート・ペン・ウォレンRobert Penn Warrenらの編集で創刊（〜1942年）．

社会問題を扱う演劇盛ん．マクリーシュ『大恐慌』*Panic*（1933年の米国を扱った詩劇）／マックスウェル・アンダソン『ウィンターセット』*Wintetrset*（サッコ＝ヴァンゼッティ事件にヒントを得てスラムの若者の煩悶を描く詩劇，クリフォード・オデッツ Clifford Odetts『レフティーを待ちながら』*Waiting for Lefty*（タクシー運転手のストを扱う），『醒めて歌え！』*Awake and Sing!*（ニューヨークの貧民たちの覚醒を扱う），『いのちある限り』*Till the Day I Die*（ヒトラー台頭期のドイツ・コミュニストの苦闘を扱う），シドニー・キングズリーSidney Kingsley『デッド・エンド』*Dead End*（ニューヨークのスラムを扱う）上演，出版．

シンクレア・ルイス『ここには起こり得ぬ』*It Can't Happen Here*（ファシズム警告小説）／トマス・ウルフ『時と川について』*Of Time and the River*／スタインベック『トーティーヤ・フラット』*Tortilla Flat*出版．

■ **1月4日**　ローズヴェルト，年頭教書で社会改革の必要性を主張し，第2次ニュー・ディール始まる．

1936（昭和11年）

ユージン・オニール，ノーベル文学賞受賞．

野球の「名誉の殿堂」Baseball Hall of Fame，ニューヨーク州クーパーズタウンに設立，ベーブ・ルースなど最初の人選が決定される．

『ニュー・ディレクションズ』*New Dircections*（年刊，後に不定期刊前衛文芸誌）創刊．

ユーモア雑誌『ライフ』（1883年参照），1923年に『タイム』を発刊したヘンリー・ルースHenry Ruthに買い取られ，週刊写真雑誌として新たに刊行，雑誌界を

*省略記号：■=歴史・政治・経済　▲=世界　●=日本

風靡する存在となる.

サンドバーグ『民衆，そうだ』*The People, Yes* ／フロスト『さらにかなた』*A Further Range*出版（ピューリツァー賞）.

ブルックス『花ひらくニューイングランド』*The Flowering of New England*（「アメリカ文壇史」*Makers and Finders* 全5巻の第1作）出版（ピューリツァー賞）.

ドス・パソス『U.S.A.』第3部『財閥』*The Big Money* ／フォークナー『アブサロム，アブサロム！』*Absalom, Absalom!*（ヨクナパトーファ・サーガの中心をなす大作）／スタインベック『勝算なき戦い』*In Dubious Battle* ／ジューナ・バーンズDjuna Barnes『夜の木』*Nightwood*出版.

マーガレット・ミッチェルMargaret Mitchell『風とともに去りぬ』*Gone with the Wind*出版，南部の大農園の娘が南北戦争とその後を生き抜く大河小説. 1年で150万部，著者の死（1949年）までに30カ国語で800万部売り，1939年には映画化され，大ヒット（アカデミー賞9部門で受賞）. ハティ・マクダニエルHatie McDanielは黒人初の助演女優賞受賞.

デイル・カーネギーDale Carnegie『人を動かす方法』*How to Win Friends and Influence People*, 『風とともに去りぬ』と並ぶロングセラーとなる.

ロバート・シャーウッドRobert Sherwood『愚者の歓喜』*Idiot's Delight* ／アーウィン・ショーIrwin Shaw『死者を葬れ』*Bury the Dead*（ともに反戦平和劇）上演，出版.

ポール・グリーンPaul Green『昇る太陽への讃歌』*Hymn to the Rising Sun*（囚人キャンプにおける黒人の非人間的取扱いへの告発）フェデラル・シアターで上演.

チャップリン監督・脚本・主演『モダン・タイムス』*Modern Times*, 歌だけで会話のない準サイレント映画として公開. 機械に振り回される庶民を描き大ヒットする一方，「左翼的」との批判も起こる.

■ **11月**　大統領選挙，ローズヴェルト地すべり的勝利で再選. 上下両院選挙も民主党の圧勝.

▲ **7月18日**　スペイン内乱始まる. 共和政府，フランシスコ・フランコFrancisco Franco将軍らの保守派に敗れる.

● **2月26日**　二・二六事件. 陸軍青年将校たちが反乱，内相齋藤実，蔵相高橋是清らを殺害.

1937(昭和12年)

5月6日　ドイツの飛行船ヒンデンブルク*Hindenburg*号，ニュー・ジャージー州レイクハーストLakehurst上空で爆発．乗客乗員36名死亡．これより，飛行船による旅行は事実上終わる．

5月27日　サンフランシスコ湾にかかる金門橋The Golden Gate Bridge開通．当時つり橋としては世界最長．

6月22日　ジョー・ルイスJoe Louis，ボクシング世界ヘビー級チャンピオンになる．1945年に不敗のまま引退するまでタイトル25回連続防衛．

ヘミングウェイら，スペイン内戦で共和政府側に協力．

ゾラ・ニール・ハーストン，彼女の代表作小説『彼らの目は神を見ていた』*Their Eyes Were Watching God*（人生の苦労を通して自己解放にいたる少女の生を語る）出版．

マクリーシュ『都市の陥落』*The Fall of the City*（全体主義的独裁者の実体を暴露する詩劇），ラジオ放送．

ヘミングウェイ『持つと持たざると』*To Have and Have Not*／スタインベック『二十日鼠と人間』*Of Mice and Men*（翌年劇化）／ジョン・マークァンドJohn P. Marquand『今は亡きジョージ・アプレー』*The Late George Apley*（旧弊なボストンの上流社会を諷刺）出版．

作曲家マーク・ブリッツスタインMarc Blitzstein『ゆりかごは揺れる』*The Cradle Will Rock*（腐敗した資本主義を攻撃するオペラ），WPA劇場で上演を断わられるも他の劇場で商業的に成功，ブロードウェイに進出．

ディズニー初の長篇アニメーション『白雪姫』*Snow White and the Seven Dwarfs*公開．

▲ 7月7日　盧溝橋事件，日華事変勃発．

▲ パブロ・ピカソ Pablo (Ruiz y) Picasso「ゲルニカ」"Guernica"（スペイン内戦中，ドイツによるゲルニカ爆撃を描く）制作，パリ万国博覧会のスペイン館で展示．

1938(昭和13年)

7月14日　実業家ハワード・ヒューズHoward Hughes，自社製の飛行機で世界一周，3日19時間14分の最短記録を立てる．

10月30日　英国作家H・G・ウェルズHerbert George Wells原作の『宇宙戦争』

1938–1939

*省略記号:■=歴史・政治・経済　▲=世界　●=日本

*War of the Worlds*をラジオドラマ放送. オーソン・ウェルズGeorge Orson Wellesの迫真のナレーションに聴衆がパニックを起こし, 警察・新聞に電話殺到.

パール・バック,『大地』の業績でノーベル文学賞受賞.

牧師フランク・ブックマンFrank Buchman, 道徳再武装Moral Re-Armament（MRA）運動を開始.

ジェリー・シーゲルJerry Siegelとジョゼフ・シャスターJoseph Shusterの漫画「スーパーマン」"Superman"が『アクション・コミックス』*Action Comics*誌に連載開始. 翌年には新聞紙上でも連載を始める.「スーパーマン」の成功により, 超人的ヒーローが活躍する漫画が登場するようになる. 翌年には,『探偵コミック』*Detective Comic*誌上でボブ・ケインBob Kaneらによる「バットマン」"Batman"の連載始まる.

ワイルダー『わが町』*Our Town*上演, 出版.

リチャード・ライトRichard Wright『アンクル・トムの子供たち』*Uncle Tom's Children*（黒人の抗議短篇小説集）出版.

マージョリー・ローリングズ Marjorie Kinnan Rawlings『子鹿物語』*The Yearling*出版.

『アメリカ英語辞典』*Dictionary of American English*刊行開始（全4巻, ～1944年）.

■ 5月26日　下院, 非米活動調査委員会The House Committee on Un-American Activities（HUAC）設置. 当初はナチス支持団体の破壊活動取り締まりを主たる目的としていたが, やがて共産党とそのシンパを摘発する「赤狩り」組織の観を呈する（1945年参照）.

▲ 3月13日　ドイツ, オーストリアを併合.

● 4月1日　国家総動員法成立.

1939(昭和14年)

4月30日　ニューヨーク万国博覧会（第1期～10月31日, 第2期1940年5月11日～10月27日）が「明日の世界」The World of Tomorrowをテーマに開催. 開会式にあわせ, テレビ放映開始される. サンフランシスコでも万国博（1939年2月18日～10月29日, 1940年5月25日～9月29日）. ヨーロッパの危機をよそに観衆殺到.

6月28日　パンアメリカン航空, 大西洋横断定期航空便開設. ニューヨークから英国サウサンプトンまでの北大西洋路線とニューヨークから仏国マルセ

イユまでの中部大西洋路線の2路線.

ポケット・ブックスPocket Books発足——ペーパーバック本の大量生産始まる.

『ケニヨン・レヴュー』*Kenyon Review*(季刊文芸誌),ジョン・クロウ・ランサム John Crow Ransom編集によりオハイオで創刊——「ニュー・クリティシズム」の中心誌となる(1922年参照).

詩人W・H・オーデンW.H. Auden,英国から移住.ドイツ国籍を剝奪されたエーリッヒ・レマルクErich Maria Remarque,米国に亡命.

ベネー『悪魔とダニエル・ウェブスター』*The Devil and Daniel Webster*(彼の短篇をもとにしたフォーク・オペラ,ダグラス・ムアDouglas Moore作曲)上演.

ウィリアム・サロイヤンWilliam Saroyan『君が人生の時』*The Time of Your Life*上演,出版(ピューリツァー賞辞退).

ドス・パソス,共産党への幻滅を深め『一青年の冒険』*Adventures of a Young Man*(3部作『コロンビア特別区』*District of Columbia*の第1作)出版.

スタインベック『怒りの葡萄』*The Grapes of Wrath*／ウルフ『蜘蛛の巣と岩』*The Web and the Rock*／ウェスト『いなごの日』*The Day of the Locust*出版.

レイモンド・チャンドラー,ハードボイルド探偵小説『大いなる眠り』*The Big Sleep*出版.

ヘンリー・ミラー『南回帰線』*Tropic of Capricon*,パリで出版.

ペリー・ミラー Perry Miller『ニューイングランドの精神』*The New England Mind: The Seventeenth Century*(続篇『植民地から独立した邦へ』*From Colony to Province*は1953年)出版.

西部劇の名作,ジョン・フォード監督ジョン・ウェインJohn Wayne主演『駅馬車』*Stagecoach*公開.

▲ **9月1日**,独軍,ポーランドに侵攻.9月3日,英仏両国,ドイツに宣戦布告——第二次世界大戦勃発.9月5日,米は公式に中立を宣言.

● **5月11日** ノモンハン事件(〜9月).

1940(昭和15年)

国勢調査,人口131,669,275人.1910年から1940年までに高校進学率5.4倍,大学進学率は3.4倍.

ヨーロッパでの戦争勃発により米国の景気は一挙に上昇.失業者激減.米国政府はヨーロッパの戦争への介入に依然消極的.

5月15日 デュポンDuPont社,ナイロン・ストッキングを全国一斉に売り出す.

*省略記号：■=歴史・政治・経済　▲=世界　●=日本

シンクレア『世界の終り』*World's End*出版——米国青年ラニー・パッドが第一
　次世界大戦以降の世界を経験する．国際的なベストセラーとなり，以後10
　冊の続篇が書かれる（～1953年）．

シャーウッド『夜はあらじ』*There Shall Be No Night*（ロシアのフィンランド占
　領を扱った問題劇）出版．

ウォルター・ヴァン・ティルバーグ・クラークWalter Van Tilburg Clark『オック
　スボウ事件』*The Ox-Bow Incident*出版．ネヴァダのリンチ事件を題材にした
　心理小説．1943年，ヘンリー・フォンダ Henry Fonda主演で映画化．

マーカス・リー・ハンセンMarcus Lee Hansen『大西洋移民：1607～1860』*The
　Atlantic Migration, 1607-1860*出版．

『アメリカ歴史辞典』*The Dictionary of American History*出版（全6巻）．

ヘミングウェイ『誰がために鐘は鳴る』*For Whom the Bell Tolls*／ウルフ『汝ふ
　たたび故郷に帰れず』*You Can't Go Home Again*／サロイヤン『わが名はアラ
　ム』*My Name Is Aram*／カーソン・マッカラーズ Carson McCullers『心は孤独
　な狩人』*The Heart Is a Lonely Hunter*／ライト『アメリカの息子』*Native Son*出
　版．

『チャップリンの独裁者』*The Great Dictator*公開．チャップリン初のトーキー
　映画，ヒットラーを痛烈に批判し，興行的にも成功（日本公開は戦後）．

■ **11月**　大統領選挙．異例の3期目に立候補したローズヴェルト，圧勝．

■ **12月29日**　ローズヴェルト，炉辺談話で合衆国を「民主主義の大兵器庫」
　arsenal of democracyにすると語る．

▲ **5月**　英国でチャーチル内閣成立．

▲ **6月**　フランス，ペタン内閣が独に降伏．ヴィシー政権成立．

● **1月26日**　日米通商条約（日露戦争後1911年に関税自主権の回復等を実現し
　た対等条約），米国政府からの通告にもとづき失効．9月，日独伊三国軍事
　同盟．

● **11月10日**　皇紀2600年祝賀行事．

1941（昭和16年）

1月6日　ローズヴェルト，年頭教書において「四つの自由」Four Freedoms主張．
　言論・表現の自由，信仰の自由，恐怖からの自由，欠乏からの自由．

2月17日　出版人ヘンリー・ルース（1936年参照），雑誌『ライフ』に論文「アメ
　リカの世紀」"American Century"を発表．米国が「自由と正義の理想の原動力」

となって世界をリードすべきだと訴える.

「ナショナル・ギャラリー・オブ・アート」National Gallery of ArtワシントンDC
に開設. 財務長官であったアンドルー・メロンAndrew Mellonが自身のコレ
クションを国へ寄付したことが設立のきっかけ.

サウス・ダコタ州マウント・ラシュモアMount Rushmoreに1927年から制作中
だったワシントン, ジェファソン, シオドア・ローズヴェルト, リンカンの
巨大な頭像が完成, 国立記念公園開設.

ラス・ヴェガスのストリップ地区にカジノを備えたエル・ランチョ・ホテルEl
Rancho Hotel開業. 派手なネオンが人々の目を引き, 成功する. その後, 次々
とカジノやホテルが建設され, 世界有数の遊興都市となる.

『エラリー・クイーンズ・ミステリ・マガジン』*Ellery Queen's Mystery Magazine*
創刊.

作家ジェイムズ・エイジーJames Ageeと写真家ウォーカー・エヴァンズWalker
Evansの共作『名高き人々をほめ讃えん』*Let Us Now Praise Famous Men*出版,
恐慌下のアラバマ州の小作人たちの極貧生活を写真つきで描くノンフィク
ション.

スターリング・ブラウンSterling A. Brown他編『ニグロ・キャラヴァン』*Negro
Caravan*出版. 黒人によるエッセイ, 小説など社会性の強いアンソロジー.

リリアン・ヘルマン『ラインの監視』*Watch on the Rhine*上演, 43年映画化(40〜
41年にかけて11もの反ナチス劇が制作された中で数少ない成功作).

F・O・マシセンF.O.Matthiessen『アメリカン・ルネサンス』*American Renaissance*／
ウィルバー・キャッシュWilbur J. Cash『南部の精神』*The Mind of the South*／
ランサム『ニュー・クリティシズム』*The New Criticism*出版.

フィッツジェラルド『ラスト・タイクーン』*The Last Tycoon*(死後出版)／ユード
ラ・ウェルティEudora Welty『緑のカーテン』*A Curtain of Green*(南部に生き
る人間を描く短篇集)出版.

オーソン・ウェルズ脚本・監督・主演映画『市民ケーン』*Citizen Kane*公開. ウェ
ルズの名声確立.

主に犯罪を題材として暗い画面を多用する映画(フィルム・ノワール)の製作盛
ん. ハメット原作, ジョン・ヒューストンJohn Huston監督『マルタの鷹』／
オットー・プレミンジャー Otto Preminger監督『ローラ殺人事件』*Laura*(1944
年)など.

■ **12月7日**(日本時間, 8日)日本軍による真珠湾Pearl Harbor攻撃. 翌12月8日
対日宣戦布告(モンタナ選出の下院議員ジャネット・ランキン, 議会で唯一

*省略記号：■=歴史・政治・経済　▲=世界　●=日本

反対票を投じる．1917年参照）．太平洋戦争勃発．
■ 12月11日　独伊，対米宣戦布告．米議会，両国に対する宣戦布告を承認．
■ 12月15日　アメリカ労働総同盟の執行委員会，戦争協力のためストライキ
をしない方針を採択，同時に対立する産業別組合会議に和解を申し入れる．

1942 (昭和17年)

戦時中，600万人の女性が新たに就労．女性労働人口は1.5倍，女性労働人口の
過半数が既婚者となる．
2月9日　全国で「戦時時間」War-time (=「夏時間」) 採用 (～1945年9月30日)．
価格統制，ストライキ権の一時停止，購買権の停止など，戦時統制本格化．
10月20日　ペギー・グッゲンハイムPeggy Guggenheim，ニューヨークに画廊
「今世紀の芸術」Art of This Century開設，新しい芸術の紹介に貢献 (1947年
に閉室)．
公民権活動家らによって，シカゴで人種平等会議Congress of Racial Equality
(CORE) 設立．
米軍最初のロケット砲たるバズーカ砲開発．
フロスト『証しの樹』A Witness Tree出版．
スタインベック『月は沈みぬ』The Moon Is Down (侵略者への抵抗を描く)／ネ
ルソン・オルグレンNelson Algren『朝はもう来ない』Never Come Morning出版．
フォークナー，短篇小説「熊」"The Bear" 発表．
ロイド・ダグラスLloyd Douglas『聖衣』The Robe (キリストの聖衣をめぐる歴史
ロマンス)，この年のベストセラーに．
アルフレッド・ケイジンAlfred Kazin『故郷の土によりて』On Native Ground (邦
訳『現代アメリカ文学史』) 出版．
フィリップ・ワイリーPhilip Wylie『悪意ある人たちの世代』Generation of Vipers
出版，支配的な母親を批判．彼の造語「母親支配」"momism" が広まる．
■ 2月19日　ローズヴェルト大統領，行政命令により，日系アメリカ人に収容
所への移住を命じる (1988年参照)．
■ 6月13日　ローズヴェルト，戦時情報局Office of War Informationを設立．戦
時下の広報活動および，情報分析を目的とする．
■ 8月13日　原爆を製造するマンハッタン計画Manhattan Project開始．⇒コラ
ム (25)
■ 12月2日　エンリコ・フェルミEnrico Fermi，原子核分裂実験成功 (シカゴ大

学).

1943 (昭和18年)

ラトガーズ大学教授セルマン・ワクスマンSelman Waksman結核菌の特効薬である抗生物質ストレプトマイシンを発見. 52年にノーベル生理・医学賞受賞.

6月20日 デトロイトで人種暴動 (25人のアフリカ系と9人の白人が死亡). 同月, ロサンゼルスでもメキシコ系を狙った暴動起こる. この年, 全米47都市で人種暴動.

リチャード・ロジャーズRichard Rodgers, オスカー・ハマースタイン2世Oscar Hammerstein, Jr. 共作ミュージカル『オクラホマ!』*Oklahoma!* ブロードウェイで初演, 大成功 (〜1948年).

マール・カーティMerle Curti『アメリカ思想の発展』*The Growth of American Thought* (邦訳『アメリカ社会文化史』) 出版.

T・S・エリオット『四つの四重奏』*The Four Quartets*出版.

サロイヤン『人間喜劇』*The Human Comedy*出版. 戦死の電報を町の人々に届ける少年を通して戦争の悲しみを描く.

▲**9月8日** イタリア無条件降伏.

コラム | 25 | マンハッタン計画 1942年

　日本に投下された原子爆弾の製造計画を指す. 1939年, プリンストン高等研究所にいたアルバート・アインシュタインが, 米国はドイツに先んじて原子爆弾を開発すべきだという内容の手紙を, フランクリン・ローズヴェルト大統領に送ったことがきっかけだと言われている. 1940年, 国防研究委員会が設立され, 1942年には, 大統領が原子爆弾の製造計画に許可をだし, 「マンハッタン計画」と命名された. 1943年, ニュー・メキシコ州サンタ・フェ近郊にロス・アラモス原子爆弾製造研究所が建設され, ジョン・ロバート・オッペンハイマーが所長に就任. 1945年4月, ローズヴェルトが死去し, トルーマンが大統領に就任したが, トルーマンは大統領になるまで「マンハッタン計画」を知らされていなかった. この計画はドイツの原子爆弾開発への抑止力となることを目指して始まり, 5月にドイツは降伏したが, トルーマン大統領は軍事目的と戦後のソ連に対する優越性の確保のため, 日本に2つの方式の異なる原子爆弾の投下を決めたと言われる.

*省略記号:■=歴史・政治・経済　▲=世界　●=日本

● **10月21日**　戦局不利のなか，出陣学徒壮行会が明治神宮外苑競技場で挙行
　される．徴兵延期がなくなった大学・高等学校生ら2万5千人が，動員された
　家族・中学・女学生ら6万5千人の前を行進，「海ゆかば」の斉唱などで送り出
　される．この後，敗戦までに学徒出陣した者，12万〜13万人．

1944(昭和19年)

5月8日　ニューヨークの19の医療施設によって，世界初の角膜銀行eye bank設
　立．

6月22日　復員兵に対する大学教育資金や住宅資金の給付を定めた復員兵援護
　法Servicemen's Readjustment Act (G.I. Bill of Rights) 成立．

カール・シャピロKarl Shapiro『V 手紙——その他の詩』*V-Letter: and Other
Poems* (太平洋戦争従軍中の戦争詩集) 出版．

ジョン・ハーシーJohn Hersey『アダノの鐘』*A Bell for Adano* (シシリア島侵攻中
の米軍将校を描いた人情小説) 出版．

ソール・ベローSaul Bellow『宙ぶらりんの男』*Dangling Man*出版．

テネシー・ウィリアムズTennessee Williams『ガラスの動物園』*The Glass Menagerie*
上演 (翌年出版)．30年代の不況を背景に，母と息子，娘の3人の家族の孤独
と不安を描く．

レオ・マッケリーLeo McCarey監督，ビング・クロスビーBing Crosby主演映画
『我が道を往く』*Going My Way* (ニューヨーク下町のおんぼろ教会を再建し，
街を浄化する若き牧師の奮闘——世界の再建をめざす米国流のヒューマニ
ズムを思わせる．アカデミー作品，監督，主演男優賞など7部門受賞)．

■ **7月1日**　ニュー・ジャージー州ブレトン・ウッズで国際通貨会議 (〜22日)．
国際通貨基金International Monetary Fund (IMF) 設立．世界の通貨の安定を
目的としたブレトン・ウッズ体制Bretton Woods Systemが確立 (1971年参照)．

■ **11月**　大統領選挙．4選をめざすローズヴェルト立候補に反対の論議なく，
共和党候補トマス・デューイThomas E. Deweyに圧勝．副大統領にハリー・
トルーマンHarry S. Truman.

▲ **6月6日**　連合国軍による北フランス奪還作戦開始．176,000人の将兵がノル
マンディーに上陸．ドイツの敗色濃厚となり，8月25日に連合国軍はパリを
占領．

● 和辻哲郎『日本の臣道，アメリカの国民性』出版——「賭博的無頼的態度を
以てアジアを制圧しようとする」と米国を批判．

1944-1945

● **11月24日**　米軍, B29爆撃機により東京空襲を開始.

1945（昭和20年）

参戦以降, 軍事予算の約60％を借金でまかなう. 国家の債務は2,590億ドルに増加（41年には490億ドル）. 参戦から終戦までに1,640万人が従軍する.

ペンシルヴェニア大学で真空管技術を利用した電子演算機（ENIAC）開発. ⇒図㉙

1月3日　非米活動委員会の恒常化, 下院で可決.

7月16日　最初の原子核爆発実験成功（ニュー・メキシコ州ロス・アラモス）.

パウンド, 反逆罪の廉で米軍によりイタリアで逮捕, しかし精神異常として不起訴, 1958年まで入院させられる.

戦争漫画の第一人者ビル・モールディンBill Mauldin漫画と回想録を組み合わせた『前線』*Up Front*（翌年に『帰国』*Back Home*）の出版, ベストセラー.

グウェンドリン・ブルックスGwendolyn Brooks最初の詩集『ブロンズヴィルの通り』*A Street in Bronzeville*出版. シカゴを舞台に, 貧しい人々に対する共感をテーマとする.

アーサー・シュレシンジャー・ジュニアArthur Schlesinger, Jr.『ジャクソン時代』*The Age of Jackson*出版.

『コメンタリー』*Commentary*（ユダヤ系月刊総合誌）創刊.

『エボニー』*Ebony*（アフリカ系中産階級向け月刊誌）創刊.

リチャード・ライト『ブラック・ボーイ』*Black Boy*（自伝）／グレンウェイ・ウェスコットGlenway Wescott『アテネのアパート』*Apartment in Athens*（反ナチス地下運動を描く）出版.

■ **2月4日**　米英ソ首脳ヤルタ会談（〜11日）. 国際機構の発足, ヨーロッパ再建, ソ連の対日参戦について話し合う.

■ **4月12日**　ローズヴェルト病死. ハリー・S・トルーマン, 第33代大統領に就任. 副大統領は空席.

▲ **5月7日**　ドイツ無条件降伏. 11月20日　ニュルンベルク国際軍事裁判開廷.

▲ **6月26日**　国連憲章Charter of the United Nations Organization（UNO）, 51カ国により調印, 国際連合発足.

▲ **7月17日**　米英ソ首脳ポツダム会談（〜8月2日）. 対日ポツダム宣言発表（7月26日）.

● **3月10日**　東京大空襲. 死者10万人以上.

1945–1946

*省略記号：■=歴史・政治・経済　▲=世界　●=日本

- ● **8月6日**　広島に原子爆弾投下．8月9日，長崎に原子爆弾投下．
- ● **8月15日**　日本，ポツダム宣言受諾．マッカーサーを長官とする連合国軍最高司令官総司令部General Headquarters（GHQ），実質的には米軍（進駐軍）による占領体制に入る．
- ● **9月2日**　日本，東京湾において米艦ミズーリ*Missouri*号上で降伏文書に調印．

1946(昭和21年)

退役軍人100万人以上が大学に入学（G.I.ビルなどの援助による）．

ベビー・ブーム始まる（1946年から1961年までの間に6,350万人が生まれる．30年から45年までの約1.5倍）．

スポック博士Benjamin Spock『赤ちゃんと育児に関する常識』（邦訳『スポック博士の育児書』）*The Common Sense Book of Baby and Child Care*出版，約10年間で800万部売る．⇒コラム（26）

テレビのある家庭数，390万世帯に．

インフレが悪化（18%）．戦争中禁止されていたストライキが大規模に起こる．

教育文化の国際的交流を促進するフルブライト法 Fulbright Act成立．

ハーシー『ヒロシマ』*Hiroshima*（ルポルタージュ）出版．

W・C・ウイリアムズ『パターソン』*Paterson*（連作長詩，～1958年）／ロバート・

コラム│26│スポック博士の育児書 1946年

　ベビー・ブーマー世代の子育てを革命的に変化させたのは，1946年に出版された小児科医ベンジャミン・スポックによる「赤ちゃんと育児に関する常識書」であった．それまでの育児書が強調してきた食事の時間を決めるような厳格さはなく，乳児が放つメッセージを親は最大限理解し，子供が満足する対応をとるように促している．そのためには母親の愛情が重要で，コミュニケーションを十分にとることが要求されている．単なる育児書を越えた自由な人間のあり方を説く思想書でもあった．ただし母親の役割を強調すると同時に，女性が家の外で働くことや外出も控えるべきだという主張も含まれ，1985年に出版された新版では，社会進出を果たした女性の役割の変化を受け入れ，男性の育児参加にも触れている．スポックはこの後，平和運動に専念し，そのため投獄もされている．

ロウエルRobert Lowell『ウィアリ卿の城』*Lord Weary's Castle*／エリザベス・ビショップElizabeth Bishop，最初の詩集『北と南』*North and South*出版．

ドライサー『砦』*The Bulwark*（死後出版）／ロバート・ペン・ウォレン『すべて王の臣』*All the King's Men*／エドマンド・ウィルソン『ヘカティー郡の思い出』*Memoirs of Hecate County*（短篇集，性的描写のため一部で一時発禁）／マッカラーズ『結婚式のメンバー』*The Member of the Wedding*／ウェルティ『デルタの結婚式』*Delta Wedding*出版．

フランク・キャプラ監督，映画『素晴らしき哉，人生！』*It's a Wonderful Life*公開．

ウィリアム・ワイラーWilliam Wyler監督の映画『我等の生涯の最良の年』*The Best Year of Our Lives*公開．年齢も立場も異なる3人の復員兵がそれぞれの問題を乗り越えていくデモクラシー社会への讃歌．アカデミー賞9部門受賞（作品，監督等）．

■ **3月5日**　前英首相ウィンストン・チャーチルSir Winston Churchill，ミズーリ州フルトンで「鉄のカーテン」演説．ソ連との冷戦を警告．

■ **7月1日**　南太平洋のビキニ環礁で原爆実験．

● **1月1日**　天皇，神格否定の詔書（いわゆる人間宣言）．

● NHK　平川唯一の『英語会話教室』15分のラジオ番組，放送開始（"Come, come, everybody..."で始まる主題歌のため「カムカム英語」と呼ばれた）．

● **4月10日**　婦人参政権行使のもとで初の衆議院議員選挙行われる．

● **5月3日**　極東国際軍事裁判（東京裁判）開廷．

● **11月3日**　日本国憲法公布．

● アメリカ学会発足．

1947（昭和22年）

4月11日　ジャッキー・ロビンソンJackie Robinson，ブルックリン・ドジャースBrooklyn Dodgersと契約し，黒人として初めてメジャー・リーグ入りを果たす．⇒図㉚

6月17日　パンアメリカン航空，初の世界一周路線就航．ニューヨークを出発，13日間をかけて世界一周，30日着のスケジュール．料金は1,700ドル．

10月18日　ハリウッドの「赤狩り」——映画人が非米活動委員会に召喚され，証言を拒否した監督，脚本家ら10人は映画界のブラックリストに（「ハリウッド・テン」）．

1947-1948

*省略記号：■=歴史・政治・経済 ▲=世界 ●=日本

大統領顧問バーナード・バルクBernard Mannes Baruch, 米ソ関係を「冷戦」"Cold War" と呼ぶ.

グループ・シアターのメンバーであったエリア・カザンElia Kazanら, 舞台にかかわる俳優, 演出家, 脚本家の養成機関, アクターズ・スタジオActor's Studioをニューヨークに設立. この後リー・ストラスバーグLee Strasbergらも参加し, 実力者俳優を輩出.

ドライサー『禁欲者』*The Stoic*, 死後出版.

ミッキー・スピレーンMickey Spillane『裁くのは俺だ』*I, the Jury*出版, 暴力と性描写を特徴とするハードボイルド探偵小説. 10年足らずで500万部売る.

テネシー・ウィリアムズ『欲望という名の電車』*A Street Car Named Desire*初演. 映画化は1951年.

アーサー・ミラーArthur Miller『みんなわが子』*All My Sons*出版, 上演.

ジェイムズ・ミッチェナーJames A. Michener『南太平洋物語』*Tales of the South Pacific*（短篇集）出版──1949年, ロジャーズとハマースタイン2世によるミュージカル『南太平洋』*South Pacific*となって大成功.

■ **6月5日** 国務長官マーシャルGeorge C. Marshall, ヨーロッパ経済援助計画（マーシャル・プランMarshall Plan）を発表.

■ **7月26日** 国家安全保障法National Security Act成立──陸海空3軍を統合, 国防総省Department of Defenseを設置. 中央情報局Central Intelligence Agency（CIA）発足.

▲ **2月10日** パリ平和条約（連合国とイタリアその他との講和条約）調印.

● **5月3日** 日本国憲法施行.

1948(昭和23年)

3月8日 連邦最高裁, 公立学校での宗教教育を憲法修正第1条違反と判決──政教分離, 一段と明確に.

T・S・エリオット, ノーベル文学賞受賞.

アルフレッド・キンゼーAlfred C. Kinsey『男性の性反応』*Sexual Behavior in the Human Male*出版, ベストセラー. 性意識の革命始まる.

ジャクソン・ポロックJackson Pollock, 床にキャンバスや金属板を置き, そのうえに絵具を垂らしていくドロップ・ペインティングによる「No.19 1948」"Number 19, 1948" 発表.「アクション・ペインティング」の代表作.

『ハドソン・レヴュー』*The Hudson Review*（文芸季刊誌）, ニューヨークで創刊.

ロバート・E・スピラーRobert E. Spiller他編『合衆国文学史』*Literary History of the United States*（全3巻）出版——アメリカに自信をもった文学史.

ノーマン・メイラーNorman Mailer『裸者と死者』*The Naked and the Dead*出版. 太平洋戦争末期, 太平洋の孤島における日米両軍の戦いを通して, 軍隊組織, あるいは現代社会の非人間性を描き出す.

オーデン『不安の時代』*The Age of Anxiety*（ニューヨークのバーを舞台に孤絶した人間をうたう）／パウンド『ピサ詩篇』*Pisan Cantos*出版.

フォークナー『墓地への侵入者』*Intruder in the Dust*／ジェイムズ・カズンズ James Gould Cozzens『儀仗兵』*Guard of Honor*／ショー『若き獅子たち』*The Young Lions*／トルーマン・カポーティTruman Capote『遠い声, 遠い部屋』*Other Voices, Other Rooms*／ゴア・ヴィダルGore Vidal『都市と柱』*The City and the Pillar*出版.

■ 7月24日　ローズヴェルト政権の「ニュー・ディール」政策を進めたヘンリー・ウォレスHenry Wallace, 左翼的な進歩党Progressive Partyを結成し, 大統領候補に指名される.

■ 11月　大統領選挙. トルーマン再選. 議会でも民主党勝利.

▲ 5月14日　イスラエル共和国成立.

▲ 6月24日　ソ連, ベルリン封鎖開始. これに対抗して, 26日, 米・英・仏は, ベルリン空輸を実施（～翌年5月）.

● 11月12日　極東国際軍事裁判結審, A級戦犯東条英機ら7人に死刑判決（12月23日執行）.

● 日本比較文学会発足.

1949（昭和24年）

ウィリアム・フォークナー, ノーベル文学賞受賞.

ヘンリー・ミラー『セクサス』*Sexus*（3部作「バラの十字架」The Rosy Crucification の第1作）パリで出版.

ヒューズとアーナ・ボンタンArna Bontemps共編『黒人詩集』（邦訳『ことごとくの聲あげて歌え』）*Poetry of the Negro 1746-1949: An Anthology*出版.

アーサー・ミラー『セールスマンの死』*Death of a Salesman*上演, 出版. 落ちぶれたセールスマンを通して米国の庶民の悲劇を描く.

ルシル・ボールLucille Ball主演, TVコメディ『アイ・ラヴ・ルーシー』*I Love Lucy*放映開始（～1957年, 日本でも1957年から放映）.

1949–1950

*省略記号：■=歴史・政治・経済　▲=世界　●=日本

■ **4月4日**　北大西洋条約North Atlantic Treaty，ワシントンで調印．これにより北大西洋条約機構 North Atlantic Organization（NATO）発足．

■ **9月23日**　トルーマン大統領，ソ連が核実験に成功したと発表．

▲ **10月1日**　中華人民共和国成立宣言（主席に毛沢東，首相に周恩来就任）．

● ガリオア（GARIOA占領地救済政府資金）第1回留学生，50名を米国へ派遣（〜1952年．1953年以降はフルブライト計画による留学生派遣）．

● チック・ヤング"Chic"Youngの漫画『ブロンディ』Blondie，『朝日新聞』に連載開始．

● **4月25日**　GHQの指令に基づき，1ドル360円の公式為替レート実施．

1950(昭和25年)

国勢調査，人口150,697,361人．1940〜50年の間の人口増加率14.5％．1930〜40年の約2倍．

大学進学者228万人（18〜24歳人口の14.2％）．自動車販売台数670万台．新築住宅建設は200万戸を超える．しかし貧困率は人口の36％と戦後最悪を記録．

2月9日　ジョゼフ・マッカーシーJoseph McCarthy上院議員，国務省に多数の共産主義者がいると演説．大きな反響を呼び，以後54年末まで非米活動委員会により政府職員，教育者，文化人等の中の共産党員およびシンパを摘発・放逐する「マッカーシー旋風」吹き荒れる（1938年参照）．⇒コラム（27）

3月16日　全米図書賞National Book Awards設立．第1回の授賞は前年に出版されたオルグレン『黄金の腕を持った男』The Man with the Golden Arm（シカゴのスラムに生きる人間を描く）．

チャールズ・シュルツCharles Schulzの漫画『ピーナッツ』Peanuts，全米7紙で連載開始．

合衆国キリスト教会全国協議会The National Council of Churches of Christ in the U. S. A.結成（25プロテスタント教派，5正教組織を結集，傘下の会員は3,700万人）．

エリオット『カクテル・パーティ』The Cocktail Party（詩劇）出版．

ハーシー『壁』The Wall（ナチに対するワルシャワのゲットーの蜂起を扱う）／アイザック・シンガーIsaac Bashevis Singer『モスカット家の一族』The Family Moskat（ポーランドのユダヤ系一家の世紀転換期から第二次世界大戦までを描く）出版．

デイヴィッド・リースマンDavid Riesman『孤独な群衆』The Lonely Crowd／ラ

237

1950

イオネル・トリリングLionel Trilling『リベラル派の想像力』*The Liberal Imagination* ／ヘンリー・ナッシュ・スミス Henry Nash Smith『ヴァージンランド──象徴と神話としてのアメリカ西部』*Virgin Land: The American West as Symbol and Myth*出版.

ビリー・ワイルダーBilly Wilder監督映画『サンセット大通り』*Sunset Boulevard*公開.

▲ **6月25日**　朝鮮戦争勃発（～53年7月27日，休戦が成立）.

● **7月**　マッカーサー，日本政府に警察予備隊創設を指令（8月10日，警察予備隊令公布）.

● **7月24日**　GHQ，新聞協会代表に共産党員と同調者の追放を勧告．レッドパージの始まり．

● ロレンスの『チャタレイ夫人の恋人』（伊藤整訳），猥褻文書頒布容疑で起訴される．「チャタレイ裁判」の始まり（1957年に最高裁により有罪確定）.

コラム ｜ 27 ｜ マッカーシズム 1950年

　共産主義者に対する弾圧を意味する．ウィスコンシン州選出の上院議員，ジョゼフ・マッカーシーが1950年2月9日に行なった演説のなかで，国務省に205人（人数は変動）の共産主義者がいると告発したことに端を発する．これをうけた上院による調査の結果，数千人もの連邦政府職員や教員が共産主義者として告発・解雇されることになり，騒動は社会の隅々にまで及んだ．ただ，共産主義に対する恐れは1917年にソヴィエト連邦が成立して以降，米国内に広まっていて（「赤の恐怖」Red Scare, 1919～20），1947年には映画人10人が投獄されるという事件もあった（ハリウッド・テン）．マッカーシズムは1952年から1954年にかけてもっとも猛威をふるい，アメリカの民主主義を深刻な危機に陥れたが，マッカーシーが1954年に上院の譴責をうけると，急速に衰えた．アーサー・ミラーはセイラムの魔女狩りを題材にした戯曲『るつぼ』（1953年）で，マッカーシズムを痛烈に批判した．

*省略記号：■=歴史・政治・経済　▲=世界　●=日本

1951（昭和26年）

4月11日　トルーマン大統領，朝鮮戦争で中国本土の爆撃を要求する国連軍最高司令官マッカーサーを解任，16日，マッカーサー帰国．

6月14日　レミントン・ランドRemington Rand社（現ユニシスUnisys）初の営業用コンピューターUNIVAC販売開始．最初の納入先は国勢調査局で，価格は159,000ドル．

6月25日　CBSが地上波で初のカラーTV放送．ただしカラーTV受像機を所有する一般市民まだなし．

ブラック・マウンテン派詩人たちの雑誌『オリジン』*Origin*創刊（～1956年）．ノース・カロライナ州のブラック・マウンテン・カレッジBlack Mountain Collegeの学長 チャールズ・オルソンCharles Olsonを中心にした前衛的詩人グループで，ビート派に近い生の息吹を主張．

J・D・サリンジャーJ. D. Salinger『ライ麦畑でつかまえて』*The Catcher in the Rye*出版．高校を中退しニューヨークを彷徨う主人公の大人社会に反抗する姿勢に共感する若者多数．

C・ライト・ミルズ C. Wright Mills『ホワイト・カラー』*White Collar: The American Middle Class*出版．

ゲイロード・ハウザーGayelord Hauser『若く見え長生きする法』*Look Younger, Live Longer*出版．食生活から脂肪や砂糖を減らし全粒粉やヨーグルトを取り入れるよう勧める「フード・サイエンス」の先駆的書物．ベストセラー．

フォークナー『尼僧への鎮魂歌』*Requiem for a Nun*／カポーティ『草の竪琴』*The Glass Harp*／メイラー『バーバリの岸辺』*Barbary Shore*／ジェイムズ・ジョーンズJames Jones『ここより永遠に』*From Here to Eternity*／ウィリアム・スタイロンWilliam Styron『闇の中に横たわりて』*Lie Down in Darkness*／ハーマン・ウォウクHerman Wouk『ケイン号の叛乱』*The Caine Mutiny*出版．

■ **2月26日**　憲法修正第22条（大統領の3選禁止）発効．

■ **4月5日**　原子力スパイ容疑のローゼンバーグ夫妻Julius and Ethel Rosenbergに死刑判決．

● **9月8日**　対日講和条約と日米安全保障条約，サンフランシスコで調印．日本，主権を回復．

1952(昭和27年)

5月26日 連邦最高裁，憲法修正第1条を映画に拡大適用し，イタリア映画『奇跡』The Miracleの公開を禁じたニューヨーク州の決定を覆す．映画を「思想伝達の重要な手段」と認め，言論・出版の自由が適用されるべきとした画期的な判決．

9月30日 3台の映写機を用いてスクリーンの横縦比を拡大した「シネラマ」映画作品『これがシネラマだ』This Is Cinerama，ニューヨークで公開．

9月 故国イギリスを訪問中のチャップリン，米国政府当局の再入国不許可の意向に接し，アメリカ帰国を断念．

11月 ナチュラル・ヴィジョン立体映画『ブワナの悪魔』Bwana Devil公開．

マッカーシー『マッカーシズム——アメリカのための戦い』McCarthyism: The Fight for America出版．

マクリーシュ，『トロイの木馬』The Trojan Horse（放送詩劇，タイトルは破壊活動工作員の意味）でマッカーシズムを批判．

ジョン・クレロン・ホームズJohn Clellon Holmes『行け』Go出版．ニューヨークを拠点とするアレン・キンズバーグAllen Ginsbergやジャック・ケルアックJack Kerouacなどの詩人・作家たちをモデルにした小説．なお彼は，同年『ニューヨーク・タイムズ・マガジン』に発表したエッセイのなかで「ビート・ジェネレーション」Beat Generationという言葉を世に送り出す．

ラルフ・エリソンRalph Ellison『見えない人間』Invisible Man出版．自分を「見えない人間」と認識する黒人青年の不条理な遍歴を通してアメリカ社会の非人間性をえぐりだす．

カート・ヴォネガット・ジュニアKurt Vonnegut, Jr.『プレイヤー・ピアノ』Player Piano出版．機械が人間を支配する未来社会を描く．

ヘミングウェイ『老人と海』The Old Man and the Sea／スタインベック『エデンの東』East of Eden／フラナリー・オコナーFlannery O'Connor『賢い血』Wise Blood出版．

ジーン・ケリーGene Kelly監督・主演ミュージカル・コメディ映画『雨に歌えば』Singin' in the Rain公開．この頃「赤狩り」の影響を恐れ，社会性・政治性を避け，娯楽性の強い映画が盛んに作られる．

ノーマン・ピールNorman Vincent Peale『積極的思考の力』The Power of Positive Thinking出版，ベストセラー．

■ **7月25日** プエルト・リコ，合衆国の自治領となる．

1952–1953

＊省略記号：■=歴史・政治・経済　▲=世界　●=日本

■ **11月1日**　マーシャル群島エニウェトク環礁で世界初の水爆実験（16日，トルーマン大統領，成功を発表）．

■ **11月**　大統領選挙．ドワイト・アイゼンハワーDwight D. Eisenhower（共和党），アドレイ・スティーヴンソンAdlai E. Stevenson（民主党）を破り当選．副大統領はリチャード・ニクソンRichard Nixon.

▲ サミュエル・ベケットSamuel Beckett『ゴトーを待ちながら』*En attendant Godot*仏語版出版（1953年，パリ上演，1955年英語版*Waiting for Godot*出版）．不条理劇Theatre of the Absurdの始まり．

● フルブライト留学生第1回293名，米国に派遣．

1953（昭和28年）

肺ガンに対するタバコの害の報告発表（翌年，統計的確認も発表され，禁煙ないし排煙運動へと発展）．

インディアンの部族解体と都市への人口移動を目的とした居留地閉鎖政策始まる．高い失業率，貧困率の解決策とはならず，むしろ部族の土地を奪われ，さらに困窮する事例相次ぐ．

4月25日　ジェイムズ・ワトソンJames Watsonと英国人 フランシス・クリック Francis Crick，DNAの分子構造の模型を発表．遺伝子研究の道を開く．

5月25日　ヒューストンのKUHT（米国初の教育テレビ局）放送開始．

9月16日　ダグラス原作『聖衣』（1942年）の映画化によって，初のシネマスコープ映画製作（翌年から一般化する）．

12月　『プレイボーイ』*Playboy*ヒュー・ヘフナー Hugh Hefnerによって創刊．創刊号にマリリン・モンローMarilyn Monroeのヌード写真．

アーサー・ミラー『るつぼ』*The Crucible*上演――植民地時代のセイラムの魔女裁判を題材に，マッカーシズムを批判したとされる．

シオドア・レトキTheodore Roethke『目ざめ』*The Waking*（詩集）出版（ピューリツァー賞）．

リチャード・ライト『アウトサイダー』*The Outsider* ／ジェイムズ・ボールドウィンJames A. Baldwin『山に上りて告げよ』*Go Tell It on the Mountain* ／ベロー『オーギー・マーチの冒険』*The Adventures of Augie March* ／サリンジャー『九つの物語』*Nine Stories*（短篇集）出版．

▲ フランスの出版人モーリス・ジロディアスMaurice Girodias，出版社オリンピア・プレス Olympia Pressをパリで設立（1955年，59年参照）．

● **5月** アメリカ学会文学部会発足——1956年，日本アメリカ文学会と改称．

1954(昭和29年)

1月21日 最初の原子力潜水艦ノーティラス*Nautilus*号進水．

1月23日 民間カラーテレビ放送開始．

5月17日 連邦最高裁，公立学校における人種分離教育に違憲の判決（ブラウン判決）．南部で強い抵抗を生む（1957年参照）．⇒コラム（28）

7月17日 ロード・アイランド州ニューポートで初めてジャズ・フェスティバル開催される．以後毎年開催．

26の主要出版社により，下品なマンガや恐怖マンガの自主規制が採用される．

アーネスト・ヘミングウェイ，ノーベル文学賞受賞．

白人音楽グループのクルー・カッツCrew Cuts，黒人グループの持ち歌だった「シュブーン」"Sh-Boom"でロックンロール初の全国的ヒット．翌年にはエルヴィス・プレスリーElvis Presleyがデビューし，若者の圧倒的な支持を得て，エレキギターを使用し黒人音楽をひとつの源泉とするロック音楽が白人に広まる．

コラム | 28 | **公民権運動** 1954年

　少数派人種による白人並みの公民権を得るための闘いのこと．建国期から存在した奴隷制と差別に対する怒りは，1950年代になっておもに黒人自身の手による権利獲得という形で展開することになった．1955年のアラバマ州モントゴメリーで起こったバスボイコットはマーティン・ルーサー・キングJr.牧師によって指導され，彼を公民権運動の指導者へと押し上げた．やがて北部の白人もこれに参加（1961年の「フリーダム・ライダーズ」など）し，人種，地域をこえる全国的な運動へと変化，1963年にケネディ大統領による公共施設における人種差別撤廃の強制もあり，8月のワシントン行進では人種を超えて25万人もの人たちが集まった．しかし，法的な立場は改善されても，生活水準や差別状態が改善されないことに不満をもつ黒人のなかからマルコムXのような分離主義を唱える指導者が出，現状を打破するための暴力を容認する主張を展開した．またキング牧師も，晩年には自らの非暴力主義の限界を感じていたと言われる．両者はともに暗殺され，公民権獲得の歴史がいかに険しいものであったかを物語っている．

1954–1955

*省略記号：■=歴史・政治・経済　▲=世界　●=日本

セント・ロレンス水路St. Lawrence Seaway（モントリオールからオンタリオ湖まで開通時全長約306km，後に370kmまで延長．27,000重量トン級の航洋船舶の航行が可能）建設開始（1959年完成）．

ジャスパー・ジョーンズJasper Johns，星条旗をそのまま描く「旗」Flagシリーズ開始．米国におけるポップ・アートの先駆．

『ディセント』Dissent（政治・思想雑誌）創刊．

フォークナー『寓話』A Fable出版．

ロバート・ヤングRobert Young主演ドラマ『パパはなんでも知っている』Father Knows Best，ラジオ放送からTV放映に（～1960年）．

■ 8月24日　共産党統制法成立，共産党を非合法化．

■ 12月2日　上院，上院侮辱罪でマッカーシー議員非難決議を採択．

● 2月1日　マリリン・モンロー，新婚の夫ジョー・ディマジオJoe DiMaggioと共に来日（～2月25日）．

● 3月1日　ビキニ環礁で水爆実験——第五福竜丸「死の灰」事件，9月23日に無線長，久保山愛吉が被曝死し，反核運動活発化．

● 11月3日　本多猪四郎監督映画『ゴジラ』公開——水爆実験の影響で復活した古代の巨大生物が日本を襲う．ロードショーで961万人を動員，怪獣映画の傑作とされる．

● 衣笠貞之助監督『地獄門』カンヌ映画祭でグランプリ（最高賞）獲得．翌年，アカデミー賞で外国語映画賞，色彩デザイン賞受賞．

1955（昭和30年）

国内総生産（GNP），1929年の2倍になる．消費者の信用購入，約267億ドルにまで増加（おおよそ半分が車の購入に使われる——この年，792万台の乗用車が売れる）．これに伴って家庭の貯蓄率低下．

ソーク小児麻痺ワクチン（1953年，ジョナス・ソーク博士Dr. Jonas E. Salk発見）の実験接種に183万人の小学生参加（5年後に小児麻痺は10分の1に減る）．

7月17日　カリフォルニア州アナハイムにディズニーランドDisneyland開園（1971年参照）．

11月7日　連邦最高裁，公園，公共の運動場等での人種分離撤廃の裁定．

12月5日　アラバマ州モントゴメリーで，白人にバスの席を譲ることを拒否した黒人女性ローザ・パークスRosa Parksの逮捕をきっかけに，マーティン・ルーサー・キングMartin Luther King, Jr.牧師を指導者とする黒人によるバス・

ボイコット運動展開．広範かつ大規模な公民権運動始まる．

ハンバーガー店マクドナルドMcDonald's，チェーン化．メニューの数を減らすことで値段を下げ，早く客に提供する営業方針を展開．世界中に出店．

ウラディミール・ナボコフVladimir Nabokov『ロリータ』*Lolita*，パリのオリンピア・プレスから出版（58年，米国で出版され「ロリータ旋風」を巻き起こす）．

ディキンソン『エミリー・ディキンソン全詩集』（全3巻）*The Poems of Emily Dickinson*，トマス・ジョンソンThomas H. Johnsonの編集によって出版．ようやく天才詩人の全貌が明らかになる（1862年参照）．

R・W・B・ルイスR. W. B. Lewis『アメリカのアダム』*The American Adam*出版．文学・文化に展開された「無垢な人間」としてのアメリカ人イメージの研究．

ボールドウィン『アメリカの息子のノート』*Notes of a Native Son*（評論集）出版．

『ヴィレッジ・ヴォイス』*The Village Voice*（アンダーグラウンド新聞の先駆），ニューヨーク市のグリニッチ・ヴィレッジGreenwich Villageで創刊．

テネシー・ウィリアムズ『熱いトタン屋根の上の猫』*Cat on a Hot Tin Roof*／アーサー・ミラー『橋からの眺め』*A View from the Bridge*／ウィリアム・インジWlliam Inge『バス・ストップ』*Bus Stop*上演，出版．

メイラー『鹿の園』*The Deer Park*／ジョン・オハラJohn O'Hara『北フレデリック街10番地』*Ten North Frederick*出版．

ジェイムズ・ディーンJames Dean主演『理由なき反抗』*Rebel without a Cause*公開．若者に熱狂的に歓迎される（ディーンはこの年9月，自動車事故死）．

■ **12月5日**　AFLとCIO合併し，AFL-CIOとなる（1941年参照）．

● **8月**　フォークナー来日，彼を中心にして，長野アメリカ文学セミナーが催される．

1956（昭和31年）

2月6日　アラバマ大学に黒人学生はじめて入学．この頃から南部の白人ばかりの学校に入学を求める黒人をめぐって各地で暴動がおこる．

この頃から「ビート・ジェネレーション」による文学・文化運動盛んになる．アレン・ギンズバーグ『吠える　その他の詩集』*Howl and Other Poems*出版．

詩人ゲイリー・スナイダーGary Snyder日本へ渡り，京都で禅を学ぶ（1974年参照）．

グレース・メタリアスGrace Metalious『ペイトン・プレイス』*Peyton Place*出版，大ベストセラー．

*省略記号：■=歴史・政治・経済　▲=世界　●=日本

オニール『夜への長い旅』*Long Day's Journey into Night*初演，出版（1939〜42年
　に執筆の自伝的遺作）．1961年ピューリツァー賞．

ボールドウィン『ジョヴァンニの部屋』*Giovanni's Room*／アーウィン・ショー
　Irwin Shaw『ルーシー・クラウン』*Lucy Crown*出版．

ウィリアム・ホワイトWilliam H. Whyte『組織のなかの人間』*The Organization
　Man*／ミルズ『パワー・エリート』*The Power Elite*出版．

アラン・ラーナーAlan J. Lerner作詞，フレデリック・ロウイFrederick Loewe作
　曲，バーナード・ショウの戯曲『ピグマリオン』*Pygmalion*にもとづくミュー
　ジカル『マイ・フェア・レディ』*My Fair Lady*上演，ロングラン．

プレスリー，ＴＶ番組『エド・サリヴァン・ショー』*Ed Sullivan Show*に出演，「ハ
　ウンド・ドッグ」"Hound Dog"を歌う．プレスリーの腰の動きが卑猥で子供
　に見せたくないと苦情の手紙殺到．⇒図㉛

■ **1月16日**　ダレス国務長官John F. Dulles，『ライフ』誌で民主党政権の「封じ
　込め」containment政策を消極的と批判．相手国を瀬戸際に追い込み譲歩を引
　き出そうとする「瀬戸際政策」brinkmanshipを発表．

■ **6月29日**　幹線道路法 Federal Aid Highway Act 通過．以後13年間にわたっ
　てハイウェイの建設に330億ドル拠出．鉄道の斜陽化を促進．

■ **11月**　大統領選挙．現職のアイゼンハワー圧勝．

▲ **7月26日**　ナセル，スエズ運河国有化宣言．10月29日，イスラエル軍シナイ
　半島に侵攻，第2次中東戦争．11月初旬に停戦．

● **10月19日**　モスクワで日ソ共同宣言調印（日ソ国交回復）．

● **12月18日**　国際連合に加盟．

1957(昭和32年)

5月15日〜9月1日　福音派の伝道師ビリー・グレアムBilly Graham，ニューヨー
　クで16週間にわたる伝道活動を行い，タイムズ・スクエアに200万人の聴衆
　を集める．

6月24日　連邦最高裁，ニューヨークのポルノ業者サミュエル・ロスSamuel
　Rothに有罪判決．ただ猥褻かどうかの基準は作品が「全体として好色な興味
　に訴えるかどうか」にあるとする．

9月24日　アーカンソー州リトル・ロックで黒人高校生の入学を白人が妨害，
　暴徒化．アイゼンハワー大統領，連邦軍を派遣．

10月4日　ソ連，人類初の人工衛星スプートニク号の打ち上げ成功を発表．全

米にいわゆるスプートニク・ショックSputnik crisis. 科学教育に対する反省
と，国防予算の増大へとつながる．⇒コラム（29）

ロックシンガーのジェリー・リー・ルイスJerry Lee Lewis,「陽気にやろうぜ」
"Whole Shakin' Goin' On,"「火の玉ロック」"Great Balls of Fire" がともに500
万枚を超える大ヒット．ロック音楽独特のピアノ奏法の先駆者となる．

ヴァンス・パッカードVance Packard『隠れた説得者たち』The Hidden Persuaders欲
望を刺激して売上を拡大する行き過ぎた消費主義を批判．

リチャード・ライト『白人よ，聞け』White Man, Listen!（講演集）出版．

リチャード・チェイスRichard Chase『アメリカ小説とその伝統』The American
Novel and Its Tradition出版．ロマンスとノヴェルとの違いを軸にアメリカ小
説の特質を論じる．

リチャード・ウィルバーRichard Wilbur『詩集』Poems出版．

ケルアック『路上』On the Road出版．実体験に基づき，アメリカ大陸を自動車
で放浪する若者を描いてビート文学の旗手となる．

エイジー『家族のなかの死』A Death in the Family（自伝的小説，執筆は1955年）
死後出版．

ジョン・チーヴァーJohn Cheever『ワップショット家年代記』The Wapshot
Chronicle／バーナード・マラマッドBernard Malamud『アシスタント』The
Assistant／ジョン・オカダJohn Okada『ノー・ノー・ボーイ』No-No Boy（強制

コラム | 29 スプートニク・ショック 1957年

　1957年10月，ソヴィエト連邦は人類初の人工衛星スプートニク（ロシア語で
衛星の意味）1号の打ち上げに成功した．米国が宇宙開発の分野でソ連に後れ
を取ったニュースは，全米に衝撃をもって受け止められた．そもそも米国・ソ連の
宇宙開発の基礎は，ドイツで開発されたV2ロケットの研究者たちによって築かれ
た．だが冷戦下でソ連に先を越された米国は，宇宙開発を加速させると同時に，
学校教育の現場における数学・外国語・科学に重点をおく制度への大幅な見直
しを行ない，翌1958年には，国防教育法を成立させた．おりしも米国では戦後
のベイビー・ブーマーたちが就学年齢に達し，その親たちが教育に関心が高かっ
たこともあって，これらの政策は歓迎された．1958年には米国初の人工衛星エク
スプローラー1号の打ち上げに成功，航空宇宙局NASAを立ち上げ，「ニューフロ
ンティア計画」を掲げたケネディ政権下でのアポロ計画へと引き継がれていく．

*省略記号：■=歴史・政治・経済　▲=世界　●=日本

収容所から解放された日系青年の彷徨と救済を描く）／カズンズ『愛に憑か
れて』*By Love Possessed*（ベストセラー）出版.
レナード・バーンスタインLeonard Bernstein作曲ミュージカル『ウェスト・サイ
ド物語』*West Side Story*上演，ロングラン．1961年映画化（アカデミー賞10部
門受賞）.

1958(昭和33年)

1月31日　米国最初の人工衛星エクスプローラー1*Explorer 1*号打ち上げ.
10月26日　パンアメリカン航空による民間ジェット旅客機（ボーイング707
Boeing 707），ニューヨーク＝パリ間就航.
ゼロックスXerox社，世界初の事務用普通紙複写機（コピー機）発売.
フラフープHula-Hoop発売，大流行．2か月で2,500万本，2年で1億本を売る.
　フープは「輪」，フラはハワイのフラダンスより.
ジョン・ケネス・ガルブレイスJohn Kenneth Galbraith『豊かな社会』*The Affluent
Society*出版，競争よりも計画化による安定的成長を説く.
ケルアック，自伝的な『ザ・ダルマ・バムズ』*The Dharms Bums*出版，ビート・ジェ
ネレーションの禅への傾倒を表現.
マラマッド『魔法の樽』*The Magic Barrel*／カポーティ『ティファニーで朝食を』
Breakfast at Tiffany's／ジョン・バースJohn Barth第1長篇『フローティング・
オペラ』*The Floating Opera*出版.
マクリーシュ『J.B.』*J.B.*（詩劇）／レトキ『風に与う言葉』*Words for the Wind*（詩
集）出版.
テネシー・ウィリアムズ『去年の夏，突然に』*Suddenly Last Summer*上演，出版.
■ **7月29日**　航空宇宙局National Aeronautics and Space Administration（NASA）設置
法成立.
▲ **6月1日**　ドゴール内閣成立．10月，第5共和制発足（仏）.
● **12月23日**　東京タワー完成.

1959(昭和34年)

1月〜2月　「ジャクソン・ポロックと新しいアメリカ絵画展」パリの国立近代
美術館で開催，米国の現代芸術家たちが国際的に注目され始める.
3月　おもちゃ会社 マテルMattelがバービー人形 Barbie発売開始，1体3ドル.

1959

ドイツで成人男性用に売られていたフィギュア「リリ」が原型で，人間の体にすれば，胸囲99センチ，ウェスト53センチ，腰回り79センチ．この年だけで351,000体を売る．

6月8日　連邦最高裁，リトル・ロックの高校を閉鎖したアーカンソー州に違憲判決．8月12日　リトル・ロック高校，人種統合して開校．

10月21日　20世紀芸術を集めたグッゲンハイム美術館Solomon R. Guggenheim Museum，ニューヨークに開館．フランク・ロイド・ライトの設計．

11月2日　高額の賞金が売り物の人気TVクイズ番組『21』*Twenty One*のチャンピオン，チャールズ・ヴァン・ドーレンCharles Van Doren，「やらせ」があったと告白．全米の関心を集めるスキャンダルとなり，TVの肥大化した力を見せつける．

オフ・オフ・ブロードウェイの代表的な劇団リヴィング・シアターLiving Theatre，ジャック・ゲルバーJack Gelber『麻薬密売人』*The Connection*上演．以後，リヴィング・シアターは，政治参加への意思，即興性の重視，観客の舞台参加といった特徴を持つ60年代の演劇革命の先駆けとなる．

ウィリアム・バロウズWilliam Burroughs『裸のランチ』*The Naked Lunch*，パリのオリンピア・プレスから出版（米国版は1962年）．

ミッチェナー『ハワイ』*Hawaii*出版，ベストセラー．

ロバート・ロウエル『生についての研究』*Life Studies*／W・D・スノッドグラースW. D. Snodgrass『心の針』*Heart's Needle*（ともに詩集）出版．

ベロー『雨の王ヘンダソン』*Henderson the Rain King*／ジェイムズ・パーディ James Purdy『マルカム』*Malcolm*（ともにピカレスク小説）／メイラー『ぼく自身のための広告』*Advertisements for Myself*（短篇とノンフィクション集）／フィリップ・ロスPhilip Roth『さようなら，コロンバス』*Goodbye, Columbus: and Five Short Stories*出版．

ロレイン・ハンズベリーLorraine Hansberry『日なたの干しぶどう』*A Raisin in the Sun*，ブロードウェイで上演，出版．黒人女性による初のブロードウェイ作品．

■**1月3日**　アラスカ，49番目の州に昇格，8月21日にはハワイが50番目の州に昇格．

■**9月15日**　ソ連首相フルシチョフ訪米（〜27日）．18日，国連総会で全面軍縮を提案．

▲**1月1日**　キューバのフィデル・カストロFidel Castro，バティスタ独裁政権を倒し革命政権を樹立．2月，首相に就任．農地改革，外国人資産の無償没

*省略記号：■＝歴史・政治・経済　▲＝世界　●＝日本

収を実施. 60年5月, ソ連と国交を開き, 61年1月に米国と国交断絶.

1960（昭和35年）

国勢調査. 白人の人口は179,323,175人, 非白人2,049万（うち黒人1,887万, インディアン52万, 日系46万, 中国系24万）.

合衆国に日刊紙1,763（発行部数5,888万）, 日曜紙563（発行部数4,770万）.

2月2日　ノース・カロライナ州グリーンズボロGreensboroで簡易食堂における差別に反対して黒人大学生が座りこみsit-in運動開始.

7月13〜14日　民主党大会で, 大統領候補に43歳のアイルランド系カトリックのジョン・F・ケネディJohn F. Kennedyを, 副大統領候補にリンドン・B・ジョンソンLyndon B. Johnsonを指名. 7月27〜8日, 共和党は大統領候補に副大統領リチャード・ニクソンを選出. 9月26日, 史上初の両大統領候補によるTV討論が行われ, TV時代の選挙戦の幕開けとされる. 11月8日, ケネディが辛勝（49.7% vs. 49.6%）, 史上2番目に若く（最年少はT・ローズヴェルト, 1901年参照）, 史上初のカトリックの大統領となる.

女性用経口避妊薬（ピル, 商品名Enovid）が承認される.

レズリー・フィードラーLeslie Fiedler『アメリカ小説における愛と死』*Love and Death in the American Novel*出版.

シルヴィア・プラスSylvia Plath, 詩集『コロッサス』*The Colossus*英国で出版（米国版は1962年）.

ジョン・アップダイクJohn Updike『走れウサギ』*Rabbit, Run*出版. バスケットボール選手だった高校時代の思い出に浸って日常から逃れようともがく26歳の男「ウサギ」の姿を現在時制で描く.「ウサギ」4部作の第1作目.

オコナー『烈しく攻むる者はこれを奪う』*The Violent Bear It Away*／スタイロン『この家に火をつけよ』*Set This House on Fire*／ジョン・バース『酔いどれ草の仲買人』*The Sot-Weed Factor*（1708年参照）／ハーパー・リーHarper Lee『アラバマ物語』*To Kill a Mockingbird*出版.

ニューヨーク市グリニッチ・ヴィレッジのコーヒー店でフランスの劇作家アルフレッド・ジャリAlfred Jarryの『ユビュ王』*Ubu-roi*（1896年初演）を上演. オフ・オフ・ブロードウェイ演劇活発化.

エドワード・オールビーEdward Albee『動物園物語』*The Zoo Story*, 米国初演（前年西ベルリンで世界初演）.

■1月19日　日米安全保障新条約, ワシントンにて調印.

1960–1961

● **6月16日** アイゼンハワー大統領，日本国内の日米安保条約反対運動の激化のため，訪日を中止．

1961（昭和36年）

1月20日 ケネディ，大統領就任演説．「国が君になにをしてくれるかではなく，君が国に何をできるかを問え」"ask not what your country can do for you—ask what you can do for your country."

2月23日 合衆国キリスト教会全国協議会，人工的な避妊を認める．

5月4日 長距離バスでの人種分離をやめさせるため，人種混合グループでバスに乗り南部を目指すフリーダム・ライダーズ Freedom Riders，ワシントンDCを出発．アラバマ州で地元民が暴徒化（5月21日），戒厳令が施行される．公民権運動，全国的に注目を集める．

5月5日 米国最初の有人ロケット，アラン・B・シェパード中佐Alan B. Shepard, Jr.を乗せて飛ぶ．

ヘンリー・ミラー『北回帰線』，ニューヨークのグローヴ・プレスGrove Pressから出版，翌年『南回帰線』も．（仏版はそれぞれ1936年，1939年）．グローヴ・プレスはこれより米国における性文学出版の先頭に立つ．

ジョゼフ・ヘラー Joseph Heller『キャッチ=22』Catch-22（混乱した戦争状況を描く．22は軍規第22条をさし，精神に異常をきたしたものは自ら申請し除隊できるが，精神状態を把握できる段階では，除隊は認められないというもの．のちにこのタイトルが板挟みになった状態をさすようになる）出版．

リロイ・ジョーンズ LeRoi Jones（のちにイマム・アミリ・バラカ Imamu Amiri Baraka, さらにアミリ・バラカAmiri Barakaと改名）『20巻の遺書・序文』（詩集）Preface to a Twenty-Volume Suicide Note出版．60年代の新しい黒人芸術の旗手となる．

ボールドウィン『だれもぼくの名を知らない』Nobody Knows My Name（エッセイ集）出版．

スタインベック『われらが不満の冬』The Winter of Our Discontent ／サリンジャー『フラニーとゾーイ』Franny and Zooey ／マラマッド『もう一つの生活』A New Life ／アラン・ダガンAlan Dugan『詩集』Poems出版．

■ **3月1日** ケネディ，行政命令で発展途上国に協力することを目的にした平和部隊Peace Corps設置．

■ **3月6日** 政府と関係のある業者に対して、求職者と従業員を人種・性別で

差別してはならないという大統領命令が出る——アファーマティヴ・アクションAffirmative Actionの始まりとされる。

■ **4月17日** 亡命キューバ人で構成した反カストロ軍，CIAの支援を受けたピッグズPigs湾上陸侵攻に失敗（～19日）．対キューバ関係の悪化．

■ **10月13日** 南ヴェトナム政府への援助を増強．

▲ **4月12日** ソ連，ガガーリン少佐，衛星船ヴォストーク1号で地球1周に成功．

▲ **8月13日** 東独，東西ベルリン境界を壁で封鎖．

1962(昭和37年)

2月20日 米国の有人人工衛星船フレンドシップ7*Friendship 7*号，ジョン・グレン中佐 John Glenn を乗せて地球の周りを3周する．

6月25日 連邦最高裁，ニューヨーク州公立学校における特定の宗教行事（祈禱）に違憲の判決．

7月10日 テルスター*Telstar*通信衛星打ち上げ，12日に大西洋のテレビ中継に成功．

8月5日 マリリン・モンロー，自宅で死体となって発見される．死因について諸説入り乱れるが，自由に生きようとした「セックス・シンボル」はこれよりアメリカ文化のイコン（聖像）と化していく．

9月30日～10月1日 連邦最高裁によって入学を認められた黒人学生ジェイムズ・H・メレディスJames H. Meredithのミシシッピ大学入学を知事と大学が認めず，司法長官ロバート・ケネディRobert Kennedyは連邦軍を派遣して反対暴動を鎮圧，死者4名を含む多数の死傷者を出す．

10月22日 キューバ危機．ケネディ大統領，全国テレビ放送で，ソ連がキューバにミサイル基地を建設中と発表．キューバを海上封鎖し，ソ連軍の撤退を要求．緊張が高まるが，28日に米のキューバへの不侵攻とトルコからのミサイル撤去，ソ連のキューバからのミサイル撤退で米ソが合意し，核戦争の危機回避される．

ジョン・スタインベック，ノーベル文学賞受賞．

ラルフ・ギンズバーグRalph Ginzburg編集の季刊誌『エロス』*Eros*発刊．性革命推進役を果たしたが，第4号の白人女性と黒人男性のペアのヌード写真が問題となり発禁，廃刊．

レイチェル・カーソンRachel Carson『沈黙の春』*Silent Spring*出版．農薬による環境破壊の実体を明らかにし，自然と人間のありかたを広く問うきっかけと

なる.

ケン・キージーKen Kesey『カッコーの巣の上で』*One Flew Over the Cuckoo's Nest*出版. 高度に管理された精神科病棟のありさまを通して閉塞した現代の人間の状況を描く(1975年参照).

ティリー・オルセンTillie Olsen『謎かけ遊びをして』*Tell Me a Riddle*(短篇集)出版. 抑圧のテーマを追求し, フェミニズムの面からも高い評価.

オールビー『ヴァージニア・ウルフなんかこわくない』*Who's Afraid of Virginia Woolf?*上演, 出版.

テネシー・ウィリアム『イグアナの夜』*The Night of the Iguana*上演, 出版.

フォークナー『自動車泥棒』*The Reivers*(ピューリツァー賞)／K・A・ポーター『愚者の船』*Ship of Fools*／ボールドウィン『もう一つの国』*Another Country*／フィリップ・K・ディックPhilip K. Dick『高い城の男』*The Man in the High Castle*出版.

ロバート・ブライRobert Bly, 詩集『雪原の沈黙』*Silence in the Snowy Fields*／ジョン・アシュベリーJohn Ashbery, 詩集『テニスコートの誓い』*The Tennis Court Oath*出版.

1963(昭和38年)

この頃から「ヒッピー(hippie, hippy)」と呼ばれる若者が注目される. 愛と平和を求める政治・社会運動から, マリワナやLSD等のドラッグ文化,「サイケデリック」な音楽や視覚芸術, エコロジー運動, ファッションにいたるまで多様な広がりを持つ「対抗文化」counterculture が全国的に展開. とくに西海岸地方で盛ん.

4月3日 アラバマ州バーミンガムBirminghamでキング牧師らの人種差別反対デモ始まる. 警察による取り締まりの激化および暴動が生じ, 5月13日, 事態を鎮静化させるために連邦軍が出動.

8月28日 奴隷解放宣言100周年を機に, 20万人余の人種差別反対ワシントン大行進 "March on Washington"(あるいは "Freedom March"). キング牧師,「私には夢がある」"I Have a Dream" 演説. ⇒図㉜

11月22日 ケネディ大統領, テキサス州ダラスDallasで暗殺される. ジョンソン副大統領, 同地で第36代大統領に就任.

ベティ・フリーダン Betty Friedan『女性らしさの神話』(邦訳『新しい女性の創造』)*The Feminine Mistique*出版, 女性が抱える葛藤を明らかにし, 60年代フェ

ミニズム運動の契機とされる. ⇒コラム (30)

メアリー・マッカーシーMary McCarthy, 名門女子大を卒業した8人のその後を描いた小説『グループ』The Group出版, 性描写でも評判をよび, ベストセラーに.

トマス・ピンチョンThomas Pynchon, 第1長篇小説『V.』V.出版.

ジェイムズ・ライトJames Wright, 詩集『その枝は折れない』The Branch Will Not Break出版.

マラマッド, 短篇集『白痴が先』Idiots First／サリシジャー『大工よ, 屋根の梁を高く上げよ, およびシーモア・序章』Raise High the Roof Beam, Carpenters, and Seymour: An Introduction／アップダイク『ケンタウロス』The Centaur／シルヴィア・プラス, 自伝的小説『ベル・ジャー』Bell Jar出版.

ボブ・ディランBob Dylan「風に吹かれて」"Blowin' in the Wind" 発表. 60年代を象徴する歌曲となる.

■ **8月5日**　米・英・ソ部分核実験停止条約正式調印.

● **11月23日**　カリフォルニアから日本へ最初のTV中継放送成功（ケネディ暗殺を報道）.

コラム｜30｜ベティ・フリーダン 1963年

　1960年代におけるフェミニズム運動の牽引役となった女性. 米国の男女同権運動は19世紀の半ばから本格化し, 1920年には憲法修正第19条によって女性の参政権を実現したが, 第二次世界大戦中に多くの女性が家庭の外で仕事を得たこと, 戦後になって米国社会が保守的になったことや, マッカーシズムの影響などもあって, フェミニズム運動は下火になり, 女性は家庭生活を最優先にして暮らすことが理想とされた. そこへフリーダンが『女性らしさの神話』によって, 中産階級の女性が主婦の役割に押し込められ, 精神的に追い詰められていることを告発したのである. この書が, フェミニズム運動を再活性化し, フリーダンは1966年にNOW（全米女性機構）を発足させ, 雇用上・教育上の性差別, 同一労働における不平等賃金, 人工中絶禁止などの撤廃を求める活動を展開した.

1964（昭和39年）

キング牧師，ノーベル平和賞受賞.

2月25日 カシアス・クレイCassius Clay（後モハメド・アリMuhammad Aliと改名），ソニー・リストンSonny Listonを破ってボクシングのヘビー級世界チャンピオンに.

7月2日 1964年公民権法成立. 人種，肌の色，宗教，性別，出生国による，公共施設および就職における差別を違法とする.

ヴェトナム戦争への介入深まる. 8月2日，米駆逐艦がトンキン湾で北ヴェトナムの攻撃を受けたとして，4日，空軍がその報復に北ヴェトナム基地を攻撃. 7日，議会がヴェトナム政策を大統領に一任する決議を採択.

7月31日 無人月探査船レインジャー7*Ranger 7*号，月表面の写真を4,000枚以上地球に送信することに成功. 月表面の状態が初めてわかる.

11月21日 ブルックリンとスタテン島の間に世界最長のつり橋ヴェラザノ＝ナローズ橋Verrazano-Narrows Bridge開通.

12月2日 カリフォルニア大学バークリー校University of California, Berkeleyで，学生が構内での政治活動を禁止する学則の撤廃を求め，フリー・スピーチ・ムーヴメントFree Speech Movementを開始し，学内に集合. 大学側は州警察を導入し，学生800人が逮捕される. 以後，同様の学生運動が全国に広がる.

テリー・サザーンTerry Southern，メイソン・ホッフェンバーグMason Hoffenberg共著『キャンディ』*Candy*米国版出版（フランス版は1958年），主人公の女性をめぐる露骨かつアイロニカルな性描写が話題となりベストセラーに. 1968年に映画化.

リチャード・ブローティガンRichard Brautigan『ビッグ・サーの南軍将軍』*A Confederate General from Big Sur*出版.

黒人イスラム教の指導者マルカムX Malcom X（旧名マルカム・リトルMalcom Little）『マルカム X自伝』*The Autobiography of Malcolm X*出版.

ジョン・ベリマンJohn Berryman『77篇の夢の歌』*77 Dream Songs*（詩集）出版.

ボールドウィン『白人へのブルース』*Blues for Mister Charlie*（戯曲）出版.

ヘミングウェイ『移動祝祭日』*A Moveable Feast*（死後出版）／ロバート・ペン・ウォレン『氾濫』*Flood*／ベロー『ハーツォグ』*Herzog*出版.

■ **1月8日** ジョンソン大統領，初の年頭教書で「貧困との闘い」War on Povertyを宣言. 失業保険の改善，若者の就業支援など打ち出す.

1964-1965

＊省略記号：■=歴史・政治・経済　▲=世界　●=日本

■ 11月　大統領選挙．共和党候補はアリゾナ選出の超保守派上院議員バリー・ゴールドウォーターBarry Goldwater．ジョンソンが大差で勝利．ただし深南部で敗北し，南部が民主党の地盤ではなくなったことを示す．

● 4月1日　海外渡航自由化．

● 10月10日　第18回オリンピック東京大会（～24日）．

1965（昭和40年）

この年，南ヴェトナムのアメリカ駐留軍の総員を2万人から19万人に増加．年間の戦死者1,900人を超える（1961年から64年までの4年間では200人）．2月の北爆開始後，ヴェトナムへの軍事介入反対運動激化，11月27日にはワシントンで数万人参加のヴェトナム反戦行進．

1月4日　ジョンソン大統領，年頭教書で「偉大な社会」Great Society建設を強調．教育，住居，健康，就業訓練の機会，水質，老人医療保障の分野において改善させること，南ヴェトナムを救うことを明言．

2月21日　マルカムX，ニューヨークで演説中に暗殺される．

6月3日～7日　宇宙船ジェミニ4Gemini 4号，地球を62回転し，乗組員ははじめて宇宙を「遊歩」．

8月6日　選挙権登録差別撤廃の公民権法Voting Rights Act成立．黒人の投票権を保障．

8月11日　ロサンゼルスの黒人居住地区ワッツWattsで暴動，死者34名，負傷者1,000名以上，焼失した家屋600（～16日）．

プラス，詩集『エアリアル』Ariel，夫の英国詩人テッド・ヒューズTed Hughsによる編集，死後出版．

ニール・サイモンNeil Simon『おかしな二人』The Odd Couple初演．ニューヨークのアパートで同居することになった2人の独身男の引き起こす喜劇．ブロードウェイで1,000回を超えるロングランとなり，68年に映画化．

メイラー『アメリカの夢』American Dream（妻を扼殺し女性遍歴を重ねる主人公を描いて「夢」が「悪夢」と化した米国を描く）／リロイ・ジョーンズ『ダンテの地獄組織』The System of Dante's Hell出版．

アップダイク『農場』Of the Farm／コーマック・マッカーシーCormac MacCarthy『果樹園の守り人』The Orchard Keeper出版．

ウィリアム・メルヴィン・ケリー William Melvin Kelley『一滴の忍耐』A Drop of Patience（盲目のジャズ・ミュージシャンの成長物語）／ジャージー・コジン

スキーJerzy Kosinski, 自伝的小説『異端の鳥』*The Painted Bird*（ドイツ占領下のポーランドをさまよう少年の悲惨な体験を描く）出版.
- ■ **10月3日** 1965年移民法成立. 1924年移民法による国別割当を撤廃し, 移民によって離散した家族の呼び寄せ, 特別な技能を持つ人材を積極的に受け入れようとする.
- ● 対米貿易収支が初めて黒字に転ずる. 以後黒字の状態が恒常化.

1966(昭和41年)

1月1日 連邦法により, タバコの箱に「喫煙はあなたの健康に害を及ぼす可能性がある」という警告の印刷が義務づけられる.

3月21日 連邦最高裁, イギリスのポルノグラフィーの古典『ファニー・ヒル』*Funny Hill: Memoirs of a Woman of Pleasure*出版に対して「猥褻にあたらない」として無罪の判決.

映画における倫理規定ヘイズ・コード廃止される（1934年参照）.

6月2日 月無人探測機サーヴェイヤー1*Surveyor 1*号, 月面軟着陸に成功.

10月 全国女性機構National Organization for Women（NOW）結成——ベティ・フリーダン, 初代会長に.

学生非暴力調整委員会 Student Nonviolent Coordinating Committee（SNCC）の議長ストークリ・カーマイケル Stokely Carmichael,「ブラック・パワー」Black Powerをスローガンに黒人の政治的自立と黒人意識の重要性を強調.

カポーティ『冷血』*In Cold Blood*出版. 1959年にカンザス州で起こった強盗殺人を小説仕立てで描いた作品で, 作者みずから「ノンフィクション・ノヴェル」non-fiction novelと名付けた。事実をドラマティックに描く「ニュー・ジャーナリズム」new journalismに影響を与える。

フランス生まれの女性作家アナイス・ニンAnaïs Nin『日記』*Diary*（全6巻, ～1976年）, 自らの性生活を赤裸々に記述, 出版.

ウィリアム・マスターズWilliam Masters, ヴァージニア・ジョンソンVirginia Johnsonの共著『人間の性反応』*Human Sexual Response*出版.

オールビー『デリケート・バランス』*A Delicate Balance*上演.

バーバラ・ガーソンBarbara Garson『マクバード！』*Macbird!* 出版（翌年上演）, 米国政情を諷刺する『マクベス』のパロディ. 自費出版で年20万部売る.

マラマッド『修理屋』*The Fixer*／ピンチョン『競売ナンバー49の叫び』*The Crying of Lot 49*出版.

*省略記号:■=歴史・政治・経済　▲=世界　●=日本

1966–1967

● 週刊『プレイボーイ』創刊.

1967(昭和42年)

11月20日　人口2億人に到達.

1月14日　サンフランシスコで人間性の回復, 平和主義, 権威への抵抗を示す集会「ヒューマン・ビー・イン」Human Be-In開催, 推定2万人から3万人が参加. サンフランシスコ周辺にヒッピー文化が盛り上がりを見せる. 夏には, 推定10万人がヒッピー文化の中心となったヘイト゠アシュベリーHaight-Ashbury地区に集まる.「サマー・オブ・ラヴ」Summer of Love現象と呼ばれる.

1月15日　アメリカン・フットボールのアメリカン・フットボール・リーグAmerican Football League (AFL) とナショナル・フットボール・リーグNational Football League (NFL) の間で初のチャンピオンシップ・ゲームAFL-NFL Championship game (のちのスーパー・ボウルSuper Bowl) が行われる.

1月23日　連邦最高裁, 教職員に対し共産党員でない宣誓を求めたニューヨーク州の忠誠諸法Loyalty Lawsに違憲判決.

1月27日　有人宇宙飛行の予行演習を行っていたアポロ1*Apollo 1*号に火災発生, 乗組員3名が死亡.

2月　ヴェトナムで, 非武装地帯への爆撃開始. 国内で反戦の声さらに高まり, 10月にはヴェトナム反戦週間 (16〜23日) を設定, ワシントンDC他全米30都市で大規模な反戦集会が開かれる.

5月9日　カシアス・クレイ, 徴兵を拒否したため世界ボクシング協会World Boxing Association (WBA) のタイトルを剥奪される.

6月12日　連邦最高裁, 異人種間の結婚を禁止した法律を違憲と判定 (1883年参照).

6月13日　サーグッド・マーシャルThurgood Marshall, 初の黒人最高裁判事に任命される.

6月16〜18日　モンタレー・ポップ・フェスティバルMonterey Pop Festival開催. ジミー・ヘンドリクスJimi Hendrixら出演.

雑誌『ローリング・ストーン』*Rolling Stone*創刊. ロック音楽と音楽事情を広く扱う.

スタイロン『ナット・ターナーの告白』*The Confessions of Nat Turner*／ヴィダル『ワシントンD.C.』*Washington, D.C.*／カザン『アメリカの幻想』*The Arrangement*／ドナルド・バーセルミ Donald Barthelme『雪白姫』*Snow White*

／ブローティガン『アメリカの鱒釣り』*Trout Fishing in America*／メイラー『なぜぼくらはヴィトナムに行くのか？』*Why Are We in Vietnam?*／イシュメール・リードIshmael Reed第1長篇『自由契約の棺かつぎ』*The Free-Lance Pallbearers*出版.

オフ・ブロードウェイでジェローム・ラグニGerome Ragniとジェイムズ・ラドJames Rado合作の反戦ミュージカル『ヘアー』*Hair*上演——ミュージカルに初めてロックを使用し「ロック・ミュージカル」の元祖とされるが，全裸男女の登場でも評判をよぶ（1968年よりブロードウェイに進出，72年までロングラン）.

アーサー・ペンArthur Penn監督映画『俺たちに明日はない』*Bonnie and Clyde*（1934年参照）．この頃から，マイク・ニコルズMike Nichols監督映画『卒業』*The Graduate*（1967年），デニス・ホッパーDennis Hopper監督・出演映画『イージー・ライダー』*Easy Rider*（1969年）など，閉塞的な状況への反抗気分を斬新な手法で打ち出す「アメリカン・ニューシネマ」盛んになる.

■ **7月**　各都市で黒人暴動．ニュー・ジャージー州ニューアーク（12～17日），デトロイト（23～30日），ミルウォーキー（30日）など．8月1日にはワシントンDCでも.

▲ **12月3日**　南アフリカ共和国で初の人間の心臓移植手術．18日間生存.

● 日本の人口が1億人を超える（返還前のため沖縄は含まず）.

1968(昭和43年)

3月16日　南ヴェトナムのソンミ村で，米軍，大半が女性と子供からなる村人500人以上を虐殺．翌年『ニューヨーク・タイムズ』等でスクープされ，国内の反戦運動をさらに加速させる.

4月4日　キング牧師，テネシー州メンフィスで暗殺される．各地に黒人暴動発生.

4月29日～6月24日　全米各地で黒人による「貧者の行進」Poor People's March．6月19日，ワシントンDCに集結.

6月5日　ロバート・ケネディ上院議員，大統領選挙のための遊説中にロサンゼルスで撃たれ，翌日死亡.

8月26～29日　シカゴで開催の民主党大会に集まった反戦・公民権・革命派，シカゴ市長と市警により暴力的に制圧される．その顛末をメイラーがノンフィクション・ノヴェル『マイアミとシカゴの包囲』*Maiami and the Siege of*

*省略記号：■=歴史・政治・経済　▲=世界　●=日本

*Chicago*で報告.

「民主的社会のための学生」Students for a Democratic Society（SDS），1966年の SNCCの「ブラック・パワー」に呼応する「スチューデント・パワー」Student Powerを提唱.

アル・ゴールドスタインAl Goldstein，露骨にポルノグラフィックな内容を売り物にするタブロイド週刊新聞『スクリュー』*Screw*創刊（〜2003年）．売上は多い時で推定14万部.

メイラー『夜の軍隊』*The Armies of the Night*（1967年10月のワシントンDCでのヴェトナム反戦集会を扱ったノンフィクション・ノヴェル）出版.

アップダイク『カップルズ』*Couples*出版．郊外に住む白人中産階級の風俗を描く.

スコット・ママデイN. Scott Momaday，第二次世界大戦後のインディアンの青年の遍歴と帰還を描く『夜明けの家』*House Made of Dawn*出版.

アーシュラ・K・ル=グウィンUrsula K. Le Guinファンタジー小説『影との闘い』*A Wizard of Earthsea*（日本での呼称『ゲド戦記』*Books of Earthsea*シリーズの第1作）出版.

ディック，SF小説『アンドロイドは電気羊の夢を見るか？』*Do Androids Dream of Electric Sheep?*出版.

マート・クロウリーMart Crowley『真夜中のパーティ』*The Boys in the Band*，オフ・ブロードウェイで上演．1,000回以上のロングランとなる．パーティに集まったゲイ男性たちの心情を描き，初めてゲイをはっきり取り上げた演劇とされる.

スウェーデン映画『私は好奇心の強い女』*I'm Curious*公開．性表現が評判に.

■ 1月30日　南ヴェトナムで北ヴェトナム軍によるテト攻勢．一時はサイゴンの米国大使館が占拠されたことに加え，空爆や即時処刑といった南ヴェトナム軍および米軍の行為が報道され，反戦運動をさらに高める.

■ 3月31日　ジョンソン，北爆停止，大統領選不出馬を声明.

■ 11月　大統領選挙．共和党のニクソン，民主党のヒューバート・H・ハンフリー Hubert H. Humphrey を破り当選.

▲ 5月　パリで学生デモ，労働者も巻き込んで一時革命の様相（仏）.

▲ 8月20日　ソ連軍，チェコに侵入，「プラハの春」の自由化を圧殺（〜26日）.

● 川端康成，ノーベル文学賞受賞.

1969（昭和44年）

ハーヴァード大学，コーネル大学，シカゴ大学など全国の諸大学で紛争あいつぐ．予備将校訓練隊Reserve Officers'Training Corps（ROTC）課程の中止要求が出される．

インターネット通信の前身となるARPAネットが国防総省により開発される．

2月　ハーヴァード大学，ROTCを課外活動とする．コロンビア大学，学生参加の全学協議会新設をうち出す．

5月23日　ノース・カロライナ州立農科大学North Carolina College of Agriculture and Mechanic Artsにおいて，警官隊との銃撃戦で学生1人死亡．夏休みに入って急進派学生の分裂もあり，一応事態は平静化．

6月28日　ニューヨーク市グリニッチ・ヴィレッジの同性愛者が集まるバー，ストーンウォール・インStonewall Innへの警察の踏込み捜査が契機となり暴動が起きる．同性愛者解放 Gay Liberation 運動へと発展．

7月20日　宇宙船アポロ11 *Apollo 11*号，月面到着，人類はじめて月に立つ．ニール・アームストロングNeil Armstrong船長「これは1人の人間にとっては小さな一歩だが，人類にとっては偉大な飛躍である」"That's one small step for [a] man, one giant leap for mankind." 11月19日にはアポロ12号による人類2度目の月着陸成功．⇒図㉝

8月9日　チャールズ・マンソンCharles Manson率いるカルト集団，映画女優シャロン・テートSharon Tateら5人の男女を殺害．「病めるアメリカ」内外に喧伝される．

8月16〜19日　ニューヨーク州ウッドストックWoodstock近郊でのロック・フェスティバル，およそ40万人の若者を集める──「対抗文化」の総決算．

スコット・ドナルドソンScott Donaldson『郊外の神話』*The Suburban Myth*，郊外生活がアメリカ人に与えてきた影響を論じる

ナボコフ『アーダ』*Ada or Ardor: A Family Chronicle*／ロス『ポートノイの不満』*Portnoy's Complaint*／ジョイス・キャロル・オーツJoyce Carol Oates『彼ら』*them*／ル=グウィン『闇の左手』*The Left Hand of Darkness*（両性具有の異星人と地球人の遭遇を描き，ジェンダーの問題を扱ったSF小説）／ヴォネガット『スローターハウス5』*Slaughterhouse-Five*（第二次世界大戦中のドレスデン空爆を題材にしたSF小説）出版．

『サタデー・イヴニング・ポスト』廃刊（1821年参照）．

『セサミ・ストリート』*Sesami Street*，公共放送PBSで放送開始．⇒コラム（31）

-1969

＊省略記号：■=歴史・政治・経済　▲=世界　●=日本

■ 11月5日　ワシントンDCでヴェトナム反戦大集会，25万人が参加.
● 11月19〜21日　佐藤栄作首相・ニクソン大統領とワシントンDCで会談，沖縄返還を合意（72年に実施）.

コラム | 31 | 「セサミ・ストリート」 1969年

　公共TV放送局PBSの「セサミ・ストリート」は，人間と「マペット」と呼ばれる人形，それにアニメを組み合わせ，日本でも，楽しみながら英語が学べる，巨大なカナリアのビッグバードなどのキャラクターが可愛いと多くのファンを獲得してきた. しかし番組の元々の狙いは主に貧困層の子供たちに教育の機会を与えることで，そのための工夫が随所にこらされている. たとえば科学的な知識が映像やマペットと子供の会話でわかりやすく解説され，文字や数字が移民の子供たちが自然に学べるよう2か国語で提示され，発音される. 多様な人種や職業の人々，紫や緑など色とりどりのマペットたちが仲良く暮らし，多民族社会の理想が魅力的に示されてもいる. 舞台はニューヨークの架空の街角だが，郊外ではなくレンガ造りのアパートが舞台であることも，貧困層の子供が親しみをもてる設定として考えられた結果だという. 1970年代アメリカのリベラルな良心が結集した番組だといえる.

1970(昭和45年)

国勢調査. 人口203,302,031人. カリフォルニア州の人口(約1,995万人)がニューヨーク州の人口を抜き1位に.

3月18日　約100名の女性が月刊誌『レイディズ・ホーム・ジャーナル』編集部を8時間占拠, 男性中心主義的な編集方針を批判.

4月1日　タバコのTVコマーシャル放映を禁止する法律, ニクソン大統領の署名で成立.

4月22日　ウィスコンシン州上院議員ゲイロード・ネルソンGaylord Nelson (民主党) が提唱した第1回アース・デイEarth Day. 討論会など全米で約2,000万人を動員, 公害や自然保護への人々の関心の高まりを示す.

6月28日　前年のストーンウォール暴動の1周年に, 初めてのゲイ・プライド行進がニューヨークで行われる. 組織的なLGBT (レズビアン, ゲイ, バイセクシュアル, トランスジェンダー) 運動の始まり (1969年参照).

8月26日　女性参政権50周年にあわせ「平等のための女性ストライキ」各地で大規模に行なわれる.

9月30日　ジョンソン大統領により1968年に設置された「猥褻とポルノグラフィーに関する委員会」, 報告書を提出. ポルノグラフィーが人間を堕落させる証拠はなく, 猥褻を取り締る法は廃止すべきと勧告. 連邦議会及びニクソン大統領はこの勧告を拒絶.

12月15日　ニューメキシコ州のタオス・プエブロ・インディアンに聖地ブルーレイクを含む約48,000エーカーの土地を返還する法成立.

12月23日　ニューヨークの世界貿易センタービル北タワー完成 (南タワーは翌年7月完成). 417メートルで, エンパイア・ステイト・ビルを抜き世界最高のビルとなる. 設計は日系2世のミノル・ヤマサキ.

ケイト・ミレットKate Millet『性の政治学』Sexual Politicsベスト・セラーに. 文学におけるセクシュアリティ表現と権力の関係を分析し, フェミニスト文学批評の嚆矢とされる.

オルタナティヴな生き方を説くチャールズ・A・ライクCharles A. Reich『緑色革命』The Greening of Americaベストセラーに.

リチャード・バックRichard Bach『かもめのジョナサン』Jonathan Livingston Seagull出版. 1972年から73年にかけてベストセラーになり数百万部を売り上げる.

ディー・ブラウンDee Brown『わが魂を聖地に埋めよ』Bury My Heart at Wounded

*省略記号：■=歴史・政治・経済　▲=世界　●=日本

Knee，先住民の視点から書かれた米国史として話題となる．

ソール・ベロー『サムラー氏の惑星』*Mr. Sammler's Planet*（全米図書賞）／トニ・モリスンToni Morrison『青い目がほしい』*The Bluest Eye*出版．

マイルス・デイヴィスMiles Davis『ビッチェズ・ブリュー』*Bitches Brew*，エレクトリック・ジャズの名作，ジャズにジャンルの異なる音楽を融合した，いわゆるフュージョンの先駆的作品．

■ 4月11日　アポロ13*Apollo 13*号，月着陸に失敗．乗組員は生還したがアポロ計画自体への批判強まる．

4月30日　米軍カンボジアに侵攻．米国内で広範な反対運動起こる．

5月4日　オハイオ州のケント州立大学で反戦集会に州兵が発砲，学生4名が射殺される．この事件への抗議・反戦を訴える大規模な集会が5月9日（ワシントンDC）を始めとして全国各地で行われる．⇒図㉞

● 3月14日　万国博覧会大阪で開幕（～9月13日）．岡本太郎デザインの「太陽の塔」，アメリカ館の月の石の展示等が人気．

11月25日　三島由紀夫，東京の市ヶ谷駐屯地で自衛隊員にクーデターを呼びかけた後，割腹自殺．

1971（昭和46年）

5月1日　全米鉄道旅客公社（National Railroad Passenger Corporation，通称アムトラックAmtrak）大都市間の運行開始．

6月13日　『ニューヨーク・タイムズ』が政府の機密文書「ヴェトナム政策に関する米国の意志決定の歴史，1945～1968年」"History of U. S. Decision-Making Process on Viet Nam Policy, 1945-1968"（「ペンタゴン・ペーパーズ」）を入手，掲載をスタート．一旦差し止めになるが連邦最高裁により解除．（機密指定は2011年に解除）．

6月17日　ニクソン大統領，「麻薬との戦争」war on drugsを宣言．

10月1日　フロリダ州オーランドにウォルト・ディズニー・ワールド・リゾート開園．

10月12日　ロック・ミュージカル『ジーザス・クライスト・スーパースター』*Jesus Christ Superstar*ニューヨークで初演．

12月　フェミニズムを標榜する雑誌『ミズ』*Ms.*のトライアル版出版される．創刊第1号は72年7月号．

アーネスト・ゲインズErnest Gaines『ミス・ジェーン・ピットマン』*The*

Autobiography of Miss Jane Pitman ／マラマッド『借家人』*Tenants*出版.

ジョン・レノンJohn Lennon, ソロアルバム『イマジン』*Imagine*を発表. 反戦・平和を訴えるタイトル曲が世界的ヒットとなる.

IBM, 世界初のフロッピーディスク販売開始. 8インチ（20cm）丈の「柔らかい」floppyディスク.

■ **4月24日** ワシントンDCで50万人, サンフランシスコで12万5千人がヴェトナム反戦デモに参加.

■ **7月9日** ヘンリー・キッシンジャーHenry Kissinger大統領補佐官が中国を極秘訪問, 周恩来首相と会見.

■ **8月15日** ニクソン・ショック（米国が紙幣と金の兌換停止, 各国通貨が米ドルとの固定交換比率を通じて金兌換の裏づけを持つブレトン・ウッズ体制の終焉, 1944年参照）.

▲ **4月19日** ソ連, 世界初の宇宙ステーション, サリュート1号打ち上げ.

▲ **10月25日** 中華人民共和国が国連加盟, 中華民国（台湾）は事実上の追放.

● **6月17日** 沖縄返還協定調印. 72年5月15日より発効, 沖縄県が復活.

● **7月20日** マクドナルド日本1号店, 銀座で開店.

1972(昭和47年)

3月22日 性別による差別を禁じた憲法の「男女平等修正条項」Equal Rights Amendment（ERA）, 連邦議会で可決され, 各州での批准手続きに進む.

6月29日 連邦最高裁が死刑を違憲とする判決. 以後76年まで死刑執行されず.

9月1日 ボビー・フィッシャーBobby Fischer, ソ連のボリス・スパスキーを破りチェスの世界チャンピオンに. 第二次世界大戦後ソ連が独占していた世界チャンピオンの座を米国人が奪ったことに西側世界は喝采を送り, 米国ではチェスブームが起きる.

月刊誌『プレイボーイ』（創刊1953年）の売り上げがピーク（716万部）に達する（1953年参照）.

ポルノ映画『ディープ・スロート』*Deep Throat*公開. 主演女優リンダ・ラブレスLinda Lovelaceは一躍性革命のシンボルとなったが, 1980年に「ポルノ出演は強制されたものだった」と発言, 反ポルノ運動に転じた.

ケネディ政権がヴェトナム戦争にのめりこんでいく経緯を描いた, デイヴィッド・ハルバースタムDavid Halberstam『ベスト・アンド・ブライテスト』*The Best and the Brightest*ベストセラーに.

1972–

*省略記号：■=歴史・政治・経済　▲=世界　●=日本

ジョン・バース『キマイラ』*Chimera*（全米図書賞）出版.

フランシス・コッポラFrancis Coppola監督映画『ゴッドファーザー』*The Godfather*公開（アカデミー賞3部門を受賞）.

映画『ポセイドン・アドベンチャー』*The Poseidon Adventure*公開. 転覆した豪華客船から脱出しようとする人々を描き,『タワーリング・インフェルノ』*The Towering Inferno*（1974）等と共に,「パニック映画」「ディザスター・フィルム」と呼ばれるジャンルの代表作.

写真雑誌『ライフ』休刊（その後復刊されるが2000年に再び休刊. 1883年, 1936年参照）.

■ **2月21日**　ニクソン, 米国大統領として初めて中華人民共和国を訪問, 毛沢東主席と会談（1979年参照）.

■ **5月22日**　ニクソン, 米国大統領として初めてソ連を訪問. 26日にモスクワでブレジネフ書記長と戦略兵器制限条約SALT Iに調印.

■ **6月17日**　共和党のニクソン大統領再選委員, ワシントンDCのウォーターゲートビル内の民主党全国委員会本部へ侵入し盗聴器を設置していたことが発覚（「ウォーターゲート事件」）. ⇒コラム（32）

■ **11月3日**　インディアンの団体「アメリカン・インディアン・ムーブメント」AIMがワシントンDCのインディアン局を占拠（〜11月9日）.

■ **11月7日**　大統領選挙. 現職のニクソン, ジョージ・マクガバンGeorge

コラム | 32 | **ウォーターゲート事件** 1972年

　1972年6月, 大統領選挙戦のさなかに発覚した, ワシントンDCウォーターゲートビル内の民主党本部への侵入・盗聴事件は米国史上最大の政治スキャンダルへと発展した. マスコミの取材・調査により, この事件にニクソン政権の上層部が関与し, 大統領自身が事件発覚後に捜査妨害やもみ消し工作を行なったことも明らかとなった. 大統領による事件への直接の関与が争点となり, 弾劾の可能性が高まる中, 大統領は1974年8月に辞任（大統領が任期中に辞任したのは米国史上初めて）. 米国のトップとして威信と高潔さを兼ね備えるべき大統領が自ら盗聴を命じ, 隠蔽・もみ消しのために虚偽の発言を繰り返したことに多くの国民がショックを受けた. 事件を追った『ワシントン・ポスト』の記者ボブ・ウッドワードとカール・バーンスタインによるノンフィクション『大統領の陰謀』はベストセラー入りし, 1976年に映画化もされている.

McGovernを大差で破り再選（520対17）．ただし投票率は1948年以来最低の55％.

- ● **2月19日** 連合赤軍によるあさま山荘事件．2月28日に全員逮捕.
- ● **5月30日** イスラエルのテルアビブ空港で日本赤軍乱射事件．一般人24人死亡，76人負傷.
- ● **7月5日** 田中角栄，自民党総裁に選出される．翌日田中内閣発足.
- ● **9月29日** 田中首相，訪中し，日中国交正常化の共同声明に調印.

1973（昭和48年）

1月5日 ハイジャック対策として全米の空港ですべての乗客および荷物のセキュリティ・チェックが義務付けられる.

1月22日 連邦最高裁，人工妊娠中絶を女性の権利として認める「ロー対ウェイド」Roe v. Wade判決.

2月27日 AIMの指導者ら，米軍によるインディアンの虐殺で知られるサウス・ダコタ州ウーンデッド・ニーWounded Kneeを占拠（～5月8日，1890年，1970年参照）.

5月3日 シカゴでシアーズ・タワーSears Tower完成．高さ443メートルで，世界最高の建築物となる（2009年に「ウィリス・タワー」Willis Towerと改名）.

5月14日 米国初の有人宇宙ステーション，スカイラブ1 *Skylab 1*号打ち上げ（～79年7月11日大気圏突入）.

6月21日 連邦最高裁，「猥褻」物は表現の自由を保障する憲法修正第1条では守られないとし，また「猥褻」を定義するのは「コミュニティの基準」であるとして，州や市による性表現取り締まり許容の方向を示した.

ヘンリー・キッシンジャー，ヴェトナム和平交渉の功によりノーベル平和賞受賞.

アメリカ精神医学会，同性愛が病気ではないと認める.

アドリエンヌ・リッチAdrienne Rich詩集『難破船へ潜る』*Diving into the Wreck*（全米図書賞．リッチは「個人としてではなく全女性の代理として受賞する」と述べる）.

エリカ・ジョングErika Jong『飛ぶのが怖い』*Fear of Flying*，女性の視点から書かれた自伝的ポルノ小説として話題を呼び，600万部を超えるベストセラーに．日本でも1976年に翻訳が出版され，「飛んでる女」が流行語になった.

フィリップ・ロス『素晴らしいアメリカ野球』*The Great American Novel*／モリスン『スーラ』*Sula*／ピンチョン『重力の虹』*Gravity's Rainbow*（全米図書賞）

1973-1974

*省略記号：■=歴史・政治・経済　▲=世界　●=日本

／ヴォネガット『チャンピオンたちの朝食』*Breakfast of Champions*出版.

ブルース・リーBruce Lee主演，香港・米国合作映画『燃えよドラゴン』*Enter the Dragon*世界中にカンフー・ブームを巻き起こす.

ジョージ・ルーカスGeorge Lucas監督映画『アメリカン・グラフィティ』*The American Graffiti*.

■ **2月14日**　為替レート，固定相場制から変動相場制に移行．スタートは，1ドル＝277円.

▲ **1月27日**　米国・北ヴェトナム・南ヴェトナム・解放戦線の4者によりパリ和平協定が成立（翌28日発効）し，3月29日には米軍の南ヴェトナムからの撤退が完了.

1974(昭和49年)

2月4日　新聞王ウィリアム・ランドルフ・ハーストの孫パトリシア・ハーストPatricia Hearst，「共生解放軍」（SLA）を名乗る過激派集団に誘拐される（この後SLAのメンバーとなって銀行強盗に加わり全米を騒然とさせたが，75年に逮捕され，22か月服役の後釈放）.

4月8日　ハンク・アーロンHank Aaron，通算715本目のホームランを打ち，ベーブ・ルースのホームラン記録を39年ぶりに更新．この後生涯記録755本を達成.（2007年，ボンズBarry Lamar Bondsに破られるまで全米記録）.

9月16日　「ウーンデッド・ニー占拠」事件，占拠者たちに完全無罪判決（1973年参照）.

商船士官学校U. S. Marine Merchant Academyが米軍の士官学校として初めて女子受け入れ.

全裸で走る「ストリーキング」streakingが大学キャンパスを中心に各地で流行.

ウォーターゲート事件を調査した『ワシントン・ポスト』の記者カール・バーンスタインCarl Bernsteinとボブ・ウッドワードBob Woodwardによるノンフィクション『大統領の陰謀』*All the President's Men*出版．1976年映画化され，アカデミー賞4部門受賞。

ゲイリー・スナイダー『亀の島』*Turtle Island*（詩集，ピューリッツァー賞）出版.

ラリー・フリントLarry Flint，『プレイボーイ』より露骨でハードコアなヌード月刊誌『ハスラー』*Hustler*創刊．近親相姦やレイプ，著名人の隠し撮りなど過激な内容で人気.

1930〜50年代のMGMミュージカル黄金時代の作品を紹介する映画『ザッツ・

1974-1975

エンタテインメント』*That's Entertainment!*好評. 75年, 94年に続編も作られた.

■ **7月27日** 下院司法委員会, ウォーターゲート事件の捜査妨害等でニクソン弾劾を可決.

■ **8月9日** ニクソン大統領辞任. ジェラルド・フォードGerald Ford副大統領が大統領に昇格, ネルソン・D・ロックフェラーNelson D. Rockefellerが副大統領に.

● **5月15日** セブン－イレブン, 東京都江東区に第1号店を出店.

1975(昭和50年)

4月1日 アップル・コンピュータ (現:アップル・インコーポレイテッド) 設立.

9月4日 公立学校を人種混合にするため, ケンタッキー州ルイヴィルで法廷の命令によりスクールバスで子供を遠くの学校に通学させる「バシング」busing開始. 白人の反対運動が激化し, 妨害を防ぐため州兵も動員された.

8月20日 アメリカ航空宇宙局 (NASA) によりヴァイキング1 *Viking 1*号打ち上げ. 次いで9月9日に2号打ち上げ (各76年7月20日, 76年9月3日火星に着陸).

マキシーン・ホン・キングストンMaxine Hong Kingstonの自伝的な小説『チャイナタウンの女武者』*The Woman Warrior: Memoirs of a Girlhood Among Ghosts*中国系2世の女性の成長を独特なスタイルで描いて高く評価される.

ジョン・アシュベリー『凸面鏡の自画像』*Self-Portrait in a Convex Mirror* (ピューリツァー賞, 全米図書賞, 全米批評家賞)／ベロー『フンボルトの贈り物』*Humboldt's Gift* (ピューリツァー賞)／E・L・ドクトロウ E. L. Doctrow『ラグタイム』*Ragtime* (ベストセラーになり, 81年に映画化) 出版.

ケン・キージーの小説の映画化『カッコーの巣の上で』アカデミー賞, 作品・監督・主演男優・主演女優・脚色5部門受賞 (1962年参照).

反戦を強く打ち出し,帰還兵の問題も扱ったピーター・デイヴィスPeter Davis監督のドキュメンタリー映画『ハーツ・アンド・マインズ ベトナム戦争の真実』*Hearts and Minds*, アカデミー賞を受賞.

スティーヴン・スピルバーグSteven Spielberg監督『ジョーズ』*Jaws* パニック映画の傑作.『ゴッドファーザー』の記録を塗り替え興行成績歴代1位に.

『エマニュエル夫人』*Emmanuelle* (1974年),『O嬢の物語』*Histoire d'O* (1975年)といった成人向けヨーロッパ映画が米国でもヒット.

ディスコ・ブーム到来. ヴァン・マッコイとソウル・シティ・シンフォニーVan McCoy and the Soul City Symphony「ハッスル」"The Hustle", ドナ・サマー

*省略記号：■=歴史・政治・経済　▲=世界　●=日本

Donna Summer「ラヴ・トゥ・ラヴ・ユー・ベイビー」"Love to Love You Baby"
大ヒット.

■ **1月4日**　連邦議会で「インディアンの自己決定および教育助成法」Indian
Self-Determination and Education Assistance Act成立.

■ **1月27日**　アイダホ州上院議員フランク・チャーチFrank Churchを委員長と
する上院委員会, CIA, FBI等の政府機関の諜報活動について調査を開始し,
翌年にかけて違法な手段による情報収集, 要人の暗殺計画等の実態を明らか
にする.

▲ **4月30日**　北ベトナムがサイゴン制圧, ヴェトナム戦争終結.

▲ **7月17日**　ソ連のソユーズ19号と米国のアポロ18号が史上初の宇宙船国際
ドッキングに成功(アポロ・ソユーズ・テスト計画).

● **9月30日**　昭和天皇, 日本の天皇として史上初めて米国を公式訪問(〜10月
14日).

1976年(昭和51年)

3月31日　ニュー・ジャージー高等裁判所, いわゆる「植物状態」の患者カレン・
クインランKaren Ann Quinlanの両親の訴えにより人工呼吸器を外すことを
認める判決. これ以後各地で本人の意思により延命治療を拒否できる「自然
死法」Natural Death Actが制定される.

4月22日　バーバラ・ウォルターズ Barbara Walters, ジャーナリストとしては
史上最高の年棒100万ドルでABCと契約, 女性初の3大ネットワークでのイ
ブニング・ニュースのアンカーとなる.

10月19日　1909年以来の著作権改正法案, 両院で承認される(施行は1978年1
月より). 著書や楽曲, 美術作品の著作権を死後50年に延長.

アレックス・ヘイリー Alex Haley『ルーツ』*Roots*, 黒人一族の家系をアフリカ
までたどるノンフィクション仕立ての歴史小説. 大ベストセラーとなり, 翌
年テレビ・シリーズ化されて史上最高の高視聴率を獲得. 自分の「ルーツ」探
しが黒人だけでなく全米で流行.

シェアー・ハイト Shere Hite『ハイト・リポート：新しい女性の愛と性の証言』
*The Hite Report : A Nationwide Study of Female Sexuality*出版.

ソール・ベロー,「人間理解と現代文化の細やかな分析が作品の中で組み合わせ
られている」ことに対して, ノーベル文学賞受賞.

マーティン・スコセッシMartin Scorsese監督『タクシー・ドライバー』*Taxi*

Driver，孤独の中で狂気をつのらせるヴェトナム帰還兵を描く．いわゆる「アメリカ・ニューシネマ」の最後を飾る作品（1967年参照）．

映画『ロッキー』*Rocky*，無名のボクサーが幸運と努力で栄光をつかむ成功物語．自ら脚本を書き主人公を演じたシルヴェスター・スタローンSylvester Stalloneは一躍社会的スターとなる．

ジョン・ギラーミンJohn Guillermin監督『キング・コング』*King Kong*，1933年映画のリメーク．腐敗した大企業やマスコミと戦い美女を守る「気は優しくて力持ち」のキング・コングの人気は，素朴なヒーローを求めるアメリカ人の心情を反映．

「カウチポテト」族（外出や運動より，ジャガイモのようにソファにころがってテレビの前で過ごすことを好む人々）登場．⇒図㉟

■ **11月2日**　大統領選挙で，民主党候補ジミー・カーターJimmy Carterが現職のフォードを破り当選．

▲ **7月2日**　ヴェトナム社会主義共和国成立（南北ヴェトナム統一）．

● **4月25日**　パンアメリカン航空が羽田＝ニューヨーク（JFK）直行便を開始．

● **7月27日**　ロッキード事件で田中角栄前首相逮捕．

1977年（昭和52年）

6月7日　同性愛者への差別を禁じる条例，フロリダ州デイド郡で住民投票により無効とされる（1988年に有効）．この時，反同性愛者運動を首唱した歌手アニタ・ブライアントAnita Bryant，運動を全国的に展開し名を馳せる．

6月10日　アップル，組み立てが必要なく一般人が家庭で利用できる世界初のパーソナル・コンピュータApple II発売．

8月16日　「キング・オブ・ロックンロール」と言われたエルヴィス・プレスリー，メンフィスの自宅で死去（42歳）．

11月18〜21日　米政府の主催による全米女性会議National Women's Conference，テキサス州ヒューストンで2万人の参加者を集める．ERA批准推進等を決議．

レズリー・マーモン・シルコウLeslie Marmon Silko『儀式』*Ceremony*／ロバート・クーヴァーRobert Coover『公開処刑』*The Public Burning*出版．

ジム・フィックスJim Fixx『奇蹟のランニング　その効用と方法の完全報告』*The Complete Book of Running*，全米にジョギング・ブームをもたらす．

ジョージ・ルーカス監督映画『スター・ウォーズ』*Star Wars*／スピルバーグ監督

*省略記号:■=歴史・政治・経済 ▲=世界 ●=日本

映画『未知との遭遇』*Close Encounters of the Third Kind*公開.『ジョーズ』や『E. T.』とあわせ，新しい世代の監督によるSFがらみの娯楽大作の時代，到来.

ウッディ・アレンWoody Allen監督映画『アニー・ホール』*Annie Hall*．ニューヨークを拠点に，知的なユーモアとペーソスを特徴とするアレンの初期の代表作（アカデミー賞4部門受賞）．

映画『サタデー・ナイト・フィーバー』*Saturday Night Fever*のヒットでディスコ・ダンスが一般に浸透．日本でも翌年ブームとなり「フィーバーする」が流行語に．⇒図㊱

1978年（昭和53年）

2月18日 ハワイで初のトライアスロン大会開催.

6月28日 白人男性が，少数民族優先枠のため逆差別され入学できなかったとしてカリフォルニア大学を訴えた事件で，連邦最高裁，大学入学者の人種優先枠を違憲とする.

7月15日 AIMの主唱により，インディアンの人権問題をアピールするThe Longest Walk挙行される．カリフォルニアのアルカトラズ島からワシントンDCまで2,700マイルの全行程を20名が歩き通し，ナショナル・モニュメント周辺でインディアンおよび運動の支持者数千人が集合.

11月18日 カルト集団「人民寺院」People's Templeの教祖ジム・ジョーンズJim Jonesとその信者が，移住先のガイアナで集団自殺．調査のため現地を訪問して信者に射殺されたレオ・ライアンLeo Ryan下院議員を含め，900人以上が死亡.

11月27日 ゲイとして初めて公職に選ばれたサンフランシスコ市議会議員ハーヴェイ・ミルクHarvey Milk，同市市長ジョージ・モスコーニGeorge Mosconeと共に，元同僚に射殺される.

アイザック・シンガー，イディッシュ語作家として初めてノーベル文学賞受賞.

ジョン・アーヴィングJohn Irving『ガープの世界』*The World According to Garp*ベストセラーに．82年に映画化.

ティム・オブライエンTim O'Brien『カチアートを追跡して』*Going After Cacciato*（全米図書賞）.

マイケル・チミノMichael Cimino監督映画『ディア・ハンター』*The Deer Hunter*（アカデミー賞5部門受賞）．ヴェトナム戦争映画の傑作.

ポール・マザースキーPaul Mazursky監督『結婚しない女』*An Unmarried Woman*公

開. この頃,『アリスの恋』*Alice Doesn't Live Here Anymore*(1974年),『グッバイ・ガール』*The Goodbye Girl*(1977年)『ノーマ・レイ』*Norma Rae*(1979年),『9時から5時まで』*9 to 5/Nine to Five*(1980年)など,新しい女性の生き方を描いた映画が次々と作られ注目される.

▲ **9月17日**　キャンプ・デイヴィッドでカーター大統領の仲介によりエジプトのサダト大統領とイスラエルのベギン首相が2国間和平及びパレスチナに関する交渉開始について合意.

● **5月20日**　新東京国際空港(現成田国際空港)開港.(翌日運行開始).

● **8月12日**　北京で日中平和友好条約調印.

1979(昭和54年)

1月11日　喫煙は「早死にをもたらす最大の環境的要因」と米国公衆衛生局長官が言明.禁煙運動,ますます広がる.

2月27日　歴史学者バーバラ・タックマンBarbara Tuckman,女性で初めてアメリカ芸術院American Academy and Institute of Arts and Lettersの会長となる.

メイラー『死刑執行人の歌』*The Executioner's Song*,死刑囚とその周囲の人々のインタビューをもとに書かれたノンフィクション(ピューリツァー賞)出版.

トム・ウルフTom Wolfe『ライト・スタッフ』*The Right Stuff*出版,米国の有人宇宙飛行計画を追ったニュー・ジャーナリズムの代表作の一つ.

フィリップ・ロス『ゴースト・ライター』*The Ghost Writer*出版——『解き放たれたザッカーマン』*Zuckerman Unbound*(1981年)『解剖学講義』*The Anatomy Lesson*(1983年)とあわせて「ザッカーマン3部作」をなす.

ウィリアム・スタイロン『ソフィの選択』*Sophie's Choice*出版(全米図書賞).

ロバート・ベントンRobert Benton監督映画『クレイマー・クレイマー』*Kraimer vs. Kraimer*,子育てに奮闘する父子家庭の父親を肯定的に描いてヒット.

フランシス・コッポラ監督『地獄の黙示録』*Apocalypse Now*,ヴェトナム戦争の狂気を壮大なスケールで描いた問題作.原作は英国作家ジョゼフ・コンラッドJoseph Conradの『闇の奥』*The Heart of Darkness*(1902年).

シュガーヒル・ギャングThe Sugarhill Gangの「ラッパーズ・ディライト」"Rapper's Delight"ラップ・ミュージックとして米国で初めて商業的にヒット.

テレビ福音伝道師ジェリー・フォルウェルJerry Falwell,政治宗教団体「モラル・マジョリティ」Moral Majority設立.80年代を通じて保守的なキリスト教に政

治的発言力をもたらし，共和党保守派優勢に貢献．

ベヴァリー・ラヘイBeverly LaHaye，キリスト教系の保守的な団体「アメリカを憂慮する女性たち」Concerned Women for Americaを設立．『アンネの日記』*The Diary of Anne Frank*，『オズの魔法使い』などを「不適切」な内容であるとして，小学校から排除する運動を展開．

■ 1月1日　米国と中華人民共和国が国交樹立．

■ 3月28日　ペンシルヴェニア州スリーマイル島原子力発電所で炉心融解にいたる重大事故．大量の放射能漏れが発生し，周辺住民に避難勧告．

▲ 2月11日　イラン革命．ホメイニ師の下，イスラム独裁政権が発足．

▲ 11月4日　在イラン米国大使館占拠事件．米国人52名が人質となる．

● 6月24日　カーター大統領来日．27日に下田で日本人市民を対象に「タウン・ミーティング」を催す．

● 日本企業のいわゆる「日本式経営」や官僚主導による経済成長のあり方を肯定的に評価したエズラ・ヴォーゲルEzra Vogel『ジャパン・アズ・ナンバーワン』*Japan as No. 1*が日本でベストセラーに．

1980(昭和55年)

国勢調査．人口226,548,632人．東北部と中西部から南部と西部へ人口が移動し，州の人口に比例して割り当てられる下院の議席が17移動．

4月11日　雇用機会均等委員会EEOC，セクシュアル・ハラスメントを職場における性差別として定義を明確にするガイドラインを発表．

6月1日　ケーブル・ニューズ・ネットワークCNN開局．

8月25日　ミュージカル『42丁目』*42nd Street*，ブロードウェイで初演．1989年の最終回までに3,486回上演され，ニューヨークで『コーラスライン』*A Chorus Line*に次ぐ2番目に長いロングランを記録．

ジェイムズ・クラヴェルJames Clavellのベストセラー小説を原作とするTVドラマ『将軍』*Shōgun*，日本ブームの契機に．

12月8日　ジョン・レノンJohn Lennon，ニューヨーク市内の自宅前で自称ファンの男性に射殺される．

ゲイ・タリーズ Gay Talese『汝の隣人の妻』*Thy Neighbor's Wife*，ニュー・ジャーナリズムの手法で性革命の実態を描いたノンフィクション．

■ 4月24〜25日　米国のヘリコプターによるイラン人質救出作戦失敗．死者8名，負傷者5名．

1980-1981

■ **11月4日** 大統領選挙. 元映画俳優, カリフォルニア州知事のロナルド・レーガンRonald Regan (共和党) が, カーターを大差で破って当選 (489対49). 大統領当選時に史上最年長 (69歳). 離婚歴のある大統領としても史上初. 副大統領はジョージ・ブッシュGeorge Bush (Sr.).

▲ **9月22日** イラン・イラク戦争始まる.

● **5月23日** 黒澤明監督の映画『影武者』がカンヌ映画祭パルム・ドール (最高賞) を受賞. 国外版プロデューサーとしてフランシス・コッポラ, ジョージ・ルーカスが参加.

● 日本の年間自動車生産台数が1,100万台を超え, 米国を抜いて世界第1位に.

1981 (昭和56年)

6月5日 最初のAIDS (エイズ, 後天性免疫不全症候群) 患者発見される. アメリカ疾病予防管理センター, 同性愛者5人の免疫システム低下によるカリニ肺炎発症を発表. ⇒コラム (33)

8月1日 ポピュラー音楽の映像に特化したケーブルテレビ局MTV放映開始.

コラム | 33 | **エイズ** 1981年

　エイズAIDS (後天性免疫不全症候群, Acquired Immune Deficiency Syndrome) は, ヒト免疫不全ウイルスHIVが免疫細胞に感染し, 後天的に免疫不全を起こすものである. 1990年代に治療法が進み, 適切に予防・治療すれば「致死の病」ではなくなったが, 世界的に患者は増加し続けており, 治療のための情報格差や経済格差による不平等も問題になっている. 1981年にロサンゼルスで初めて症例が確認され, 同性間の性行為による感染が多かったことから当初「ゲイ特有の病気」との誤認が広まった. 1983年ごろより学校や公共施設からの感染者の排除や, 病院での受け入れ拒否といった「エイズ・パニック」が全米で見られたが, 多くの死者を出したゲイ・コミュニティを中心に啓蒙・サポート活動が行われ, 1986年からは連邦政府もエイズ対策を強化していった. また1987年に開始された, 死者をしのぶ3×6フィートの布をつなぎ合わせた巨大キルト「エイズ・メモリアル」のようなプロジェクトや, イラストレーターのキース・ヘリング, 写真家のロバート・メイプルソープなどによる「エイズ・アクティビズム」は現代芸術に大きな影響を与えた.

1981–1982

＊省略記号：■=歴史・政治・経済　▲=世界　●=日本

8月12日　IBMが同社初のパーソナル・コンピュータIBMPC5150発売.

12月11日　良心的徴兵拒否，公民権運動への関与など，リング外の活動も注目されたモハメド・アリ，カナダのトレヴァー・バービックTrevor Berbickに判定負けし引退（1964年参照）.

コレット・ダウリングColette Dowling『シンデレラ・コンプレックス』*The Cinderella Complex: Women's Hidden Fear of Independence*，フェミニスト心理学の成果をふまえ，女性の心に潜む依存心を指摘し大きな反響を呼ぶ.

アップダイク『金持ちになったウサギ』*Rabbit Is Rich*出版.

アンドレア・ドウォーキンAndrea Dworkin『ポルノグラフィー　女を所有する男たち』*Pornography: Men Possessing Women*，反ポルノ運動で知られる著者が異性愛自体に潜む性差別について論じた.

■ **1月20日**　レーガン大統領就任，同日イラン大使館の52名の人質釈放される.

■ **2月18日**　レーガン大統領，富裕層と大企業への減税，各種の規制緩和，軍事費増強を柱とする経済再建計画（レーガノミックス）を発表.

■ **3月30日**　レーガン大統領，ワシントンDCの路上で撃たれ重傷.

■ **4月12日**　初のスペースシャトル，コロンビア*Columbia*号打ち上げ.

■ **7月7日**　サンドラ・デイ・オコナーSandra Day O'Connor，初の女性連邦最高裁判事に指名される（2005年引退）.

1982(昭和57年)

6月30日　憲法平等修正条項（ERA），成立に必要な38州の批准が果たせず（35州が批准）期限切れで不成立（1972年参照）.

8月17日　フィリップス社が世界初のCD（compact disc）を製造.

9月15日　大衆路線の全国紙*USA Today*創刊.

10月1日　ソニー，日立，DENONが世界初の家庭用CDプレーヤー発売. ソニーはCDソフト50タイトルも同時発売.

10月7日　T・S・エリオットの作品をもとにしたミュージカル『キャッツ』*Cats*（アンドリュー・ロイド・ウェバーAndrew Lloyd Webber作曲）米国初演.

この頃から『アンクル・トムの小屋』，『ハックルベリー・フィンの冒険』，『怒りの葡萄』，『ライ麦畑でつかまえて』等の文学作品について，不敬，猥褻，卑俗という理由で学校図書館からの追放を求める運動が全米各地で展開される. 社会の保守化の表れ.

1982–1983

「ヤッピー」Yuppy（"young, urban, professional"の頭文字からなり，都会的な消費文化を楽しむ専門職で高収入の若者）という語が流行．DINK（"doubleまたはdual income no kids"，子供のいない専門職のカップル）が登場するのもこの頃．⇒図㊳

ベロー『学生部長の十二月』*The Dean's December*／アリス・ウォーカー Alice Walker『カラー・パープル』*The Color Purple*（ピューリツァー賞，85年に映画化）出版．

リチャード・ロドリゲス Richard Rodriguez『記憶の飢え』*Hunger of Memory : The Education of Richard Rodriguez: An Autobiography* メキシコ系アメリカ人のアイデンティティの問題を扱った代表的な自伝作品として話題に．

主要アメリカ文学者の著作集「ライブラリ・オブ・アメリカ」The Library of Americaシリーズ出版始まる．

1924年創刊以来影響力が大きかった批評誌『サタディ・レヴュー』*Saturday Review*廃刊に（この後何度か復活が試みられるが，1986年に完全廃刊）．

リドリー・スコットRidley Scott監督映画『ブレード・ランナー』*Blade Runner*．1983年のヒューゴー賞・最優秀映像作品賞（原作はディックのSF小説『アンドロイドは電気羊の夢を見るか？』，1968年参照）．

スピルバーグ監督映画『E. T.』*E. T. The Extra-Terrestrial*，アカデミー賞4部門受賞．興行的に大成功．

映画『ランボー』*First Blood*，社会に適応できず狂気に陥るヴェトナム帰還兵をシルヴェスター・スタローンが演じる．

女優ジェーン・フォンダのビデオ『ジェーン・フォンダのワークアウト』*Jane Fonda's Workout*，ホームビデオとして破格の売上げを記録し，エアロビクス・ダンスの流行を招く．⇒図㊲

マイケル・ジャクソンMichael Jacksonのソロアルバム『スリラー』*Thriller*，グラミー賞で8部門受賞．タイトル曲のビデオも人気で，ポピュラー音楽における映像の重要性を決定づけた．

● 11月1日　米国で初の日本車を生産するホンダ・オブ・アメリカがオハイオ州で操業を開始．

1983（昭和58年）

2月28日　朝鮮戦争時の野戦病院を舞台とするTVコメディ番組『M*A*S*H』（1972年〜）最終回．当時史上最多の1億人以上が視聴．

*省略記号：■=歴史・政治・経済　▲=世界　●=日本

3月23日　レーガン大統領，戦略防衛構想Strategic Defense Initiative（SDI），通称「スターウォーズ計画Star Wars」（ソ連の攻撃に備え，「米国や同盟国に届く前にミサイルを迎撃」し，「核兵器を時代遅れにする」手段）の開発を命じる.

6月15日　連邦最高裁，1973年以来の人工妊娠中絶の合法性を再確認.

6月28日　人工妊娠中絶禁止を可能にする憲法修正案，3分の2賛成票を得られず上院で否決される（賛成50，反対49）.

11月2日　1月第3月曜日がマーティン・ルーサー・キング牧師の日として国民の祝日に定められる．個人の名を付した連邦レベルの祝日は，ワシントン大統領以来初.

12月28日　米国，放漫財政，活動の政治化，報道の自由規制などの問題を理由に，国際連合教育科学文化機関（ユネスコ）からの脱退を宣言．その後改善が見られたとして2003年10月に復帰.

レイモンド・カーヴァーRaymond Carver短篇集『大聖堂』*Cathedral*出版.

デイヴィッド・マメットDavid Mametの戯曲『グレンギャリー・グレン・ロス』*Glengarry Glen Ross*（ピューリツァー賞）．1992年に映画化（日本公開タイトルは『摩天楼を夢見て』）.

初めてブレイクダンスを取り入れたハリウッド映画『フラッシュダンス』*Flashdance*大ヒット.

■ **6月18日**　米国人初の女性宇宙飛行士サリー・ライドSally Rideを乗せたスペースシャトル，チャレンジャー*Challenger*号打ち上げ.

● **4月15日**　東京ディズニーランド開園.

1984（昭和59年）

3月20日　公立学校での礼拝を認める憲法修正案，上院で3分の2賛成を得られず否決（賛成56，反対44）.

4月23日　エイズ・ウィルス確認が発表される（1986年にHIVと命名）.

4月25日　出版社のマクミランMacmillanが，138年の歴史を誇る老舗スクリブナーScribner買収を決定．この頃より，新聞，雑誌，出版界での買収，吸収合併相次ぐ.

7月28日　ロサンジェルス・オリンピック（～8月12日）．東側諸国のほとんどがボイコット．聖火リレー参加希望者から寄付を募るなど商業主義を徹底.

ルイーズ・アードリックLouise Erdrich 小説『ラブ・メディシン』*Love Medicine*（全米批評家賞）.

ウィリアム・ギブソンWilliam Gibson『ニューロマンサー』*Neuromancer*（ヒューゴー賞，ネビュラ賞）．サイバー空間とアクションが重要な役割を果たすSFのジャンル「サイバーパンク」初期の傑作．

ミロス・フォアマンMiloš Forman監督『アマデウス』*Amadeus*（モーツァルトの生涯を同時代の作曲家サリエリの視点から描いた英国作家ピーター・シェーファーPeter Shafferの戯曲の映画化）アカデミー賞8部門受賞．

黒人コメディアンのビル・コスビーBill Cosby主演のTV番組『コスビー・ショー』*Cosby Show*放映開始（～92年）．80年代で最も人気のあるコメディ番組となる．⇒図㊳

マドンナMadonnaの「ライク・ア・ヴァージン」"Like a Virgin"ヒット．世界中でマドンナの衣装をまねる若い女性が見られる．⇒図㊵

■ **7月12日**　民主党のジェラルディン・フェラーロGeraldine Ferraro，史上初の女性副大統領候補に指名される．

■ **11月6日**　レーガン大統領，民主党のウォルター・モンデールWalter Mondaleを大差で破り再選（525対13）．

1985（昭和60年）

3月7日　アフリカ難民救済を目的にマイケル・ジャクソンをはじめとする45人のアーティストが集まり録音した「ウィー・アー・ザ・ワールド」"We Are the World"リリース．音楽と共に，録音の様子を追ったドキュメンタリー・ビデオも大ヒット．

10月2日　映画俳優ロック・ハドソンRock Hudson，エイズにより死亡．エイズを一部の特殊な人々の病気と考えていた一般大衆にショックを与える．

10月18日　米国でファミコン「ニンテンドー・エンターテインメントシステム」発売開始．

ドン・デリーロ Don Delillo『ホワイト・ノイズ』*White Noise*／ポール・オースターPaul Auster『シティ・オブ・グラス』*City of Glass*（『幽霊たち』*Ghosts*（1986年）『鍵のかかった部屋』*The Locked Room*（1986年）とあわせ，「ニューヨーク3部作」）出版．

■ **9月22日**　G5，米国の膨大な「双子の赤字」（財政赤字と貿易赤字）に対処するため「プラザ合意」（ドル安を促進）．これにより円高ドル安が進む．

▲ **3月11日**　ミハイル・ゴルバチョフ，ソ連共産党の書記長に就任．以後，ペレストロイカ（再編，立て直し），グラスノスチ（情報公開）進む．

*省略記号:■=歴史・政治・経済　▲=世界　●=日本

- 5月17日　男女雇用機会均等法が成立.
- 8月12日　日航ジャンボ機が墜落. 乗客乗員520人死亡という日本航空史上最悪の惨事.

1986(昭和61年)

1月1日　レーガン大統領とゴルバチョフソ連共産党書記長, 互いに相手国のTVで世界平和への希望を表明.

労働省,「専門職」professional jobに就く女性の数が男性の数を初めて上回ったと発表(専門職とは医師, 弁護士, 教員, 薬剤師など. 企業の重役は含まず).

代理母として出産したメアリー・ベス・ホワイトヘッドMary Beth Whitehead, 子どもの引渡しを拒み赤ん坊と共に失踪, 様々な生殖技術や家族のあり方についての議論が起こる(「ベイビーM」事件). ⇒コラム (34), 図㊸

米国医師会American Medical Association, 終末期患者に「あらゆる延命医療措置」を控えることを倫理的と認める.

7月9日　エドウィン・ミースEdwin Meese III司法長官諮問の「ポルノグラフィー調査委員会」が, 1970年の大統領諮問委員会の結論を覆し, ポルノグラフィーは性犯罪を誘発し「有害」であると発表(「ミース報告書」).

9月23日　連邦議会, バラを米国の国花とすることを決議.

11月22日　マイク・タイソンMike Tyson, 史上最年少(20歳)でボクシング・ヘ

コラム 34 生殖医療テクノロジーの進化 1986年

「ベイビーM事件」は, 報酬と引き換えの代理出産の倫理的な是非を中心に, 妊娠, 出産に関するさまざまな論議を巻き起こしたが, 今では「代理出産」が不妊治療の一選択肢として定着して久しい. インターネット上で精子や卵子の売買,「代理母」の募集などが可能な上, 提供者の肌や髪の色, さらには知能やスポーツ能力までがチェックできる場合もある. 代理出産の次に議論を呼んだのは, 難病の子供に移植する骨髄や臓器を提供するために, 移植に必要な適合可能性が高いその子供の弟・妹を出産するという行為で, ハリウッド映画『わたしの中のあなた』(2009) では, 姉への臓器提供を拒んで両親を訴える妹という実話に基づいたストーリーが話題となった. 生殖医療テクノロジーの進歩につれて妊娠・出産をめぐり次々と発生する新たな事例に, 法や倫理は後追いを迫られ続けている.

ビー級世界チャンピオンに.

リタ・ダヴRita Dove, 黒人の一族の歴史をつづった詩集『トーマスとビューラ』
Thomas and Beulah（ピューリツァー賞）.

■ **1月28日** スペースシャトルのチャレンジャー*Challenger*号が発射間もなく
爆発事故, 乗組員全員死亡.

▲ **2月25日** フィリピン革命. フェルディナンド・マルコスFerdinand Marcos
大統領が国外脱出, 反マルコス派で暗殺されたベニグノ・アキノの未亡人,
コラソン・アキノCorazón Aquinoが大統領に就任.

▲ **4月26日** ソ連のチェルノブイリ原子力発電所で大規模な爆発事故発生. 史
上最悪の原子力発電所事故と認定される.

1987（昭和62年）

1月26日, 米国内のエイズ患者が5万人に達する中, エイズ予防のために初め
てTVでコンドームのCMが流れる. 保守層から猛反発.

4月7日 ワシントンDCに女性芸術美術館 National Museum of Women in the
Arts オープン. ⇒コラム（35）, 図㊶

5月4日 連邦最高裁, ロータリー・クラブに女性の入会を認めるよう命じる.

コラム 35 「女は裸でなければメトロポリタン美術館に入れな
いのか?」1987年

保守的といわれる美術の世界にも, 1970年代以降, フェミニズムの影響は及
ぶ. 美術館やギャラリーで女性アーティスト作品の展示が極端に少なく, 男性に
よる作品で女性が性的存在としてのみ描かれていること, 高価な美術品を買う富
裕層が美術館の理事を兼ね, 美術界のヒエラルキーが硬直化していること等,
女性やマイノリティの視点からの批判が行われ, 既存の美術館における展示のあ
りかたが見直されると同時に, 女性やマイノリティに特化した美術館の開設にもつ
ながった. 1985年にニューヨークで活動を開始した女性アーティスト集団「ゲリラ・
ガールズ」はそうした運動の急先鋒として有名で, メンバーが匿名性を保つために
ゴリラの面をかぶるユニークな戦略や「女は裸でなければ……」といった刺激的で
ユーモラスなキャッチフレーズのポスターで注目を集め, 現在もチラシやポスターに
よる啓蒙活動, 独自の展示やパフォーマンス, 著作出版などの活動を続けている.

*省略記号：■=歴史・政治・経済　▲=世界　●=日本

これを受け，国際ライオンズ・クラブが7月4日に，国際キワニス・クラブ
Kiwanis Internationalが7月7日に，それぞれ女性の入会を認める．

6月19日　連邦最高裁，進化論を否定する「創造科学」creation scienceを進化論
と共に教えることを要求する1981年のルイジアナ州法を「特定の宗教的信条
を推進するもの」として違憲判決．

9月9日　ロス・アラモス研究所で第1回人工生命国際会議International
Conference on Artificial Life.

10月11日　ワシントンDCで同性愛者の権利を求める史上最大規模のデモ行
進．

米国の普遍的文化リテラシーの重要性を論じたE・D・ハーシュE. D. Hirsh『教
養が，国をつくる』Cultural Literacy: What Every American Needs to Know,
大学教育の多文化主義を糾弾し古典の復権を訴えたアラン・ブルームAlan
Bloom『アメリカン・マインドの終焉』The Closing of the American Mind がベ
ストセラーに．文化・社会の変化に対する一般人の危機感を反映．

トム・ウルフ Tom Wolfe『虚栄の篝火』The Bonfire of the Vanities／モリスン『ビ
ラブド』Beloved（ピューリツァー賞）出版．

ジョン・ダワーJohn Dower『容赦なき戦争　太平洋戦争における人種差別』
War without Mercy: Race and Power in the Pacific War（全米批評家賞）．

■ **10月19日**　ニューヨーク株式市場暴落（ブラック・マンデー），1929年の大
恐慌を上回る過去最高の下降率22.6％．

▲ **12月8日**　レーガン大統領とソ連のゴルバチョフ書記長が，ワシントンDC
で中距離核ミサイル全廃条約に署名．核軍縮への大きな前進とされる．

● **4月1日**　日本国有鉄道（国鉄）が分割民営化．JRグループ11法人と国鉄精算
事業団が発足．

● 日本の国民1人あたりのGNPが米国を抜く．

1988（昭和63年）

2月24日　連邦最高裁，公人を批判する権利を容認．雑誌『ハスラー』が「モラ
ル・マジョリティ」のジェリー・フォルウェルを諷刺したことに対し，下級審
が20万ドルの賠償金を課した判決を覆すもの（1979年参照）．

4月23日　飛行時間2時間以下の国内便航空機で禁煙が義務づけられる．

7月31日　最後のプレイボーイ・クラブ（ミシガン州ランシング）閉店．1960年
にシカゴで第1号店が開店して以来，海外も含め30店舗，100万人の会員を擁

した.

エモリー・エリオットEmory Eliott編『コロンビア米文学史』*Columbia Lierary History of the United States*出版. 少数民族の作家や女性作家に関する記述を大幅に取り入れ,「米文学史のあり方」「文学の価値基準」を巡る議論を活性化させる.

日系2世のヒサエ・ヤマモトHisaye Yamamotoの短篇集『十七音節他』*Seventeen Syllables and Other Stories*(邦訳『「十七文字」ほか十八編』)出版.

ケネディ大統領暗殺事件を題材とするドン・デリーロ『リブラ 時の秤』*Libra*ベストセラーに.

マーティン・スコセッシ監督映画『最後の誘惑』*The Last Temptation of Christ*,キリストの人間らしさやマグダラのマリアとの性的関係の描き方に,保守的なキリスト教関係者から非難が殺到.

デイヴィッド・ヘンリー・ホワンDavid Henry Hwangの戯曲『M. バタフライ』*M. Butterfly*ブロードウェイで上演(トニー賞,1993年に映画化).

■ **8月10日** レーガン大統領,第二次世界大戦中の強制収容に対して生存者1人につき2万ドルの損害賠償を行なう日系アメリカ人補償法に署名し,謝罪を表明.

■ **11月8日** 大統領選挙. 共和党のジョージ・ブッシュ(Sr.)がマサチューセッツ州知事マイケル・デュカキスMichael Dukakisを破って当選.

● **12月15日** 日米両国相互間の観光ビザ免除協定が発効,90日以内の観光目的での渡航の際のビザ取得が原則不要となる.

1989(昭和64年～平成元年)

ヒスパニック系人口2,000万人を超える(全人口の8.2%).

6月11日 ジェリー・フォルウェル,政治にキリスト教ファンダメンタリズムの主張を反映させる目的を達したとして「モラル・マジョリティ」の解散を宣言(1979年,1988年参照).

6月13日 ワシントンDCのコーコラン美術館Corcoran Gallery of Artが,写真家ロバート・メイプルソープRobert Mapplethorpeの回顧展を猥褻を理由に中止を決定(7月21日より民間団体Washington Project for the Artsが展示).

7月3日 連邦最高裁,人工妊娠中絶を規制するミズーリ州法を5対4の僅差で支持,中絶問題をめぐって世論や法律上の判断も揺れ続ける.

7月24日 ワーナー・コミュニケーションズ社とタイム社が合併し,世界最大

1989–1990

＊省略記号：■＝歴史・政治・経済　▲＝世界　●＝日本

のメディア／エンターテインメント企業，タイム・ワーナー社となる．

7月26日　共和党上院議員ジェシー・ヘルムズ Jesse Helms，猥褻や宗教的冒瀆を理由に連邦芸術基金の助成を打ち切る法案提出．芸術の自由を巡り激しい論争が起こるが，翌90年11月5日，連邦芸術基金の助成基準に「品位」を求める修正案成立．

9月27日　ソニーがコロンビア映画を買収．三菱地所によるロックフェラー・センター買収（89年10月），松下電器産業によるMCA買収（90年11月）等と共に，日本脅威論の契機となる．

ドクトロウ『ビリー・バスゲイト』*Billy Bathgate*出版．

改訂標準訳聖書をさらに改訂．男女平等を意識（GodはFatherであることは変わらないがmanを性別を特定しないoneに変えるなど）．

■ **6月21日**　連邦最高裁，政治的抗議行動として米国国旗を燃やす行為は，表現の自由を保障する憲法修正第1条で守られるとする（5対4）．

■ **11月7日**　ダグラス・ワイルダー Douglas Wilder，ヴァージニア州知事に当選．米国初の黒人知事．

▲ **6月4日**　北京で天安門事件．民主化を求め天安門広場に集結した学生や一般市民を人民軍が攻撃．死者は数百人から数千人にのぼるとされる．

▲ **11月10日**　ベルリンの壁崩壊．翌90年に東西ドイツ再統一．

▲ **12月2～3日**　ブッシュ大統領とソ連のゴルバチョフ最高会議議長が冷戦の終結を宣言（マルタ会談）．

● **1月7日**　昭和天皇没．8日から「平成」に改元．

● **4月1日**　消費税制度がスタート．税率3％．

● 「セクシャル・ハラスメント」新語・流行語大賞の金賞．

1990（平成2年）

国勢調査．人口248,709,873人．南部およびサンベルト地帯で増加．アジア・太平洋諸島出身およびその子孫は約688万人で，10年前からほぼ倍増．

4月7日　オハイオ州シンシナティの現代芸術センター，メイプルソープの写真展示について猥褻罪で起訴される．地裁により無罪となるが，美術館が猥褻罪で起訴された初めてのケース．

6月25日　連邦最高裁，患者の明確な意思表示がある場合に延命措置を中止する「死ぬ権利」を認める．

7月26日　「障害を持つアメリカ人」法Americans with Disabilities Act成立．雇

283

用，公共施設，交通機関等での差別を禁じる．

9月10日　1954年以来閉鎖されていたエリス島の旧移民管理局，移民博物館 Ellis Island Immigration Museumとして開館．

映画のレーティング方式変更．ポルノ映画を意味する"X"が廃止され，"NC-17"（17歳未満入場禁止，後に17歳以下入場禁止に変更）が導入され，性的な内容を含むがいわゆるポルノではない映画の一般劇場公開が可能に．

11月16日　博物館や研究機関が所蔵するインディアンの遺骨や埋蔵品等を，その子孫や部族が返還要求できるとしたアメリカ先住民墓地保護・返還法 Native American Graves Protection and Repatriation Act成立．

ピンチョン『ヴァインランド』*Vineland*／アップダイク「ウサギ4部作」最後の作品『さようならウサギ』*Rabbit at Rest*（ピューリツァー賞）出版．

ケヴィン・コスナーKevin Costner監督・制作・主演映画『ダンス・ウィズ・ウルヴズ』*Dances with Wolves*（アカデミー賞7部門受賞）．インディアンの立場から白人との戦いを描き興行的にも成功．

■ **6月1日**　ブッシュ大統領とゴルバチョフソ連大統領，化学兵器禁止条約に署名．

● **3月26日**　黒澤明，米アカデミー賞特別名誉賞を受賞．

1991（平成3年）

4月11日　オペラ『蝶々夫人』に基づくミュージカル『ミス・サイゴン』*Miss Sigon*ブロードウェイ初演．

10月15日　クラレンス・トーマスClarence Thomas，2人目の黒人連邦最高裁判事として就任が決定．男女雇用平等局長時代のセクシュアル・ハラスメントが問題となったが，上院での投票の結果承認．⇒コラム（36）

ロス『父の遺産』*Patrimony*／シルコウ『死者の暦』*Almanac of the Dead* 出版．

ジェーン・スマイリーJane Smiley『大農場』*A Thousand Acres*，『リア王』を下敷きにした，アイオワ州の大農場主と三人の娘の葛藤の物語（全米批評家賞，ピューリツァー賞）出版．

リドリー・スコット監督映画『テルマ＆ルイーズ』*Thelma and Louise* セクハラ犯を射殺した女性2人の逃避行（アカデミー賞脚本賞）．

カナダ人作家ダグラス・クープランドDouglas Coupland『ジェネレーションX——加速された文化のための物語』*Generation X: Tales for an Accelerated Culture* 世界的ベストセラーになり，1960年代から70年代生まれの虚無的な世代を指す

*省略記号：■=歴史・政治・経済　▲=世界　●=日本

「X世代」という表現広まる.

この頃から「政治的に正しい」politically correctという表現（略してPC）が, 社会的弱者や平等主義への過度の配慮を表す言い回しとして広く使われるようになる.

■ 1月17日　前年8月クエートに進攻, 占領したイラクに対し, 米軍を中心とする多国籍軍が「砂漠の嵐」作戦Operation Desert Stormを開始. 湾岸戦争始まる.

2月27日　ブッシュ大統領が湾岸戦争勝利・戦争停止を宣言.

▲ 9月17日　北朝鮮・韓国・バルト3国, 国連加盟.

12月25日　ソ連崩壊, ゴルバチョフ大統領辞任. ソビエト連邦に代わり独立国家共同体Commonwealth of Independent States（CIS）設立される. ロシア革命（1917年）以来の共産党支配に終止符. 東西冷戦の終結.

1992(平成4年)

コロンブスのアメリカ「発見」500年. 記念行事は比較的地味で, むしろインディアンによる行事が目立った. ヨーロッパ人の北米大陸到来を文明とキリスト教の到来として祝う歴史観はもはや米国の常識でないことが明らかに. カリフォルニア州バークレー市など「コロンブス・デー」を「先住民の日」

コラム│36│1991年の「セクシュアル・ハラスメント疑惑」1991年

　1991年, 黒人として2人目の最高裁判事に指名されたクラレンス・トーマスの部下だった黒人女性アニタ・ヒルが,「トーマスからセクシュアル・ハラスメントを受けた」と証言, 全米は騒然となった. トーマスがヒルに言い寄ったり, 勤務時間中にしつこく性的な話をしたという内容である. トーマスは否定し, 黒人である自分を陥れようとする人種差別だと主張した. ヒルが上院の公聴会で証言する姿はTVで報道されて世論の共感を得たが, トーマスの就任は上院の投票により僅差（52対48）で承認された. この一連のできごとの結果として「セクシュアル・ハラスメント」という概念が広まり, 企業が研修などで防止策をとるようになり, 泣き寝入りする被害者も減ったとされる. 上院が圧倒的に男性多数であることも改めて認識され, 女性政治家を増やす運動も盛んになった. 翌年の選挙で女性議員が大きく増加したが, それにはこの事件の影響が大きいと言われている.

Indigenous People's Dayと改称した自治体も見られた.

女性議員，連邦下院で29名から48名に，上院では2名から6名（うち1名は初の黒人女性）に増え「女性の年」と言われる．上院に初のインディアン（男性）1名が当選.

4月29日　ロサンジェルスで死者60名以上，負傷2,000名以上，逮捕者12,000名以上，被害額10億ドルという史上最悪とされる暴動勃発．無抵抗の黒人青年を殴打した4名の警官への無罪判決が引き金となり，黒人大衆の不満が爆発.

4月30日　全米日系人博物館Japanese American National Museum，ロサンジェルスのリトル・トーキョーでオープン.

6月11日　任天堂を中心とする投資家グループ，シアトル・マリナーズを買収．外国資本による初のプロ野球チーム買収.

8月11日　ミネソタ州で世界最大級のショッピング・モール，モール・オブ・アメリカがオープン．従業員15,000人，年間来客数4,000万人（ミネソタ州人口の7倍以上）.

コーマック・マッカーシー『すべての美しい馬』All the Pretty Horses（全米図書賞）／ドロシー・アリソンDorothy Allison『ろくでなしボーン』Bastard Out of Carolina出版.

デイヴィッド・マメットの戯曲『オレアナ』Oleanna，オフ・ブロードウェイで初演．大学教授と女子学生の対話が「セクシュアル・ハラスメント」に捻じ曲げられていく恐怖を描き話題に.

フランシス・フクヤマFrancis Fukuyama『歴史の終わり』The End of History and the Last Man出版.

ロバート・ジェイムズ・ウォラーRobert James Waller『マディソン郡の橋』The Bridges of Madison County，不倫を描いた大人のロマンス小説で米国だけでなく世界中でベストセラーになり，1995年にクリント・イーストウッドClint Eastwood監督・主演で映画化.

人気女性歌手マドンナのヌード写真集『セックス』Sex，発売後3日で初版150万部を売りつくす.

■ **2月1日**　ブッシュ大統領とロシアのエリツィン大統領，ワシントンDCで会談，記者会見で，両国はもはや敵対関係にないと宣言.

■ **11月3日**　大統領選挙．民主党のビル・クリントンWilliam (Bill) Jefferson Clintonが現職のブッシュ大統領を破り当選（初の戦後生まれの大統領）．副大統領アル・ゴアAl Goreとともにいわゆる「ベイビー・ブーマー」世代.

1992–1993

＊省略記号：■＝歴史・政治・経済　▲＝世界　●＝日本

▲ 欧州連合（EU）条約締結.

● **10月7日**　ルイジアナ州バトン・ルージュBaton Rougeで日本人留学生が白人男性に射殺される「服部君事件」.

1993(平成5年)

1月8日　環境保護庁，喫煙が第三者にも深刻な健康被害を与え，受動喫煙により年3,000人の非喫煙者が肺がんで死亡していると発表. 嫌煙ムード強まり，会社や公的機関の全面禁煙が急増.

2月26日　ニューヨークの世界貿易センターの地下で爆弾テロ. 7人が死亡，600人余りが負傷.

4月19日　テキサス州ウェーコWacoでキリスト教系カルト集団ブランチ・ダビディアンBranch Davidianが，大量の武器不法所持と子供虐待の容疑に対する捜査を拒んで立てこもり，教祖を名乗るデイヴィッド・コレシュDavid Koreshが子供を含む信者80名を道連れに自殺.

12月21日　軍隊で同性愛であることを公言しなければ処罰や除隊の対象としない規定（通称 "Don't ask, don't tell"，略してDADT）成立（発効は94年2月）.

シアーズ＆ローバック社Sears, Roebuck & Co，1895年以来全米で「聖書の次に読まれている」と言われた通信販売カタログ発行中止.

トニ・モリスン，アフリカ系アメリカ人として初めてノーベル文学賞受賞. 米国人女性としてはパール・バック（1938年）に続き二人目.

ボイル『ウェルヴィルへの道』*The Road to Wellville*／ロス『オペレーション・シャイロック――告白』*Operation Shylock: A Confession* 出版.

トニー・クシュナー Tony Kushner『エンジェルズ・イン・アメリカ』*Angels in America*ブロードウェイ初演（ピューリッツァー賞）. 保守化する時代の空気とエイズの影に怯える人々を描いた大作. 作者自身の脚色で2003年にTVドラマ化され，ケーブルTVドラマとして最高視聴率を上げ，エミー賞およびゴールデン・グローブ賞を獲得.

マイケル・クライトンMichael Crichtonのベストセラー小説（1992年）を原作とする映画『ライジング・サン』*Rising Sun*，日本人への偏見を助長すると批判される.

ナチスからユダヤ人を救った実在の人物を扱ったスピルバーグ監督の映画『シンドラーのリスト』*Schindler's List*（アカデミー賞7部門受賞）.

■ **11月30日**　個人による銃購入を規制するブレイディ法成立. 法律の名は

レーガン大統領暗殺未遂（1981年参照）の際重傷を負ったホワイトハウス報道官ジェイムズ・ブレイディJames Bradyにちなむ。

▲ **9月13日**　イスラエル・PLO（パレスチナ解放機構Palestine Liberation Organization）間でオスロ合意調印．イスラエルとPLOが相互承認．パレスチナ暫定自治で合意.

▲ 南ア共和国の黒人政治家・人権活動家ネルソン・マンデラNelson Rolihlahla Mandelaと，1989年から南ア共和国の大統領として黒人との協調路線を推し進め，アパルトヘイト廃止宣言をしたフレデリック・ウィレム・デクラークFrederik Willem de Klerk，ノーベル平和賞受賞.

1994(平成6年)

マイクロソフト会長ビル・ゲイツBill Gates，米国の長者番付1位に．コンピューターのためのソフトウェアが主要産業となったことを印象づける.

6月16日　元人気フットボール選手のO・J・シンプソンO.J. Simpson，元妻及びその友人の殺害容疑で逮捕される．シンプソンが黒人，元妻が白人であったことで事件は人種的関心からも注目されたが，10月3日に無罪評決.

8月12日　大リーグ選手会が年棒制をめぐって経営者側と対立，232日におよぶストライキに突入．この日以後の94年シーズン全試合がワールド・シリーズもふくめ中止となる.

10月30日　ニューヨークで全米アメリカ・インディアン博物館National Museum of the American Indianがオープン.

11月5日　レーガン元大統領が自らのアルツハイマー病を告白した手紙が公表される.

批評家ハロルド・ブルームHarold Bloom，『西洋の古典』The Western Canon:The Books and School of the Agesでヨーロッパ古典文学を擁護.

■ **8月28日**　ケミカル・バンクとチェース・マンハッタン銀行が合併，米国最大の銀行となる（名称は「チェース・マンハッタン・コーポレーション」）.

▲ **4月27日**　南アフリカ共和国で人種規制のない初の普通選挙．ネルソン・マンデラ率いるアフリカ民族会議が第1党となり，マンデラが黒人として初めて南ア共和国の大統領に就任.

▲ **7月25日**　イスラエルとヨルダンが平和協定に調印，1948年以来続いていた戦闘状態に終止符.

● **6月21日**　第二次世界大戦後初めて1ドルが100円を切る.

*省略記号：■=歴史・政治・経済　▲=世界　●=日本

1995 (平成7年)

スミソニアン宇宙科学博物館で予定されていた「第二次世界大戦中の原爆使用」をめぐる企画展が国会議員や復員軍人会等の抗議により中止，原爆を投下したエノラ・ゲイ*Enola Gay*号を中心とする展示への変更が決定される.

7月16日　インターネット書店アマゾンAmazon.comが販売を開始.

7月30日　ウォルト・ディズニー・カンパニーがキャピタル・シティズ／ABCを買収，世界最大級のエンターテインメント・メディア企業の誕生.

9月1日　オハイオ州クリーブランドに，ロックンロール名誉の殿堂博物館The Rock and Roll Hall of Fame and Museumがオープン.

10月16日　ネーション・オブ・イスラムのリーダー，ルイス・ファラカンLouis Farrakhanの呼び掛けにより，黒人男性を取り巻く社会的状況の深刻さと差別撤廃を訴える，黒人男性百万人ワシントン行進Million Man March行われる.

キリスト教終末論に基づくティム・ラヘイTim LaHayeとジェリー・ジェンキンズJerry B. Jenkinsによる小説，『レフトビハインド』*Left Behind*ベストセラーに．その後も続編が次々と書かれ，米国内でベストセラーとなり，公称総計6,500万部を売り上げた.

チャンネ・リーChang-rae Lee『ネイティヴ・スピーカー』*Native Speaker*（ペン／ヘミングウェイ賞）／リチャード・フォードRichard Ford『独立記念日』*Independence Day*（ピューリッツァー賞，ペン／フォークナー賞）／オスカー・イフェロスOscar Hijelos『アイヴス氏のクリスマス』*Mr. Ives' Christmas*出版.

■ **4月19日**　オクラホマ・シティの連邦ビルAlfred P. Murrah Federal Buildingが元米国陸軍軍人ティモシー・マクヴェイTimothy McVeighによって爆破され，168人が死亡.

■ **7月11日**　米国とヴェトナム，国交正常化.

▲ **1月1日**　世界貿易機関WTO発足.

● **1月17日**　阪神・淡路大震災．死者6,434人.

● **3月20日**　オウム真理教による東京地下鉄サリン事件発生．13人が死亡，6,000人以上が重軽傷.

● 野茂英雄投手，ロサンジェルス・ドジャーズ入り．大リーグで新人王に.

1996(平成8年)

7月19日 アトランタ・オリンピック(〜8月4日).近代五輪100周年の記念大会に過去最高の197国・地域が参加.大会中にオリンピック記念公園で爆弾テロがあり,死者1名,負傷者100名以上.

8月29日 ゴルフのUSアマチュア・トーナメントを3年連続制覇したタイガー・ウッズTiger Woodsがプロとしてデビュー.その後10か月以内にマスターズを含めて勝利を重ね,史上最年少(21歳)の賞金王となる.

9月21日 結婚を男女間のものと定め,同性婚を認めない州法を尊重する連邦法「結婚保護法」Defense of Marriage Act施行.

11月5日 カリフォルニア州で,州立大学を含めた公的組織でのアファーマティブ・アクションの禁止が住民投票により決定される.

スティーヴン・ミルハウザー Steven Millhauser『マーティン・ドレスラーの夢』*Martin Dressler: The Tale of an American Dreamer*(ピューリツァー賞).

ミュージカル『レント』*Rent*,ブロードウェイで初演.プッチーニのオペラ『ラ・ボエーム』を下敷きにニューヨークの若者群像を描きヒット,「レントヘッド」と呼ばれる熱烈なファンも出現(トニー賞4部門,ピューリツァー賞演劇部門受賞,2005年に映画化).

■ **11月5日** 大統領選挙.クリントン,共和党のボブ・ドールBob Doleを破って再選される.

▲ **7月5日** 世界初のクローン羊「ドリー」がスコットランドで誕生.

● **12月17日** リマの在ペルー日本大使公邸が反政府テロリスト集団MRTAにより占拠され,600名以上が人質となる(翌年4月22日ペルー警察の突入により解決.)

1997(平成9年)

3月26日 カリフォルニア拠点のカルト集団「ヘヴンズ・ゲート」Heaven's Gateの教祖マーシャル・アップルホワイトMarshall Applewhite,信者38名と共に集団自殺.

7月4日 火星探査機マーズ・パスファインダー*Mars Pathfinder*が火星に軟着陸,自走探査車で火星の地表の成分の分析や写真撮影を行なう.

8月6日 マイクロソフトとアップル・コンピュータ,業務提携およびライセンス交換に合意.

＊省略記号：■＝歴史・政治・経済　▲＝世界　●＝日本

10月4日　男性の道徳向上と結束を訴えるキリスト教系団体「プロミス・キーパーズ」Promise Keepers，ワシントンDCの集会で推定80万人の男性が参加．

10月25日　フィラデルフィアの女性活動家が組織した百万人女性行進Million Woman March，推定50万人〜200万人が参加．

1989年に放映を開始したアニメ番組『シンプソンズ』*The Simpsons*，ゴールデンタイムの最長寿アニメ番組となる（2017年現在放映中）．⇒図㊷

ピンチョン『メイソン＆ディクソン』*Mason & Dixon*／ロス『アメリカン・パストラル』*American Pastoral*（ピューリッツァー賞）／デリーロ『アンダーワールド』*Underworld* 出版．

ジェイムズ・キャメロンJames Cameron監督『タイタニック』*Titanic*（アカデミー賞11部門受賞）．全米で6億ドルを超える興行収入，世界的にも人気．

▲ **7月1日**　香港がイギリスから中華人民共和国に返還される．

▲ **12月1日**　京都で地球温暖化防止会議を開催（〜11日）．気候変動に関する「京都議定書」採択．ただし米国は実業界の反対が根強く批准に苦戦し，2001年ブッシュ大統領が離脱宣言。

● 今村昌平『うなぎ』カンヌ映画祭最優秀作品賞，河瀬直美『萌の朱雀』同映画祭最優秀新人賞，北野武『HANA-BI』ベネチア映画祭グランプリ等，この頃から日本映画に対する評価高まる．

1998（平成10年）

9月4日　インターネット検索エンジン「グーグル」Google，スタンフォード大学の大学院生により企業としてスタート．

マイケル・カニンガムMichael Cunningham『めぐりあう時間たち』*The Hours*（ピューリッツァー賞，ペン／フォークナー賞，ストーンウォールブック賞．2002年に映画化）．

日本のアニメ番組『ポケットモンスター』（米国での番組名は*Pokémon*）放映開始．同名のゲームボーイソフトも発売．

ローランド・エメリッヒRoland Emmerich監督によるハリウッド映画『ゴジラ』*Godzilla*公開．世界で4億ドル近い興行成績を上げる．

勃起不全治療薬バイアグラViagra，食品医薬品局の認可を経て販売開始．

■ **1月22日**，クリントン大統領とホワイトハウスの元司法研修生との性的関係をめぐる疑惑が表面化．大統領が「不適切な関係」を認め，下院は12月19日に史上2人目の大統領弾劾訴追を決議．

▲8月7日　ケニア，タンザニアのアメリカ大使館でアルカイダAl Qaedaによる同時爆破テロ．死者200名以上．

1999(平成11年)

4月20日　コロラド州のコロンバイン高校で男子生徒2人が銃を乱射した後自殺，教員1名，生徒12名が殺害される（2002年参照）．

7月22日　ニューヨーク州ローマで野外音楽イベント「ウッドストック1999」Woodstock 1999開催（〜25日）．20万人の観客を集めたが，放火や略奪が頻発したことや露骨な商業主義に幻滅を語る音楽ファンが多かった（1969年参照）．

ハ・ジン Ha Jin（哈金），中国を舞台にした長篇『待ち暮らし』*Waiting*（全米図書賞，ペン／フォークナー賞）．

ジョン・ダワー『敗北を抱きしめて』*Embracing Defeat: Japan in the Wake of World War II*（ピューリツァー賞）．

ウォシャウスキー姉弟Lana（旧称Lawrence）& Andy Wachowski監督映画『マトリックス』*Matrix*，大胆なアクションシーンとサイバーパンク的な内容が人気に．

2000年1月1日にコンピュータ関連の機能不全（Y2K，またはミレニアム・バグ）が大量発生することが危惧され，水や生活必需品の買い溜め等が広く行われる（実際は大きな混乱は起きず）．

エリア・カザン，監督としての長年の功績を評価されアカデミー名誉賞受賞．赤狩り時代に非米活動委員会に協力した経歴のため，受賞は賛否両論に包まれた．

■**1月7日**　上院でクリントン大統領の弾劾裁判始まる．2月12日の投票で3分の2に達せず無罪．

■**12月31日**　米国がパナマにパナマ運河と運河領域を返還．

▲**1月1日**　欧州連合に加盟する11か国で欧州統一通貨の「ユーロ」導入．この時点では決済用仮想通貨で，現金のユーロが登場するのは2002年1月1日．

2000(平成12年)

国勢調査．人口281,421,906人，10年間で13.2％増．国勢調査で初めて，複数の人種を選択することが可能に．選択したのは2.4％．

*省略記号：■=歴史・政治・経済　▲=世界　●=日本

1月10日　インターネット・サービス会社AOL，大手エンターテイメント企業のタイム・ワーナー買収を発表．新旧メディアの世紀の合併と騒がれたが，その後破綻し10年足らずで分離．

2月12日　1950年から続いた人気連載漫画『ピーナッツ』の作者シュルツ死去．

4月16日　IMFと世界銀行の年次大会で，1999年のWTO会議に続き，反グローバル化を唱える市民団体のデモンストレーション．参加者約15,000名．ジャーナリスト3名を含む700名近い逮捕者を出す．

7月11日　トヨタ自動車のハイブリッドカー「プリウス」初めて米国のショールームに登場．

11月30日　野球のイチロー選手（鈴木一朗），3年総額1,400万ドルでシアトル・マリナーズと契約．野手としては日本人初のメジャーリーガーとなる．翌2001年に首位打者，盗塁王，新人王，MVPを獲得．

マイケル・シェイボン Michael Chabon『カヴァリエ&クレイの驚くべき冒険』*The Amazing Adventures of Kavalier & Clay*（ピューリッツァー賞）．

■ 11月7日　大統領選挙．現職副大統領のアル・ゴア（民主党）と，テキサス州知事で41代大統領の長男ジョージ・W・ブッシュGeorge W. Bush（共和党）との接戦となる．フロリダ州で集計に手間取り，12月12日に連邦最高裁の裁定により，ブッシュが過半数を1上回る271の選挙人数を得て当選．

■ 11月7日　ヒラリー・クリントンHillary Rodham Clinton，上院議員に当選．ファースト・レディが初めて選挙により公職者に．

2001（平成13年）

1月20日　ジョージ・W・ブッシュ，大統領に就任．コリン・パウエルColin Powell，黒人として初めて国務長官に任命される．

9月11日　米国に対する大規模同時多発テロ事件．ハイジャックされた4機の旅客機のうち2機がニューヨーク世界貿易センタービル，ツインタワーに衝突，両ビルとも崩壊．1機が国防省（ペンタゴン）に衝突．もう1機はペンシルヴェニア州シャンクスヴィルShanksvilleに墜落．旅客機の乗客およびテロリスト全員死亡，ツインタワーとペンタゴンの犠牲者もあわせて死者3,000人以上．⇒コラム（37）

10月6日　郵便物に封入された炭疽菌でフロリダ州の新聞記者死亡．同様の郵便物がテレビ局，出版社，上院議員等に送られ，計5名が死亡するテロ事件に発展．同時多発テロ事件との関連性が疑われたが，後に米国人の単独犯と

2001

判明.

10月7日 米英, 多発テロ事件の首謀者とみられるオサマ・ビン・ラディンが潜伏するとしてアフガニスタンへの空爆を開始. 隣国パキスタンに多数の難民が流出.

10月23日 アップル, 大量の楽曲データを持ち歩ける小型音楽プレーヤーiPodを発売.

10月26日 「愛国者法」Patriot Act, 個人情報の収集, 令状なしの盗聴, 裁判所の命令なしの電話傍受など連邦捜査官の裁量権を拡大し, 基本的人権を制約するものとして反対の声が高まる中, 大統領署名により発効.

11月13日 アフガニスタンの首都カブール陥落, タリバーンが支配権を失う.

ジョナサン・フランゼン Jonathan Franzen『コレクションズ』*The Corrections*(全米図書賞).

エリック・シュローサーEric Schlosser,『ファーストフードが世界を食い尽くす』*Fast Food Nation: The Dark Side of the All-American Meal* でファーストフード産業の問題点を指摘.「現代のマックレイカー」と評される(1901年参照).

● **2月9日** 米ハワイ沖で宇和島水産高の実習船えひめ丸が米海軍の原子力潜水艦に衝突され沈没, 9名死亡.

● **3月31日** ユニバーサル・スタジオ・ジャパンが大阪市に開園.

● **9月19日** 小泉首相, 米軍のテロへの報復攻撃を後方支援する自衛艦派遣な

コラム │ 37 │ 9.11 アメリカ同時多発テロ事件 2001年

　2001年9月11日, ハイジャックした4機の旅客機を用い, 3,000人以上の犠牲者を出した多発テロ事件. 首謀者はイスラム過激派グループ「アル・カイダ」の指導者オサマ・ビン・ラディンとされ, ブッシュ大統領は「テロとの戦争」を宣言, 同年, テロリストの捜査・摘発を容易にする「愛国者法」を成立させ, 関係省庁を統合した「国土安全保障省」を発足させた. 米国は報復のため,「アルカイダ」の拠点となっていたアフガニスタン, イラクを攻撃, 2011年5月1日にはパキスタンでビン・ラディンを殺害したと発表した. 事件の余波は多方面に及び, 合衆国本土に対する史上初の大規模な攻撃として, 真珠湾攻撃への言及がマスコミで行われ, アラブ系と見られる人々へのヘイト・クライムも増加した. ニューヨークを象徴する高層建築が相次いで倒壊する映像は世界に衝撃を与え,「9.11」で世界は変わった, との認識は広く共有されている.

*省略記号：■=歴史・政治・経済　▲=世界　●=日本

ど7項目の対応策を発表.

2002(平成14年)

1月29日　ブッシュ大統領が一般教書演説でイラン，イラクと北朝鮮を大量破壊兵器開発をたくらむテロ支援国,「悪の枢軸」axis of devilと非難,「テロとの戦い」を宣言.

2月8日　ユタ州ソルト・レイク・シティSalt Lake Cityで冬季オリンピック開幕(〜24日).

3月24日　アカデミー賞授賞式で，デンゼル・ワシントンDenzel Washingtonが黒人男性として史上2番目の主演男優賞(『トレーニング・デイ』*Training Day*)，ハリー・ベリーHalle Berryが黒人女性として初の主演女優賞を受賞(『チョコレート』*Monster's Ball*).

9月28日　ブッシュ大統領,「英国政府によれば，イラクは生物化学兵器による攻撃を命令後45分で行なうことができる」と発言. さらに10月7日,「イラクが核兵器開発計画を保有している」とTVで演説.

11月8日　イラクの大量破壊兵器開発疑惑を巡って，国連安全保障理事会はイラクに武装解除を求める決議を全会一致で採択. イラクは決議に従い4年ぶりの国連査察受け入れや大量破壊兵器に関する申告書提出に応じたが，12月19日，米政府は申告書の内容に決議への「重大な違反」があると主張.

11月25日　国土安全保障省Department of Homeland Security設立. 前年の同時多発テロ事件を受け，多数の組織に分散していた機能を統合し「テロリストの攻撃や自然災害などあらゆる脅威から国土の安全を守る」組織を目指す.

ジェフリー・ユージェニデス Jeffrey Eugenides『ミドルセックス』*Middlesex*(ピューリツァー賞)／アダム・ヘイズリット Adam Haslett『あなたはひとりぼっちじゃない』*You Are Not a Stranger Here*／アンドレア・バレット Andrea Barrett『地図に仕える者たち』*Servants of the Map*出版.

コロンバイン高校銃乱射事件を題材に，米国の軍需産業依存を批判するマイケル・ムーアMichael Moore監督の映画『ボウリング・フォー・コロンバイン』*Bowling for Columbine*，カンヌ映画祭特別賞など国際的にも高く評価され，ドキュメンタリーとして異例の興行成績(1999年参照).

● **11月8日**　東京ディズニーランドと，前年オープンした東京ディズニーシーを合わせ，開園以来3億人の来園者を記録.

● **12月19日**　巨人軍の強打者で知られた松井秀喜がニューヨーク・ヤンキー

スと契約.

2003(平成15年)

2月1日 スペースシャトル・コロンビア*Columbia*号事故. 帰還のため大気圏突入後にテキサス州上空で空中分解, 墜落. 宇宙飛行士7名全員死亡.

2月15日 世界各国で大規模なイラク派兵反対運動.

2月17日 ファースト・フード・チェーンのマクドナルドで食事をしたせいで肥満になったとする未成年者2人による損害賠償請求の訴え, ニューヨーク地裁で棄却. この訴訟を契機に, 翌2004年, 外食産業を肥満等の健康被害で訴えることを禁じる食品消費個人責任法 (「チーズバーガー法」) 下院で可決 (後に上院で否決).

3月8日 ワシントンDCで女性を中心とするイラク派兵反対デモ. 作家アリス・ウォーカー, マキシーン・ホン・キングストンらを含む20名余りが逮捕される.

3月19日 米・英両国によるイラク侵攻作戦開始.

3月23日 マイケル・ムーア, 『ボウリング・フォー・コロンバイン』でアカデミー監督賞受賞. 受賞スピーチで「無効の選挙で選ばれたブッシュ, 恥を知れ！」と大統領を痛罵.

4月1日 イラクの捕虜となっていた米陸軍上等兵ジェシカ・リンチJessica Lynch救出される. 19歳の女性兵士を英雄に仕立てる救出劇および報道に本人からも含め異議が唱えられる.

10月7日 カリフォルニア州知事に映画俳優アーノルド・シュワルツェネッガーArnold Schwarzeneggerが当選.

11月18日 同性婚を禁じた州法に, マサチューセッツ州最高裁が違憲判決. 全米で初めて同性婚が合法の州となる (2015年, 連邦最高裁判決により全国で合法化).

フランツ・ライト Franz Wright詩集『マーサズ・ヴィンヤードへの散歩』*Walking to Martha's Vineyard*／エドワード・ポール・ジョーンズEdward Paul Jones小説『地図になかった世界』*The Known World* (ピューリツァー賞) 出版.

▲ **4月9日** バクダッド陥落, 12月13日 米軍がイラク元大統領のサダム・フセインを拘束 (2006年12月30日, 死刑執行).

● 宮崎駿監督『千と千尋の神隠し』がアカデミー賞 (長篇アニメ部門) を受賞.

＊省略記号：■＝歴史・政治・経済　▲＝世界　●＝日本

2004（平成16年）

2月4日　ハーヴァード大学の学生が，学生専用のSNS（ソーシャル・ネットワーキング・サービス）を開始，フェイスブックFacebookへと発展させる．

3月2日　NASAの火星探査機，火星にかつて水が存在していたことを突き止める．

2月12日　サンフランシスコ市，同性カップルに結婚を認める．1か月で約4,000組に婚姻証明書を発行するが，8月12日，カリフォルニア州最高裁が「結婚は男女間に限る」と無効判断．

4月28日　イラクのアブグレイブ刑務所で米軍による収容者の拷問が内部告発により発覚，TVで報道され国民にショックを与える．

6月21日　スペースシップ・ワン*SpaceShipOne*，史上初の民間による有人宇宙飛行達成．

7月14日　上院が同性結婚を禁じる憲法修正案を否決（賛成48，反対50）．

キリストの受難を描いたメル・ギブソンMel Gibson監督映画『パッション』*The Passion of the Christ*，米国内で大ヒットするが，反ユダヤ主義とキリスト処刑シーンの残虐さが批判される．

マリリン・ロビンソン Marilynne Robinson『ギリアド』*Gilead*（ピューリッツァー賞）．

■ 11月2日　大統領選挙．現職のブッシュが接戦の末，ジョン・ケリーJohn Kerryを破り再選される．

2005（平成17年）

3月21日　ミネソタ州レッドレイクで16歳の男子学生が学校で銃を乱射．本人，家族も含め死者10名．

8月29日　ハリケーン「カトリーナ」Katrina，ルイジアナ州ニュー・オーリンズに上陸し，市の大半が水没．ルイジアナ，ミシシッピー，アラバマを中心に大きな被害を与え，死者1,300名，行方不明者4,000名以上．救援活動の遅れが批判され，ブッシュ政権の支持率が急落．

10月15日　オハイオ州トレードToledoで，ネオナチの集会を契機に暴動．

12月20日　ペンシルヴェニアの地裁，進化論を否定する「インテリジェント・デザイン」を義務教育で教えることは政教分離に反するとして違憲判決（1987年参照）．

ドクトロウ『マーチ』*The March*（南北戦争をシャーマン将軍を中心に描いた歴史小説，ペン／フォークナー賞，全米批評家賞）／エイモス・ブロンソン・オルコットの視点で書かれた小説，ジェラルディン・ブルックスGeraldine Brooks『マーチ家の父』*March*（ピューリツァー賞，1834年，1868年参照）出版.

2006(平成18年)

リチャード・パワーズ Richard Powers『エコー・メーカー』*The Echo Maker*（全米図書賞）／コーマック・マッカーシー，荒廃した地球を旅する父と息子を描いた『ザ・ロード』*The Road*（ピューリツァー賞，2009年に映画化）出版.

アリソン・ベクデルAlison Bechdelの長篇漫画『ファン・ホーム　ある家族の悲喜劇』*Fun Home: A Family Tragicomic*，文学的自伝として高く評価されベストセラーに.

男性二人の愛情を描いた映画『ブロークバック・マウンテン』*Brokeback Mountain*，アカデミー賞（監督賞を含む3部門）受賞.

アル・ゴア元副大統領が主演，地球温暖化の脅威を訴える映画『不都合な真実』*An Inconvenient Truth* アカデミー賞（ドキュメンタリー部門）受賞.

■ **3月25日**　不法移民取締り強化法に反対するヒスパニック系の移民による大規模なデモ.5月1日には「移民のいない日」としてストライキが行われ，サービス業，農業など移民労働力の重要な分野での経済活動に影響がおよぶ.

2007(平成19年)

4月16日　ヴァージニア工科大学構内で死者33名，負傷者30名以上という史上最悪のスクール・シューティング.容疑者の韓国人学生は自殺.

6月29日　携帯電話にインターネット機能を持たせたタッチ操作式のiPhone発売.爆発的人気.

アル・ゴア元副大統領および「気候変動に関する政府間パネルIPCC」，ノーベル平和賞受賞.

デニス・ジョンソン Denis Johnson『煙の木』*Tree of Smoke*（全米図書賞）／シャーマン・アレクシーSherman Alexie『はみだしインディアンのホントにホントの物語』*The Absolutely True Diary of a Part-Time Indian*（同・青少年文学部門）／ジュノ・ディアス Junot Diaz『オスカー・ワオの短く凄まじい人生』*The Brief Wondrous Life of Oscar Wao*（ピューリツァー賞，全米批評家賞）出版.

*省略記号：■=歴史・政治・経済　▲=世界　●=日本

フィリップ・ロス『エヴリマン』*Everyman*（ペン／フォークナー賞）.『オペレーション・シャイロック』*Operation Shylock*（1993年）,『ヒューマン・ステイン』*The Human Stain*（2001年）と合わせ，一人の作家による同賞初めての3度目受賞.

■ **1月4日**　カリフォルニア州選出の下院議員ナンシー・ペロシ（Nancy Pelosi），米国史上初の女性下院議長に就任.

■ **1月10日**　ブッシュ大統領，イラクへの米軍派遣22,000人増を発表.

■ **6月22日**　米国の住宅市場価格が急落，大手証券会社ベア・スターンズBear Stearnsのヘッジファンド2本が破綻.サブプライム・ローン問題が本格的に顕在化，世界を巻き込む経済問題，いわゆる「リーマン・ショック」（2008年参照）に発展していく.

■ **10月17日**　米国議会，チベットのダライ・ラマに名誉勲章を授与.中華人民共和国が反発.

2008（平成20年）

6月3日　民主党全国大会.黒人と女性が指名を争う歴史的な大会となったが，バラク・オバマBarack Obamaがヒラリー・クリントンを破り，黒人として初

コラム | 38 | **オバマ大統領** 2008年

　バラク・オバマは，ケニア人留学生と白人の米国人女性を父母に，少年期をハワイとインドネシアで過ごし，オクシデンタル大学（カリフォルニア），コロンビア大学，ハーヴァード大学法科大学院を経てイリノイ州で政界入り，という文化的・地理的に多様で広大な米国を象徴する経歴を持つ.しかし何よりも，未だ解決されない人種問題を抱える米国で，黒人の大統領が選出されたことの重要性は計り知れない.2008年，元大統領夫人のヒラリー・クリントンを破って民主党の大統領候補となり，11月4日大統領に当選.当選速報に続く本人による勝利演説はTVで放映され，全米で多くの黒人や黒人の人権運動の支持者たちが，涙を流しながらその光景を見守った.任期中には内外に様々な困難を抱え，その政策に対する批判も多い.しかし国内・国際政治の最重要人物，世界最強の軍隊の最高責任者としての彼の姿を，米国人が8年間目の当りにし続けたことの意味は大きい.

の民主党大統領候補に選出される（2000年参照）.

11月4日　大統領選挙. 民主党のバラク・オバマ当選. 米国史上初めて黒人大統領が誕生. 副大統領はジョー・バイデンJoe Bidenで, 初のカトリック教徒の副大統領. ⇒コラム（38）, 図㊺

エリザベス・ストラウト Elizabeth Stroutの短篇連作『オリーブ・キタリッジの生活』*Olive Kitterridge*（ピューリツァー賞）出版.

4人のキャリアウーマンの恋愛模様とファッションが人気のTVドラマの映画化『セックス・アンド・ザ・シティ』*Sex and the City*, 同年のロマンチック・コメディ中最多の観客数.

■ **9月15日**　全米4位の名門証券・投資銀行リーマン・ブラザーズ倒産. 世界的な金融危機に発展. ⇒コラム（39）

■ **9月16日**　米国最大手保険会社AIGの破綻を回避するため, 米連邦準備制度理事会（FRB）が同社への最大約850億ドルの融資を承認.

■ **9月29日**　金融安定化法案が否決され, ニューヨーク株式市場ダウ平均株価が史上最悪の777ドル安. 10月3日に緊急経済安定化法が成立, 公的資金による金融機関の不良債権買取が決定されたが, 金融危機は世界に拡大.

■ **10月29日**　デルタ航空, ノースウェスト航空と合併, 世界最大の航空会社となる.

■ **11月18日**　大手自動車会社のゼネラル・モーターズ（GM）, フォード, クライスラーの3社が政府からの資金支援を要請. 12月10日に下院が支援法案を

コラム｜39｜リーマン・ショック 2008年

　2008年9月15日に米国最大手の投資銀行であるリーマン・ブラザーズが破綻したことに端を発し, 破綻が連鎖・拡大して世界的金融危機が発生した事象は, 日本で「リーマン・ショック」と呼ばれている. クレジットカードの滞納の履歴等のために優良（「プライム」）と見なせない顧客に割高な住宅ローンを貸し付ける「サブプライム・ローン」は, 持ち家願望の高まりの中で, 消費の引き金として不動産バブルを生み出していたが, 不動産価格が下落してローンの焦げ付きが生じ, このローンを組みこんだ金融商品を扱っていた証券会社・大手の投資銀行が経営危機に陥った. 政府は, 経済全体への影響に配慮するだろうという予想に反して救済策をとらず, リーマン・ブラザーズは破綻, 連鎖的に国際的な経済破綻を引き起こした.

可決したが，11日に上院で廃案．19日，政府はGMとクライスラーへの支援
を発表．

2009(平成21年)

4月5日 オバマ大統領，プラハで「米国は核兵器のない世界の平和と安全を追
求する」と演説．

4月15日 小さな政府を求める草の根保守運動「ティーパーティ」Tea Partyが全
国各地で集会等の示威行動を行なう．

6月25日 人気歌手マイケル・ジャクソン，自宅で急死(50歳)．薬物の過剰摂
取が原因と見られる．

10月9日 オバマ大統領，ノーベル平和賞を受賞．「核なき世界」「国際協調」「対
話路線」が評価された(4月5日参照)．

10月28日 マシュー・シェパード・アンド・ジェイムズ・バード・ジュニア・ヘ
イト・クライム防止法 Matthew Shepard and James Byrd, Jr. Hate Crimes
Prevention Act成立．人種，国籍，宗教，性別，性的志向に対する憎悪を動
機とする犯罪の捜査，罰則を強化．

ポール・ハーディングPaul Harding『ティンカーズ』Tinkers／ダニヤール・ムイー
ヌッディーンDaniyal Mueenuddin『遠い部屋、遠い奇跡』In Other Rooms,
Other Wonders／リディア・ミレットLydia Millet『こども猿たちの愛』Love in
Infant Monkeys出版．

■ **1月21日** ヒラリー・クリントン，国務長官に就任．

■ **1月22日** オバマ大統領，キューバのグァンタナモ米軍基地のテロ容疑者収
容所に加え，中央情報局(CIA)の全秘密収容所も閉鎖するよう命令．

● **8月30日** 自民党の麻生内閣の解散を受け，衆議院議員総選挙．民主党が
308議席を獲得し圧勝．9月に民主党代表の鳩山由紀夫を総理大臣とする鳩山
内閣発足．戦後初めて，自民党以外の単独政権．

2010(平成22年)

国勢調査．人口が初めて3億を超える(308,745,538)．10年間で約2,730万人増．
ヒスパニック人口が1,520万人増加．人口比が12.5％から16.3％に．21世紀半
ばには白人が少数派に転じる可能性高まる．同性カップルは594,000世帯．

2月4日 「ティーパーティ」初の全国大会をテネシー州ナッシュビルで開催(〜

6日）．前アラスカ州知事，前共和党副大統領候補のサラ・ペイリンSarah Louise Palinが基調演説（2009年参照）．

3月23日　患者保護と低価格医療法Patient Protection and Affordable Act（通称「オバマケア」）成立．米国初の国民皆保険を目指したもの．

12月22日　同性愛者であることを明らかにしている男女の入隊を禁じたいわゆるDADT規定を廃止する法律が成立（1994年参照）．

チャンネ・リー『投降者たち』*The Surrendered* ／ジョナサン・リー Jonathan Lee『特権』*The Privileges* ／ジェニファー・イーガン Jennifer Egan『ならずものがやってくる』*A Visit from the Goon Squad*（ピューリツァー賞，全米批評家賞）出版．

2011（平成23年）

9月17日　貧困と格差解消を求める「ウォール街占拠」Occupy Wall Street運動スタート．カナダの雑誌がインターネットを使って呼びかけ，若者中心に約1,000人が集まる．その後世界各地に広がる．⇒図㊹

デイヴィッド・フォスター・ウォーレス David Foster Wallace『青ざめた王』*The Pale King: An Unfinished Novel*（2008年に自死した著者の死後出版）／デニス・ジョンソン Denis Johnson『列車の夢』*Train Dreams* ／トレイシー・K・スミス Tracy K. Smith 詩集『火星の生命』*Life on Mars*（ピューリツァー賞）出版．

■ **5月1日**　オバマ大統領，米軍がアルカイダの指導者オサマ・ビン・ラディンをパキスタンで殺害したと発表．

■ **12月15日**　米国，イラク戦争の終結を正式に宣言．

● **3月11日**　東日本大震災．マグニチュード9.0の地震により津波が発生，東北地方を中心に甚大な被害．震災・津波により福島原子力発電所が次々と破損，爆発し，チェルノブイリと並ぶ深刻な放射能被害を伴った事故となる．2017年現在，震災による死者・行方不明者は22,118人，避難中のいわゆる「震災関連死」は3,523人．約10万9千人が避難中．建築物の全壊・半壊は合わせて約40万戸（1986年参照）．

2012（平成24年）

5月7日　米疾病対策センター学会，BMI（体格指数）30以上の「肥満」が成人の約36％，2030年には40％になる見通しと発表．

-2012

*省略記号：■=歴史・政治・経済　▲=世界　●=日本

ピュー研究所Pew Research Centerが宗教人口比調査報告を発表．無宗教と答えた者約20％で過去最高，プロテスタントの人口比は約48％で，初めて過半数を下回る．

アダム・ジョンソンAdam Johnson『孤児院長の息子』*The Orphan Master's Son*（ピューリツァー賞）／エオウィン・アイヴィー Eowyn Ivey『雪の子』*The Snow Child*／ネイサン・イングランダー *Nathan Englander*短篇集『アンネ・フランクについて語るときに僕たちの語ること』*What We Talk About When We Talk about Anne Frank*出版．

■ 8月30日　共和党大会でミット・ロムニーMitt Romneyが指名を獲得．大統領候補としては初めてのモルモン教信者．副大統領候補はポール・ライアン Paul Ryan.

11月6日　大統領選挙．オバマ大統領，ロムニーを大差で破り再選．

● 5月22日　東京スカイツリー開業．

執筆者一覧

監修・執筆

亀井俊介　1932年，岐阜県生まれ．現在，東京大学名誉教授，岐阜女子大学教授．文学博士．

著書に『近代文学におけるホイットマンの運命』（1970年，日本学士院賞受賞），『サーカスが来た！　アメリカ大衆文化覚書』（1976年，日本エッセイストクラブ賞，日米友好基金図書賞受賞），『アメリカン・ヒーローの系譜』（1993年，大佛次郎賞受賞），『マーク・トウェインの世界』（1995年），『アメリカ文学史講義』全3巻（1997-2000年），『わがアメリカ文化誌』（2003年），『アメリカでいちばん美しい人　マリリン・モンローの文化史』（2004年），『わがアメリカ文学誌』（2007年），『英文学者夏目漱石』（2011年），『ヤンキー・ガールと荒野の大熊　アメリカの文化と文学を語る』（2012年），『有島武郎』（2013年，和辻哲郎文化賞受賞），『日本近代詩の成立』（2016年，日本詩人クラブ詩界賞受賞），『亀井俊介オーラル・ヒストリー　戦後日本における一文学研究者の軌跡』（2017年）ほか．

執筆者

杉山直子　日本女子大学人間社会学部教授．

著書に『アメリカ・マイノリティ女性文学と母性 キングストン，モリスン，シルコウ』（彩流社，2011年，アメリカ研究振興会出版助成），論文に「『間抜けのウィルソン』におけるもうひとつのパッシング　イタリア人双生児の人種アイデンティティをめぐる一考察」（『マーク・トウェイン 研究と批評 』第14号，2015年）等．

澤入要仁　立教大学文学部教授．博士（学術）．

論文に「歌声ひびく新大陸——アメリカン・ルネサンスとその文化」（亀井俊介編『アメリカ文化史入門』昭和堂，2006年），「詩人になること・詩人であること——十九世紀前半のアメリカ詩とその環境」（『比較文學研究』第95号，2010年）等．

荒木純子　学習院大学文学部教授.
論文に「初期ピューリタン植民地における想像力・身体・性差の境界──アン・ハッチンソンの裁判をめぐって」(『アメリカ研究』第32号，1998年)，「キリスト教共同体のなかの女性」(有賀夏紀＋小檜山ルイ編『アメリカ・ジェンダー史研究入門』青木書店，2010年) 等.

渡邊真由美　山形県立米沢女子短期大学准教授.
著書に「『フージアの休日』セオドア・ドライサー──中西部発見の旅」(共著，亀井俊介編『アメリカの旅の文学　ワンダーの世界を歩く』昭和堂，2009年)，論文に「ジャーゲンはいかにして皇帝となるのか──キャブル的抑圧との戦い方」(『山形県立米沢女子短期大学紀要』第52号，2016年) 等.

参考文献
英語文献

Amory, Hugh and David D. Hall, eds. *The Colonial Book in the Atlantic World*. Vol. 1 of *A History of the Book in America*. Chapel Hill: University of North Carolina Press in Association with the American Antiquarian Society, 2000.

Andrews, William L., et al., eds. *The Oxford Companion to African American Literature*. New York: Oxford University Press, 1997.

Baym, Nina and Robert S. Levine, general eds. *The Norton Anthology of American Literature*. 8th ed. 5 vols. New York: Norton, 2011.

Boorstin, Daniel J. *The Americans: The Democratic Experience*. New York: Random House, 1973.

Boyer, Paul S., ed. in chief. *The Oxford Companion to United States History*. New York: Oxford University Press, 2001.

Buchanan, Paul D. *American Women's Rights Movement: A Chronology of Events and Opportunities from 1600 to 2008*. Boston: Branden Books, 2009.

Burt, Daniel S., ed. *The Chronology of American Literature: America's Literary Achievements from the Colonial Era to Modern Times*. Boston: Houghton Mifflin, 2004.

Carruth, Gorton, ed. *The Encyclopedia of American Facts and Dates*. 10th ed. New York: Harper Collins, 1997.

Carter, Susan B., ed. in chief. *Historical Statistics of the United States: Earliest Times to the Present.* Millennial ed. 5 vols. New York: Cambridge University Press, 2006.

Collins, Gail. *When Everything Changed: The Amazing Journey of American Women from 1960 to the Present.* New York: Back Bay Books, 2009.

Davidson, Cathy N. and Linda Wagner-Martin, eds. in chief. *The Oxford Companion to Women's Writing in the United States.* New York: Oxford University Press, 1995.

Elliott, Emory, general ed. *Columbia Literary History of the United States.* New York: Columbia University Press, 1988.

Endres, Kathleen L. and Therese L. Lueck, eds. *Women's Periodicals in the United States: Consumer Magazines.* Westport, Conn.: Greenwood Press, 1995.

Geiger, Roger L. *The History of American Higher Education: Learning and Culture from the Founding to the World War II.* Princeton: Princeton University Press, 2015.

Gilbert, Sandra M. and Susan Gubar, eds. *Early Twentieth Century Through Contemporary.* Vol. 2 of *The Norton Anthology of Literature by Women: The Traditions in English.* 3rd ed. New York: Norton, 2007.

Gross, Robert A. and Mary Kelley, eds. *An Extensive Republic: Print, Culture, and Society in the New Nation, 1790-1840.* Vol. 2 of *A History of the Book in America.* Chapel Hill: University of North Carolina Press in Association with the American Antiquarian Society, 2010.

Harris, Sharon M., ed. *American Women Writers to 1800.* New York:

Oxford University Press, 1996.

Hart, James D. *The Oxford Companion to American Literature.* 6th ed. Revised and enlarged by Phillip W. Leininger. New York: Oxford University Press, 1995.

Haskell, Barbara. *The American Century: Art & Culture 1900–1950.* New York: Whitney Museum of American Art, 1999.

Heller, Nancy G., ed. *Women Artists: Works from the National Museum of Women in the Arts.* Washington: National Museum of Women in the Arts, 2000.

Homer, Trevor. *Born in the USA: The Book of American Origins.* New York: Skyhorse Publishing, 2009.

Jones, John Bush. *Our Musicals, Ourselves: A Social History of the American Musical Theatre.* Hanover, N.H.: Brandeis University Press, 2003

Kane, Joseph Nathan, ed. *Famous First Facts: A Record of First Happenings, Discoveries, and Inventions in American History.* 6th ed. Bronx, N.Y.: H. W. Wilson, 2006.

Karolides, Nicholas J., et al., eds. *100 Banned Books: Censorship Histories of World Literature.* New York: Checkmark Books, 1999.

Kislan, Richard. *The Musical: A Look at the American Musical Theatre.* New York: Applause Books, 1995.

Johnson, Thomas H., ed. *The Oxford Companion to American History.* New York: Oxford University Press, 1966.

Library of Congress. General Reference and Bibliography Division. *A*

Guide to the Study of the United States of America: Representative Books Reflecting the Development of American Life and Thought. Prepared under the direction of Roy P. Basler, by Donald H. Mugridge and Blanche P. McCrum. Washington: U. S. Government Printing Office, 1960.

Lindon, Calvin D. ed. *The Bicentennial Almanac: 200 Years of America 1776–1976.* Nashville: Thomas Nelson, 1975.

Ludwig, Richard M. and Clifford A. Nault, Jr., eds. *Annals of American Literature, 1602–1983.* New York: Oxford University Press, 1986.

Morison, Samuel Eliot. *The Oxford History of the American People.* New York: Oxford University Press, 1965.

Morris, Richard B. and Jeffrey B. Morris, eds. *Encyclopedia of American History.* 7th ed. Revised and updated. New York: Harper Collins, 1996.

Norton, Mary Beth, et al., eds. *A People and a Nation: A History of the United States.* 10th ed. Stamford, Conn.: Cengage Learning, 2014.

Sanjek, Russell. *American Popular Music and Its Business: The First Four Hundred Years.* Vol. 1, *The Beginning to 1790.* New York: Oxford University Press, 1988.

Schlesinger, Arthur M., Jr., general ed. *The Almanac of American History.* Revised and updated. New York: Barnes and Noble, 2004.

Snyder, Robert W. *The Voice of the City: Vaudeville and Popular Culture in New York.* New York: Oxford University Press, 1989.

Spiller, Robert E., et al., eds. *Literary History of the United States.* 4th ed., revised. 2 vols. New York: Macmillan, 1974.

Urdang, Laurence, ed. *The Timetables of American History.* Millennial
ed. New York: Simon and Schuster, 1996.

Van Doren, Charles and Robert McHenry, eds. *Webster's Guide to
American History: A Chronological, Geographical, and Biographical
Survey and Compendium.* Springfield, Mass.: G. and C. Merriam,
1971.

Wallechinsky, David and Irving Wallace, eds. *The People's Almanac.*
Garden City, N.Y.: Doubleday, 1975.

————, eds. *The People's Almanac #2.* New York: Bantam, 1978.

————, eds. *The People's Almanac #3.* New York: Bantam, 1981.

日本語文献

明石紀雄監修『21世紀アメリカ社会を知るための67章』明石書店,
2002年.

有賀夏紀『アメリカの20世紀』全2巻, 中公新書, 2002年.

有賀夏紀／小檜山ルイ編『アメリカ・ジェンダー史研究入門』青木書店,
2010年.

有賀貞『ヒストリカルガイド アメリカ』山川出版社, 2004年.

有賀貞他編『世界歴史大系 アメリカ史』全2巻, 山川出版社, 1993-
1994年.

市古貞次他編『日本文化総合年表』岩波書店，1990 年.

岩波書店編集部編『近代日本総合年表』第 4 版，岩波書店，2001 年.

上杉忍『アメリカ黒人の歴史——奴隷貿易からオバマ大統領まで』中公新書，2013 年.

S・M・エヴァンズ『アメリカの女性の歴史』第 2 版，小檜山ルイ他訳，明石書店，2005 年.

大橋健三郎他編『総説 アメリカ文学史』研究社出版，1975 年.

小倉貞男『ヴェトナム戦争全史』岩波書店，1992 年.

小田隆裕他編『事典 現代のアメリカ』大修館書店，2004 年.

ダン・オトゥール他『ビジュアル 1001 の出来事でわかる世界史』倉田真木他訳，日経ナショナルジオグラフィック社，2012 年.

尾上一雄『アメリカ政治経済年代史——他の主要国との比較を加えて』杉山書店，1984 年.

亀井俊介『ピューリタンの末裔たち——アメリカ文化と性』研究社出版，1987 年.

亀井俊介編『日米文化交流事典』南雲堂，1988 年.

亀井俊介『アメリカ文学史講義』全 3 巻，南雲堂，1998-2000 年.

亀井俊介編『アメリカ文化事典』研究社出版，1999 年.

亀井俊介編『アメリカ文化史入門——植民地時代から現代まで』昭和堂，2006 年.

亀井俊介監修者代表『新版 アメリカを知る事典』平凡社，2012 年.

亀井俊介／鈴木健次監修『史料で読むアメリカ文化史』全5巻，東京大学出版会，2005-2006 年.

亀井俊介／平野孝編『講座アメリカの文化 別巻1 総合アメリカ年表——文化・政治・経済』南雲堂，1971 年.

亀井高孝他編『世界史年表・地図』第20版，吉川弘文館，2014 年.

北野圭介『ハリウッド100 年史講義——夢の工場から夢の王国へ』平凡社，2001 年.

紀平英作編『世界各国史24 アメリカ史』山川出版社，1999 年.

紀平英作／亀井俊介『世界の歴史23 アメリカ合衆国の膨張』中央公論社，1998 年.

ジョン・A・ギャラティ『知っておきたいアメリカ史1001』亀井俊介監訳，丸善出版株式会社，1993 年.

R・G・グラント他『ビジュアル歴史図鑑20 世紀』尾澤和幸訳，日経ナショナルジオグラフィック社，2013 年.

齋藤眞『世界現代史32 アメリカ現代史』山川出版社，1976 年.

笹田直人他編『アメリカ文化55 のキーワード』ミネルヴァ書房，2013 年.

佐藤卓己『現代メディア史』岩波書店，1998 年.

杉森長子『アメリカの女性平和運動1889 年〜1931 年』ドメス出版，1996 年.

ロナルド・タカキ『多文化社会アメリカの歴史——別の鏡に映して』富

田虎男監訳，明石書店，1995 年.

高橋徹編『ドキュメント現代史 アメリカの革命』平凡社，1973 年.

［朝日新聞社週刊百科編集部編］『週刊朝日百科 世界の文学』全 121 号，
朝日新聞社，1999-2001 年.

津神久三『黄金期のアメリカン・イラストレーター』ブックローン出版，
1996 年.

寺門泰彦他編『アメリカ文学案内──代表的作家の生涯・主要作品・文
学史年表・翻訳文献等の立体的便覧』朝日出版社，2008 年.

伴田良輔『別冊宝島 217 号 図説 20 世紀の性表現』宝島社，1995 年.

中村甚五郎『アメリカ史「読む」年表事典』全 4 巻，原書房，2010–14 年.

畑暉男編『20 世紀アメリカ映画事典──1914 → 2000 日本公開作品記録』
カタログハウス，2002 年.

本田創造『アメリカ黒人の歴史』新版，岩波新書，1991 年.

スティーヴン・マタソン『アメリカ文学必須用語辞典』村山淳彦・福士
久夫監訳，松柏社，2010 年.

松村赳／富田虎男編『英米史辞典』研究社，2000 年.

蓑原俊洋 『アメリカの排日運動と日米関係──「排日移民法」はなぜ
成立したか』朝日新聞出版社，2016.

村上由見子『アジア系アメリカ人──アメリカの新しい顔』中公新書，
1997 年.

森本あんり『アメリカ・キリスト教史──理念によって建てられた国の

軌跡』新教出版社, 2006 年.

矢口祐人／吉原真里編『現代アメリカのキーワード』中公新書, 2006 年.

ウェブサイト

"Fast Facts." From United States Census Bureau, *History*. Accessed February 1, 2018. https://www.census.gov/history/www/through_the_decades/fast_facts/.

Mintz, Steven and Sara McNeil. "Timelines Available on *Digital History*." *Digital History*. Accessed February 1, 2018. http://www.digitalhistory.uh.edu/timelines/timelines.cfm.

"Online Book Catalog." *Project Gutenberg*. Accessed February 1, 2018. http://www.gutenberg.org/catalog/.

"Search." *The New York Times*. Accessed February 1, 2018. http://query.nytimes.com/search/sitesearch.

Taylor, Quintard, Jr. "United States History: Timelines." *Dr. Quintard Taylor, Jr.* Accessed February 1, 2018. http://www.quintardtaylor.com/us-history-timeline/united-states-history-timelines.

"Today in History Archive." From Library of Congress, *American Memory*. Accessed February 1, 2018. http://memory.loc.gov:8081/ammem/today/archive.html.

"U.S. History Timeline." From Infoplease, *U.S. History*. Accessed February 1, 2018. http://www.infoplease.com/ipa/A0902416.html.

図 版 一 覧

① 1587年　ヴァージニア・デアの切手.
② 1620年　メイフラワー号（レプリカ）.
③ 1621年　「初めての感謝祭」（J. L. G. フェリス画）.
④ 1624年　「ポカホンタスに助けられるスミス」（ヘンリー・シーレ画）.
⑤ 1636年　ハーヴァード大学（1726年頃）.
⑥ 1682年　『メアリー・ローランドソン夫人　捕囚と救出の物語』（1770年版）の挿絵.
⑦ 1754年　『ペンシルヴェニア・ガゼット』掲載の漫画「結集せよ、さもなくば死だ」.
⑧ 1777年　「国旗の誕生」の図（チャールズ・ワイスバーガー画）.ベッツィ・ロスの旗.
⑨ 1775年　英軍襲来を知らせるために馬を駆るポール・リヴィア（チャールズ・グリーン画）.
⑩ 1776年　「アメリカ独立宣言」採択の図（ジョン・トランブル画）.
⑪ 1804年　エヴァンズの水陸両用車.
⑫ 1804年　奴隷の逃亡を助ける「地下鉄道」.
⑬ 1827年　オーデュボン『アメリカの鳥類』より「アメリカン・フラミンゴ」.
⑭ 1831年　バンジョーを演奏するJ. W. スウィーニー（1840）.
⑮ 1869年　大陸横断鉄道の完成.
⑯ 1845年　捕鯨船マンハッタン号の船長マーケイター・クーパー.
⑰ 1850年　「ブルマー」をはいたアメリア・ブルーマー.
⑱ 1861年　南部連合の最初の星杠旗と「将来」の星杠旗.
⑲ 1879年　「真珠のネックレスをまとった特別席の女性」（メアリー・カサット画）.
⑳ 1890年　ネリー・ブライ双六の表紙.
㉑ 1893年　シカゴ万博に展示されたダイナモ（発電機）.

㉒ 1893年　初の4輪自動車に試乗するヘンリー・フォード.

㉓ 1895年　ギブソンの描くギブソン・ガール.

㉔ 1902年　メイシー百貨店.

㉕ 1903年　ライト兄弟による世界初の飛行.

㉖ 1919年　「イット・ガール」クララ・ボウ.

㉗ 1920年　シカゴのサンセット・カフェ.　ジャズ・バンドの流行.

㉘ 1930年代　ニューヨーク摩天楼.　エンパイア・ステイト・ビルから北東をのぞむ.

㉙ 1945年　世界初の電子コンピューター ENIAC.

㉚ 1947年　黒人初のメジャー・リーガー, ジャッキー・ロビンソン.

㉛ 1956年　「キング・オブ・ロックンロール」エルヴィス・プレスリー.

㉜ 1963年　ワシントン大行進の群衆に手をふるマーティン・ルーサー・キング牧師.

㉝ 1969年　アポロ 11 号, 月面着陸.

㉞ 1970年　ケント州立大学における学生射殺事件の報道.

㉟ 1976年　カウチポテト族のためのガイドブック.

㊱ 1977年　『サタディ・ナイト・フィーバー』オリジナル・サウンドトラック盤.

㊲ 1982年　『ジェーン・フォンダのワークアウト』.

㊳ 1984年　『ヤッピー・ハンドブック』.

㊴ 1984年　人気 TV 番組『コスビー・ショウ』.

㊵ 1984年　マドンナ『ライク・ア・ヴァージン』オリジナル・アルバム.

㊶ 1987年　ゲリラ・ガールズのポスター.

㊷ 1997年　人気 TV アニメ番組『シンプソンズ』放映 20 周年の記念切手.

㊸ 1986年　『タイム』（2011 年）表紙.　医療倫理をめぐる論争はつきない.

㊹ 2011年　「ウォール街占拠」運動.

㊺ 2008年　大統領選挙でオバマ当選を伝える『ニューヨーク・タイムズ』.

コラム 一覧

番号	タイトル	対応年	掲載ページ
(1)	インディアンはどこから？	1492 年	12
(2)	ポカホンタス神話	1624 年	20
(3)	「丘の上の町」	1630 年	22
(4)	アン・ハッチンソンとモンスター	1637 年	23
(5)	女性の声	1650 年	26
(6)	セイラムの魔女狩り	1692 年	35
(7)	ベンジャミン・フランクリン	1723 年	41
(8)	大覚醒（信仰復興運動）	1734 年	44
(9)	独立宣言	1776 年	61
(10)	ルイス＝クラーク探検隊	1804 年	77
(11)	ユニテリアニズム	1819 年	90
(12)	アメリカのクリスマス	1823 年	94
(13)	ミンストレル・ショー	1830 年	103
(14)	「アーカンソーの大熊」	1841 年	119
(15)	ヘンリー・ウォード・ビーチャー	1854 年	135
(16)	社会進化論	1869 年	151
(17)	フリー・ラヴ	1872 年	155
(18)	お上品な伝統	1881 年	164
(19)	フロンティア理論	1893 年	176
(20)	マックレイカー	1901 年	185
(21)	マーガレット・サンガー	1914 年	197
(22)	禁酒法	1919 年	203
(23)	ハーレム・ルネサンス （ニグロ・ルネサンス）	1922 年	207
(24)	スコープス裁判	1925 年	210
(25)	マンハッタン計画	1942 年	230
(26)	スポック博士の育児書	1946 年	233

（27）	マッカーシズム	1950 年	238
（28）	公民権運動	1954 年	242
（29）	スプートニク・ショック	1957 年	246
（30）	ベティ・フリーダン	1963 年	253
（31）	「セサミ・ストリート」	1969 年	261
（32）	ウォーターゲート事件	1972 年	265
（33）	エイズ	1981 年	274
（34）	生殖医療テクノロジーの進化	1986 年	279
（35）	「女は裸でなければメトロポリ タン美術館に入れないのか？」	1987 年	280
（36）	1991 年の「セクシュアル・ ハラスメント疑惑」	1991 年	285
（37）	9.11　アメリカ同時多発テロ事件	2001 年	294
（38）	オバマ大統領	2008 年	300
（39）	リーマン・ショック	2008 年	300

アメリカ文化年表——文化・歴史・政治・経済

2018年7月18日　　第一刷発行

監　修　亀井俊介
著　者　杉山直子　澤入要仁　荒木純子　渡邊真由美
装幀者　岡孝治
発行所　株式会社南雲堂
　　　　東京都新宿区山吹町361　郵便番号162-0801
　　　　電話　東京（03）3268-2384
　　　　振替口座　00160-0-46863
　　　　ファクシミリ（03）3260-5425
印刷所　株式会社ディグ
製本所　長山製本

乱丁・落丁本は御面倒ですが、小社通販係宛御送付下さい。
送料小社負担にて御取替え致します。
〈1-572〉〈検印廃止〉
Printed in Japan
ISBN978-4-523-26572-6　C1036